会计基础
(第2版)

刘智英　梁丽华　张雪飞　主　编

清华大学出版社
北　京

内 容 简 介

本书是根据财政部《企业会计准则》对加强和规范企业会计行为、提高企业经营管理水平和会计规范处理、促进企业可持续发展起指导作用的总体要求编写而成的，符合应用型经济类本科院校培养目标和课程教学的基本要求。

本书以会计基本概念理论、基本技能为主线，进行了较为详细、准确、规范的阐述。本书的主要内容共10 章，包括：会计工作组织与会计职业，会计核算基础，会计科目与账户，复式记账，企业基本经济业务的核算，会计凭证，会计账簿，财产清查，账务处理程序和财务报告。

本书可以作为应用型本科院校会计类专业和经济、管理等非会计专业的教材，还可以作为成人教育及岗位培训用书。

图书在版编目(CIP)数据

会计基础/刘智英，梁丽华，张雪飞主编. —2 版. —北京：清华大学出版社，2021.7
ISBN 978-7-302-58569-5

Ⅰ. ①会… Ⅱ. ①刘… ②梁… ③张… Ⅲ. ①会计学—高等学校—教材 Ⅳ. ①F230

中国版本图书馆 CIP 数据核字(2021)第 132331 号

责任编辑： 孟 攀
装帧设计： 杨玉兰
责任校对： 吴春华
责任印制： 丛怀宇
出版发行： 清华大学出版社

网 址：http://www.tup.com.cn, http://www.wqbook.com
地 址：北京清华大学学研大厦 A 座 邮 编：100084
社 总 机：010-62770175 邮 购：010-62786544
投稿与读者服务：010-62776969, c-service@tup.tsinghua.edu.cn
质量反馈：010-62772015, zhiliang@tup.tsinghua.edu.cn
课件下载：http://www.tup.com.cn, 010-62791865

印 装 者： 三河市君旺印务有限公司
经 销： 全国新华书店
开 本： 185mm×260mm **印 张：** 19.5 **字 数：** 474 千字
版 次： 2015 年 3 月第 1 版 2021 年 8 月第 2 版 **印 次：** 2021 年 8 月第 1 次印刷
定 价： 59.00 元

产品编号：087474-01

前　言

教材是教学过程的重要载体，加强教材建设是深化教育教学改革的有效途径，是推进人才培养模式改革的重要条件。会计基础是财务会计知识体系的基础，是会计的入门教材。本书主要介绍会计的基本理论、基本方法和基本技能，以将经济管理类专业学生培养为会计信息的使用者为目标，突出实践性、开放性和职业性。本书按照“有效培养学生职业能力，体现职业生涯发展规律，体现会计工作过程特征，有效激发学生学习兴趣”的设计思路，精心组织、设计课程内容。2019 年国家公布了《2019 年中华人民共和国增值税暂行条例》，增值税从 2019 年 4 月 1 日开始执行新的税率，本书以最新的企业会计准则和财税政策为依据，以会计信息的生成过程为主线，在了解所必备的会计基本理论和会计基本方法的基础上，侧重训练学生对会计信息的识别、分析与运用技能，增强学生的岗位适应能力。本书严格按照新会计准则的要求编写，采用了最新的会计业务处理方法，充分反映了会计理论与会计实务改革发展的新成果。本书的编写突出教、学、做一体化的思想，本着有理论、有案例、有分析、有应用的原则，精心整合会计理论与实务，注重案例与实训设计，强化对学生实际操作能力和解决问题能力的培养。本书层次分明、重点突出，既可以指引新财会从业人员快速入门，也可以帮助企业管理者和有志创业的人士掌握会计基础知识、提高管理水平。

本书共 10 章，具体内容如下。

第一章会计工作组织与会计职业，主要讲述企业的概念、组织形式和基本业务流程，会计职业和会计岗位。

第二章会计核算基础，包括会计基本假设、会计信息质量要求、会计计量。

第三章会计科目与账户，是会计的入门环节，介绍会计科目与账户，包括会计要素、会计等式、会计科目和会计账户等内容。

第四章复式结账，重点介绍会计借贷记账法的来源及规则，包括记账方式概述、借贷记账法、总分类账户和明细分类账户。

第五章企业基本经济业务的核算，介绍基本经济业务的核算，包括筹资、供应、生产、销售、利润分配五部分内容。

第六章会计凭证，介绍会计凭证的意义，原始凭证和记账凭证的概念、分类、基本内容、填制要求、填制方法及其审核的有关事项。

第七章会计账簿，介绍会计账簿的概念和种类，会计账簿的启用和记账规则，会计账簿的设置和登记，对账与结账，错账的更正方法以及会计账簿的更换与保管。

第八章财产清查，介绍财产清查的意义和种类、财产清查的方法、财产清查结果的处理。

第九章账务处理程序，包括记账凭证账务处理程序、科目汇总记账凭证账务处理程序、汇总表账务处理程序。

第十章财务报告，包括财务报告概述、资产负债表、利润表、现金流量表及所有者权益变动表的编制。

本书由长期从事会计教学与科研的骨干教师编写。具体分工如下：刘智英编写了第八章、第九章和第十章，梁丽华编写了第二章、第三章和第四章，张雪飞编写了第一章、第五章、第六章和第七章。

虽然我们对本书的撰写做了很多努力，但受水平限制，书中疏漏和不当之处在所难免，恳请读者批评指正。

编　者

目　　录

第一章

会计工作组织与会计职业

【学习目标】

1. 了解企业、企业组织和企业基本业务流程。
2. 明确会计工作组织的内容。
3. 理解并掌握会计人员的职业道德。
4. 认知会计职业的分类及其发展趋势.

【重点与难点】

重点：会计工作组织的内容、会计人员的职业道德。
难点：企业组织和企业的基本业务流程。

引导案例　会计人员当廉洁自律

王某，23岁，大学专科毕业后分配到某市一国债服务部，担任柜台出纳兼任金库保管员。2019年5月11日，王某偷偷从金库中取出2018年国库券30万元，4个月后，王某见无人知晓，胆子大了起来，又取出了50万元国库券，通过证券公司融资回购的方法，折借人民币89.91万元，用来炒股，没想到赔了钱。王某在无力返还单位国库券的情况下，索性于2019年12月14日和15日，将金库里剩余的14.03万元国库券和股票账户上所有的73.7万元人民币全部取出潜逃，用化名在该市一处民房租住隐匿。至此，王某共贪污2018年国库券94.03万元，折合人民币118.51万元。案发后，当地人民检察院立案侦查，王某迫于各种压力，于2020年1月8日投案自首，检察院依法提起公诉。

问题：试分析王某犯错误的根源所在，我们应从哪些方面对其进行教育和加强防范？

分析：

(1) 这说明王某在学校学习期间缺乏会计职业道德教育，会计职业道德观念和法制观念淡薄，内心深处没有构筑道德防线，或者说道德防线十分脆弱，不堪一击。从会计职业道德规范的角度分析，王某违背了“爱岗敬业”“诚实守信”“廉洁自律”等会计职业道德规范。此外，此案也说明了建立单位内部控制制度的重要性。

(2) 会计职业道德教育有利于提高会计职业道德水平，有利于培养会计人员会计职业道德情感，有利于树立会计职业道德信念。

(3) 要进行三个层次的会计职业道德教育：一是对潜在会计人员的会计职业道德教育；二是对从事会计职业的人员进行岗前会计职业道德教育；三是对会计人员的职业道德继续教育。

第一节　企业和企业的基本业务流程

一、企业的概念

企业是社会的基本经济细胞，也是现代社会中普遍存在的最具活力、最为复杂的组织。由于企业的复杂性及观察企业的角度不同，对企业的概念表述也是众说纷纭。从一般意义上讲，企业是指从事生产、流通、服务等经济活动，以产品或劳务满足社会需要，并以获取盈利为目的，依法设立，实行自主经营、自负盈亏的经济组织。

作为区别于其他社会组织的企业，应具备以下一些特征。

(1) 企业要依法设立，即企业要按照国家法律规定的条件和程序设立。

(2) 企业要具有开展经营活动的相应场所。

(3) 企业是从事生产、流通、服务等活动的经济组织。

(4) 企业具有独立的经济利益，自主经营，自负盈亏。

二、企业组织的类型

企业组织形式按不同的标准可分为不同的类型。

1. 按照国民经济行业分类标准划分

(1) 制造企业是指生产物资产品的企业，也称为生产企业。制造业是指原材料经过物理或化学变化后成为新的产品，不论是机械制造还是手工制作。

(2) 商品流通企业是指独立于生产领域之外，处于流通领域中的企业，商场和超市是最典型的商品流通企业。它们从事物资产品等的传递业务，将物资产品由生产者转移到消费者手中，是社会再生产过程中的重要部门。

(3) 服务企业是指为企业、政府、事业单位和居民提供各种服务的企业。它们不生产物资产品，但为生产企业和流通企业提供资金、保险和技术服务，为行政事业单位和居民提供生活、餐饮、娱乐和旅游等服务。

2. 按照财产的组织形式和所承担的法律责任划分

按照财产的组织形式和所承担的法律责任划分，企业可分为独资企业、合伙企业和公司。

(1) 独资企业是指由业主个人出资兴办，由业主直接所有和经营的企业，包括私营企业和个体工商户。业主享有企业的全部经营所得，同时对企业的债务负有无限责任。这种企业在法律上称为自然人企业，不具有法人资格，是最古老和最简单的企业形式。

(2) 合伙企业是指由两个或两个以上的个人或法人共同出资、合伙经营的企业。合伙人分享企业所得，共担风险，并对合伙企业债务承担无限连带责任。合伙企业可以由部分合伙人经营，其他合伙人仅出资并共负盈亏；也可以由所有合伙人共同经营。

(3) 公司是指以资本联合为基础设立的一种企业组织形式，是所有权和管理权分离的企业形式，主要包括有限责任公司和股份有限公司。公司的股东以其出资额或股份享受权利，承担义务。股东享有参与管理的权利和享受股利的权利，同时以其出资额或股份对公司债务承担有限责任。

① 有限责任公司指不通过发行股票，而由为数不多的股东集资组建的公司(一般由 2 人以上 50 人以下股东共同出资设立)，其资本无须划分为等额股份，股东在出让股权时受到一定的限制。在有限责任公司中，董事和高层管理人员往往具有股东身份，使所有权和管理权的分离程度不如股份有限公司那样高。有限责任公司的财务状况不必向社会披露，公司的设立和解散程序比较简单，管理机构也比较简单，比较适合中小型企业。

② 股份有限公司全部注册资本由等额股份构成并通过发行股票(或股权证)筹集资本，公司以其全部资产对公司债务承担有限责任的企业法人(应当有 2 人以上 200 人以下为发起人，注册资本的最低限额为人民币 500 万元) 。其主要特征是：公司的资本总额平分为金额相等的股份；股东以其所认购股份对公司承担有限责任，公司以其全部资产对公司债务承担责任；每一股有一表决权，股东以其持有的股份享受权利，承担义务。

三、工业企业组织机构和业务流程

企业的生产类型不同，其组织机构和基本业务流程也不同，公司制企业的组织机构和基本业务流程如图 1-1 所示。

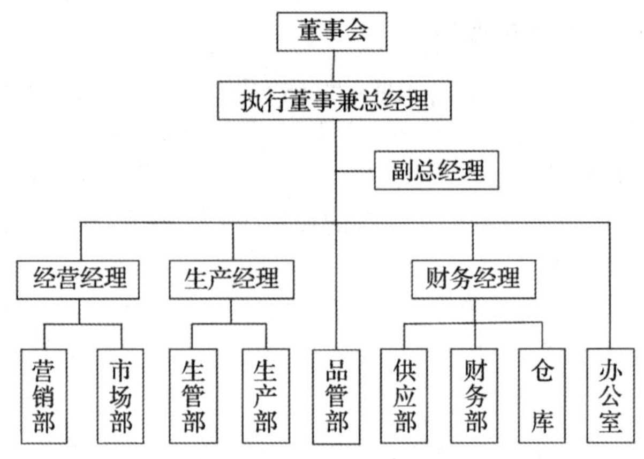

图 1-1　公司制企业的组织机构

第二节　会 计 职 业

一、会计职业的含义和特点

会计职业一般是指会计从业人员所从事的职业。会计职业由来已久，是一个传统的职业，历史上标志着会计开始作为一种专门职业而存在，可追溯至 1854 年苏格兰爱丁堡会计师公会的成立。会计职业的发展是伴随着社会经济的发展而发展的，目前已日趋国际化，国际会计准则的颁布便是一个很好的例证。

会计职业有三大特点：一是会计职业令人向往，职业生涯发展空间大，会计是充满机遇的职业，造就无数成功人士；二是会计职业具有很大的责任和风险，会计是一门国际通用的商业语言，它不仅要对管理层负责，还要对所有的利益相关者负责；三是会计职业实行门槛准入制，会计人员需持证上岗，而且要终身学习，不断地提高自身的综合素质。

二、会计职业的分类

按照会计岗位工作目标和作用的不同，会计职业可划分为两类：单位会计和公共会计。

1. 单位会计职业

单位会计职业是指企业、事业、政府机关、社会团体等单位的会计，其主要工作任务是会计核算、会计监督、财务管理等。

(1) 会计机构负责人工作岗位。负责组织领导本单位财务会计工作；组织制定并贯彻本单位各项财务会计制度；组织编制本单位的财务成本计划、单位预算，并检查其执行情况；组织编制财务会计报表和有关报告；组织财会人员学习政治理论和业务知识；负责对财会人员的工作考核，参与会计人员的任免和调动等。

(2) 出纳工作岗位。负责办理现金和银行结算业务，登记现金和银行存款日记账；负责

保管库存现金和各种有价证券；负责保管有关印章、空白收据和空白支票。

(3) 财产物资核算工作岗位。按财务会计有关法规的要求，会同有关部门制定本企业材料物资核算与管理办法；负责审查材料物资供应计划和供销合同，并监督其执行。会同有关部门制定和落实储备资金定额，办理材料物资的划拨和报销业务，确定材料物资采购成本。严格审查核对材料物资入库、出库凭证，进行材料物资明细核算，参与库存材料、物资的清查盘点工作。对于固定资产的核算，负责审核、办理有关固定资产的购建、调拨、内部转移、盘盈、盘亏、报废等会计手续，配合固定资产的管理部门和使用部门建立固定资产管理制度，进行固定资产的明细核算，参与固定资产清查，按规定正确提取固定资产折旧，真实地体现固定资产价值。制订固定资产重置、修理计划，指导和监督有关部门管好、用好固定资产。

(4) 工资核算工作岗位。负责计算职工的工资薪酬，办理职工的工资结算，并进行有关的明细核算，分析工资总额计划的执行情况，负责工资分配的核算。

(5) 成本费用核算工作岗位。负责编制成本、费用计划，并将其指标分解落实到有关责任单位和个人。会同部门拟订成本费用管理与核算方法，建立健全各项原始记录和定额资料，遵守国家的成本开支范围和开支标准，正确地归集和分配费用，计算产品成本、登记费用成本明细账，并编制有关的会计报表，分析成本计划的执行情况。

(6) 财务成果核算工作岗位。负责编制收入、利润计划并组织实施。随时掌握销售状况，预测销售前景，及时督促销售部门完成销售计划，处置好销售货款的回收工作，正确计算并及时解缴相关税费。负责收入、应收款和利润的明细核算，编制有关收入、利润方面的会计报表，并对其进行分析。

(7) 资金核算工作岗位。负责资金的筹集、使用、调度和核算。随时了解和掌握资金市场的动态，为企业筹集生产经营所需资金并满足需要，同时应合理地安排、调度、使用资金。负责资金筹集和企业各项投资的明细分类核算。

(8) 往来结算工作岗位。负责办理应收、应付款项的往来结算业务，对于各种应收、应付、暂收、暂付等往来款项，要随时清理结算，应收的抓紧催收，应付的及时偿付，暂收暂付款项要督促清算；负责备用金的管理和核算，负责其他应收款、应付款备用金的明细核算；管理其他应收应付款项的凭证、账册等资料。

(9) 总账报表工作岗位。负责总账的登记核对，并与有关的日记账和明细账相核对，依据账簿数据编制有关会计报表和报表附注等相关内容，负责财务状况和经营成果的综合分析，搜集、整理各方面经济信息以便进行财务预测，制订或参与财务计划，参与企业的生产经营决策等。

(10) 稽核工作岗位。负责确立稽核工作的组织形式和具体分工，明确稽核工作的职责、权限、审核会计凭证和复核会计账簿、报表。

(11) 档案管理工作岗位。负责制定会计档案的立卷、归档、保管、查阅和销毁等管理制度，保证会计档案的妥善保管、有序存放、方便查阅，严防毁损、散失和泄密。

2. 公共会计职业

公共会计职业是指为社会各界服务的会计，即社会会计。从事公共会计人员主要指注册会计师。执行会计业务的注册会计师，受企业等当事人的委托，对该单位的会计凭证、账簿、会计报表等进行检查。上述检查一般是为了鉴定企业的财务报表是否恰当，真实地反映财务状况、经营成果和现金流量，也有为了其他特定目的，如审查舞弊行为等。注册会计师在服务社会、国企改革、促进资本市场发展等方面发挥了重要的审计监督和专业服务作用。

在我国从事注册会计师职业，必须取得注册会计师考试全科合格证，并在会计师事务所从事审计工作两年以上，申请注册取得执业资格，才能独立承担审计业务。未取得职业资格的，作为注册会计师的助理人员，按我国《注册会计师法》的规定，具有高等专科以上学历，或者具有会计或相关专业中级以上技术职称的人，可以报名参加注册会计师全国统一考试。目前，我国注册会计师考试科目设为“6+1”模式，分两个层级：第一层级为专业阶段考试，主要科目有“会计”“审计”“财务成本管理”“经济法”“税法”和“公司战略与风险管理”；第二层级为高级阶段考试，设一科，考试科目为综合测试。

三、会计人员

设置会计机构的单位，应当配备会计机构负责人和一定数量的专职会计人员。大中型企业应当根据法律和国家有关规定设置总会计师(或财务总监)。

(一)会计人员的专业技术资格

会计专业技术职务是会计人员从事会计业务工作的技术等级。我国会计专业技术职务包括初级会计师、中级会计师、高级会计师。在以上各专业技术职务相应的资格管理中，初级、中级资格实行考试制度，高级资格实行考试与评审相结合的管理制度。初级、中级会计专业技术资格实行全国统一组织、统一考试时间、统一考试大纲、统一考试命题、统一合格标准的考试制度。

初级会计师考试科目为《初级会计实务》《经济法基础》两个科目。

中级会计师考试科目为《中级会计实务》《中级财务管理》《中级经济法》三个科目。会计专业技术中级资格考试以两年为一个周期，参加考试的人员必须在连续两个考试年度内通过全部科目的考试。

高级会计师考试科目为《高级会计实务》，主要考核应试者运用会计、财务、税收等相关的理论知识、政策法规，分析、判断、处理会计业务的能力和解决会计工作实际问题的综合能力。

(二)会计人员的职业道德

会计人员的职业道德要求会计人员在其工作中正确处理人与人之间、个人与社会之间的关系的行为规范和准则。它体现了社会主义经济利益对会计工作的要求，是会计人员在长期实践中形成的。加强会计职业道德建设，提高会计人员的道德素质，对于正确贯彻国家有关政策法令，加强企业管理，提高经济效益，具有十分重要的意义。

1. 爱岗敬业

爱岗就是会计人员热爱本职工作，安心于本职岗位，并为做好本职工作尽心尽力、尽职尽责。敬业是指会计人员对其所从事的会计职业的正确认识和恭敬态度，并用这种严肃恭敬的态度，认真地对待本职工作，将身心与本职工作融为一体。

2. 诚实守信

诚实守信要求会计人员谨慎小心，信誉至上，不为利益所诱惑，不伪造账目，不弄虚作假，如实地反映单位经济业务事项。同时，还应当保守本单位的商业秘密，除法律规定和单位领导人同意外，不得私自向外界提供或者泄露本单位的会计信息。

3. 廉洁自律

廉洁自律要求会计人员必须树立正确的人生观和价值观，严格划分公私界限，做到不贪不占，遵纪守法，清正廉洁。要正确处理会计职业权利与职业义务的关系，增强抵制行业不正之风的能力。

4. 客观公正

客观是指会计人员开展会计工作时，要端正态度，依法办事，实事求是，以客观事实为依据，如实地记录和反映实际经济业务事项，会计核算要准确，记录要可靠，凭证要合法。公正是指会计人员在履行会计职能时，要做到公平公正，不偏不倚，保持应有的独立性，以维护会计主体和社会公众的利益。

5. 坚持准则

坚持准则要求会计人员熟悉财经法律、法规和国家统一的会计制度，在处理经济业务的过程中，不被主观或他人意志左右，始终坚持按照会计法律、法规和国家统一的会计制度的要求进行会计核算，实施会计监督，确保所提供的会计信息真实、完整，维护国家利益、社会公众利益和正常的经济秩序。

6. 提高技能

提高技能要求会计人员通过学习、培训和实践等途径，不断地提高会计理论水平、会计实务能力、职业判断能力、自动更新知识的能力、提高会计信息能力、沟通交流能力以及职业经验。运用所掌握的知识、技能和经验，开展会计工作，履行会计职责，以适应深化会计改革和会计国际化的需要。

7. 参与管理

参与管理要求会计人员在做好本职工作的同时，树立参与管理的意识，努力钻研相关业务，全面熟悉本单位经营活动和业务流程，主动向领导反映经营管理活动中的情况和存在的问题，主动提出合理化建议，协助领导决策，参与经营管理活动，做好领导的参谋。

会计的职业前景.doc

8. 强化服务

强化服务要求会计人员具有强烈的服务意识、文明的服务态度和优良的服务质量。会计人员必须端正服务态度，做到讲文明、讲礼貌、讲信誉、讲诚实，坚持准则，真实、客观地核算单位的经济业务，努力维护和提升会计职业的良好社会形象。

四、会计信息

(一)会计信息的作用

会计信息是一种通用的“商业语言”。会计信息是企事业单位最重要的经济信息，它是由会计系统提供的综合反映企业经营活动情况、为信息使用者服务的信息。会计信息作为一种工具，与其他信息一样，对于那些有能力并愿意去使用的人们有直接帮助。会计信息的作用主要表现为以下几方面。

(1) 会计信息能够帮助投资者和债权人进行合理决策。

(2) 会计信息有助于评估和预测未来的现金流动。

(3) 会计信息有助于政府部门进行宏观调控。

(4) 会计信息有利于加强和改善经营管理。

(二)会计信息的具体表现形式

会计信息主要包括反映企业财务状况、经营成果和现金流量等方面的信息。财务报表是会计信息的具体表现形式。编制财务报表的主要目的是为会计报表的使用者(包括投资者、债权人、潜在的投资者和债权人、政府及其机构、企业管理人员、职工及社会公众)提供有用的财务信息。企业财务报表主要包括资产负债表、利润表、现金流量表、所有者权益变动表等。

五、会计法规

会计法规是规范企业会计行为的法律规范，主要包括《中华人民共和国会计法》《企业会计准则》《小企业会计准则》《企业财务通则》《会计基础工作规范》《企业内部控制规范》。

六、会计档案

会计档案是指单位在进行会计核算等过程中接收或形成的，记录和反映单位经济业务事项的，具有保存价值的文字、图表等各种形式的会计资料，包括通过计算机等电子设备形成、传输和存储的会计电子档案。会计档案是记录和反映单位经济业务的重要史料和证据。

(一)会计档案的内容

会计档案的具体内容包括以下几方面。

会计凭证，包括原始凭证、记账凭证。

会计账簿，包括总账、明细账、日记账、固定资产卡片及其他辅助性账簿。

财务会计报告，包括月度、季度、半年度、年度财务会计报告。

其他会计资料，包括银行存款余额调节表、银行对账单、纳税申报表、会计档案移交清册、会计档案保管清册、会计档案销毁清册、会计档案鉴定意见书及其他具有保存价值的会计资料。

(二)会计档案的归档

各单位每年形成的会计档案，都应当由会计机构按照归档要求，负责整理立卷，装订成册，编制会计档案保管清册。

当年形成的会计档案，在会计年度终了后，可暂由会计机构保管一年，期满后，应当由会计机构编制移交清册，移交本单位档案管理机构统一保管。因工作需要确需推迟移交的，应当经单位档案管理机构同意。会计机构临时保管会计档案最长不超过 3 年。未设立档案机构的，应当在会计机构内部指定专人保管。出纳人员不得兼管会计档案。

会计机构在办理会计档案移交时，应当编制会计档案移交清册，并按照国家档案管理的有关规定办理移交手续。

(三)会计档案的保管期限

会计档案的销毁.doc

会计档案因其重要程度不同，其保管期限也有所不同。会计档案保管期限，从会计年度终了后的第一天算起，保管期限分为永久和定期两类。定期保管期限一般分为 10 年和 30 年。具体的会计档案保管期限按照《会计档案管理办法》的规定执行。

本 章 小 结

本章主要讲述企业的概念、组织形式和基本业务流程，企业是从事生产、流通、服务等经济活动的经济组织。企业的组织形式可以按不同的标准进行分类。不同类型和规模的企业，其组织机构和基本业务流程各不相同。了解企业、企业组织和企业基本业务流程是今后学习会计并从事会计工作的基础。会计职业既是传承历史的职业，又是与时俱进的职业。会计职业的发展是伴随着社会经济的发展而发展的。不同的会计岗位，其工作职责是不同的。理解会计职业的含义，掌握会计职业的分类，了解会计职业的发展趋势。

习 题

一、单项选择题

1. 企业按照财产的组织形式和所承担的法律责任，不包含(　　)。
   A. 制造企业　　B. 独资企业　　C. 合伙企业　　D. 公司

2. “常在河边走，就是不湿鞋”这句话体现的会计职业道德要求是(　　)。
A. 诚实守信　B. 廉洁自律　C. 坚持准则　D. 提高技能
3. 我国的个体户和私营企业多属于(　　)。
A. 独资企业　B. 股份有限公司
C. 合伙企业　D. 有限责任公司
4. 下列不属于企业基本特征的是(　　)。
A. 以公益为目的　B. 经济组织
C. 以营利为目的　D. 独立经营
5. 总账和明细账保管年限为(　　)。
A. 5年　B. 10年　C. 30年　D. 永久

二、多项选择题

1. 在我国，公司通常分为(　　)。
A. 有限责任公司　B. 股份有限公司
C. 个人独资企业　D. 合伙企业
2. 下列属于会计职业特点的有(　　)。
A. 令人向往，未来职业生涯发展空间大
B. 具有很大的责任和风险
C. 从事会计职业所需要的知识基础与技术能力进一步拓展
D. 是一个新兴的职业
3. 企业是从事生产、流通、服务等经济活动，以生产或服务满足社会需要，实行(　　)的一种营利性的经济组织。
A. 自主经营　B. 独立核算　C. 承担风险　D. 依法设立
4. 下面属于注册会计师考试科目的有(　　)。
A. 会计和审计　B. 财务成本管理
C. 经济法和税法　D. 公司战略与风险管理
5. 企业财务报表主要包括(　　)。
A. 资产负债表　B. 利润表　C. 现金流量表　D. 所有者权益变动表

三、判断题

1. 获取利润是企业的基本特征。(　　)
2. 会计职业既是古老的职业，又是新兴的职业，它是随着社会经济的发展而发展的。(　　)
3. 企事业单位任用会计人员应当实行回避原则，会计主管人员的直系亲属不得在本单位会计机构中担任出纳工作。(　　)
4. 合伙企业必须由所有的合伙人共同经营。(　　)
5. 初级会计师考试科目为《初级会计实务》《经济法基础》两个科目。(　　)

第二章

会计核算基础

【学习目标】

1. 认知会计的概念和基本特点。
2. 理解会计的基本职能、核算方法和目标。
3. 明确会计基本假设和会计信息质量要求。
4. 明确会计要素的计量和会计核算基础。

【重点与难点】

重点：会计的基本职能、核算方法和会计核算基础。
难点：会计信息质量要求。

引导案例：权责发生制

光辉公司 2019 年在账簿上显示有 800 万元的利润，但是因为有一笔 500 万元的借款到期，被人告上法庭，最后由于不能还款而不得不宣告破产。该公司没有任何舞弊行为，按照企业会计准则、企业会计制度检查基本符合有关规定。在资产负债表上可以看出企业有存货 40 万元，固定资产 900 万元(主要是设备)，各项应付款 650 万元，各项应收款 980 万元。请你分析一下其中的原因。

分析：按照会计准则的要求，我国企业采用权责发生制作为记账基础。在权责发生制下，对于会计主体在一定期间内发生的交易或事项，凡是符合收入确认标准的本期收入，不论现金还是银行存款等款项是否收到，均作为本期的收入处理；凡是符合费用确认标准的本期费用，不论现金还是银行存款等款项是否支付，均作为本期的费用处理。权责发生制的核心是按交易或事项是否影响各个会计期间的经营成果和受益情况，确定其归属期。因此，企业的利润也是权责发生制下的产物，也就是说，利润并不代表企业在本期真实拥有相同金额。比如，企业在赊销商品时，计入了收入，因此在当前能够形成利润，但是企业在当前并没有收到相应款项。所以光辉公司虽然有利润，但是本期并没有收回足够的金额，无法偿还到期债务，资金周转不能维持。根据我国《破产法》的规定，债权人有权要求法院宣告债务人破产。

第一节 会 计 概 述

一、会计的概念与特征

(一)会计的概念

会计是以货币为主要计量单位，通过一系列的专门方法，对企业、行政事业单位的经济活动进行连续、系统、全面、综合的核算和监督，旨在提供会计信息和提高经济效益的一种管理活动。

(二)会计的特征

1. 以货币为主要计量单位

现代会计是与商品经济紧密联系在一起的。在商品经济条件下，货币是商品的一般等价物，是衡量一般商品价值的共同尺度，具有价值尺度的职能。为了全面、综合地反映经济活动，客观上需要一种统一的计量单位作为会计核算的计量尺度。会计之所以以货币为主要计量单位对经济业务内容进行计量、记录、分析，是因为货币具有统一尺度的功能。

用货币量度来计量经济过程的劳动耗费和劳动成果，评价经济上的得失是现代会计的特征之一。也就是说，货币量度是会计最主要的计量尺度，会计所进行的管理是一种价值管理。

2. 以真实合法的会计凭证为依据

会计要求如实反映经济业务的基本情况，为此就要把某一特定主体所发生的经济业务进行归类、汇总，填制合法的书面凭证，在凭证中记载经济业务的过程和应确定的经济责任。会计只有根据合法的凭证，才能对各项经济业务进行计量和记录；若没有合法的凭证，会计就不能登记账簿、编制会计报表和进行报表分析。

3. 对经济活动进行全面、连续、系统和综合的核算和监督

全面是指对各种经济活动都能反映其来龙去脉，不得遗漏；连续是指按照经济活动发生时间的顺序逐笔、逐日记录，不允许中断；系统是指对各种经济活动的记录要采用一系列专门的方法，遵循一定的处理程序，分门别类并且科学有序地进行；综合是指以货币作为统一的计量单位。

4. 有一套完整的方法体系

会计在长期发展过程中，形成了设置账户、复式记账、填制和审核凭证、登记账簿、编制会计报表等一个完整的方法体系，并通过这些方法的相互联系和配合，来核算和监督经济活动的全过程及结果，为企业的经济管理提供必要的会计信息。

(三)会计的产生与发展

1. 会计的产生

会计是为适应人类生产实践和经济管理而产生的，并随着生产的不断发展而发展。在生产力极其低下的时期，人们的生产活动非常简单，生产成果与生产消耗的计量、计算、比较以及生产成果的分配，单凭人脑的简单思考、记忆或者直觉就能完成，无须专门地记录、计算，因而也不需要会计。

随着生产力的发展，人们的生产、分配、交换、消费活动日趋复杂，仅凭人脑的记忆和计算，已不可能满足生产活动等经济活动的需要，必须通过观察、计量、计算、记录来完成，于是出现了极其简单的计数、记录行为，如我国古代的“结绳记事”“刻石记数”。这些简单的记录、记数行为，从会计角度看，就是会计产生的萌芽。

2. 会计的发展

在历史长河中，会计发展大致经历了古代会计、近代会计和现代会计三个主要阶段。

(1) 古代会计(15世纪之前)。在我国，“会计”一词最早出现在西周，《周礼》指出：“会计，以参互考日成，以月要考月成，以岁会考岁成。”那时的西周王朝就设立了“司会”官职，专管朝廷的钱粮收支，进行“月计岁会”，每月零星计算称为“计”，年终总计算称为“会”。在唐宋时期，会计有了比较全面的发展，尤其在宋朝，出现了“四注清册”，所谓四柱，就是反映钱粮的“旧管”(期初结存)、“新收”(本期收入)、“开除”(本期支出)、“实在”(期末结存)。在明末清初，产生了“龙门账”，将账目划分为“进”(收入)、“缴”(支出)、“存”(资产)、“该”(负债)，年终通过“进”与“缴”对比，“存”与“该”对比，确定盈亏，计算结果若完全吻合，称为“合龙门”。

(2) 近代会计(15世纪至20世纪30年代)。近代会计的标志是复式记账法在会计中的应

用。13—15 世纪，意大利地中海沿岸城市经济的发展和资本借贷的兴起，推动了会计复式记账法的产生与发展。1494 年，意大利数学家卢卡·帕乔利出版了《算数、几何、比与比例概要》一书，系统地介绍了复式记账法。由于这本书的出版，复式记账法在欧洲和全世界得到推广，卢卡·帕乔利也被称为“现代会计之父”。这是近代会计发展史上的第一个重要里程碑，标志着记账方法从单式记账法向复式记账法转变。18—19 世纪，英国产业革命时期，资本主义经济得到了空前发展，英国成为当时工业最发达、生产力水平最高的国家。在英国，产生了适应大生产需要的新的企业组织形式——股份公司，公司的账目需要专门机构审查，1854 年，英国爱丁堡会计师公会的成立，被认为是近代会计发展史上的第二个里程碑。

(3) 现代会计(20 世纪 30 年代至今)。现代会计一般是指 20 世纪 30 年代以后的会计，这是会计的一个跨越式发展时期，现代会计的主要标志是会计目标的重大变化，管理会计形成并与财务会计分离，电子计算机在会计上的应用，还有财务会计理论体系的形成和完善，以及会计准则的国际趋同等。

一是会计目标的重大历史性变化。20 世纪 30 年代，现代经济的发展加速了企业组织形式的变革，股份公司这一新的企业组织形式如雨后春笋般在世界各地涌现。与此前的会计主要服务于私人、合伙企业内部管理者的目的不同，股份公司的会计目标转变为主要服务于企业外部的投资者等会计信息使用者。这是由于股份公司的经营资金主要来源于为数众多的股东和债权人。公司管理层既承担着有效使用资金并保证其保值增值的责任，也承担着向股东和债权人等报告相关会计信息的义务。

二是管理会计与财务会计分离。20 世纪 50 年代起，随着管理科学的发展，如何利用会计提供的信息分析企业经营活动现状，预测经营活动前景，为经营决策提供依据等，成为会计研究的重要课题，在传统的财务会计中逐渐分离出一门新兴学科——管理会计，管理会计主要承担向其管理层提供有助于他们进行经营预测和决策的相关信息的职责；而财务会计则主要承担向投资者等财务报告使用者提供企业相关信息的职责，进而有助于他们进行投资等经济决策。管理会计与财务会计在企业经营管理中并驾齐驱，增强了会计作为一项经济管理活动的功能。

三是电子计算机在会计上的应用。20 世纪 50 年代以来，随着电子计算机的发明和运用，计算机逐步应用到会计信息处理中，极大地提高了会计信息处理的速度和质量，这是会计操作技术和信息处理方式的重大变革。同时，随着网络技术的发展，会计信息网络系统也逐步建立和发展起来。

四是财务会计理论体系的形成与会计准则的国际趋同。现代会计阶段是现代财务会计理论发展的繁荣时期。在近代会计理论框架的基础上，逐步形成了以会计目标为核心，包括会计定义、会计假设、会计对象、会计要素、会计基础、会计确认、会计计量和会计报告等在内的完整的财务会计理论体系，并以此为指导建立了具体的会计准则，用以指导会计实务的处理。

从 20 世纪下半叶开始，特别是进入 21 世纪以来，世界经济一体化进程加快，会计的发展也不再仅限于一个国家或地区，建立全球高质量会计准则体系的呼声越来越高，会计准则在越来越多的国家和地区实现了与国际会计准则的实质性趋同。这些变化也给会计理论的进一步发展和完善提供了新的契机，作为“世界商业语言”的会计必将会有日新月异的发展。

二、会计的基本职能

会计的基本职能是指会计在经济管理工作中所具有的功能。生产力发展水平和经营管理水平的高低，对会计的职能具有决定性的影响。我国《会计法》中规定会计的基本职能为会计核算和会计监督。

(一)会计核算职能

会计核算贯穿于经济活动的全过程，是会计最基本的职能，也称反映职能。它是指会计以货币为主要计量单位，通过确认、计量、记录、报告等环节，对特定对象(或称特定主体)的经济活动进行记账、算账、报账，为各有关方面提供会计信息的功能。会计确认是指将某一项目作为资产、负债、收入、费用等正式地记录并列入会计主体资产负债表或利润表的过程。会计计量是指根据一定的计量标准和计量方法，记录并在会计主体资产负债表和利润表中确认和列示会计要素而确定其金额的过程。记账是指对特定对象的经济活动采用一定的记账方法，在账簿中进行登记；算账是指在记账的基础上，对企业在一定时期的收入、费用(成本)、利润和一定阶段的资产、负债、所有者权益进行计算；报账是指在算账的基础上，对企业单位的财务状况、经营成果和现金流量情况，以会计报表的形式向有关方面报告。

会计核算职能具有如下特点。

(1) 会计主要核算过去已经发生或完成的经济活动。

(2) 会计核算从数量上反映各单位的经济活动状况，以货币量度为主，以实物量度和劳动量度作为辅助量度。

(3) 会计核算具有连续性、系统性和全面性。

会计核算必须遵循国家颁布的会计准则和会计制度，即财政部颁布的《企业会计准则》《事业单位会计准则》《企业会计制度》和各行业会计制度等。

会计法与企业会计准则.doc

(二)会计监督职能

会计监督职能也称控制职能，是指会计人员在进行会计核算的同时，对特定对象经济业务的合法性、合理性进行审查。合法性审查是指保证各项经济业务符合国家的有关法律法规，遵守财经纪律，执行国家的各项方针政策，杜绝违法乱纪行为；合理性审查是指检查各项财务收支是否符合特定对象的财务收支计划，是否有利于预算目标的实现，是否有奢侈浪费行为，是否有违背内部控制制度要求等现象，为增收节支、提高经济效益严格把关。

会计监督职能具有如下特点。

(1) 会计监督主要通过价值指标来进行。

(2) 会计监督是对单位经济活动的全过程进行监督，包括事前监督、事中监督和事后监督。

(3) 会计监督必须以财经法律、法规为依据。

会计核算和会计监督两个基本职能是密切联系、相辅相成的。会计核算是会计监督的基础，会计监督是会计核算的延伸和发展。没有会计核算提供数据资料，会计监督就没有客观依据；如果只有核算而没有监督，就不能发挥会计在经济管理中的作用，也难以保证核算所提供信息的真实性和可靠性。

随着生产力水平的日益提高、社会经济关系的日益复杂和管理理论的不断深化，会计所发挥的作用日益重要，其职能也在不断地丰富和发展。除了上述基本职能外，会计还具有预测经济前景、参与经济决策、评价经济业务等功能。

三、会计核算的具体内容

会计核算的内容是指特定主体的资金运动，包括资金的投入、资金的循环与周转、资金的退出三个阶段。资金的上述三个阶段的运动，又是通过一系列经济业务事项来进行的。经济业务事项包括经济业务和经济事项两类。经济业务又称经济交易，是指企业其他单位和个人之间发生的各种经济利益的交换，如购买材料、产品销售等。经济事项是指在企业内部发生的具有经济影响的各类事项，如计提折旧等。经济业务事项具体包括以下内容。

(一)款项和有价证券的收付

款项是指作为支付手段的货币资金，主要包括库存现金、银行存款以及其他视同现金和银行存款使用的外埠存款、银行汇票存款、银行本票存款、信用卡存款、信用证保证金存款和各种备用金等。有价证券是指表示一定财产拥有或支配权的证券，如国库券、股票、企业债券等。款项和有价证券是流动性最强的资产。如果款项和有价证券的收付环节出现了问题，不仅会使企业款项和有价证券受损，更直接影响到企业货币资金的供应，从而影响企业的生产经营活动。各企业必须按照国家统一的会计制度的规定，及时、如实地核算款项和有价证券的收付及结存，保障企业货币资金的流动性、安全性，提高货币资金的使用效率。

(二)财物的收发、增减和使用

财物是企业财产物资的简称，是企业进行生产经营活动且具有实物形态的经济资源，一般包括原材料、燃料、包装物、低值易耗品、在产品、库存商品等流动资产，以及房屋、建筑物、机器、设备、运输工具等固定资产。这些物资在企业资产总额中往往占有很大比重。财物的收发、增减和使用，是会计核算中的经常性业务，也是发挥会计控制和降低成本、保证财物安全完整、防止资产流失等职能作用的重要方面。因此，各企业必须加强对财物收发、增减和使用环节的核算，维护企业正常的生产经营秩序。

(三)债权债务的发生和结算

债权是企业收取款项的权利，一般包括各种应收款项和预付款项等。债务指企业由于

过去的交易、事项形成的现时义务，履行该义务预期会导致经济利益流出企业。债务一般包括借款、应付款项和预收款项以及应交款项等。债权和债务是企业日常生产经营和业务活动中大量发生的经济业务事项。由于债权债务的发生和结算涉及本企业其他单位或有关方面的经济利益，关系到企业自身的资金周转，影响着企业的生产经营活动和业务活动，因此，各企业必须及时、真实、完整地核算本期的债权债务，防止在债权债务环节发生非法行为。

(四)资本的增减

资本是投资者为开展生产经营活动而投入的资金。会计上的资本，专指所有者权益中的投入资本。资本的利益关系人比较明确，用途也基本定向。办理资本增减的政策性强，一般都应以具有法律效力的合同、协议、董事会决议等为依据，各单位必须按照国家统一的会计制度的规定和具有法律效力的文书进行资本核算。

(五)收入、支出、费用、成本的计算

收入是指在日常活动中形成的、会导致所有者权益增加的、与所有者投入资本无关的经济利益的总流入。支出是指企业实际发生的各项开支，以及在正常的生产经营活动以外的支出和损失。费用是指企业在日常活动中发生的、会导致所有者权益减少的、与向所有者分配利润无关的经济利益总流出。成本是指企业为生产产品、提供劳务而发生的各种耗费，是按一定的产品或劳务对象归集的费用，是对象化了的费用。收入、支出、费用、成本都是计算和判断企业经营成果及其盈亏状况的主要依据。各企业应当重视收入、支出、费用、成本环节的管理，按照国家统一的会计制度的规定，正确核算收入、支出、费用、成本。

(六)财务成果的计算和处理

财务成果是企业在一定时期内通过从事生产经营活动而在财务上取得的结果，具体表现为盈利或亏损。财务成果的计算和处理一般包括利润的计算、所得税的计算和缴纳、利润分配或亏损弥补等。财务成果的计算和处理，涉及所有者、国家等方面的利益，各单位必须按照国家统一的会计制度和其他法规制度的规定，正确地计算和处理财务成果。

四、会计核算方法

会计方法主要是指从事会计工作所使用的各种技术方法。它是核算和监督会计对象、完成会计任务的手段，也是会计的重要组成内容。

会计方法与会计内容是密切相关的，也可以说，有什么样的会计内容就应有与之相对应的会计方法。会计内容随着社会经济的发展而日趋复杂，相应地，会计方法也随之不断改进和发展，它经历了由简单到复杂、不完备到逐渐完备的漫长发展过程，逐渐形成了目前的会计方法体系。

会计就其内容而言，可分为会计核算、会计分析、会计检查三个主要方面。这三个方面具有一定的统一性，又有相对的独立性，它们所用的方法各不相同。同样，会计方法也可以分为会计核算方法、会计分析方法、会计检查方法。作为会计的内容而言，会计核算是最基本的会计方法。会计核算方法就是指对会计对象进行连续、系统、完整地记录、计算、反映和监督所应用的基本方法。核算方法主要包括下列七种专门方法：设置账户、复式记账、填制和审核会计凭证、登记账簿、成本计算、财产清查和编制会计报表。

(一)设置账户

设置账户是对会计对象的具体内容进行归类核算和监督的一种专门方法。会计对象的具体内容是多种多样的，如财产物资就有各种存在形态，包括厂房建筑物、机器设备、各种材料、半成品等，它们在生产中不但作用不同，而且管理的要求也不同；又如，企业取得这些财产物资所需的经营资金来自不同的渠道，有银行贷款，有投资者投入等。为了对不同的内容分别进行反映和记录，会计上必须设置一系列的账户。

(二)复式记账

复式记账是指每一项经济业务都要在两个或两个以上互相联系的账户中同时登记的一种记账方法。在现实生活中，任何一项经济业务的发生都有其来龙去脉，如企业银行存款减少 1 000 元，其去向或是购买材料，或是提取现金备用等。采用复式记账就是对任何一项经济业务，一方面在有关账户中登记其来源，另一方面在有关账户中登记其去向。这样既能相互联系地反映经济业务的全貌，又便于试算平衡，核对账簿记录是否正确。

(三)填制和审核会计凭证

企业、行政、事业等单位发生的任何会计事项，都必须填制或取得原始凭证，证明经济业务正在进行或者经济业务已经完成。原始凭证要送交会计机构进行审核，审核其填写内容是否完整，手续是否齐全，业务的发生是否合理、合法，只有经过审核无误的凭证，才能作为记账的依据。因此，填制和审核会计凭证，既是会计核算的一种方法，也是会计监督的重要方法。通过这一专门方法的运用，就能为账簿记录提供真实、可靠的数据资料，保证会计记录的完整、可靠及会计核算的质量。

(四)登记账簿

账簿是由具有一定格式、相互连接的账页组成的。登记账簿就是根据审核无误的会计凭证，用复式记账的方法，将经济业务的内容连续、系统地记录在账页上的一种专门方法。通过登记账簿，就能将分散的经济业务进行汇总，连续、系统地提供每一类经济活动完整的资料，了解经济活动发展变化的全过程。

(五)成本计算

成本计算是企业会计中采用的专门方法，它是按照成本计算对象归集生产经营活动中发生的各项费用，并确定各成本计算对象的总成本和单位成本的一种方法。如产品制造企业生产经营各个阶段都会有各项费用发生或支付，供应过程采购材料需要支付材料采购费用，生产过程为生产各种产品需要发生材料消耗，支付工资和其他费用等。为了考核各个阶段费用支出的多少和成本水平的高低，必须分别按照材料采购品种、数量，生产产品的品种、数量归集费用，计算其总成本和单位数量所应负担的费用，即单位成本。利用成本计算所提供的资料，可以了解各阶段费用支出和各成本计算对象实际成本的高低，考核成本计划的完成情况，挖掘降低成本的潜力，从而不断地降低成本。

(六)财产清查

财产清查就是对各项财产物资、货币资金进行实物盘点，对各项往来款项进行核对，以查明其实有数的一种专门方法。其具体做法是将实物盘点的结果与账面结果相核对，将企业的债权、债务逐笔与对方核对，如果发现账实不符，应立即查明原因，确定责任该由谁负，并调整账面价值，做到账实相符。运用财产清查方法能保护财产物资的安全、完整，改进财产管理，挖掘物资潜力，加速资金周转。

(七)编制会计报表

会计报表是根据账簿记录，按照规定的表格，主要运用数字形式，定期编制的总结报告。通过编制会计报表，能对分散在账簿中的日常核算资料进行综合、分析、加工整理，提供全面反映经济活动的有用信息。同时，基层单位会计报表逐级汇总后，又可以为国家综合平衡提供依据。因此，编制会计报表是会计核算的一种专门方法。

以上会计核算的各种专门方法并不是各自孤立的，而是相互联系在一起的整体，它们构成了一个完整的方法体系。即对于日常发生的经济业务，填制和审核凭证；按照设置的账户，运用复式记账方法计入有关账簿；对于生产经营过程中发生的费用，进行归集和分配，计算成本；一定时期终了时，通过财产清查，在账证、账账、账实、账款相符的基础上，根据账簿记录编制会计报表。因此，这些会计核算方法，必须密切地配合在一起加以运用。

会计核算方法之间的相互关系如图 2-1 所示。

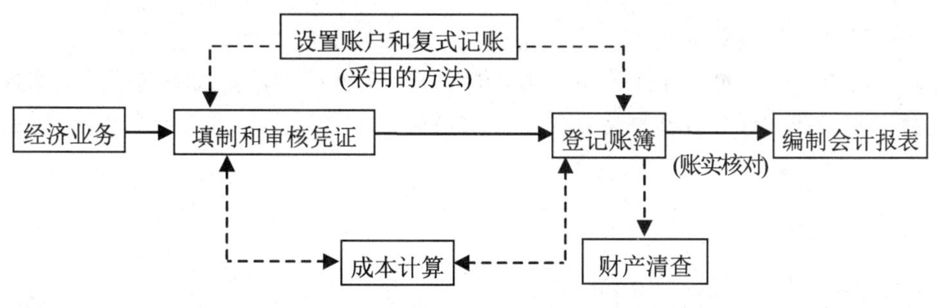

图 2-1　会计核算方法的相互关系

五、会计目标

会计目标是指会计工作所要达到的目的。会计的最终目标是提高企业的经济效益，具体目标是提供会计信息使用者所需要的会计信息。会计目标要反映受托责任的履行情况，明确向谁提供信息以及提供什么样的信息，以利于信息使用者进行经济决策。

现代会计目标主要包括以下两方面的内容。

(一)向会计信息使用者提供对决策有用的信息

会计作为一项管理活动，要向会计信息使用者提供有助于其做出正确决策的数据化信息，包括企业的财务状况、经营成果和现金流量信息。例如，投资者进行投资决策需要大量可靠的相关的会计信息，而会计信息的提供又必须依赖于会计人员所从事的工作，这时会计工作就必须以提供信息服务于决策为目标取向，如果会计人员提供的会计信息对会计信息使用者的决策没有帮助，那么会计工作就失去了意义。因此，向会计信息使用者提供对决策有用的信息是会计工作的基本目标。

(二)反映企业管理层受托责任的履行情况

在现代企业中，企业的所有权与经营权相分离，企业管理层接受受托人委托，代为经营企业及其各项资产，因而负有受托责任。由于委托人的所有者十分关注资本的保值和增值，需要定期了解企业管理层保管和使用资产的情况，决定是否需要调整投资政策，是否需要加强企业内部管理，是否需要更换管理层等。因此，会计的目标应能充分体现反映企业管理层受托责任的履行情况，以有助于委托人正确评价企业的经营管理责任和资源使用的有效性。

第二节　会计基本假设和会计信息质量要求

一、会计基本假设

会计假设是会计核算的基本前提，是对会计核算所处的时间、空间环境所做的合理设定。会计准则中所规定的各种程序和方法只能在满足会计核算基本前提的基础上选择使用。因此，会计人员在进行会计核算之前，必须对所处的经济环境是否符合会计核算的基本前提做出正确的判断。

(一)会计主体

会计主体或称会计实体，是指会计工作为之服务的特定单位或组织。会计核算的对象是企业生产经营活动中的资金运动，因此，在组织会计核算之前，必须首先明确核算和监督的资金运动是哪一个单位的资金运动。资金运动由各项具体的经济活动组成，每项经济

活动又与其他有关经济活动相联系。对某一项经济活动来说，经济活动总是可分解为两个方面，如材料采购业务，一方面是企业支付价款，取得材料；另一方面则是企业发出商品，取得收入。对于企业会计来说，核算的只能是企业自身的生产经营活动，企业的会计核算只能站在自身的角度，来反映核算经济活动，因此，企业的会计核算应以自身发生的生产经营活动为主体，核算和监督本身的生产经营活动。

会计主体应该看作是一个独立的整体。首先，它在经济上是独立的，不仅要把会计主体之间的经济关系划分清楚，还要把企业的财务活动与企业主及企业职工个人的财务活动相分离。区分企业的经济活动与企业投资者的经济活动，企业的会计记录和会计报表涉及的只是企业主体的活动，既不核算反映企业投资者或所有者的经济活动，也不核算其他企业或其他经济主体的经济活动。其次，会计主体是一个主体，反映和处理企业的生产经营活动与财务活动问题都应从企业主体出发，因为企业内部资金财产的调拨，既不会增加企业的收益和损失，也不会增加企业的资产和负债。如一家公司在编制会计报表时，分公司之间相互销售的产品只能视作产品的内部转移，而不能作为总公司的营业收入，总公司与分公司之间、分公司与分公司之间的应收款项、应付款项也应相互抵销，不能由于内部资金的划拨而增加企业的资产和负债。所以，企业的核算只能是企业范围内的经济活动，这样才能正确地反映会计主体的资产、负债和所有者权益情况，才能正确地反映企业的收入、费用和利润，才能提供会计信息使用者所需要的信息资料。也正是确定了会计核算的范围，企业的投资者、债权人和其他有关方面才有可能从会计记录和会计报表中得到有关的会计信息。

会计主体可以是法人，如企业、事业单位；也可以是非法人组织，如合伙经营组织；可以是一个企业，也可以是企业中的内部单位或企业中的一个特定部分；可以是单一企业，也可以是几个企业组成的联营公司或企业集团。

(二)持续经营

持续经营是指企业或会计主体的生产经营活动能以既定的经营方针、目标，持续、正常、无限期地延续下去。也就是说，会计主体在可预见的未来将不会面临破产清算，它所持有的资产，将按照预定的目标在正常的经营过程中被耗用、出售或转让，它所承担的债务，也将按期归还。正是在这一前提下，企业在会计信息的收集和处理上所使用的会计处理方法才能稳定，企业的会计记录和会计报表才能真实、可靠；否则，一些公认的会计处理方法将缺乏存在的基础，也将无法使用。例如，在持续经营的前提下，企业对它所使用的机器设备等固定资产应当按成本记账，企业在机器设备的使用年限内连续使用，按其价值和使用期限，可以确定采用某一折旧方法计提折旧费用，对于其承担的债务，可以按照规定条件偿还。而在破产清算的情况下，资产必须按照实际变现的价值来计算，负债必须按照资产变现后的实际负担能力清偿。也就是说，在破产清算的情况下，一些公认的会计原则和会计处理方法将不能采用。

(三)会计分期

企业的生产经营活动大都具有连续性的特点。因而，为充分发挥会计管理的积极作用，不可能等到企业全部经济活动结束，各项资产都转化为现金，各项负债都清偿完毕再进行结算、编制会计报表。企业的投资者、债权人、国家财税部门等也需要及时了解企业的生产经营情况，需要企业定期提供其决策和征税所依据的财务信息。所以，就必须人为地把连续不断的企业生产经营活动过程划分为一个个首尾相接、等间距的会计期间，确定每一个会计期间的收入、费用和利润，确定每一个会计期间期初、期末的资产以及负债和所有者权益的数量，进行结算账目和编制会计报表，反映企业的财务状况和经营成果，这种人为的分期就是会计分期。

企业通常以一年作为划分会计期间的标准，也可以以其他期间来划分会计期间，如可以以 6 个月为一会计期间，以一年为会计期间的称为会计年度。会计年度可以以日历年度为一会计年度，即以公历 1 月 1 日至 12 月 31 日为一会计年度，每一会计年度还可划分为季度、月份。

会计期间的划分对于确定会计核算方法具有极为重要的作用。由于有了会计分期，才产生了本期和非本期的区别；由于有了本期和非本期的区别，才产生了权责发生制和收付实现制，才使不同类型的会计有了记账基础。如划分会计期间后，产生了某些费用，要在不同会计期间进行摊销，分别列为当期费用和下期费用，采用权责发生制后，对一些收入和费用按照权责关系需要在本期和以后各期进行分配，确定其归属期间，为此需要在会计处理上运用预收、预付、应收、应付等会计方法。

会计期间的划分，使企业连续不断的生产经营活动分为若干较短的会计期间，有利于企业及时结算账目，编制会计报表，及时提供企业经营情况的财务信息，满足企业内部加强经营管理及其他有关方面进行决策的需要。

(四)货币计量

货币计量，是指会计主体在进行会计确认、计量和报告时以货币计量，反映会计主体的财务状况、经营成果和现金流量。在会计的确认、计量和报告过程中选择货币作为基础进行计量，这是由货币本身的属性决定的。货币是商品一般等价物，是衡量一般商品价值的共同尺度，具有价值尺度、流通手段、贮藏手段和支付手段等特点。其他计量单位，如重量、长度、容积、台、件等，都只能从一个侧面反映企业的生产经营情况，无法在量上进行汇总和比较，不便于会计计量和经营管理。因此，为全面反映企业的生产经营活动和有关交易、事项，会计确认、计量和报告选择货币作为计量单位。

二、会计信息质量要求

会计信息质量要求是对企业财务报告中所提供会计信息质量的基本要求，是使财务报告中所提供会计信息对投资者等使用者决策有用应具备的基本特征，根据《会计基本准则》的规定，它包括可靠性、相关性、可理解性、可比性、实质重于形式、重要性、谨慎性和及时性等。其中，可靠性、相关性、可理解性和可比性是会计信息的首要质量要求，是企业财务报告中所提供会计信息应具备的基本质量特征；实质重于形式、重要性、谨慎性和及时性是会计信息的次级质量要求，是对可靠性、相关性、可理解性和可比性等首要质量要求的补充和完善，尤其是在对某些特殊交易或者事项进行处理时，需要根据这些质量要求来把握其会计处理原则。及时性还是会计信息相关性和可靠性的制约因素，企业需要在相关性和可靠性之间寻求一种平衡，以确定信息及时披露的时间。

(一)可靠性

可靠性要求企业应当以实际发生的交易或者事项为依据进行确认、计量和报告，如实地反映符合确认和计量要求的各项会计要素及其他相关信息，保证会计信息真实、可靠，内容完整。为了贯彻可靠性要求，企业应做到以下两点。

(1) 企业应以实际发生的交易或者事项为依据进行确认、计量，将符合会计要素定义及其确认条件的资产、负债、所有者权益、收入、费用和利润等如实地反映在财务报表中，不得根据虚构的、没有发生的或者尚未发生的交易或者事项进行确认、计量和报告。

(2) 企业应当在符合重要性和成本效益原则的前提下，保证会计信息的完整性，其中包括应当编制的报表及其附注内容等应当保持完整，不能随意遗漏或者减少应予披露的信息，与使用者决策相关的有用信息都应当充分披露。

(二)相关性

相关性要求企业提供的会计信息应当与投资者等报告使用者的经济决策需要相关，有助于投资者等财务报告使用者对企业过去、现在或者未来的情况做出评价或者预测。

会计信息是否有用、是否具有价值，关键是看其与使用者的决策需要是否相关，是否有助于决策或者提高决策水平。相关的会计信息应当能够有助于使用者评价企业过去的决策，证实或者修正过去的有关预测，因而具有反馈价值。相关的会计信息还应当具有预测价值，有助于使用者根据财务报告所提供的会计信息预测企业未来的财务状况、经营成果和现金流量。

会计信息质量的相关性要求，需要企业在确认、计量和报告会计信息质量的过程中，充分考虑使用者的决策模式和信息需要。但是，相关性是以可靠性为基础的，两者之间并不矛盾，不应将两者对立起来。也就是说，会计信息在可靠性的前提下，应尽可能地做到相关性，以满足投资者等财务报告使用者的决策需要。

(三)可理解性

可理解性要求企业提供的会计信息应当清晰明了，便于投资者等财务报告使用者理解和使用。

企业编制财务报告、提供会计信息的目的在于使用，而要让使用者有效地使用会计信息，应当能让其了解会计信息的内涵，弄懂会计信息的内容，这就要求财务报告所提供的会计信息应当清晰明了、易于理解，只有这样才能提高会计信息的有用性，实现财务报告的目标，满足向投资者等财务报告使用者提供对决策有用信息的要求。

会计信息毕竟是一种专业性较强的信息产品，在强调会计信息的可理解性要求的同时，还应假定使用者具有一定的有关企业经营活动和会计方面的知识，并且愿意付出努力去研究这些问题。对于某些复杂的信息，如交易本身较为复杂或者会计处理较为复杂，但其对使用者的经济决策是相关的，企业就应当在财务报告中予以充分披露。

(四)可比性

可比性要求企业提供的会计信息应当相互可比，这主要包括两层含义。

1．同一企业不同时期可比

为了便于投资者等财务报告使用者了解企业财务状况、经营成果和现金流量的变化趋势，比较企业在不同时期的财务报告信息，全面、客观地评价过去、预测未来，从而做出决策。会计信息质量的可比性要求同一企业的不同时期发生的相同或者相似的交易或者事项，应当采用一致的会计政策，不得随意变更。但是，满足会计信息可比性要求，并非表明企业不得变更会计政策，如果按照规定或者在会计政策变更后可以提供更可靠、更相关的会计信息，那就可以变更会计政策。有关会计政策变更的情况，应当在附注中予以说明。

2．不同企业相同会计期间可比

为了便于投资者等财务报告使用者评价不同企业的财务状况、经营成果和现金流量及其变动情况，会计信息质量的可比性要求不同企业同一会计期间发生的相同或者相似的交易或者事项，应当采用规定的会计政策，确保会计信息口径一致、相互可比，以使不同企业按照一致的确认、计量和报告要求提供有关的会计信息。

(五)实质重于形式

实质重于形式要求企业应当按照交易或者事项的经济实质进行会计确认、计量和报告，而不仅仅以交易或者事项的法律形式为依据。

企业发生的交易或事项在多数情况下的经济实质和法律形式是一致的，但在有些情况下也会出现不一致。例如，企业按照销售合同销售商品但又签订了售后回购协议，虽然从法律形式上看实现了收入，但如果企业没有将商品所有权上的主要风险和报酬转移给购货方，没有满足收入确认的各项条件，即使签订了商品销售合同或者已将商品交付给了购货方，也不应当确认销售收入。

(六)重要性

重要性要求企业提供的会计信息应当反映与企业财务状况、经营成果和现金流量有关的所有重要交易或者事项。

如果财务报告中提供的会计信息的省略或者错误报告会影响投资者等使用者据此做出决策，该信息就具有重要性。重要性的应用需要依赖职业判断，企业应当根据其所处环境和实际情况，从项目的性质和金额的大小两方面加以判断。

(七)谨慎性

谨慎性要求企业对交易或者事项进行会计确认、计量和报告时保持应有的谨慎，不应高估资产或者收益、低估负债或者费用。

在市场经济环境下，企业的生产经营活动面临着许多风险和不确定性，如应收款项的可收回性、固定资产的使用寿命、无形资产的使用寿命、售出商品可能发生的退货或者返修等。会计信息质量的谨慎性要求，需要企业在面临不确定性因素的情况下做出职业判断时，应当保持应有的谨慎，充分估计到各种风险和损失，既不高估资产或者收益，也不低估负债或者费用。例如，要求企业对售出商品所提供的产品质量保证确认一项预计负债，就体现了会计信息质量的谨慎性要求。

谨慎性的应用也不允许企业设置秘密准备，如果企业故意低估资产或者收入，或者故意高估负债或者费用，将不符合会计信息的可靠性和相关性要求、损害会计信息质量、扭曲企业实际的财务状况和经营成果，从而对使用者的决策产生误导，这是会计准则所不允许的。

(八)及时性

及时性要求企业对于已经发生的交易或者事项，应当及时进行确认、计量和报告，不得提前或者延后。

会计信息的价值在于帮助所有者或者其他方面做出经济决策，具有时效性。即使是可靠的、相关的会计信息，如果不及时提供，就失去了时效性，对于使用者的效用就大大降低，甚至不再具有实际意义。在会计确认、计量和报告过程中贯彻及时性，一是要求及时收集会计信息，即在经济交易或者事项发生后，及时收集整理各种原始单据或者凭证；二是要求及时处理会计信息，即按照会计准则的规定，及时对经济交易或者事项进行确认或者计量，并编制财务报告；三是要求及时传递会计信息，即按照国家规定的有关时限，及时地将编制的财务报告传递给财务报告使用者，便于其及时使用和做出决策。

在实务中，为了及时提供会计信息，可能需要在有关交易或者事项的信息全部获得之前进行会计处理，这样就满足了会计信息的及时性要求，但可能会影响会计信息的可靠性；反之，如果企业等到与交易或者事项有关的全部信息获得之后再进行会计处理，这样的信息披露可能会由于时效性差，对于投资者等财务报告使用者决策的有用性大大降低。这就需要在及时性和可靠性之间做相应权衡，以更好地满足投资者等财务报告使用者的经济决策需要作为判断标准。

以上会计核算的一般原则是商品经济条件下所共有的，它是会计核算工作应遵循的基本要求，也为会计具体准则的制定提供了指导思想。

第三节　会计要素的计量与会计核算基础

一、会计要素的计量

会计要素计量是为了将符合确认条件的会计要素登记入账，并列报于财务报表而确定其金额的过程。企业应当按照规定的会计要素计量属性进行计量，确定其金额。计量属性是指予以计量的某一要素的特性，计量属性反映的是会计要素金额确定的基础。会计计量主要包括历史成本、重置成本、可变现净值、现值和公允价值等。根据我国会计准则的规定，企业在对会计要素进行计量时，一般应当采用历史成本，因为采用重置成本、可变现净值、现值和公允价值计量的，应当保证所确定的会计要素金额能够取得并可靠地计量。

(一)历史成本

历史成本又称实际成本，是指取得或制造某项财产物资时所实际支付的现金或其他等价物。以历史成本为计价基础有助于对各项资产、负债项目的确认和对计量结果的验证与控制；同时，按照历史成本原则进行核算，可以防止企业随意改动资产价格造成经营成果虚假或任意操纵企业的经营业绩。

在历史成本计量下，资产按照购置时支付的现金或者现金等价物的金额，或者按照购置资产时所付出的对价的公允价值计量。负债按照其因承担现时义务而实际收到的款项或者资产的金额，或者按照承担现时义务的合同金额，或者按照日常活动中为偿还负债预期需要支付的现金或者现金等价物的金额计量。

用历史成本计价比较客观，有原始凭证为依据，可以随时查证和防止随意更改。但这样做是建立在币值稳定假设基础之上的，如果发生物价变动导致币值出现不稳定的情况，则需要研究、使用其他的计价基础，如重置成本等。

(二)重置成本

重置成本又称现行成本，是指按照当前市场条件，重新取得同样一项资产所需支付的现金或现金等价物的金额。在重置成本计量下，资产按照现在购买相同或者相似资产所需支付的现金或者现金等价物的金额计量。负债按照现时偿付该项债务所需支付的现金或者现金等价物的金额计量。

采用重置成本的优点：可以避免在物价上涨时虚计利润；重置成本为现时信息，而不是过去的历史信息，增强了会计信息的有用性；将现行成本和现行收入相配比，具有逻辑上的一致性，可以增强期间收入与费用相配比的可比性和可靠性，进而有助于正确评价企业的管理业绩。但重置成本也有其不足之处，由于客观条件的限制，难以确定与原资产相吻合的重置成本。

(三)可变现净值

可变现净值是指在生产经营过程中，以预计售价减去进一步加工的成本和销售所必需的预计税金、费用后的净值。在可变现净值计量下，资产按照其正常对外销售所能收到的现金或者现金等价物的金额扣减该资产至完工时估计将要发生的成本、销售费用以及相关税金后的金额计量。

它在不考虑货币时间价值的情况下，计量资产在正常经营过程中可带来的预期现金流入或将要支付的现金流出。

(四)现值

现值是指对未来现金流量以恰当的折现率进行折现后的价值，是考虑货币时间价值因素等的一种计量属性。在现值计量下，资产按照预计从其持续使用和最终处置中所产生的未来净现金流入量的折现金额计量。负债按照预计期限内需要偿还的未来净现金流出量的折现金额计量。

(五)公允价值

公允价值是指在公平交易中，熟悉情况的交易双方自愿进行资产交换或者债务清偿的金额。在公允价值计量下，资产和负债按照在公平交易中，熟悉情况的交易双方自愿进行资产交换或者债务清偿的金额计量。

二、会计核算基础

会计核算基础，主要是针对会计人员在进行会计业务处理时，如何界定收入、费用和归属期间所做出的基础规定。由于会计分期假设，出现了不同会计期间，产生了当期与前期、后期的差别。又因为收入和费用发生时，经常会出现其相关的权责发生期与现款收付期分属不同会计期间的情况，这时，会计人员就需要遵循统一的核算基础来合理盘点收入和费用的归属期间，以便正确计算不同会计期间的经营成果。

(一)权责发生制

权责发生制是指凡是当期已经实现的收入和已经发生或应当负担的费用，不论款项是否收付，都应当作为当期的收入和费用处理；凡是不属于当期的收入和费用，即使款项已在当期收付，也不应当作为当期的收入和费用。在权责发生制下，应计入某一会计期间的收入和费用与款项的实际收付并不是一回事。例如，款项已经收到，但销售并未实现；或者款项已经支付，但并不是为本期的生产经营活动而发生的。判别是否应该计入某一会计期间的收入和费用的经济业务，其标准是对企业经济资源和义务确实产生了影响，而且这种影响是以权利和责任的发生与否为依据来加以判断的。如果权责关系发生于不同的期间，就应运用应收、应付、预收、预付和待摊、预提等一系列会计处理方法，以便真实地反映某一会计期间的经营成果。例如，某公司本月底销售一批产品，价值 25 000 元，购货方承诺于下月中旬付款，按照权责发生制要求，这笔收入应记入本月，因为销售是发生在本月。再如，公司收到某企业订货款 30 000 元，与购货方约定在下月 10 日交货，按照权责发生制要求，这笔销售收入应当记入下月，因为销售是发生在下月。

(二)收付实现制

收付实现制是以款项实际收到或付出为标准来确认收入和费用的一种会计处理基础方式。即凡是当期收到的款项计为当期收入，当期付出的款项计为当期费用。目前，我国的行政单位会计采用收付实现制，事业单位会计除经营业务可以采用权责发生制外，其他大部分业务采用收付实现制。

权责发生制与收付实现制处理收入和费用的标准是不一致的，由此导致本月利润计算的结果也不一致。相比而言，按权责发生制确认收入和费用，比较符合经济事项的经济实质，能够更加准确地反映会计主体的财务状况、经营成果和现金流量。因此，我国企业会计准则规定，企业应当采用权责发生制作为会计处理基础方式。

本章小结

本章主要讲述了会计的概念和基本特征、会计的目标、会计基本假设和会计信息质量要求、会计计量属性和会计核算基础，学习时，要运用发展观来理解会计的本质是一项管理活动，会计的具体目标是提供会计信息使用者所需要的会计信息，会计基本假设是会计确认、计量、记录和报告的前提条件，会计核算是一个完整的方法体系，会计主要采用权责发生制作为核算基础方式。

习　题

一、单项选择题

1. (　　)是最基本的会计方法。

A. 会计核算方法　　B. 会计分析方法

C. 会计监督方法　　D. 会计决策方法

2. (　　)是对会计对象的具体内容进行分类核算和监督的一种专门方法。

A. 设置账户　　B. 登记账簿　　C. 复式记账　　D. 成本计算

3. 我国企业会计准则规定，企业应当采用(　　)作为会计处理基础。

A. 收付实现制　　B. 实地盘存制　　C. 永续盘存制　　D. 权责发生制

4. 确立会计核算空间范围所依据的会计基本假设是(　　)。

A. 持续经营　　B. 会计主体　　C. 会计分期　　D. 货币计量

5. 会计核算上将以融资租赁方式租入的资产视为企业的资产所反映的会计信息质量要求是(　　)。

A. 实质重于形式　　B. 谨慎性

C. 相关性　　D. 及时性

6. 对应收账款在会计期末提取坏账准备体现的原则是(　　)。

A. 实质重于形式　　B. 谨慎性

C. 相关性　　D. 重要性

7. 各企业单位处理会计业务的方法和程序在不同会计期间要保持前后一致，不得随意变更。这符合(　　)原则。

A. 实质重于形式　　B. 可比性

C. 可靠性　　D. 重要性

8. 资产和负债按照在公平交易中，熟悉情况的交易双方自愿进行资产交换或者债务

清偿的金额计量。采用的会计计量属性是(　　)。

A. 现值　　B. 重置成本　　C. 可变现净值　　D. 公允价值

9. 从会计信息成本的效益来看，对所有会计事项应分清轻重主次和繁简详略进行会计核算，而不应采用完全相同的会计程序和处理方法。其反映的会计信息质量要求是(　　)。

A. 谨慎性　　B. 重要性　　C. 相关性　　D. 明晰性

10. 下列事项中，不属于反映“会计信息质量要求”的是(　　)。

A. 客观性　　B. 可比性　　C. 实质重于形式　　D. 历史成本

二、多项选择题

1. 会计的基本假设包括(　　)。

A. 会计主体　　B. 会计分期　　C. 持续经营　　D. 货币计量

2. 会计的基本职能是(　　)。

A. 核算　　B. 预测　　C. 控制　　D. 监督

3. 会计核算的基础一般有(　　)。

A. 权责发生制　　B. 财产盘存制　　C. 会计基本假设　　D. 收付实现制

4. 会计信息的外部使用者具体包括(　　)。

A. 投资者　　B. 债权人　　C. 政府部门　　D. 社会公众

5. 会计计量属性包括(　　)

A. 历史成本　　B. 重置成本　　C. 可变现净值　　D. 现值和公允价值

6. 会计核算的具体内容有(　　)。

A. 款项和有价证券的收付　　B. 各项财产物资的收发、增减和使用

C. 债权债务的发生和结算　　D. 资本、资金的增减和经费的收支

7. 关于我国企业财务会计目标，下列表述正确的是(　　)。

A. 向财务报告使用者提供企业财务状况、经营成果和现金流量等

B. 反映企业管理层受托责任履行情况，有助于财务报告使用者做出经济决策

C. 提取法定盈余公积

D. 向股东分配股利

8. 会计核算方法包括(　　)。

A. 设置账户　　B. 登记账簿　　C. 编制报表　　D. 成本计算

9. 会计信息质量要求有(　　)。

A. 谨慎性　　B. 重要性　　C. 相关性　　D. 可比性

10. 下列各项中，体现会计核算的谨慎性要求的有(　　)。

A. 将融资租入固定资产视作自有资产核算

B. 采用双倍余额递减法对固定资产计提折旧

C. 对固定资产计提减值准备

D. 将长期借款利息予以资本化

三、判断题

1. 会计主体不同于法律主体。法律主体必然是会计主体，但会计主体不一定是法律主体。 (　　)

2. 会计工作的唯一目标就是向会计信息使用者提供对决策有用的信息。 (　　)

3. 随着社会经济的发展，会计方法会不断地改进和逐步完善起来。 (　　)

4. 会计方法就是会计核算方法的简称。 (　　)

5. 编制会计报表是会计核算工作程序的最后一个环节。 (　　)

6. 会计基本假设是企业会计确认、计量和报告的前提，这需要会计核算所处的空间、空间环境等所做的合理规定。 (　　)

7. 会计主体假设规定了会计确认、计量和报告的空间范围。 (　　)

8. 谨慎性要求企业对交易或者事项进行确认、计量和报告应保持应有的谨慎，应高估资产和收益、低估负债和费用。 (　　)

9. 及时性要求企业对已经发生的交易或者事项，及时进行会计确认、计量和报告，可以提前，不得延后。 (　　)

10. 在公允价值计量下，资产和负债按照在公平交易中，熟悉情况的交易双方自愿进行资产交换或者债务清偿的金额计量。 (　　)

第三章

会计科目与账户

【学习目标】

1. 认知会计要素的分类及内容。
2. 掌握会计的基本等式。
3. 掌握经济业务的类型及其对会计等式的影响。
4. 了解会计科目的概念、设置原则、分类。
5. 理解会计账户的概念和基本结构。

【重点与难点】

重点：会计要素、会计等式、会计科目与账户。

难点：经济业务的类型及其对会计等式的影响。

引导案例　会计等式

王先生准备办一家企业，他有 10 万元存款，租了一间办公室，花费 3 000 元作为一年的租金，支付各种办公费用 6 000 元，用银行存款购入 80 000 元商品，同时全部卖出收到货款 99 000 元，货款已经存入银行。请问：王先生的公司在经过这些经济活动以后是否还符合会计恒等式?

分析：企业的资产与权益是相互依存的，有一定数额的资产，必然有相应数额的权益；反之亦然。所以，在数量上任何一家企业的所有资产与所有权益的总额必定相等。用公式表示为：资产=负债+所有者权益。王先生的公司在经过这些经济活动以后仍然符合会计恒等式。各项经济业务对会计恒等式的影响如下。

(1) 10 万元存款租用办公室，减少了 10 万元银行存款但增加了 10 万元待摊费用，资产类项目总额保持不变，因而会计恒等式仍然平衡。

(2) 花费 3 000 元作为一年的租金，待摊费用减少了 3 000 元，同时管理费用增加了 3 000 元。由会计等式资产=负债+所有者权益+(收入−费用)可得：资产+费用=负债+所有者权益+收入。这笔业务导致资产类项目减少 3 000 元，同时费用类项目增加 3 000 元，会计等式仍然平衡。

(3) 支付各种办公费用 6 000 元，银行存款减少了 6 000 元，同时管理费用增加了 6 000 元。由会计等式资产=负债+所有者权益+(收入−费用)可得：资产+费用=负债+所有者权益+收入。这笔业务导致资产类项目减少 6 000 元，同时费用类项目增加 6 000 元，会计等式仍然平衡。

(4) 用银行存款购入 80 000 元商品，减少了 80 000 元银行存款但增加了 80 000 元存货，资产类项目总额保持不变，从而会计恒等式仍然平衡。

(5) 卖出商品收到货款 99 000 元，银行存款增加了 99 000 元，同时存货减少了 80 000 元，资产类项目总额增加 19 000 元；这一业务能够为企业带来收入 19 000 元(99 000−80 000)。由会计等式资产=负债+所有者权益+(收入−费用)可得：资产+费用=负债+所有者权益+收入。这笔业务导致资产类项目增加 19 000 元，同时收入类项目增加 19 000 元，等式两边同时增加相同的数量，会计等式仍然平衡。

第一节　会 计 要 素

一、会计要素的概念

会计要素是指对会计对象具体内容按其经济特征所做的基本分类，它是会计对象具体的、基本的构成要素。在不同的会计主体中，会计内容的表现形式不同，即使在同一会计主体中，由于经济活动的多样性，会计内容表现形式也多种多样。在此所讲的会计主体是针对企业而言的，为了具体实施会计核算，进行会计监督，有必要对企业会计的内容进行适当分类。我国《企业会计准则》规定的六项要素中，资产、负债和所有者权益三项会计要素主要反映企业的财务状况；收入、费用和利润三项会计要素主要反映企业的经营成果。将企业会计对象划分为各个会计要素，不仅有利于依据各个要素的性质和特点分别制定对

其进行确认、计量、记录和报告的标准和方法，而且还可以为合理建立账户体系和设计会计报告提供理论依据，如图 3-1 所示。

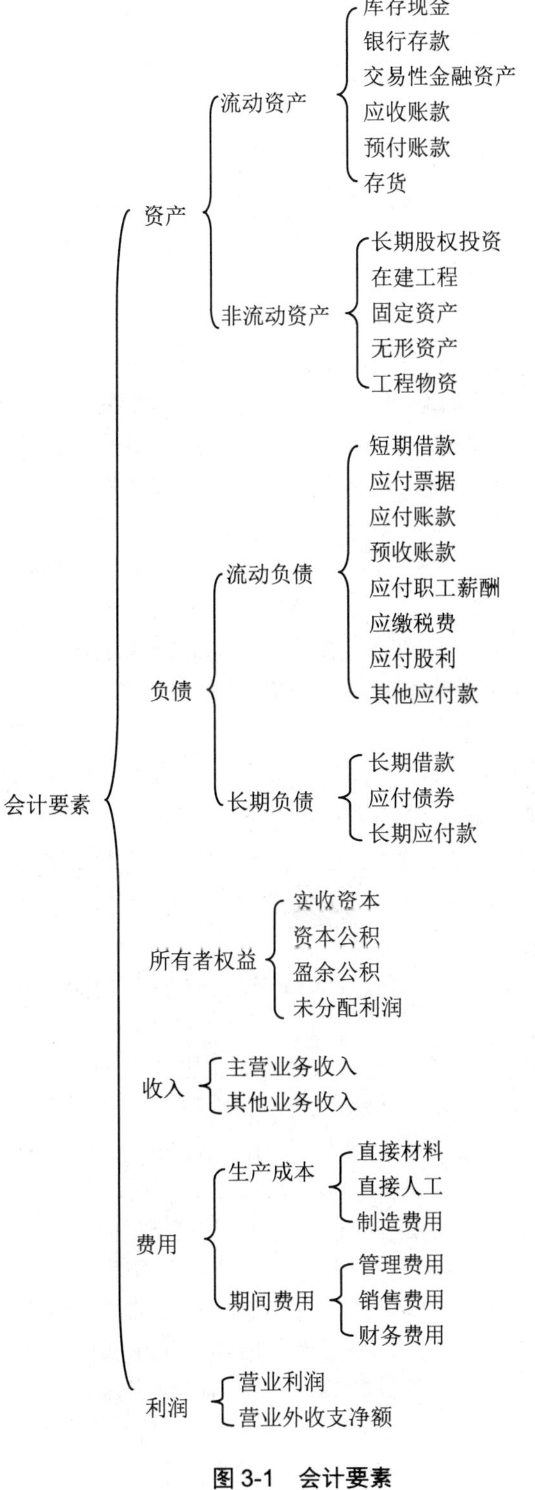

图 3-1　会计要素

二、会计要素的分类

(一)反映财务状况的会计要素

1. 资产

(1) 资产的定义及特征。资产是指由过去的交易、事项形成，并由企业拥有或者控制的资源，该资源预期会给企业带来经济利益。资产具有以下主要特征。

① 资产应为企业拥有或者控制的资源。资产作为一项资源，应当由企业拥有或者控制，具体是指企业享有某项资源的所有权，或者虽然不享有某项资源的所有权，但该资源能够被企业所控制。企业享有资产的所有权，通常表明企业能够排他性地从资产中获取经济利益。但是有些情况下，资产虽然不为企业所拥有，即企业并不享有其所有权，但是企业控制了这些资产，这同样表明企业能够从该资产中获取经济利益，符合会计上对资产的定义；反之，如果企业既不拥有也不控制资产所能带来的经济利益，那么就不能将其作为企业的资产予以确认。例如，A 企业以融资租赁方式租入一项固定资产，尽管企业并不拥有其所有权，但是如果租赁合同规定的租赁期相当长，接近于该资产的使用寿命，则表明企业控制了该资产的使用及其所能带来的经济利益，因此，应当将其作为企业的资产予以确认、计量和报告。

② 资产预期会给企业带来经济利益。资产具有直接或者间接导致现金或现金等价物流入企业的潜力。这种潜力可以来自企业日常的生产经营活动，也可以是非日常的生产经营活动；带来的经济利益可以是现金或者现金等价物，或者是可以转化为现金或者现金等价物的其他资产。资产预期能为企业带来经济利益是资产的重要特征。如果某一项目预期不能给企业带来经济利益，那么就不能将其确认为企业的资产。

③ 资产是由企业过去的交易或者事项形成的。过去的交易或者事项包括购买、生产、建造行为或者其他交易或事项。即只有过去发生的交易或者事项才能形成资产，企业预期在未来发生的交易或者事项不形成资产。

(2) 资产的确认条件。将一项资源确认为资产，首先应当符合资产的定义。此外，还需要同时满足以下两个条件。

① 与该资源有关的经济利益很可能流入企业。根据资产的定义，能够带来经济利益是资产的一个本质特征，但是由于经济环境瞬息万变，与资源有关的经济利益能否流入企业或者能够流入企业多少，实际上带有不确定性。因此，资产的确认应当与经济利益流入的不确定性程度的判断结合起来，如果根据编制财务报表时所取得的证据，与该资源有关的经济利益很可能流入企业，那么就应当将其作为资产予以确认。

② 该资源的成本或者价值能够可靠地计量。可计量性是所有会计要素确认的重要前提，资产的确认同样需要符合这一要求。只有当有关资源的成本或者价值能够可靠地计量时，资产才能予以确认。企业取得的许多资产一般是发生了实际成本的，比如企业购买或者生产的存货、企业购置的厂房或者设备等，对于这些资产，只要实际发生的购买或者生产成本能够可靠地计量，就应视为符合了资产的可计量性确认条件。

关于资产的确认，除了应当符合定义外，上述两个条件缺一不可，只有在同时满足的情况下，才能将其确认为一项资产。

(3) 资产的分类。资产按其流动性不同，可分为流动资产和非流动资产。

① 流动资产。流动资产是指可以在一年或超过一年的一个营业周期内变现或被耗用的资产。它主要包括货币资金、交易性金融资产、应收及预付款项、存货、一年内到期的非流动资产等。

其中，货币资金是指以货币形态存在的资金，包括库存现金、银行存款和其他货币资金。

交易性金融资产是指企业持有的债券投资、股票投资、基金投资等。

应收及预付款项是指企业在日常生产经营活动中发生的各项债权，包括应收账款、应收票据、预付账款、其他应收款等。

存货是指在日常生产经营过程中持有的、为销售或耗用而储备的资产，包括原材料、在途物资、库存商品、周转材料、发出商品、委托加工物资的。

② 非流动资产。非流动资产是指除了流动资产以外的其他资产，主要包括债权投资、其他债权投资、其他权益工具投资、长期股权投资、长期应收款、固定资产、无形资产、商誉、长期待摊费用和其他非流动资产。

其中，债权投资是指到期日固定、回收金额固定或可确定，且企业有明确意图和能力持有至到期的非衍生金融资产。

其他债权投资是指以公允价值计量且其变动计入其他综合收益的金融资产(债券投资)。

其他权益工具投资是指企业指定为以公允价值计量，且其变动计入其他综合收益的非交易性权益工具投资(如股权投资)。

长期应收款是指企业在日常生产经营过程中发生的超过一个正常营业周期的各项债权。它包括融资租赁产生的应收款项、采用递延方式具有融资性质的销售商品和提供劳务等产生的应收款项等。

固定资产是指企业为生产商品、提供劳务、出租或经营管理而持有的、使用寿命超过一个会计年度的具有实物形态的资产。它包括房屋、建筑物、机器设备、运输工具等。

无形资产是指拥有或控制的没有实物形态的可辨认非货币性资产。它包括专利权、非专利技术、商标权、著作权、土地使用权等。

商誉是指在未来期间为企业经营带来超额利润的潜在经济价值，一家企业预期的获利能力。超过可辨认资产正常获利能力的资本化价值，由于其具有不可辨认性，新企业会计准则将其从原来的无形资产项目中划分出来，并作为一个单独项目在资产负债表中列示。按现行制度的规定，企业自创商誉不予确认。

其他非流动资产是指持有期限超过一个正常营业周期，但又不能归入上述各项的资产，如银行冻结存款、诉讼中财产等。

2. 负债

(1) 负债的定义及特征。负债是指过去的交易、事项形成的现时义务，履行该义务预期会导致经济利益流出企业。负债具有以下几个基本特征。

① 负债是企业承担的现时义务。也就是说，负债作为企业的一种义务，是过去已经发生的交易或事项所产生的结果。如银行借款是因为企业接受了银行贷款而形成的，如果企业没有接受银行贷款，就不会发生银行借款这项负债；应付账款是因为企业采用信用方式

购买商品或接受劳务而形成的，在购买商品或接受劳务发生之前，相应的应付账款并不存在。

② 负债是基于过去的交易或事项而产生的。也就是说，只有过去发生的交易或事项才能增加或减少企业的负债，而不能根据谈判中的交易或事项，或计划中的经济业务来确认负债。例如，已经发生的银行借款行为会形成企业的负债，而计划中的银行借款行为则不会形成企业的负债；已经发生的商品购买行为可能形成企业的负债，而计划中的商品购买行为则不会形成企业的负债。

③ 负债的清偿预期会导致经济利益流出企业。清偿负债导致经济利益流出企业的形式多种多样，如用现金偿还或以实物资产偿还；以提供劳务偿还；部分转移资产，部分提供劳务偿还；将负债转为所有者权益。企业不能或很少可以回避现时义务。如果企业能够回避该项义务，则不能确认为企业的负债。

(2) 负债的分类。负债应当按其流动性划分为流动负债和长期负债。

① 流动负债。流动负债是指将在 1 年(含 1 年)或超过 1 年的一个经营周期内偿还的债务。它包括短期借款、应付票据、应付账款、应付职工薪酬、应缴税费、应付股利、预收账款、其他应付款等。

其中，短期借款是指从银行等金融机构借入的期限在 1 年以内(含 1 年)的借款。

应付票据是指企业通过商业汇票支付方式发生购买活动时需偿付给持票人的债务。

应付账款是指企业因购买材料、商品或接受劳务等而发生的、应该付给供应单位的款项。

预收账款是指买卖双方根据协议的规定，由购买方预先支付部分货款给供货方，而给供货方带来的一项债务，即企业在销售商品之前收到的购买方的预付款。

应付职工薪酬是指企业应付而未付给职工个人的各种薪酬。

应付股利是指企业应当分配给投资者的现金股利，在未付之前所形成的一项负债。

应缴税费是指企业按照税法规定计算应缴纳的各项税费。

② 非流动负债。非流动负债又称长期负债，是指偿还期在 1 年或者超过 1 年的一个经营周期以上的债务，包括长期借款、应付债券、长期应付款项等。

其中，长期借款是指从银行等金融机构借入的期限在 1 年以上的借款。

应付债券是指企业为筹集长期资金而发行的期限在 1 年以上的债券本金及利息。

长期应付款主要包括应付融资租入固定资产的租赁费，以分期付款方式购入固定资产等发生的应付款项。

3. 所有者权益

所有者权益是指企业资产扣除负债后由所有者享有的剩余权益。公司的所有者权益又称为股东权益。对于任何企业而言，其资产形成的资金来源不外乎两个：一是债权人，二是所有者。债权人对企业资产的要求权形成企业负债，所有者对企业资产的要求权形成企业的所有者权益。

1) 所有者权益的特征

① 企业一般不需要偿还所有者权益。因为所有者权益是企业可以长期使用的资金，在企业的存续期内一般不存在偿还问题，除非发生减资、清算或分派现金股利。

② 企业清算时，负债往往优先清偿，而所有者权益只有在清偿所有的负债之后才返还所有者。所有者权益是所有者对剩余资产的要求权，这种要求权在顺序上置于债权人的要求权之后。

③ 所有者凭借所有者权益能够参与企业的经营决策及收益分配，而债权人只能获取企业用以清偿债务的要求权。

所有者权益按其来源包括所有者投入的资本、直接计入所有者权益的利得和损失、留存收益等。其中，利得是指由企业非常活动形成的、会导致所有者权益增加的、与所有者投入资本无关的经济利益的流入；损失是指由企业非日常活动发生的、会导致所有者权益减少的、与向所有者分配利润无关的经济利益的流出。

2) 所有者权益的分类

所有者权益通常包括实收资本、资本公积、盈余公积、未分配利润、其他综合收益等。

实收资本是指投资者按照企业章程或合同、协议的约定，实际投入企业的各种财产、物资的价值。按投资主体，可分为国家投资、法人投资、外商投资和个人投资。

资本公积是指由投入资本引起的各种增值，包括资本或股本溢价以及其他资本公积等。

盈余公积是指按税后利润的一定比例提取、具有特定用途的盈余公积，包括法定盈余公积、任意盈余公积。

未分配利润是指企业当期实现的净利润扣除交纳的所得税、分配给股东的股利和提取各种用途的公积金后，留于以后年度分配的利润或待分配利润。

其他综合收益是指企业根据会计准则规定未在当期损益中确认的各项利得和损失。

(二)反映经营成果的会计要素

1. 收入

收入是指企业在日常活动中形成的、会导致所有者权益增加的、与所有者投入资本无关的经济利益的总流入。其中，日常活动包括销售商品、提供劳务及让渡资产使用权等。收入具有以下特征。

(1) 收入应当是企业在日常活动中形成的。收入应当是企业在其日常活动中所形成的。其中，日常活动，是指企业为完成其经营目标所从事的经常性活动以及与之相关的活动。例如，工业企业制造并销售产品，就属于企业的日常活动。日常活动产生的收入通常包括主营业务收入和其他业务收入，即营业收入。明确界定日常活动是为了将收入与利得相区分，因为企业非日常活动所形成的经济利益的流入不能确认为收入，而应当计入利得。

(2) 收入应当会导致经济利益的流入，该流入不包括所有者投入的资本。收入应当会导致经济利益的流入，从而导致资产的增加。例如，企业销售商品，必须收到现金或者有权利将收到现金，才表明该交易符合收入的定义。但是，企业经济利益的流入有时是由所有者投入资本的增加导致的，所有者投入资本的增加不应当确认为收入，应当将其直接确认为所有者权益。因此，与收入相关的经济利益的流入应当将所有者投入的资本排除在外。

(3) 收入最终应当会导致所有者权益的增加。与收入相关的经济利益的流入最终应当会导致所有者权益的增加，不会导致所有者权益增加的经济利益的流入不符合收入的定义，不应确认为收入。如某企业向银行借入款项 2 000 万元，尽管该借款导致了企业经济利益的流入，但是该流入并不会导致所有者权益的增加，反而使企业承担了一项现时义务。因此，企业对于因借入款项所导致的经济利益的增加，不应将其确认为收入，而应当确认为一项负债。

2. 费用

费用是指企业在日常活动中发生的、会导致所有者权益减少的、与向所有者分配利润无关的经济利益的总流出。以工业企业为例，一定时期的费用通常由产品生产成本和期间费用两部分构成，产品生产成本由直接材料、直接人工和制造费用三个成本项目构成，期间费用包括管理费用、财务费用和销售费用三项。费用具有以下特征。

(1) 费用应当是企业在日常活动中发生的。这些日常活动的界定与收入定义中涉及的日常活动相一致。日常活动中所产生的费用通常包括销售成本、职工薪酬、折旧费、无形资产摊销费等。将费用界定为日常活动中所形成的，是为了将其与损失相区分，因企业非日常活动所形成的经济利益的流出不能确认为费用，应当计入损失。

(2) 费用应当会导致经济利益的流出，该流出不包括向所有者分配的利润。费用应当会导致经济利益的流出，从而导致资产的减少或者负债的增加(最终也会导致资产的减少)。其表现形式包括：现金或者现金等价物的流出；存货、固定资产和无形资产等的流出或者消耗等。鉴于企业向所有者分配利润也会导致经济利益的流出，而该经济利益的流出属于所有者权益的抵减项目，因而不应确认为费用，应当将其排除在费用之外。

(3) 费用最终应当会导致所有者权益的减少。不会导致所有者权益减少的经济利益的流出不符合费用的定义，不应确认为费用。如企业处置固定资产发生的净损失，是否确认为企业的费用？处置固定资产而发生的损失，虽然会导致所有者权益减少和经济利益的总流出，但不属于企业的日常活动，因此不应确认为企业的费用，而应确认为营业外支出。

3. 利润

利润是指企业在一定会计期间的经营成果，包括：收入减去费用后的净额和直接计入当期利润的利得和损失等。

直接计入当期利润的利得和损失，是指应当计入当期损益、会导致所有者权益发生增减变动的、与所有者投入资本或者向所有者分配利润无关的利得或者损失。

企业利润，就其构成内容来看由以下几个方面组成：一是通过生产经营活动而获得的营业利润，二是直接计入当期利润的利得和损失。

按照我国现行制度的规定，企业利润按利润总额和净利润在利润表中列示。利润总额由营业利润和直接计入当期利润的利得和损失等部分组成，利润总额扣减所得税费用后的余额为净利润。

1) 营业利润

营业利润是企业利润总额的主要来源，用公式表示如下。

营业利润=营业收入-营业成本-税金及附加-销售费用-管理费用-财务费用-研发费用+其他收益+投资收益(-投资损失)-资产减值损失+公允价值变动收益(-公允价值变动损失)-信用减值损失+资产处置收益(-损失)

其中，营业收入是指企业经营业务所确认的收入总额，包括企业的主营业务收入和其

他业务收入。

营业成本是指企业经营业务所发生的实际成本总额，包括企业的主营业务成本和其他业务成本。

信用减值损失是指集体的坏账准备以及金融资产计提的减值准备形成的损失。

资产减值损失是指企业计提各项资产减值准备所形成的损失。

公允价值变动收益(或损失)是指企业交易性金融资产等公允价值变动形成的应计入当期损益的利得(或损失)。

投资收益(或损失)是指企业以各种方式对外投资所取得的收益(或发生的损失)。

资产处置收益是指企业生产经营期间处置固定资产、在建工程及无形资产等非流动资产而产生的利得和损失。

2) 利润总额

利润总额=营业利润+营业外收入−营业外支出

其中，营业外收入是指企业发生的与其日常活动无直接关系的各项利得。营业外支出是指企业发生的与其日常活动无直接关系的各项损失。

3) 净利润

净利润=利润总额−所得税

其中，所得税费用是指企业确认的应从当期利润总额中扣除的所得税。

第二节　会 计 等 式

任何一个企业为了进行生产经营活动，都需要拥有一定数量的经济资源。从数量上看，有一定数额的资产，就必然有一定数额的权益；反之亦然。资产与权益是相互依存的，资产总额必定等于权益总额，二者之间始终保持着平衡关系，这种平衡关系用公式表示出来就是会计恒等式。

一、会计等式的基本概念

会计等式又称为会计平衡公式或会计方程式(Accounting Equation)，是指会计各要素之间存在的数额上必然相等的关系式，是各种会计核算方法的理论基础，即

资产=负债+所有者权益

任何企业要从事生产经营活动，就必须拥有一定数量的资产。资产来源于所有者的投入资本和债权人的借入资金及其在生产经营中所产生的效益，分别归属于所有者和债权人。归属于所有者的部分形成所有者权益，归属于债权人的部分形成债权人权益(即企业的负债)。资产和权益(包括所有者权益和债权人权益)实际是企业所拥有的经济资源在同一时点上所表现的不同形式。资产表明了资源在企业中存在、分布的形态，而权益则表明了资源取得和形成的渠道。

资产与权益是相互依存的，有一定数额的资产必然有相应数额的权益，所以，在数量上任何一个企业的所有资产与所有权益的数额必然相等。如果用数学等式来表示资产与权

益的关系，则可以得到会计要素之间的关系。

二、会计要素之间的关系

不同的会计要素有不同的特点，不能混淆，但会计要素之间又有内在联系，这种联系表现为密切的数量依存关系。

1．资产、负债及所有者权益之间的恒等关系

企业要进行生产经营活动，必然要拥有或控制一定的资产，企业拥有的资产是从一定的来源取得的，其来源渠道有两个：一是企业投资者投入资本，形成所有者权益；二是从债权人借入资金，形成负债。这表明，企业资金如何取得与如何使用是同一资金的两个不同侧面，因此，在金额上是完全相等的。这种对等关系在企业进行生产经营之前，又反映了某一特定阶段企业的财务状况。因为所有者和债权人对企业资产的要求权在会计上统称为权益，所以这种数量关系可用以下公式表示，即

资产=权益

债权人权益和所有者权益虽然都是企业资产的要求权，但两者又有着本质差别。企业对债权人和所有者分别承担着不同的经济责任，在会计上有必要对债权人权益和所有者权益分别进行核算。因此，这种数量关系可以进一步用公式表示，即

资产=负债+所有者权益

上述公式反映了企业在某一特定阶段的财务状况，也说明了企业资源的规模以及资产的结构和资本的构成。该等式被称为财务状况等式、基本会计等式或静态等式，它是复式记账和编制资产负债表的理论依据。

2．收入、费用、利润之间的恒等关系

企业拥有和控制的资源被投入生产经营活动中，预期会给企业带来的经济利益，即收入；同时，在日常的生产经营过程中又必然会发生经济利益的流出，即费用。企业在一定会计期间收入与费用的差额即为企业在一定会计期间的经营成果，具体表现为利润或亏损。收入、费用和利润之间客观上存在以下数量关系，即

利润=收入-费用

这一数量关系式反映了企业在一定会计期间的经营成果，称为会计动态等式，它是确定利润、设定损益类账户、编制利润表的理论依据。

三、经济业务事项对会计等式的影响

由于“资产=负债+所有者权益”和“利润=收入-费用”两个基本等式反映了会计内容，即经济业务事项之间的内在经济联系和客观上的数量恒等关系，所以任何一项经济业务事项的发生，尽管会引起各会计要素数量变动，但不会影响会计要素之间的内在经济联系和数量上的平衡关系。对于一个企业而言，当期发生的经济业务是多种多样的，但归纳起来不外乎有以下九种类型。

(1) 经济业务发生仅涉及资产这一会计要素，只引起该要素中的某些对应项目发生增减变动。

(2) 经济业务发生仅涉及负债这一会计要素，只引起该要素中的某些对应项目发生增减变动。

(3) 经济业务发生仅涉及所有者权益这一会计要素，只引起所有者权益中的某些对应项目发生增减变动。

(4) 经济业务发生同时涉及资产、负债这两个会计要素，引起资产、负债要素中的对应项目发生同增变动。

(5) 经济业务发生同时涉及资产、负债这两个会计要素，引起资产、负债要素中的对应项目发生同减变动。

(6) 经济业务发生同时涉及资产、所有者权益这两个会计要素，引起资产、所有者权益要素中对应项目发生同增变动。

(7) 经济业务发生同时涉及资产、所有者权益这两个会计要素，引起资产、所有者权益要素中的对应项目发生同减变动。

(8) 经济业务发生同时涉及负债、所有者权益这两个会计要素，引起负债增加、所有者权益减少。

(9) 经济业务发生同时涉及负债、所有者权益这两个会计要素，引起负债减少、所有者权益增加。

上述九种经济业务可在会计恒等式上做以下表述(“+”表示增加；“−”表示减少)：

经济业务	资产	=	负债	+	所有者权益
(1)	+ −				
(2)			+ −		
(3)					+ −
(4)	+		+		
(5)	−		−		
(6)	+				+
(7)	−				−
(8)			+		−
(9)			−		+

应该指出，上列九种经济业务是在业务发生仅涉及两个会计要素或涉及一个会计要素的某些具体项目的前提下抽象出来的，是企业发生的主营业务。主营业务还可以派生出其他经济业务，这一问题将在以后有关章节中涉及。

上述九种经济业务的发生都会引起企业资金的变动，这些资金变动具体表现在会计要素的变动上。会计恒等式在表现经济业务时，等式两边的金额是永远恒等的，无论何种经济业务发生，都不会打破这种恒等关系。下面用实例在会计恒等式上的反映来加以证明。

假定甲企业期初资产总额为208 000元，负债为88 000元，所有者权益为120 000元。下面通过该期间企业发生的经济业务及其对会计等式的影响来说明会计恒等式的恒等关系。

【例 3-1】 将 500 元现金存入银行。

这笔经济业务引起资产要素中库存现金和银行存款这两个具体项目发生增减变动，银行存款增加 500 元，库存现金减少 500 元。对会计等式的影响如下：

资产	=	负债	+	所有者权益
208 000	=	88 000	+	120 000
+500				
−500				
208 000	=	88 000	+	120 000

【例 3-2】 用银行借款 10 000 元偿付以前所欠供货单位账款。

这笔经济业务引起负债要素中的银行借款及应付账款这两个具体项目发生增减变动，银行借款增加 10 000 元，应付账款减少 10 000 元。对会计等式的影响如下：

资产	=	负债	+	所有者权益
208 000	=	88 000	+	120 000
		+10 000		
		−10 000		
208 000	=	88 000	+	120 000

【例 3-3】 将 80 000 元的盈余公积转增资本，有关手续已经办妥。

这笔经济业务引起所有者权益要素中实收资本及盈余公积两个具体项目发生增减变动，实收资本增加 80 000 元，盈余公积减少 80 000 元，对会计恒等式的影响如下：

资产	=	负债	+	所有者权益
208 000	=	88 000	+	120 000
				+80 000
				−80 000
208 000	=	88 000	+	120 000

【例 3-4】 购买材料 4 000 元，验收入库，款项未付。

这笔经济业务同时引起资产要素中的材料及负债要素中的应付账款发生同增变动，材料增加 4 000 元，应付账款增加 4 000 元。对会计等式的影响如下：

资产	=	负债	+	所有者权益
208 000	=	88 000	+	120 000
+4 000		+4 000		
212 000	=	92 000		120 000

【例 3-5】 用银行存款 3 000 元偿付部分所欠账款。

这笔经济业务同时引起资产要素中银行存款和负债要素中应付账款发生同减变动，银行存款减少 3 000 元，应付账款减少 3 000 元。对会计等式的影响如下：

资产	=	负债	+	所有者权益
212 000	=	92 000	+	120 000
−3 000		−3000		
209 000	=	89 000	+	120 000

【例 3-6】 接受一台投入的机器设备，其价值确认为 50 000 元。

这笔经济业务同时引起资产要素中的固定资产和所有者权益要素中的实收资本发生同增变动，固定资产增加 50 000 元，实收资本增加 50 000 元。对会计等式的影响如下：

资产	=	负债	+	所有者权益
209 000	=	89 000	+	120 000
+50 000				+50 000
259 000	=	89 000		170 000

【例 3-7】 企业依法以银行存款退回 W 公司原投资额 9 000 元。

企业退回原股东投资，将会减少所有者权益。因此，这笔经济业务引起资产要素中的银行存款减少 9 000 元，所有者权益(实收资本)减少 9 000 元。对会计等式的影响如下：

资产	=	负债	+	所有者权益
259 000	=	89 000	+	170 000
−9 000				−9 000
250 000	=	89 000	+	161 000

【例 3-8】 经企业研究决定，向投资者分配利润 10 000 元。

这笔经济业务引起所有者权益要素中的利润分配和负债要素中的应付利润发生增减变动，利润减少 10 000 元，应付利润增加 10 000 元。对会计等式的影响如下：

资产	=	负债	+	所有者权益
250 000	=	89 000	+	161 000
		+10 000		−10 000
250 000	=	99 000	+	151 000

【例 3-9】 将一笔 40 000 元的长期借款转为对企业的投资。

这笔经济业务引起负债要素中的长期借款和所有者权益要素中的实收资本发生增减变动，长期借款减少 40 000 元，实收资本增加 40 000 元。对会计等式的影响如下：

资产	=	负债	+	所有者权益
250 000	=	99 000	+	151 000
		−40 000		+40 000
250 000	=	59 000	+	191 000

在企业发生以上九笔业务后，其资产由期初 208 000 元增加到期末的 250 000 元；在权益构成上负债由 88 000 元降低到 59 000 元，所有者权益由 120 000 增加到 191 000 元。

通过分析以上经济业务可以发现，影响会计等式的经济业务有两大类：一类是经济业务被表现在会计等式上不会对最终的平衡金额产生任何影响，如例 3-1、例 3-2、例 3-3、例 3-8、例 3-9；另一类是经济业务被表现在会计等式上使最终的平衡金额发生增减变动，如例 3-4、例 3-5、例 3-6、例 3-7。但无论哪一类经济业务，都不会破坏会计等式自身的平衡关系，会计等式是永远恒等的。

上述九种经济业务又可归纳为以下四种基本类型，也代表了企业经营资金运动的四种基本形式。

(1) 资产与权益的同时增加，表明企业筹措到了经营资金，其结果是资产与权益以相等的数额增加，不会影响它们之间的平衡关系，如例 3-4、例 3-6。

(2) 资产与权益的同时减少，表明经营资金退出了企业，其结果是资产与权益以相等的数额减少，不会影响资产与负债、所有者权益总额的平衡关系，如例 3-5、例 3-7。

(3) 资产的具体存在形态的变动，一种资产转化为另一种资产，其结果是，一种资产增加，另一种资产减少，增减的数额相等，资产总额不变，资产总额与权益总额仍然保持相等关系，如例 3-1。

(4) 经营资金筹措渠道或方式的变化，一种来源减少，另一种来源增加，增加与减少的数额相等，负债和所有者权益总额不变，不影响资产总额与负债和所有者权益总额的平衡关系，如例 3-2、例 3-3、例 3-8、例 3-9。

这四种类型又可在会计恒等式上做以下表述(“+”表示增加；“-”表示减少)

	资产	=	权益
①	+		+
②	-		-
③	+		-
④	-		+

综上所述，每一项经济业务的发生都不会破坏资产总额与负债和所有者权益总额的平衡关系，也就是说，资产总额与负债及所有者权益总额是恒等的。这一原理是设置账户、复式记账、试算平衡以及编制资产负债表的重要理论依据。也就是说，记账、编制会计报表都不能破坏这个平衡关系。

第三节　会 计 科 目

一、会计科目的概念和意义

会计科目是对会计要素的具体内容进行分类核算的项目。通过设置会计科目，可以对纷繁复杂、性质不同的经济业务进行科学的分类，可以将复杂的经济信息变为有规律的、容易识别的经济信息，并为其转换成会计信息准备条件。通过设置会计科目，不仅对会计要素的具体内容进行了科学的分类，还可以为会计信息的使用者提供科学的、详细的分类指标体系。同时通过设置会计科目，也可以将复杂的、性质不同的经济业务经过科学的分类，系统地反映到会计核算资料中。会计科目为编制会计凭证、设置账户和登记账簿提供了依据，为编制会计报表奠定了基础，并能为企业的管理者、投资者、信贷者等有关各方提供全面、统一的会计信息。

会计科目是日常加强经济管理的有力手段。会计科目的有关规定，是对日常经济活动进行控制的标准，如对货币资金的收支、材料物资的增减变化等。会计科目这种全面、正确、具体的规定，能够充分发挥事前控制经济活动的作用。同时，会计科目提供的资料也是分析、考核和监督经济活动的依据，它为编制财务计划提供了依据。

二、会计科目的设置原则

会计科目设置得合理与否对于反映会计要素的构成情况及其变化，为投资者、债权人以及企业管理者提供对决策有用的会计信息，提高会计工作效率影响很大。设置会计科目应努力做到科学、合理、实用，因此在设置会计科目时应遵循以下原则。

1. 合法性原则

合法性原则，是指所设置的会计科目应当符合国家统一的会计制度规定。我国现行的统一会计制度中均对企业设置的会计科目做出了规定，以保证不同企业对外提供的会计信息的可比性。企业应当参照会计制度中统一规定的会计科目，根据自身的实际情况设置会计科目，但其设置的会计科目不得违反现行会计制度的规定。对于国家统一会计制度规定的会计科目，企业可以根据自身的生产经营特点，在不影响统一会计核算要求以及对外提供统一的财务报表的前提下，自行增设、减少或合并某些会计科目。

2. 相关性原则

相关性原则，是指所设置的会计科目应当为有关各方提供所需要的会计信息服务，满足对外报告和对内管理的要求。根据企业会计准则的规定，企业财务报告提供的信息必须满足对内、对外各方面的需要，设置会计科目必须服务于会计信息的提供，必须与财务报告的编制相协调、相关联。

3. 实用性原则

实用性原则，是指所设置的会计科目应当符合单位自身特点，满足单位的实际需要。企业的组织形式、所处行业、经营内容及业务种类等不同，在会计科目的设置上亦应有所区别。国家在规定统一会计科目的同时，考虑到不同单位具体经济义务的特殊性，在设置会计科目时，允许单位有一定的灵活性。单位在不违背国家统一规定的前提下，可以根据自身业务特点和实际情况，增加、减少或合并某些会计科目，设置符合企业需要的会计科目。

4. 稳定性原则

为了适应经济的发展和与国际接轨的需要，会计科目不能一成不变，必要时要做相应的变动。但是为了便于在不同时期比较分析会计核算指标和在一定范围内汇总核算指标，会计科目就应该保持相对稳定，不能经常变动会计科目的名称和核算内容，应使核算指标保持可比性。

为便于本课程举例运用，参照我国《企业会计准则——应用指南》，企业会计科目的设置如表 3-1 所示。

表 3-1　会计科目表

顺序号	编　号	会计科目名称	顺序号	编　号	会计科目名称
		一、资产类	34	1606	固定资产清理
1	1001	库存现金	35	1701	无形资产
2	1002	银行存款	36	1702	累计摊销
3	1012	其他货币资金	37	1703	无形资产减值准备
4	1101	交易性金融资产	38	1711	商誉
5	1121	应收票据	39	1801	长期待摊费用
6	1122	应收账款	40	1811	递延所得税资产
7	1123	预付账款	41	1901	待处理财产损溢
8	1131	应收股利			**二、负债类**
9	1132	应收利息	42	2001	短期借款
10	1221	其他应收款	43	2101	交易性金融负债
11	1231	坏账准备	44	2201	应付票据
12	1401	材料采购	45	2202	应付账款
13	1402	在途物资	46	2203	预收账款
14	1403	原材料	47	2211	应付职工薪酬
15	1404	材料成本差异	48	2221	应缴税费
16	1405	库存商品	49	2231	应付利息
17	1406	发出商品	50	2232	应付股利
18	1407	商品进销差价	51	2241	其他应付款
19	1408	委托加工物资	52	2501	递延收益
20	1411	周转材料	53	2601	长期借款
21	1471	存货跌价准备	54	2502	应付债券
22	1501	债权投资	55	2701	长期应付款
23	1502	债权投资减值准备	56	2711	专项应付款
24	1503	其他权益工具投资	57	2801	预计负债
25	1511	长期股权投资	58	2901	递延所得税负债
26	1512	长期股权投资减值准备			**三、共同类**
27	1521	投资性房地产	59	3001	清算资金往来
28	1531	长期应收款	60	3002	货币兑换
29	1601	固定资产	61	3101	衍生工具
30	1602	累计折旧	62	3201	套期工具
31	1603	固定资产减值准备	63	3202	被套期工具
32	1604	在建工程			**四、所有者权益类**
33	1605	工程物资	64	4001	实收资本

续表

顺 序 号	编　号	会计科目名称	顺 序 号	编　号	会计科目名称
65	4002	资本公积	77	6111	投资收益
66	4003	其他综合收益	78	6115	资产处置损益
67	4101	盈余公积	79	6301	营业外收入
68	4103	本年利润	80	6401	主营业务成本
69	4104	利润分配	81	6402	其他业务成本
		五、成本类	82	6403	税金及附加
70	5001	生产成本	83	6601	销售费用
71	5101	制造费用	84	6602	管理费用
72	5201	劳务成本	85	6603	财务费用
73	5301	研发支出	86	6701	资产减值损失
		六、损益类	87	6702	信用减值损失
74	6001	主营业务收入	88	6711	营业外支出
75	6051	其他业务收入	89	6801	所得税费用
76	6101	公允价值损益	90	6901	以前年度损益调整

三、会计科目的分类

1. 按其反映的经济内容不同分类

会计科目按照经济内容不同分为资产类科目、负债类科目、共同类科目、所有者权益类科目、成本类科目和损益类科目六大类会计科目。

(1) 资产类科目，是对资产要素的具体内容进行分类核算的项目，按资产的流动性分为反映流动资产的科目和反映非流动资产的科目。反映流动资产的科目主要有库存现金、银行存款、应收账款、原材料、库存商品等科目；反映非流动资产的科目主要有长期股权投资、长期应收款、固定资产、在建工程、无形资产等科目。

(2) 负债类科目，是对负债要素的具体内容进行分类核算的科目，按负债的偿还期限长短分为反映流动负债的科目和反映非流动负债的科目。反映流动负债的科目主要有短期借款、应付账款、应付职工薪酬、应缴税费等科目；反映非流动负债的科目主要有长期借款、应付债券、长期应付款等科目。

(3) 共同类科目，是既有资产性质又有负债性质的科目，主要有清算资金往来、货币兑换、套期工具、被套期工具等科目。

(4) 所有者权益类科目，是对所有者权益要素的具体内容进行分类核算的项目，主要有实收资本或股本、资本公积、其他综合收益、盈余公积、本年利润、利润分配、库存股等科目。

(5) 成本类科目，是对可归属于产品生产成本、劳务成本等的具体内容进行分类核算的项目，主要有生产成本、制造费用、合同取得成本、合同履约成本、研发支出等科目。

(6) 损益类科目，是对收入、费用等要素的具体内容进行分类核算的项目。其中，反映收入的科目主要有主营业务收入、其他业务收入等科目；反映费用的科目主要有主营业务成本、其他业务成本、销售费用、管理费用、财务费用等科目。

2. 按照会计科目提供信息的详细程度分类

1) 总分类科目

总分类科目又称总账科目、一级科目，是对会计对象具体内容进行的总括分类的科目，能够提供某一具体内容的总括核算指标。上述会计科目表中所列出的科目都属于这一类。例如，“原材料”科目就是总分类科目，它核算企业库存的各种材料的实际成本或计划成本。

2) 明细分类科目

明细分类科目又称子目、二级会计科目，是指对总分类科目进一步分类的科目，主要为企业内部、外部管理提供详细核算指标。在实际业务中，总分类科目提供的信息数量的详细程度对于企业经营管理是不够的，还需要根据自身经济业务的具体内容和特点对这些科目进一步分类，设置明细分类科目，鉴于各个单位、企业的经济业务的具体内容不同，经营管理的水平也不一致，因此明细分类科目的名称、核算内容和使用方法也就不能统一规定，它只能由各企业、各单位根据经济管理需要自行制定。例如，在“原材料”总分类科目下，应该按照材料的类别、品种或规格设置明细分类科目。又如，“应付账款”是一个总括反映企业负债的总分类科目，而要反映每笔债务的清偿情况，还必须按照债主名称设置明细分类科目。

明细科目又称细目、三级会计科目，是指由各企业根据内部管理需要自行制定的对明细分类科目进一步分类的科目。

根据以上所述，以“生产成本”科目为例，可对会计科目提供经济指标详细程度分类，如表 3-2 所示。

表 3-2 总分类科目与明细分类科目

<table>
<tr><th>总分类科目</th><th>明细分类科目</th><th>明细科目</th></tr>
<tr><th>(总账科目、一级科目)</th><th>(二级科目、子目)</th><th>(三级科目、细目)</th></tr>
<tr><td rowspan="6">生产成本</td><td rowspan="3">基本生产成本</td><td>A 产品</td></tr>
<tr><td>B 产品</td></tr>
<tr><td>C 产品</td></tr>
<tr><td rowspan="3">辅助生产成本</td><td>水</td></tr>
<tr><td>暖</td></tr>
<tr><td>电</td></tr>
</table>

应该指出，并非所有一级科目都需要分设二级科目和三级科目，根据所需信息的详细程度，有的只设一级科目，有的则要设置一级科目和三级科目，而不进行二级科目的设置。

第四节 会 计 账 户

会计科目是对会计对象的具体内容进行分类核算的项目。为了分类、系统、连续地记录由于经济业务的发生而引起的会计要素的增减变动，提供经济管理所需要的会计信息，

还必须根据设定的会计科目设置账户。账户是对会计对象的具体内容进行分类连续记录的场地。每一个账户都有一个含义明确、简明扼要的名称来概括说明该账户所记录的经济内容，这个名称就是会计科目，所以，账户是根据会计科目设置的，会计科目就是账户的名称。例如，根据“库存现金”科目设置账户，称“库存现金”账户，用于记录企业库存现金的增减变动和结余情况；根据“固定资产”科目设置的账户，称“固定资产”账户，用于记录企业固定资产的增减变动情况和结果等。通过这些反映不同经济内容的账户，就可以全面、系统、分门别类地为经济管理提供必要的会计核算资料。

一、账户的概念

账户是根据会计科目设置的，具有一定格式和结构，用于分类反映会计要素增减变动情况及其结果的载体。它是分类和归集会计数据并进行记录的工具。前面介绍过的会计科目仅仅是分类核算的标志，而核算指标的具体数据资料，则要通过账户记录取得。所以，设置会计科目以后，还必须根据规定的会计科目开设一系列反映不同经济内容的账户，用来对各项经济业务进行分类记录。会计科目的名称就是账户的名称。

二、账户的结构

账户不仅具有名称，还必须具有一定的结构格式，才能对经济业务发生后所引起的会计对象要素各项目的增减变动情况进行记录和反映。

每一笔经济业务的发生都会引起资产、负债、所有者权益有关项目的资金变动，尽管这种资金变动是错综复杂的，但是，从数量上来看不外乎“增加”和“减少”两种情况。因此，用来记录和反映经济业务的账户，其基本结构也应该相应地划分为两部分：一部分反映增加数额；另一部分反映减少数额。究竟账户的哪一部分记录增加额，哪一部分记录减少额，还要看采用的是哪一种记账方法。下面以借贷记账法为例，来说明账户的基本结构。

在借贷记账法下，所有的账户都分为左方和右方两部分，左方为“借方”，右方为“贷方”，每一方再根据实际需要分成若干栏次，用来分类登记经济业务及其会计要素的增加和减少以及增减变动的结果。在会计实务中，账户的具体格式是根据实际需要来设计的。在账户的基本结构中，除了应包括“借方”“贷方”这两个基本部分外，还应包括以下内容。

(1) 账户的名称，即会计科目。表明了该账户提供的核算指标。

(2) 日期和凭证字号。表明了经济业务的日期和来源。

(3) 摘要。即经济业务内容的简要说明。

(4) 增加和减少的金额。记录经济业务发生引起会计要素项目增减变动的数额。

(5) 账户发生额和余额。记录该账户本期的借贷方发生额和期末余额是多少。

账户的基本结构如表 3-3 所示。

表 3-3　账户(会计科目)

年		凭证		摘要	借方	贷方	借或贷	余额
月	日	字	号					

为了教学方便，在教科书中经常用简化的 T 形账户来说明账户的结构。其格式如图 3-2 所示。

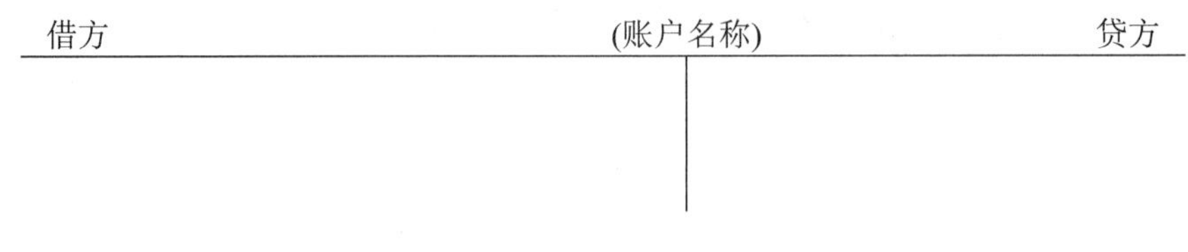

图 3-2　T 形账户

三、会计科目与账户的关系

(1) 二者的联系。会计科目与账户都是对会计对象具体内容的科学分类，两者口径一致，性质相同，会计科目是账户的名称，也是设置账户的依据，账户是会计科目的具体运用。没有会计科目，账户便失去了设置的依据；没有账户，就无法发挥会计科目的作用。

(2) 二者的区别。会计科目仅仅是账户的名称，不存在结构；而账户则具有一定的格式和结构。在实际工作中，对会计科目和账户无须严格区分，而是相互通用。

在实际工作中，由于会计科目和账户存在着一一对应的关系，因此，人们常把会计科目作为账户的同义语。严格地讲，会计科目和账户是两个既有联系又有区别的概念。其联系是：会计科目和账户都是对会计对象的具体内容进行的分类，且口径一致。账户是根据会计科目设置的，会计科目就是账户的名称，会计科目规定的核算内容同时也是账户的核算内容。可见，没有会计科目，就不能设置账户；而没有账户仅有会计科目，也无法记录经济业务所引起的会计要素的增减变动。其区别在于：会计科目是按经济内容对会计要素所做的分类，账户则是在会计科目所做分类的基础上进行全面、分类、连续的记录；会计科目只是明确核算内容，其设置由国家有关部门统一规定，可用一张名称表的形式列示出来，不存在结构问题，而账户要在分类的基础上记录经济业务所引起的资金增减变化及其结果，因此，账户必须具备一定的结构。

四、账户的分类

(一)账户按反映经济业务的详细程度分类

账户按其所反映经济业务的详细程度不同，可分为总分类账户和明细分类账户。

根据总分类科目设置的账户称为总分类账户，简称总账账户，用于对会计要素具体内容进行总括分类核算。

根据明细科目设置的账户称为明细分类账户，简称明细账户，用于对会计要素具体内容进行明细分类核算。

总账账户称为一级账户，总账以下的账户称为明细账户。

(二)账户按反映的经济内容分类

账户按其所反映的经济内容不同，分为资产类账户、负债类账户、共同类账户、所有者权益类账户、成本类账户和损益类账户六大类。

1. 资产类账户

资产类账户是用来核算企业资产的增减变动和结余情况的账户，按资产的流动性共分为两类。

(1) 流动资产账户，主要有：库存现金、银行存款、交易性金融资产、应收账款、应收票据、预付账款、其他应收款、原材料、库存商品等账户。

(2) 非流动资产账户，主要有：长期股权投资、固定资产、累计折旧、无形资产、长期待摊费用等账户。

2. 负债类账户

负债类账户用来核算企业负债的增减变动和结余情况的账户，按负债的流动性不同，可分为两类。

(1) 流动负债账户，主要有：短期借款、应付账款、应付票据、预收账款、其他应付款、应付职工薪酬、应缴税费、应付股利等账户。

(2) 非流动负债账户，主要有：长期借款、应付债券、长期应付款等账户。

3. 共同类账户

共同类账户用来核算有关业务而形成的资产或负债。一般企业的共同类账户有衍生工具、套期工具、被套期项目。

共同类账户具有双重性质，核算某类业务形成的资产或负债，例如，被套期项目账户用来核算企业开展套期保值业务被套期项目公允价值变动形成的资产或负债。本账户期末借方余额反映企业被套期项目形成资产的公允价值；本账户期末贷方余额反映企业被套期项目形成负债的公允价值。

4. 所有者权益类账户

所有者权益类账户是用来核算企业所有者权益的增减变动和结余情况的账户，按照所有者权益的来源不同可分为两类。

(1) 核算所有者原始投资的账户，主要有实收资本(或股本)、资本公积账户。

(2) 核算所有者经营积累的账户，主要有盈余公积、本年利润、利润分配等账户。

5. 成本类账户

成本类账户是用来核算企业生产经营过程中发生的费用，并计算成本的账户。成本类账户主要有：生产成本、制造费用、劳务成本、研发支出等账户。

6. 损益类账户

损益类账户是用来核算与损益计算直接相关的账户，核算内容主要是企业的收入和费用。该类账户又可分为两类。

(1) 收入类账户，主要有：主营业务收入、其他业务收入、投资收益、营业外收入等账户。

(2) 费用类账户，主要有：主营业务成本、其他业务成本、税金及附加、销售费用、管理费用、财务费用、所得税费用等账户。

本章小结

本章主要讲述会计要素的分类，要充分认识会计要素分类的意义，深刻理解资产、负债、所有者权益、收入、费用和利润要素的概念、特征及内容；要掌握会计等式的平衡关系，能够分析企业经济业务的发生都不会破坏会计等式的平衡关系；要正确理解会计科目、会计账户以及区分会计科目和账户的关系，掌握会计科目的分类和会计账户的结构。

习　题

一、单项选择题

1. 会计科目是对(　　)的具体内容进行分类核算的项目。
   A. 经济业务　　B. 会计主体　　C. 会计对象　　D. 会计要素
2. 会计账户是根据(　　)分别设置的。
   A. 会计对象　　B. 会计要素　　C. 会计科目　　D. 经济业务
3. 反映资产情况的账户有(　　)。
   A. 利润分配　　B. 实收资本　　C. 累计折旧　　D. 管理费用
4. 会计科目与账户的本质区别在于(　　)。
   A. 反映的经济内容不同　　B. 记录资产和权益的内容不同
   C. 记录资产和权益的方法不同　　D. 会计账户有结构，而会计科目无结构
5. 下列肯定会引起所有者权益总额增加的情况是(　　)。
   A. 资产与负债同增　　B. 资产与负债同减
   C. 资产增加，负债减少　　D. 资产减少，负债增加
6. 某企业本期期初资产总额为100 000元，本期期末负债总额比期初减少10 000元，所有者权益比期初增加30 000元，其期末资产总额是(　　)。
   A. 90 000元　　B. 100 000元　　C. 120 000元　　D. 130 000元
7. 下列各项经济业务中，引起资产类项目和负债类项目同时增加的是(　　)。
   A. 用银行存款购买原材料　　B. 借入短期借款存入银行

C. 用银行存款偿还原材料所欠货款　D. 把现金存入银行

8. 如果某项经济业务只引起资产类内部项目或负债类内部项目之间的增减变动，其结果是(　　)。

A. 不影响资产或负债总额　　B. 使资产或负债总额发生等额变动
C. 只影响资产总额变动　　D. 只影响负债总额变动

9. 下列各项经济业务中，不影响企业资产总额变动的业务是(　　)。

A. 从其他企业赊购材料　　B. 收到客户所欠货款直接存入银行
C. 收到法人单位投资直接存入银行　D. 从银行借入短期借款

10. 投资者投资的价值 30 万元的机器设备，使(　　)。

A. 资产总额和所有者权益总额不变
B. 资产总额和所有者权益总额同时减少
C. 资产总额和所有者权益总额同时增加
D. 资产总额和权益总额一增一减，增减金额相等

二、多项选择题

1. 下列属于期间费用的有(　　)。

A. 管理费用　B. 财务费用　C. 销售费用　D. 制造费用

2. 所有者权益包括(　　)。

A. 银行存款　B. 实收资本　C. 资本公积　D. 未分配利润

3. 下列属于资产要素内容的有(　　)。

A. 银行存款　B. 实收资本　C. 应收账款　D. 预付账款

4. 下列会计等式表述正确的有(　　)。

A. 资产=权益　　B. 资产=负债+所有者权益
C. 收入-费用=利润　　D. 资产=负债+所有者权益+(收入-费用)

5. 会计账户按其所提供信息的详细程度及其统驭关系分为(　　)。

A. 总分类账户　　B. 资产类会计账户
C. 负债类会计账户　　D. 明细分类账户

6. 下列各项中，属于资产类账户的有(　　)。

A. 其他应收款　　B. 短期借款
C. 长期待摊费用　　D. 应缴税费

7. 下列各项中，属于负债类账户的有(　　)。

A. 应付职工薪酬　　B. 应付账款
C. 预付账款　　D. 实收资本

8. 下列各项中，属于成本类的会计科目有(　　)。

A. 生产成本　B. 原材料　C. 管理费用　D. 制造费用

9. 下列各项中，属于损益类的会计科目有(　　)。

A. 银行存款　　B. 主营业务收入
C. 管理费用　　D. 制造费用

10. 下列各项中，构成成本的项目有(　　)。

A. 直接材料　　B. 直接人工　　C. 期间费用　　D. 制造费用

三、判断题

1. 明细会计科目可以根据企业内部管理的需要自行设定。（　）
2. 为了满足管理的需要，企业会计账户的设置越细越好。（　）
3. 账户的简单格式分为左右两方，其中，左方表示增加，右方表示减少。（　）
4. 所有会计账户都是依据会计科目开设的。（　）
5. 会计科目由国家财政部统一制定，任何单位均不得增补、减少和归并会计科目。（　）
6. 反映企业财务状况的会计要素是收入、费用和利润。（　）
7. 任何一项经济业务都不会破坏会计等式的平衡关系。（　）
8. “预收账款”属于资产类的会计科目。（　）
9. 会计科目按其反映的经济内容不同分为总分类科目和明细分类科目。（　）
10. 会计科目是对会计对象的具体内容进行分类核算的项目。（　）

四、实训题

实训一

[实训目的] 掌握会计要素的确认及其分类。

[实训资料] 东方公司 2020 年 1 月末部分项目数额如下。

(1) 存放在财会部门的库存现金 800 元。

(2) 投资者投入的资本 700 000 元。

(3) 向银行借入的短期借款 24 000 元。

(4) 应付赊购商品款 140 000 元。

(5) 应收客户货款 60 000 元。

(6) 存放在银行里的存款 100 000 元。

(7) 库存商品物资 80 000 元。

(8) 机器设备价值 300 000 元。

(9) 房屋及建筑物价值 400 000 元。

(10) 上年度末尚未分配的利润 50 000 元。

(11) 正在加工中的产品 20 200 元。

(12) 应缴税费 11 000 元。

[实训要求] 指出上述各项目分别属于哪一类会计要素，并计算资产要素总额。

实训二

[实训目的] 分析经济业务对会计等式的影响。

[实训资料] 东方公司 2020 年 1 月发生如下部分经济业务。

(1) 2 日，向南方公司购入原材料一批，价款 20 000 元，材料验收入库，货款未付(不考虑增值税)。

(2) 5 日，收到亨达公司投入资本 10 000 元，存入公司银行存款账户。

(3) 7 日，用银行存款 30 000 元购买一台机床，并已交付使用。

(4) 10 日，从银行贷款 140 000 元，直接用来偿还前欠南方公司货款。

(5) 15 日，经与亨达公司协商，同意将所欠亨达公司应付账款 50 000 元转作对本公司的投资。

(6) 25 日，用银行存款归还长期借款 200 000 元。

(7) 31 日，本公司董事会经决议，用盈余公积分配利润 40 000 元。

(8) 31 日，本公司用盈余公积 4 000 元转增资本。

(9) 31 日，本公司按法定程序减资 20 000 元，用银行存款予以支付。

[实训要求] 分析上述经济业务对会计等式的影响。

第四章

复 式 记 账

【学习目标】

1. 掌握借贷记账法的概念及其主要特点。
2. 运用借贷记账法编制简单业务的会计分录。
3. 掌握总分类账户本期发生额及余额试算平衡表的编制.

【重点与难点】

重点：借贷记账法的概念及其主要特点。
难点：运用借贷记账法编制简单业务的会计分录。

引导案例：试算平衡表不是万能的

小李从某财经大学会计系毕业，刚刚被聘任为大海公司的会计员。今天是他来公司上班的第一天。会计科里的同事们忙得不可开交，一问才知道，大家正在忙于月末结账。小李问财务科长："我能做些什么？"财务科长看他那急于投入工作的表情，想检验一下他的工作能力，就问："试算平衡表的编制方法在学校学过吧？""学过。"小李很自信地回答。

"那好吧，大家忙的时候，你先编一下我们公司这个月的试算平衡表。"科长帮他找到了本公司所有的总账账簿，让他在早已为他准备的办公桌开始工作。不到一个小时，一张"总分类账户发生额及余额试算平衡表"完整地编制出来了。看到表格上那相互平衡的三组数字，小李激动的心情很难用语言表达，兴冲冲地向科长交了差。"呀，昨天车间领材料的单据还没记到账上去呢，这也是这个月的业务啊！"会计员王丽说道。还没等小李缓过神儿来，会计员小张手里又拿着一些会计凭证凑了过来，对财务科长说："这笔账我核对过了，应计入原材料和生产成本的是 10 000 元，而不是 9 000 元。已经入账的那部分数字还得改一下。""试算平衡表不是已经平衡了吗？怎么还有错账呢？"小李不解地问。科长看到小李满脸疑惑的神情，就耐心地解释说："试算平衡表也不是万能的，如果在账户中把某些业务漏记了，借贷金额记账方向彼此颠倒了，还有记账方向正确但记错了账户，这些都不会影响试算表的平衡。小张才发现的把两个账户的金额同时记多了或记少了，也不会影响试算表的平衡。"

小李边听边点头，心里想："这些内容老师在上"基础会计"课的时候也讲过了，以后在实践中还得好好琢磨呀！"

经过一番调整，一张真实反映本月经济业务的试算平衡表又在小李的手里诞生了。

第一节　记账方式概述

在会计工作中，为了有效地反映和监督会计对象，各会计主体除了要按照规定的会计科目设置账户外，还应采用一定的记账方法。

记账方法就是根据一定的记账原理和规则，运用特定的计量手段，利用文字和数字记录经济业务的一种专门方法。记账方法一般包括记录方式、记账原理和规则、记账符号、试算平衡公式及方法等要素。

记账方法按其记录经济业务方式的不同，可分为单式记账法和复式记账法两种。

复式记账法按技术上的特点不同，又可分为借贷记账法、增减记账法、现金收付记账法、预算资金收付记账法等。借贷记账法是世界各国通用的一种记账法；增减记账法是 20 世纪 60 年代我国商业系统在当时的社会经济环境下改革设计提出的一种记账方法；现金收付记账法是在我国传统的收付记账法的基础上发展起来的复式记账法。

一、单式记账法

单式记账法是对发生的每一项经济业务只在一个账户中进行记录，一般只登记库存现金和银行存款的收付业务以及应收应付的结算业务，而不登记实物的收付。例如，企业以现金 500 元支付办公费用。对于这项经济业务，在单式记账法下，就只在库存现金账户中做减少 500 元的登记，至于费用的发生情况则不予反映。又如，企业向某厂购入一批原材料价款 1 000 元，货已收到，款项尚未支付。对于这项经济业务，采用单式记账法，就只在结算债务账户中做增加 1 000 元的登记，而原材料的增加则不予登记。

采用单式记账法，对于有关应收款、应付款的现金收付业务，虽然在记现金账的同时也记往来账，但现金账与往来账是各记各的，彼此之间没有直接的联系。

显然，单式记账法的优点是记账手续比较简单。但由于其账户的设置是不完整的，各个账户之间又互不联系，所以无法全面反映各项经济业务的来龙去脉，也不能正确核算成本和盈亏，更不便于检查账户记录的正确性。因此，这种记账方法只适用于经济业务非常简单的单位，目前已很少采用。

二、复式记账法

复式记账法也叫复式簿记法，它的演变从萌芽到接近于完备形式，经历了 300 年左右(13 世纪初至 15 世纪末)。这一演变过程都发生在中世纪的意大利商业城市(如威尼斯、热那亚等城市)。当时，地中海沿岸某些城市的商业和手工业发展很快，出现了马克思所说的“资本主义生产的最初萌芽”。发达的商品经济，特别是地中海沿岸某些城市中十分活跃的商业(包括海上贸易)和银钱兑换业，都迫切要求从簿记中获得有关经济往来和经营成果的重要信息。经过一段孕育时期以后，簿记的方法终于取得了重大突破，科学的复式簿记法在意大利诞生。这一演变过程大体上经历了复式簿记的萌芽(1211—1340)、复式簿记的改良(1340—1494)和复式簿记的完备(1494—1854)三个不同的发展阶段。1494 年卢卡·帕乔利著的《算术、几何、比及比例概要》一书正式出版，书中全面、系统地总结了当时流行的威尼斯复式记账法(账户的格式已分为左右两方，账户的记录由文字叙述为主改为数字平衡为主，每个账户都要结出余额，并进行全部账户余额的试算平衡)，使得复式簿记的优点及方法很快被世人所认识，是人类最早关于复式簿记的文献，因而具有划时代的意义，标志着现代会计的开始。

(一)复式记账法的含义及特点

复式记账法是对每项经济业务都要以相等的金额同时在两个或两个以上相互联系的账户中进行记录和反映的记账方法。

复式记账是以会计基本等式为依据建立的一种科学的记账方法，能完整、系统地反映经济业务所引起的会计要素的增减变动，符合经济业务发生的实际情况。由于复式记账法对每项经济业务都在相互联系的两个或两个以上的账户中做双重记录，这样，在将全部经济业务都相互联系地登记入账之后，不仅可以通过账户记录，完整、系统地反映经济活动的过程和结果，而且还能清楚地反映每项经济业务的来龙去脉，这样，对账户的记录结果就可以进行试算平衡，以检查账户记录的正确与否。复式记账法与单式记账法相比有以下四个特点。

(1) 复式记账法，需要设置完整的账户体系。复式记账法作为一种科学的记账方法，不仅要对一笔经济业务进行全面反映，而且对运用会计的单位所发生的全部经济业务进行记录。因此，必须设置一套完整的账户体系，以便能够反映各式各样的经济业务。比如，企业单位既要设置反映资产、负债和所有者权益的账户，又要设置反映其经营过程以及所发生的收入和费用成本的账户。

(2) 复式记账法，必须对每一笔经济业务都要进行反映和记录。这样既有必要，又有可能。其必要性在于复式记账要求全面反映企事业单位的经济活动，其可能性在于复式记账具有完整的账户体系，具有全面反映记录所有经济业务的前提条件。

(3) 复式记账法，对每一笔经济业务都要反映来龙和去脉两个方面。这是复式记账法的基本特点，只有这样，通过复式记账才能全面了解每笔经济业务的内容。

(4) 采用复式记账法，可以对一定时期所发生的全部经济业务的会计记录进行全面的试算平衡。这一特点是上述三个特点的必然结果。因为所有经济业务都在各个账户中进行反映，每一笔经济业务都能平衡，所以一定时期全部经济业务必然也能进行全面的试算平衡。

(二)复式记账法的分类

复式记账法按照采用的记账符号和记账规则的不同，划分为借贷记账法、收付记账法和增减记账法三种。

(1) 借贷记账法是用“借”和“贷”作为记账符号的一种复式记账方法。这种记账方法是国际上通用的记账方法。

(2) 收付记账法是用“收”和“付”作为记账符号的一种复式记账方法。这种记账方法是在我国传统的收付记账法的基础上发展起来的记账方法。

(3) 增减记账法是用“增”和“减”作为记账符号的一种复式记账方法。这种记账方法是在 20 世纪 60 年代我国商业系统在改革记账方法时设计提出的记账方法。

借贷记账法是历史上第一种复式记账法，也是当前世界各国普遍采用的一种记账方法，是现代会计中最具代表性的一种科学的复式记账法。为了同国际惯例接轨，适应我国对外开放的需要，我国《企业会计准则》规定：“会计记账采用借贷记账法。”根据企业会计制度的规定，我国的所有企业从 1993 年 7 月 1 日起统一采用借贷记账法。

(三)复式记账的理论依据

如前所述，会计的对象是资金运动，而企业经营过程中所发生的每一项经济业务，都是资金运动的具体过程，只有把企业的所有经济业务无一遗漏地进行核算，才能完整地反映出企业资金运动的全貌，为经营管理提供所需要的全部核算资料。

企业发生的所有经济业务无非就是涉及资金增加和减少两个方面，并且某项资金在量上的增加或减少，总是与另一项资金在量上的增加或减少相伴而生。换言之，在资金运动中，一部分资金的减少或增加，总是有另一部分资金的增减变动作为其变化的原因。这就要求会计在记账的时候，必须把每项经济业务所涉及的资金增减变化的原因和结果都记录下来，从而完整、全面地反映经济业务所引起的资金运动的来龙去脉。而复式记账方法恰恰就是适应了资金运动的这一规律性的客观要求，把每一项经济业务所涉及的资金在量上的增减变化，通过两个或两个以上账户的记录予以全面反映。可见，资金运动的内在规律性是复式记账的理论依据。

(四)复式记账的基本原则

1．以会计等式作为记账基础

会计等式是将会计对象的具体内容即会计要素之间的相互关系，运用数学方程式的原理进行描述而形成的。它是客观存在的经济现象，同时也是资金运动规律的具体化。为了揭示资金运动的内在规律，复式记账必须以会计等式作为记账基础。

2．对每项经济业务必须同时在两个或两个以上相互联系的账户中进行等额记录

前已述及，经济业务的发生必然要引起资金的增减变动，而这种变动势必导致会计等式中至少有两个要素或同一要素中至少有两个项目发生等量变动。为反映这种等量变动关系，就必须在两个或两个以上账户中进行等额双重记录。

3．必须按经济业务对会计等式的影响类型进行记录

前已说明，尽管企业单位发生的经济业务复杂多样，但对会计等式的影响不外乎以下两种类型：一类是影响会计等式等号两边会计要素同时发生变化的经济业务，这类业务能够变更企业资金总额，会使会计等式等号两边等额同增或等额同减；另一类是影响会计等式等号某一边会计要素发生变化的经济业务，这类业务不变更企业资金总额，只会使会计等式等号某一边等额地有增有减。这就决定了会计上对第一类经济业务，应在等式两边的账户中等额记同增或同减；对第二类经济业务，应在等式某一边的账户中等额记有增有减。

4．定期汇总的全部账户记录必须平衡

通过复式记账的每笔经济业务的双重等额记录，定期汇总的全部账户的数据必然会保持会计等式的平衡关系。复式记账试算平衡有发生额试算平衡法和余额试算平衡法两种。

在实际工作中，余额试算平衡通过编制试算平衡表的方式进行。如果试算平衡，说明账户金额记录基本正确。

我国历史上曾使用过的复式记账法.doc

第二节　借贷记账法

借贷记账法是指以“借”“贷”为记账符号的一种复式记账法。最早的“借”“贷”二字分别表示债权、债务的增减变化。随着商品经济的发展，借贷记账法得到了广泛的运用，记账对象不再局限于债权、债务关系，而是扩大到记录财产物资的增减变化和计算经营损益。“借”“贷”二字原来仅限于记录债权债务已经不能概括经济活动的全部内容，

它表示的内容应该包括全部会计要素的增减变化，它们逐渐脱离了其自身的含义，转化为纯粹的记账符号。“借”表示：①资产的增加；②费用的增加；③负债的减少；④所有者权益的减少；⑤收入、利润的减少。通过账户记录时，上述内容应登记在账户的借方(左方)。“贷”表示：①资产的减少；②费用的减少；③负债的增加；④所有者权益的增加；⑤收入、利润的增加。通过账户记录时，上述内容应登记在账户的贷方(右方)。

借贷记账法的科学性在于它能全面地、相互联系地反映各项会计要素的增减变化过程及其结果，并根据各项会计要素之间客观存在的数量恒等关系，来决定其记账方向、账户结构、记账规则和试算平衡公式。

一、借贷记账法的来源与演进

借贷记账法是以“借”和“贷”作为记账符号的一种复式记账方法。这种记账方法大约起源于 13 世纪的意大利。当时，意大利沿海城市的商品经济特别是海上贸易已有很大的发展，在商品交换中，为了适应借贷资本和商业资本经营者管理的需要，逐步形成了这种记账方法。

“借”“贷”两字的含义，最初是从借贷资本家的角度来解释的。借贷资本家以经营货币资金为主要业务，对于收进来的存款，记在贷主(Creditor)名下，表示自身债务的增加；对于付出去的放款，则记在借主(Debtor)的名下，表示自身债权的增加。这样，“借”“贷”两字分别表示借贷资本家的债权、债务及其增减变化。

随着商品经济的发展，经济活动的内容日趋复杂化，会计所记录的经济业务也不再局限于货币资金的借贷，而逐渐扩展到财产物资、经营损益和经营资本等的增减变化。这时，为了求得账簿记录的统一，对于非货币资金的借贷活动，也利用“借”“贷”两字来说明经济业务的变化情况。这样，“借”“贷”两字逐渐失去了原来的字面含义，演变为一对单纯的记账符号，成为会计上的专门术语。到了 15 世纪，借贷记账法逐渐完备，被用来反映资本的存在形态和所有者权益的增减变化。与此同时，西方国家的会计学者提出了借贷记账法的理论依据，即“资产=负债+资本”的平衡公式(亦称会计方程式)，并根据这个理论确立了借贷的记账规则，从而使借贷记账法日臻完善，为世界各国所普遍采用。

我国会计工作者在借贷记账法的基础上，提出了一些新的记账方法，如增减记账法、资金收付记账法等，并将其运用于会计实践中。但是，记账方法不统一，既给企业间横向经济联系和国际经济交往带来诸多不便，也不利于经济管理中对会计信息的加工、汇总和利用。因此，我国的《企业会计准则》明确规定，境内所有的企业在进行会计核算时，都必须统一采用借贷记账法。目前，即使是行政、事业单位，也都采用借贷记账法。

二、借贷记账法的特点

借贷记账法与其他复式记账方法相比，主要在记账符号、账户结构、记账规则和试算平衡四个方面有其显著特点。

1. 记账符号

在借贷记账法下，“借”“贷”两个符号对会计等式两边的会计要素规定了相反的含义，即抽象地看，无论是“借”还是“贷”，都既表示增加，又表示减少。而具体地看，“借”对会计等式左边的账户即资产、费用类账户表示增加，对会计等式右边的账户即负债、所有者权益、收入和利润类账户表示减少；“贷”对会计等式左边的资产、费用类账户表示减少，对会计等式右边的负债、所有者权益、收入和利润类账户表示增加。

2. 账户结构

借贷记账法的账户基本结构是：每一个账户都分为“借方”和“贷方”，一般规定账户的左方为“借方”，账户的右方为“贷方”。如果在账户的借方记录经济业务，可以称为“借记某账户”；在账户的贷方记录经济业务，则可以称为“贷记某账户”。

采用借贷记账法时，账户的借、贷两方必须做相反方向的记录。即对于每一个账户来说，如果规定借方用来登记增加额，则贷方就用来登记减少额；如果规定借方用来登记减少额，则贷方就用来登记增加额。究竟哪个账户的哪一方用来登记增加额、哪一方用来登记减少额，账户的具体结构怎样，要根据账户反映的经济内容(即账户的性质)而定。不同性质的账户，其结构是不同的。

(1) 资产类账户的结构。资产类账户的基本结构是：账户的借方登记资产的增加额，贷方登记资产的减少额。在一个会计期间内(年、月、日)，借方记录的合计数额称为借方发生额，贷方记录的合计数额称为贷方发生额，在每一个会计期间的期末将借贷方发生额相比较，其差额称为期末余额。资产类账户若有期末余额，一般在借方，表示资产的期末实有数额。例如，“银行存款”账户，借方记录的增加额要大于(至少等于)贷方记录的减少额，所以有借方余额(或无余额)，借方期末余额转到下一期就成为借方期初余额。该类账户期末余额的计算公式如下：

资产类账户期末借方余额=期初借方余额+本期借方发生额-本期贷方发生额

资产类账户的基本结构如下所示。

借方　　　　资产类账户	贷方
期初余额×××	
本期增加发生额×××	本期减少发生额×××
本期借方发生额合计×××	本期贷方发生额合计×××
期末余额×××	

(2) 负债类账户的结构。负债类账户的基本结构与资产类账户的基本结构正好相反。由会计平衡公式“资产=负债+所有者权益”可见，负债在会计基本等式中所占的位置与资产在会计基本等式中所占的位置是相反的，资产在等号的左边，而负债在等号的右边，根据两者平衡的原理，此类账户的贷方登记负债的增加额、借方登记负债的减少额，很明显，贷方发生额要大于(或等于)借方发生额，期末余额一般在贷方，表示负债的现有数额。该类账户期末余额的计算公式如下：

负债类账户期末贷方余额=期初贷方余额+本期贷方发生额-本期借方发生额

负债类账户的基本结构如下所示。

借方	负债类账户　　　　贷方
	期初余额×××
本期减少发生额×××	本期增加发生额×××
本期借方发生额合计×××	本期贷方发生额合计×××
	期末余额×××

(3) 所有者权益类账户结构。所有者权益类账户的贷方登记所有者权益的增加数，借方登记所有者权益的减少数；期末余额在贷方，表示期末所有者权益的结存数。该类账户期末余额的计算公式如下：

所有者权益类账户期末贷方余额=期初贷方余额+本期贷方发生额-本期借方发生额

所有者权益账户的基本结构如下所示。

借方	所有者权益类账户　　　　贷方
	期初余额×××
本期减少发生额×××	本期增加发生额×××
本期借方发生额合计×××	本期贷方发生额合计×××
	期末余额×××

(4) 成本类账户的结构。成本类账户的借方登记成本的增加数，贷方登记成本的减少数或结存数，期末余额在借方，表示尚未完工产品的生产成本。该类账户期末余额的计算公式如下：

成本类账户期末借方余额=期初借方余额+本期借方发生额-本期贷方发生额

成本类账户的基本结构如下所示。

借方	成本类账户　　　　贷方
期初余额×××	
本期增加发生额×××	本期转出或减少发生额×××
本期借方发生额合计×××	本期贷方发生额合计×××
期末余额×××	

(5) 损益类账户的结构。损益类账户反映企业发生的收入与费用，因此，可以将损益类账户分为损益收入类账户和损益费用类账户。

由于收入的增加一般会导致所有者权益的增加，因此，损益收入类账户结构类似所有者权益类账户，贷方登记收入的增加数，借方登记收入的减少数，以及期末结转计入“本年利润”账户贷方的数额，期末结转后该账户一般无余额。

收入类账户的基本结构如下所示。

借方	收入类账户　　　　贷方
本期转出或减少发生额×××	本期增加发生额×××
本期借方发生额合计×××	本期贷方发生额合计×××

由于费用的增加会导致所有者权益的减少，因此，损益费用类账户的结构与所有者权益类账户刚好相反，借方登记费用的增加数，贷方登记费用的减少数即期末结转计入“本年利润”账户借方的数额，期末结转后该账户一般无余额。

费用类账户的基本结构如下所示。

借方　　　　费用类账户	贷方
本期增加发生额×××	本期转出或减少发生额×××
本期借方发生额合计×××	本期贷方发生额合计×××

根据上述内容，可将借贷记账法下各类账户的结构归纳如表 4-1 所示。

表 4-1　各类账户的结构

账户类别	借　方	贷　方	余额方向
资产类	增加	减少	借方
负债类	减少	增加	贷方
所有者权益类	减少	增加	贷方
收入类	减少(转销)	增加	一般无余额
费用类	增加	减少(转销)	一般无余额
成本类	增加	减少	借方

由此可见，借贷记账法下各类账户的期末余额都在记录增加额的一方，即资产类账户的期末余额在借方，负债及所有者权益类账户的期末余额在贷方。基于此，可以得出这样一个结论：根据账户余额所在的方向，也可判断账户的性质。即：账户若是借方余额，则为资产(有余额的费用)类账户；账户若是贷方余额，则为负债或所有者权益(利润)类账户。借贷记账法的这一特点，决定了它可以设置双重性质账户。

双重性账户是指既可以用来核算资产、费用，又可以用来核算负债、所有者权益和收入的账户，如“其他往来”“待处理财产损溢”“投资收益”等。由于任何一个双重性质账户都是把原来的两个有关账户合并在一起，并同时具有合并前两个账户的功能，所以，设置双重性质账户，有利于简化会计核算手续。

3. 记账规则

以“有借必有贷，借贷必相等”作为记账规则。也就是说，借贷记账法对每一笔经济业务都要以相等的金额在相互联系的两个或两个以上的账户中进行登记。一方面记入一个或几个账户的借方，另一方面记入一个或几个账户的贷方，记入借方的金额同记入贷方的金额必须相等。具体说明如下。

(1) 对于引起资产类项目和负债、所有者权益类项目同时增加的经济业务，按借贷记账法的一般原理，应在资产类账户的借方和负债、所有者权益类账户的贷方同时登记，并且记入的金额相等。

(2) 对于引起资产类项目和负债、所有者权益类项目同时减少的经济业务，应在资产类账户的贷方和负债、所有者权益类账户的借方同时登记，并且记入的金额相等。

(3) 对于引起资产类项目内部一个项目增加、另一个项目减少的经济业务，应在一个资产账户的借方和另一个资产账户的贷方同时登记，并且记入的金额相等。

(4) 对于引起负债、所有者权益类项目内部一个项目增加、另一个项目减少的经济业务，应在一个负债或所有者权益账户的借方和另一个负债或所有者权益账户的贷方同时登记，并且记入的金额相等。

对于发生的费用、收入和利润业务，由于费用账户的结构与资产账户的结构相同，收入、利润账户的结构与负债或所有者权益账户的结构相同，其记录原理与前述四种业务经济类型记录原理相同。此外，有些较复杂的经济业务需要记入一个账户的借方和几个账户的贷方，或记入一个账户的贷方和几个账户的借方，但记入账户借、贷两方的金额合计必须相等。因此，借贷记账法的记账规则可以概括为“有借必有贷，借贷必相等”。

下面举例说明借贷记账法记账规则的具体运用。

【例 4-1】 外购一批原材料 60 000 元，货款未付。

在这项经济业务中，收入材料引起存货资产“原材料”的增加，根据资产账户的结构，增加的金额记入借方，因此应该借记“原材料”账户 60 000 元。同时，由于货款未付，使得“应付账款”负债增加，按照负债账户的结构增加记入贷方，则应该贷记“应付账款”账户 60 000 元。以“T”形账户登记如下。

借	应付账款 贷
	(1) 60 000

借 原材料	贷
(1) 60 000	

【例 4-2】 收到国家投入的流动资金 46 000 元，存入银行。

这项经济业务发生后，使得资产与所有者权益两个因素都发生了变化。一方面接收外来投资，使得所有者权益增加，应该在“实收资本”账户的贷方做记录；另一方面款项存入银行，使得资产增加，应该在“银行存款”的借方做记录。其登记如下。

借	实收资本 贷
	(2) 46 000

借 银行存款	贷
(2) 46 000	

【例 4-3】 从银行提取现金 900 元备用。

这项经济业务发生使货币资产“现金”增加 900 元，同时也使另一项货币资产“银行存款”减少 900 元。由于“库存现金”和“银行存款”都是资产项目，根据资产账户的结构原理应该借记“库存现金”账户 900 元，贷记“银行存款”账户 900 元。其登记如下。

【例 4-4】 以银行存款 5 000 元归还前欠的应付账款。

这项经济业务发生后，使“银行存款”减少了 5 000 元，同时，也使“应付账款”减少了 5 000 元。银行存款是资产项目，按照资产减少记贷方的账户结构，它的减少应该贷记“银行存款”账户 5 000 元；应付账款是负债项目，按照负债减少记借方的账户结构，它的减少应该借记“应付账款”5 000 元。其登记如下。

【例 4-5】 以现金支付本月管理部门的水电费 1 500 元。

该笔业务中，支付管理部门水电费使得公司费用增加，根据费用账户的结构，增加应该记入借方，应借记“管理费用”账户 1 500 元。由于该项费用以现金支付，使得现金资产减少，按照资产减少记入贷方的账户结构，应贷记“库存现金”账户 1 500 元。其登记如下。

借　库存现金	贷
	(5) 1 500

借　管理费用	贷
(5) 1 500	

【例 4-6】 向银行借入短期借款 40 000 元，直接归还应付账款。

这项经济业务发生后，使公司的负债“短期借款”增加了 40 000 元，同时也使另一项负债“应付账款”减少了 40 000 元。根据负债账户的结构原理，贷方记增加，借方记减少，故应该借记“应付账款”账户 40 000 元，贷记“短期借款”账户 40 000 元。其登记如下。

借　短期借款	贷
	(6) 40 000

借　应付账款	贷
(6) 40 000	

【例 4-7】 将无法偿付的应付账款 4 000 元，转作营业外收入。

该笔业务中，负债无法偿付，转作公司的资本公积，使得公司负债减少，收入增加，按照负债账户和收入账户结构原理应该借记“应付账款”账户 4 000 元，贷记“营业外收入”账户 4 000 元。其登记如下。

借　营业外收入	贷
	(7) 4 000

借　应付账款	贷
(7) 4 000	

【例 4-8】 本月按收益额的一定比例计提应交的所得税 3 200 元。

该笔业务中，计提的本月所得税，一方面使公司的所得税费用增加，根据费用增加记借方的账户结构，应该借记“所得税费用”账户 3 200 元；另一方面应缴所得税在未上缴之前，形成了公司的一项负债，按照负债账户的结构，增加记入贷方，应该贷记“应缴税费”账户 3 200 元。其登记如下。

【例 4-9】 以资本公积 20 000 元转增实收资本。

该笔业务中，资本公积金转增资本金，使得所有者权益账户内部发生此增彼减的变动，实收资本增加 20 000 元，资本公积减少 20 000 元，按照所有者权益账户的结构应该借记“资本公积”账户 20 000 元，贷记“实收资本”账户 20 000 元。其登记如下。

通过上述例子可以概括出采用借贷记账法可能遇到的情况，不管是资产类与负债类及所有者权益类要素同增或同减的业务，还是在资产要素内部或者负债及所有者权益类要素内部此增彼减的业务，都同样适用于“有借必有贷，借贷必相等”的记账规则，如图 4-1 所示。

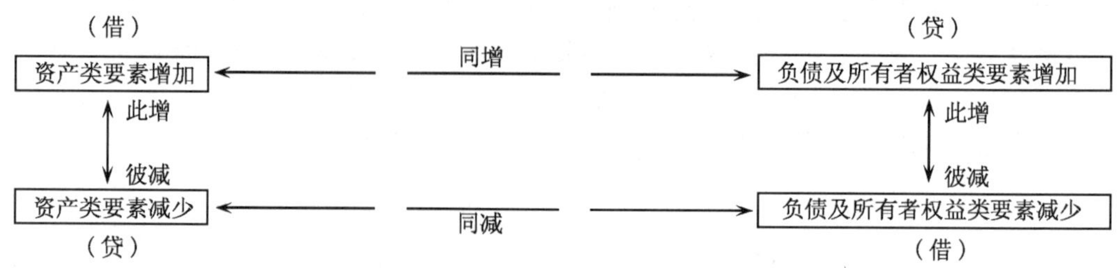

图 4-1　借贷关系

4. 试算平衡

为了检查账户记录是否正确，会计人员应在一定时期(如月、季、年)的期末，在各项经济业务的会计分录全部登记入账后，进行试算平衡。试算平衡是指根据资产和负债及所有者权益之间的平衡关系，按照“有借必有贷，借贷必相等”记账规则的要求，通过对所有账户的发生额或余额的汇总计算和比较，来检查各类账户记录是否正确的一种方法。

由于借贷记账法的记账规则是“有借必有贷，借贷必相等”，按照这个记账规则编制会计分录，每笔会计分录借贷两方的发生额必然相等，从而将一定时期内各项经济业务的会计分录全部登记入账后，所有账户的借方本期发生额合计数与贷方本期发生额合计数必然相等，在期末结出各账户期末余额后，所有账户的借方期末余额合计数与贷方期末余额合计数也必然相等。因此，在借贷记账法下，可以采用账户发生额试算平衡法或余额平衡法进行试算平衡。

(1) 账户发生额试算平衡法。在借贷记账法下，按照其记账规则，对每一笔经济业务编制的会计分录都是“有借必有贷、借贷必相等”，这样，不仅每一笔会计分录中借贷方金额相等，而且因等量加等量其和也相等，使其在将一定时期内全部经济业务的会计分录都计入有关账户后，所有账户的借方本期发生额合计与贷方发生额合计也必然相等，可用公式描述为

全部账户借方本期发生额合计=全部账户贷方本期发生额合计

该公式称为账户发生额试算平衡公式，用来对账户发生额进行试算平衡，在业务进行账务处理后，编制发生额试算平衡表，其格式如表 4-2 所示。

表 4-2　本期发生额试算平衡表

年　　月　　　　　　单位：元

会计科目	借方发生额	贷方发生额
合　计		

(2) 余额试算平衡法。在借贷记账法下，由于资产账户余额表现在账户的借方，负债和所有者权益类账户的余额表现在账户的贷方，因此，所有账户的借方余额合计数即为资产总额，所有账户贷方余额合计数即为负债和所有者权益总额，根据会计恒等式，两者必然相等，可用公式描述为

全部账户借方期末余额合计 ＝ 全部账户贷方期末余额合计
(资产总额) = (负债及所有者权益总额)

该公式称为账户余额试算平衡公式，用来对账户余额进行试算平衡。其格式如表 4-3 所示。

表 4-3　试算平衡表

年　　月　　　　元

会计科目	期初余额		本期发生额		期末余额	
	借　方	贷　方	借　方	贷　方	借　方	贷　方
合　计						

(3) 试算平衡表的编制。在实际工作中，是通过编制试算平衡表来进行试算平衡的。试算平衡表通常是在期末结出各个账户的本期发生额和期末余额后编制的，一般应在平衡表中设置“期初余额”“本期发生额”和“期末余额”三大栏，每一大栏分设“借方”和“贷方”两小栏，各大栏的借方合计数与贷方合计数应平衡相等。为了简化表格，试算平衡表也可只根据各个账户的本期发生额编制，不填写各账户的期初余额和期末余额。

在编制试算平衡表时应注意的问题如下。

① 必须保证所有账户的余额均已记入试算表。

② 如果试算表借贷不相等，肯定是账户记录有错误，应认真查找，直到实现平衡为止。

③ 即使实现了有关三栏的平衡关系，并不能说明账户记录绝对正确，因为有些错误并不会影响借贷双方的平衡关系。例如，漏记某项经济业务，将使本期借贷双方的发生额发生等额减少，借贷仍然平衡；重复记某项经济业务，将使本期借贷双方的发生额发生等额虚增，借贷仍然平衡；某项经济业务记错有关账户，借贷仍然平衡；某项经济业务在账户记录中，颠倒了记账方向，借贷仍然平衡；借方或贷方发生额中，偶然发生多记或少记并相互抵销，借贷仍然平衡；诸如此类就不一一列举了。因此，在编制试算平衡表之前，应认真核对有关账户记录，以消除上述错误。

三、会计分录

为了保证账户对应关系的正确性，通常会计不是直接将经济业务所引起的账户变动记入账户中去，而是在把经济业务记入账户之前先根据经济业务所涉及账户的借贷方向和金额编制会计分录。所谓会计分录，就是确定每项经济业务应借、应贷账户的名称及其金额的记录。在实际工作中，由于经济业务的发生都是以原始凭证为依据，因此会计分录是根据各项经济业务的原始凭证进行编制的，通常在规定格式的记账凭证上进行登记。一笔会计分录主要包括三个要素，即会计科目、记账符号和金额。

会计分录有简单和复合两种。简单会计分录只有一个借方和一个贷方，复合会计分录是指一借多贷、多借一贷或多借多贷的会计分录。

编制会计分录时，应按以下步骤进行。

(1) 分析经济业务事项涉及的账户名称及性质。

(2) 确定涉及账户是增加还是减少。

(3) 确定记入账户的借方还是贷方。

(4) 确定应记入账户的金额。

需要注意的是，编写会计分录时，先写借后写贷，借贷应分行，贷方比借方文字和数字均退后一个字，另外，会计分录中的金额单位均省略。

下面结合实例来说明会计分录的编制。

【例 4-10】 编制**【例 4-1】**到**【例 4-9】**经济业务对应的会计分录。

(1) 借：原材料 60 000
　　贷：应付账款 60 000

(2) 借：银行存款 46 000
　　贷：实收资本 46 000

(3) 借：库存现金 900
　　贷：银行存款 900

(4) 借：应付账款 5 000
　　贷：银行存款 5 000

(5) 借：管理费用 1 500
　　贷：库存现金 1 500

(6) 借：应付账款 40 000
　　贷：短期借款 40 000

(7) 借：应付账款 4 000
　　贷：营业外收入 4 000

(8) 借：所得税费用 3 200
　　贷：应缴税费 3 200

(9) 借：资本公积 20 000
　　贷：实收资本 20 000

会计分录的编制规范与应用.doc

第三节　总分类账户和明细分类账户

在会计核算工作中，为了适应经济管理上的需要，对于一切经济业务都要在有关账户中进行登记，既要提供总括的核算资料，又要提供详细的核算资料。各会计主体日常使用的账户，按其提供资料的详细程度不同，可以分为总分类账户和明细分类账户两种。

总分类账户是按照一级会计科目设置的，采用货币计量单位，分类、连续地记录和提供各种总括核算资料的账户，简称总账账户。

明细分类账户是根据某一总分类账户的核算内容按照二级科目或明细科目设置的，采用货币或实物计量单位，分类、连续地记录和提供各种明细核算资料的账户，简称明细账户。

一、总分类账户和明细分类账户的意义

总分类账户是所属明细分类账户的总括，对所属明细分类账户起着统驭控制的作用，它能运用统一的货币计量单位，全面、概括地反映企业某一方面经济活动的增减变化及其结果；明细分类账户是对总分类账户的详细说明，对总分类账户起着辅助和补充的作用，它不仅利用货币计量单位进行反映，还常常采用实物量度进行反映，以补充提供总分类账户所不能反映的更详尽的资料。例如，设置“原材料”总分类账户，可以提供全部原材料价值的增减变动情况，而在一个企业里生产经营所需要的原材料种类是相当多的，各种材料不仅计量单位不同，储备情况也各异。也许从原材料总账上看，储备资金数额是适宜的，但对其中某一种原材料来说，可能已超储积压，而另一种原材料可能又是储备不足。因此，为了详细而具体地反映各种材料的供应、储存和使用情况，还需要按照原材料的品种、类别、规格设置明细账，以提供各种原材料的详细情况。

明细分类账户可分为二级账户和三级明细账户。二级账户是介于总分类账户和明细分类账户之间的账户，它提供的资料比总分类账户详细，比三级明细账户粗略。例如，在“原材料”总分类账户下，可以先按原料及主要材料、辅助材料、燃料等材料类别设置若干二级账户。比二级账户更具体、更详细的明细分类账户称为三级账户。

二、总分类账户与明细分类账户的平行登记

总分类账户是所属明细分类账户的统驭账户，对所属明细分类账户起着控制作用；而明细分类账户则是某一总分类账户的从属账户，对其所隶属的总分类账户起着辅助作用。某一总分类账户及其所属明细分类账户的核算对象是相同的，它们所提供的核算资料互相补充，只有把二者结合起来，才能既全面又详细地反映同一核算内容。因此，总分类账户和明细分类账户必须平行登记。

(一)总分类账户与明细分类账户平行登记的要点

(1) 依据相同。凡在总分类账户下设有明细分类账户的，对于每一项经济业务，一方面要记入有关总分类账户，另一方面要记入所属的明细分类账户。

(2) 方向相同。在某一总分类账户及其所属的明细分类账户中登记经济业务时，方向必须相同。即在总分类账户中记入借方，在其所属的明细分类账户中也应记入借方；在总分类账户中记入贷方，在其所属的明细分类账户中也应记入贷方。

(3) 期间相同。这是指对每项经济业务在计入总分类账户和其所属明细分类账户过程中，可以有先有后，但必须在同一会计期间全部予以登记。

(4) 金额相同。记入某一总分类账户的金额必须与记入其所属的一个或几个明细分类账户的金额合计数相等。

(二)总分类账户与明细分类账户平行登记的方法

下面分别以“原材料”和“应付账款”两个账户为例，说明总分类账户和明细分类账户平行登记的方法。

1. “原材料”总分类账户和明细分类账户的平行登记

【例4-11】 假设A公司“原材料”总分类账户所属明细分类账户的期初余额如下。

甲材料　50吨，每吨300元，计15 000元

乙材料　200件，每件400元，计80 000元

合　计　　95 000元

该企业2020年6月有关材料的收入和发出业务如下。

(1) 3日，购入下列各种原材料，已验收入库，货款尚未支付(不考虑增值税)。

甲材料　40吨，每吨300元，计12 000元

乙材料　100件，每件400元，计40 000元

丙材料　20箱，每箱500元，计10 000元

合　计　　62 000元

对于这项经济业务，应编制会计分录如下。

借：原材料——甲材料　　12 000

　　　　　——乙材料　　40 000

　　　　　——丙材料　　10 000

　　贷：应付账款　　　　　62 000

(2) 5日，仓库发出下列各种材料直接用于产品生产。

甲材料　60吨，每吨300元，计18 000元

乙材料　150件，每件400元，计60 000元

丙材料　8箱，每箱500元，计4 000元

合　计　　82 000元

对于这项经济业务，应编制会计分录如下。

借：生产成本　　　　　82 000

　　贷：原材料——甲材料　　18 000

　　　　　　　——乙材料　　60 000

　　　　　　　——丙材料　　 4 000

根据以上资料，在“原材料”总分类账户及其所属的“甲种材料”“乙种材料”“丙种材料”三个明细分类账户中进行登记的程序如下。

(1) 将原材料的期初余额95 000元，记入“原材料”总分类账户的借方；同时，在“甲种材料”和“乙种材料”明细分类账户的收入方(即借方)分别登记甲、乙两种材料的期初结

存数量和金额，并注明计量单位和单价。

(2) 将本期入库的材料总额 62 000 元，记入“原材料”总分类账户的借方；同时，将入库的甲、乙、丙三种材料的数量、金额分别记入有关明细分类账户的收入方(即借方)。

(3) 将本期发出的材料总额 82 000 元，记入“原材料”总分类账户的贷方；同时，将发出的甲、乙、丙三种材料的数量、金额分别记入有关明细分类账户的发出方(即贷方)。

(4) 期末，根据“原材料”总分类账户和有关明细分类账户的记录，结出本期发生额和期末余额。

按照上述步骤，在“原材料”总分类账户及其所属的明细分类账户中进行登记的结果，见表 4-4～表 4-7。

表 4-4 “原材料”总分类账户

单位：元

2020 年		摘 要	借 方	贷 方	借或贷	余 额
月	日					
6	1	期初余额			借	95 000
	3	购入材料	62 000		借	157 000
	5	发出材料		82 000	借	75 000
		本期发生额及余额	62 000	82 000	借	75 000

表 4-5 “原材料”明细分类账户

材料名称：甲种材料 单位：元

2020 年		摘 要	计量单位	单 价	收 入		发 出		余 额	
月	日				数 量	金 额	数 量	金 额	数 量	金 额
6	1	期初余额	吨	300					50	15 000
	3	购入材料	吨	300	40	12 000			90	27 000
	5	发出材料	吨	300			60	18 000	30	9 000
		发生额及余额	吨	300	40	12 000	60	18 000	30	9 000

表 4-6 “原材料”明细分类账户

材料名称：乙种材料 单位：元

2020 年		摘 要	计量单位	单价	收 入		发 出		余 额	
月	日				数 量	金 额	数 量	金 额	数 量	金 额
6	1	期初余额	件	400					200	80 000
	3	购入材料	件	400	100	40 000			300	120 000
	5	发出材料	件	400			150	60 000	150	60 000
		发生额及余额	件	400	100	40 000	150	60 000	150	60 000

表 4-7 “原材料”明细分类账户

材料名称：丙种材料　　　　单位：元

2020 年		摘　要	计量单位	单价	收　入		发　出		余　额	
月	日				数 量	金 额	数 量	金 额	数 量	金 额
6	3	购入材料	箱	500	20	10 000			20	10 000
	5	发出材料	箱	500			8	4 000	12	6 000
		发生额及余额	箱	500	20	10 000	8	4 000	12	6 000

从以上“原材料”总分类账户及其所属明细分类账户平行登记的结果中可以看出，“原材料”总分类账户的期初余额 95 000 元，借方本期发生额 62 000 元，贷方本期发生额 82 000 元，期末余额 75 000 元，分别与其所属的三个明细分类账户的期初余额之和 95 000(15 000+80 000)元，借方本期发生额之和 62 000(12 000+40 000+10 000)元，贷方本期发生额之和 82 000(18 000+60 000+4 000)元，以及期末余额之和 75 000(9 000+60 000+6 000)元，完全相等。

2. “应付账款”总分类账户及其所属明细分类账户的平行登记

【例 4-12】 假设 A 公司“应付账款”总分类账户所属明细分类账户的期初余额为

B 工厂　30 000 元
C 工厂　6 000 元
D 工厂　4 000 元
合　计　40 000 元

该企业 6 月发生以下往来结算业务。

(1) 2 日，以银行短期借款直接偿还前欠 B 工厂货款 26 000 元、C 工厂货款 4 000 元。

对于这项经济业务，应编制会计分录如下。

借：应付账款——B 工厂　　26 000
　　　　　　——C 工厂　　4 000
　贷：短期借款　　　　　　30 000

(2) 3 日，向下列单位购入材料，货款尚未支付。

B 工厂　12 000 元
C 工厂　40 000 元
D 工厂　10 000 元
合　计　62 000 元

对于这项经济业务，应编制会计分录如下。

借：原材料　　　　　　　62 000
　贷：应付账款——B 工厂　　12 000
　　　　　　　——C 工厂　　40 000
　　　　　　　——D 工厂　　10 000

(3) 12 日，企业以银行存款偿还前欠 B 工厂货款 15 000 元、C 工厂货款 40 000 元，以

及 D 工厂货款 11 000 元。

对于这项经济业务，应编制会计分录如下。

借：应付账款——B 工厂　　15 000
　　　　　　——C 工厂　　40 000
　　　　　　——D 工厂　　11 000
　贷：银行存款　　　　　　66 000

根据以上资料，将期初余额在“应付账款”总分类账户及其所属的各明细分类账户中进行登记，然后将本期发生的与有关单位的往来结算业务分别记入“应付账款”总分类账户及其所属的明细分类账户，并结出本期发生额和期末余额，见表 4-8～表 4-11。

表 4-8　总分类账户

账户名称：应付账款　　　　单位：元

2020 年		摘　要	借　方	贷　方	借或贷	余　额
月	日					
6	1	期初余额			贷	40 000
	2	偿还货款	30 000		贷	10 000
	3	欠购货款			贷	72 000
	12	偿还货款	66 000	62 000	贷	6 000
		本期发生额及余额	96 000	62 000	贷	6 000

表 4-9　“应付账款”明细分类账户

单位名称：B 工厂　　　　单位：元

2020 年		摘　要	借　方	贷　方	借或贷	余　额
月	日					
6	1	期初余额			贷	30 000
	2	偿还货款	26 000		贷	4 000
	3	购料欠购货款		12 000	贷	16 000
	12	偿还货款	15 000		贷	1 000
		本期发生额及余额	41 000	12 000	贷	1 000

表 4-10　“应付账款”明细分类账户

单位名称：C 工厂　　　　单位：元

2020 年		摘　要	借　方	贷　方	借或贷	余　额
月	日					
6	1	期初余额			贷	6 000
	2	偿还货款	4 000		贷	2 000
	3	购料欠购货款		40 000	贷	42 000
	12	偿还货款	40 000		贷	2 000
		本期发生额及余额	44 000	40 000	贷	2 000

表 4-11　“应付账款”明细分类账户

单位名称：D 工厂　　　　单位：元

2020 年		摘　要	借　方	贷　方	借或贷	余　额
月	日					
6	1	期初余额			贷	4 000
	3	购料欠购货款		10 000	贷	14 000
	12	偿还货款	11 000		贷	3 000
		本期发生额及余额	11 000	10 000	贷	3 000

从以上“应付账款”总分类账户及其所属明细分类账户平行登记的结果中可以看出，“应付账款”总分类账户的期初余额 40 000 元，借方本期发生额 96 000 元，贷方本期发生额 62 000 元，期末余额 6 000 元，分别与其所属的三个明细分类账户的期初余额之和 40 000(30 000+6 000+4 000)元，借方本期发生额之和 96 000(41 000+44 000+11 000)元，贷方本期发生额之和 62 000(12 000+40 000+10 000)元，期末余额之和 6 000(1 000+2 000+3 000)元，完全相等。

利用总分类账户与其所属明细分类账户平行登记所形成的有关数字必然相等的关系，还可以通过定期核对双方有关数字，来检查账户的记录是否正确、完整。如果通过核对发现有关数字不等，则表明账户的登记必有差错，应及时查明原因，予以更正。在实际工作中，这项核对工作通常是采用月末编制“明细分类账户本期发生额及余额表”的形式进行的。例如，根据前面例示的“原材料”“应付账款”明细分类账户的记录，编制其本期发生额及余额表，见表 4-12 和表 4-13。

表 4-12　“原材料”明细分类账户本期发生额及余额表　　单位：元

材料名称	计量单位	单价	期初余额		本期发生额				期末余额	
					收　入		发　出			
			数量	金额	数量	金　额	数量	金　额	数　量	金　额
甲材料	吨	300	50	15 000	40	12 000	60	18 000	30	9 000
乙材料	件	400	200	80 000	100	40 000	150	60 000	150	60 000
丙材料	箱	500	0	0	20	10 000	8	4 000	12	6 000
合计				95 000		62 000		82 000		75 000

表 4-13　“应付账款”明细分类账户本期发生额及余额表　　单位：元

明细账户名称	初期余额		本期发生额		期末余额	
	借　方	贷　方	借　方	贷　方	借　方	贷　方
B 工厂		30 000	41 000	12 000		1 000
C 工厂		6 000	44 000	40 000		2 000
D 工厂		4 000	11 000	10 000		3 000
合计		40 000	96 000	62 000		6 000

由表 4-12、表 4-13 可以看出，表中合计栏各项数额分别与“原材料”“应付账款”总分类账户的期初余额、本期发生额、期末余额相等，表明“原材料”“应付账款”总分类账户与其所属明细分类账户的平行登记未发生差错。

本 章 小 结

本章主要介绍了借贷记账法的特点、用试算平衡法检验账户计算的正确性、会计分录的编制以及总账和明细账的平行登记，要掌握借贷记账法的概念及其主要特点，并正确运用借贷记账法编制会计分录并进行试算平衡。

习　　题

一、单项选择题

1. 我国规定的记账方法是(　　)。

   A. 增减记账法　　B. 收付记账法

   C. 借贷记账法　　D. 单式记账法

2. 复式记账法是对每一笔经济业务都要在(　　)相互联系的账户中进行登记。

   A. 两个　　B. 三个

   C. 一个　　D. 两个或两个以上

3. 所有者权益类账户借方记录(　　)。

   A. 增加发生额　　B. 减少发生额

   C. 增加或减少发生额　　D. 以上都不对

4. 费用成本类账户借方登记(　　)。

   A. 增加发生额　　B. 减少发生额

   C. 增加或减少发生额　　D. 以上都不对

5. 负债类账户的期末余额一般在(　　)。

   A. 借方　　B. 贷方

   C. 借方或贷方　　D. 一般无期末余额

6. “应收账款”账户的期末余额等于(　　)。

   A. 期初余额+本期借方发生额-本期贷方发生额

   B. 期初余额-本期借方发生额-本期贷方发生额

   C. 期初余额+本期借方发生额+本期贷方发生额

   D. 期初余额-本期借方发生额+本期贷方发生额

7. 发生额试算平衡公式是(　　)。

   A. 全部账户本期借方发生额合计=全部账户本期贷方发生额合计

   B. 账户本期借方发生额合计=账户本期贷方发生额合计

   C. 本期借方发生额合计=本期贷方发生额合计

   D. 借方发生额合计=贷方发生额合计

8. 某企业月初有短期借款 40 万元，本月向银行借入短期借款 45 万元，以银行存款偿还短期借款 20 万元，则月末“短期借款”账户的余额为(　　)。

A. 借方 65 万元　　B. 贷方 65 万元
C. 借方 15 万元　　D. 贷方 15 万元

9. 某企业本月发生管理费用开支计 58 万元，月末应结平“管理费用”账户，则“管理费用”账户(　　)。

A. 月末借方余额 58 万元　　B. 本期贷方发生额 58 万元
C. 月末贷方余额 58 万元　　D. 本期借方发生额 58 万元

10. 某企业资产总额为 100 万元，当发生以下三笔经济业务后：向银行借款 20 万元存入银行；用银行存款偿还货款 5 万元；收回应收账款 4 万元存入银行。其资产总额为(　　)。

A. 115 万元　　B. 119 万元
C. 111 万元　　D. 71 万元

二、多项选择题

1. 有关借贷记账法的说法，正确的是(　　)。

A. 采用“借”“贷”为记账符号
B. 以“资产=负债+所有者权益”这一会计等式作为理论依据
C. 记账规则是“有借必有贷，借贷必相等”
D. 是我国会计核算的法定记账方法
E. 国际上通用的记账方法

2. 从银行借入长期借款 5 000 元，用于归还前欠货款，正确的说法有(　　)。

A. 借记“银行存款”5 000 元　　B. 贷记“长期借款”5 000 元
C. 借记“应付账款”5 000 元　　D. 贷记“应付账款”5 000 元
E. 借记“长期借款”5 000 元

3. 某项经济业务发生后，一个资产账户记借方，则有可能(　　)。

A. 另一个资产账户记贷方　　B. 另一个负债账户记贷方
C. 另一个所有者权益账户记贷方　　D. 另一个资产账户记借方
E. 另一个费用账户记贷方

4. 总分类账户与明细分类账户的平等登记的要点是(　　)。

A. 所依据会计凭证相同　　B. 借贷方向相同
C. 所属会计期间相同　　D. 记账金额相同
E. 计入总分类账户的金额与计入其所属明细分类账户的会计金额相等

5. 会计分录包括(　　)。

A. 简单会计分录　　B. 复合会计分录
C. 单式分录　　D. 混合分录

6. 试算平衡表无法发现的错误有(　　)。

A. 漏记某项经济业务　　B. 重记某项经济业务
C. 颠倒记账方向　　D. 漏记一个借方余额
E. 漏记一个贷方余额

7. 有关总分类账户和明细分类账户的关系，以下说法正确的有(　　)。

A. 总分类账户对明细分类账户具有统驭控制作用
B. 明细分类账户对总分类账户具有补充说明作用
C. 总分类账户与其所属明细分类账户在总金额上应当相等
D. 总分类账户与明细分类账户所起的作用不同
E. 明细分类账户是根据总分类账户登记的

8. 余额试算平衡法的公式是(　　)。
A. 全部账户的借方期初余额合计=全部账户的贷方期初余额合计
B. 全部账户的借方期末余额合计=全部账户的贷方期末余额合计
C. 全部账户本期借方发生额合计=全部账户的本期贷方发生额合计
D. 全部账户的借方期初余额合计=全部账户的贷方期末余额合计

9. 借贷记账法的试算平衡方法有(　　)。
A. 发生额试算平衡法　　B. 余额试算平衡法
C. 增加额试算平衡法　　D. 减少额试算平衡法
E. 影响额试算平衡法

10. 某企业月末编制试算平衡表时，因“库存现金”账户的余额计算不正确，导致试算平衡中月末借方余额合计为 168 000 元，而全部账户的月末贷方余额合计为 160 000 元，则“库存现金”账户为(　　)。
A. 借方余额　　B. 贷方余额
C. 借方余额为 8 000 元　　D. 借方余额多记 8 000 元

三、判断题

1. 实际工作中，会计人员应先编制会计分录，再根据会计分录填制会计凭证。(　　)
2. 在借贷记账法下，账户的借方记增加数，贷方记减少数。(　　)
3. 复合分录是指几个借方账户和几个贷方账户所组成的分录。(　　)
4. 账户的余额总是和账户增加额的方向相一致。(　　)
5. 通过试算平衡可以检查出账户登记或计算中的各种错误。(　　)

四、实训题

(一)练习会计分录和试算平衡表

1. 某企业 6 月末各资产、负债及所有者权益账户的余额如下。

金额单位：元

资产类账户	金　额	负债及所有者权益账户	金　额
库存现金	2 000	短期借款	200 000
银行存款	100 000	应付账款	50 000
应收账款	50 000	应缴税费	2 000
生产成本	48 000	应付职工薪酬	28 000
原材料	110 000	实收资本	600 000
库存商品	70 000		
固定资产	500 000		
合　计	880 000	合　计	880 000

2. 7 月内该企业发生下列各项经济业务。

(1) 购入原材料 40 000 元，增值税税率 17%，货款以银行存款支付。

(2) 接受投资者投入资本 200 000 元，款项存入银行。

(3) 从银行提取现金 1 000 元。

(4) 生产车间向仓库领用材料 20 000 元。

(5) 以银行存款购入新汽车一辆，计价 150 000 元。

(6) 用银行存款偿付应付供货单位材料款 20 000 元。

(7) 收到购货单位前欠货款 30 000 元，存入银行。

(8) 以银行存款 80 000 元归还短期借款 50 000 元和应付供货单位货款 30 000 元。

(9) 收到购货单位前欠货款 20 000 元，其中现金 4 000 元，支票 16 000 元存入银行。

要求：(1) 根据以上所列各项经济业务，用借贷记账法编制会计分录。

(2) 编制总分类账试算平衡表进行试算平衡。

(二)练习会计分录、登记“T”形账户和发生额进行试算平衡

东方公司 2020 年 5 月发生下列部分经济业务。

(1) 1 日，收到悦达公司投入资本金 100 000 元，存入银行。

(2) 6 日，向南方公司购买乙材料 370 000 元，材料已验收入库，款项未付(暂不考虑增值税)。

(3) 9 日，从银行提取现金 276 000 元，以备发放工资。

(4) 15 日，用银行存款支付前欠南方公司货款 370 000 元。

(5) 16 日，用库存现金 800 元购买办公用品。

(6) 17 日，收到可可公司前欠货款 8 600 元，存入银行。

(7) 23 日，生产车间领用乙材料 16 000 元投入 A 产品生产。

(8) 26 日，李文出差，预借差旅费 5 000 元，用库存现金支付。

(9) 29 日，公司用银行存款偿还到期的短期借款 20 000 元。

(10) 31 日，经公司董事会决议，用资本公积转增资本 10 000 元。

要求：根据上述经济业务，登记“T”形账户、编制会计分录，并对发生额进行试算平衡。

第五章

企业基本经济业务的核算

【学习目标】

1. 了解企业资金筹集的渠道、掌握资金筹集的核算。
2. 明确采购成本的构成、掌握供应过程的核算。
3. 明确产品成本的构成、掌握生产过程的核算。
4. 明确产品销售成本的构成、掌握销售过程的核算.
5. 掌握营业利润、利润总额和净利润的概念及利润分配的原则。
6. 掌握财务成果的形成和分配过程的核算。

【重点与难点】

重点：企业采购、生产、销售过程以及财务成果形成和分配的核算。
难点：财务成果的形成和分配过程的核算。

引导案例：隐瞒销售收入、偷逃税款或设立小金库

注册会计师李强在对红星公司 2019 年度的销售收入进行分析性复核时，发现本年度的销售收入比上年明显减少，记者在前期调查了解到的红星公司本年度生产销售情况是历史上最好的实际情况，李强感到销售收入的真实性值得怀疑。于是，抽查了红星公司 2019 年 9 月份、12 份相关的会计凭证，发现 9 月 10 日第五号记账凭证摘要栏中为"甲公司暂存款"，所做会计分录为借：银行存款 1 130 000，贷：应付账款 1 130 000，而其所附的原始凭证却为销售发票的记账联，联内记载销售额 1 000 000 元，增值税税额 130 000 元。针对这种情况，李强询问了有关的当事人，并向甲公司进行了函证，结果发现红星公司是将企业正常的销售收入反映在"应付账款"中，作为其他企业的暂存款进行了处理。针对此问题，注册会计师提醒被审计单位红星公司及时进行会计处理，并调整相关的会计报表信息。

上述案例中，公司会计人员未按照《企业会计准则第 14 号——收入》的规定正确确认、计量相关的销售收入，导致 2019 年度的资产负债表与利润表相关项目不符合实际情况，其最终目的可能通过虚减收入，达到少列利润从而少缴税款的目的，抑或在虚增负债的同时，为以后虚增的偿债而开设相应的小金库。由此可见，任何单位对发生的每一项经济业务，都要按照《企业会计准则》的要求规范相关的经济业务的会计确认与计量。

工业企业的主要生产经营过程分为供应、生产和销售三个阶段。在供应阶段，主要为生产过程准备必要的生产材料，其主要业务是材料的采购、运输、装卸搬运、验收入库，并相应地支付材料买价、运输及装卸搬运费用，计算材料的进项增值税额等，办理与供应、运输等单位的结算业务，以及材料采购成本的计算，使资金运动由货币资金转化为储备资金。在产品生产阶段，劳动者借助生产资料对劳动对象进行加工制作，生产出为社会需要的各种产品，因产品的生产而发生各种生产费用，包括材料燃料消耗费用、固定资产损耗费用、员工的工资和福利费用及其他各种费用，将这些费用中可以对象化的费用，按照产品对象进行归集和分配，从而计算确定产品总成本和单位成本，使资金运动实现由储备资金向生产资金的转化，并随着产成品的验收入库，进而使生产资金又转化为成品资金。在销售阶段，企业将产品销售给购买单位，取得销售收入，同时需要支付必要的产品包装、运输、广告等销售费用，计算销售成本和销售税金，办理货款及其他各项销售费用的结算，使资金运动实现由成品资金向货币资金的转化。企业在组织供应、生产、销售等生产经营活动过程中，还会发生各种管理费用及财务费用等，将所取得的销售收入扣除各项销售成本、费用后，计算确定盈亏及应缴所得税，确定财务成果并按规定程序对实现利润进行合理分配，这些也都是企业的主要业务活动内容。

综上所述，企业在整个生产经营过程中发生的主要经济业务内容包括：资金的筹集业务；供应过程业务；生产过程业务；销售过程业务；财务成果形成与分配业务。

第一节　企业筹集资金业务的核算

企业为了进行生产经营活动，必须拥有一定数量的资金，作为生产经营活动的物质基础。企业资金的来源渠道主要有两个：一是投资人投入的资金；二是向银行及其他金融机构借入的资金。因而，形成所有者权益资金业务核算和负债资金业务核算。

一、所有者权益资金筹集业务的核算

所有者权益的来源包括所有者投入的资本、直接计入所有者权益的利得和损失、留存收益等。

(1) 所有者投入的资本一般是指投资者作为资本而投入企业中的各种资产的价值以及资本溢价(股份制企业为股本溢价)，包括实收资本(股本)和资本公积，是企业所有者权益的重要组成部分。

(2) 直接计入所有者权益的利得和损失，是指不应计入当期损益的会导致所有者权益发生增减变动的、与所有者投入资本和向所有者分配利润无关的利得或者损失。

(3) 留存收益是企业在经营过程中形成的，主要是企业从税后利润中提取的留存于企业的部分，包括盈余公积和未分配利润。

(一)实收资本业务的核算

1．实收资本的含义

实收资本是指企业的投资者按照企业章程或合同、协议的约定，实际投入企业的资本金以及按照有关规定由资本公积、盈余公积转为资本的资金，包括货币资金、实物和无形资产等。投资者向企业投入的资本，在一般情况下无须偿还，并且可以长期周转使用。我国实行注册资本制度，除国家另有规定外，企业的投入资本应等于注册资本。注册资本是指企业在设立时向工商行政管理部门登记的资本总额，也就是全部出资者设定的出资额之和。注册资本是企业法定资本，是企业承担民事责任的财力保证。

2．实收资本的分类

实收资本按照投资主体的不同，可分为国家投资、法人投资、个人投资和外商投资。国家投资是指有权代表国家投资的政府部门或者机构以国有资产投放企业所形成的资本；法人投资是指我国具有法人资格的单位以其依法可以支配的资产投入企业所形成的资本；个人投资是指我国公民以其合法财产投入企业所形成的资本；外商投资是指外国投资者以及我国香港、澳门和台湾地区的投资者将资产投入企业所形成的资本。

投入的资本按照物质形态不同，可以分为货币投资、实物投资、无形资产投资等。

3．设置的账户

“实收资本”账户属于所有者权益类账户，是用来核算按照企业章程合同、协议的约定，投资者投入企业的法定资本。其贷方登记实收资本的增加数额，借方登记实收资本的减少数额，期末贷方余额反映企业实有的资本数额。该账户可按投资者进行明细分类核算。

4．实收资本的会计处理

【例 5-1】东方公司收到星光公司投资款 500 000 元，款项已存入银行。

这项经济业务的发生，一方面使得公司的银行存款增加 500 000 元，记入“银行存款”

账户借方；另一方面使公司所有者对公司投入资本金增加 500 000 元，记入“实收资本”账户贷方。东方公司应编制的会计分录如下。

借：银行存款　　　　　　　　　　　　500 000

　　贷：实收资本——星光公司　　　　　　　500 000

【例 5-2】东方公司收到 A 公司投入一台设备，账面原值 60 000 元，双方协商确认价值为 55 000 元，该设备已投入使用。

这项经济业务的发生，一方面使得公司的固定资产增加 55 000 元，记入“固定资产”账户借方；另一方面使公司所有者对公司投入资本增加 55 000 元，记入“实收资本”账户贷方。东方公司应编制的会计分录如下。

借：固定资产　　　　　　　　　　　　55 000

　　贷：实收资本　　　　　　　　　　　　55 000

【例 5-3】东方公司接受 B 公司投入的商标权，经专家评估确认价值为 90 000 元。

这项经济业务的发生，应明确商标权属于无形资产。企业接受无形资产的投资，一方面使得公司的无形资产增加 90 000 元，记入“无形资产”账户的借方；另一方面使公司所有者对公司投入资本增加 90 000 元，记入“实收资本”账户的贷方。东方公司应编制的会计分录如下。

借：无形资产　　　　　　　　　　　　90 000

　　贷：实收资本　　　　　　　　　　　　90 000

【例 5-4】甲股份有限公司发行普通股 100 000 股，每股面值 1 元，每股发行价格 1 元。假定股票发行成功，股款 100 000 元已全部收到并存入银行。

股份有限公司发行股票，企业应当按照股票面值的部分记入“股本”账户。这项经济业务的发生，一方面使得公司的银行存款增加 100 000 元，记入“银行存款”账户借方；另一方面使公司所有者权益中的股本增加 100 000 元，记入“股本”账户贷方。甲股份有限公司应编制的会计分录如下。

股本=100 000 股×1 元/股=100 000 元

借：银行存款　　　　　　　　　　　　100 000

　　贷：股本　　　　　　　　　　　　　　100 000

(二)资本公积业务的核算

1. 资本公积的含义

资本公积是所有者权益的组成部分，是指投资者或者他人投入企业、所有权归属于投资者，并且在金额上超过法定资本部分的资本或者资产，以及直接计入所有者权益的利得和损失等。

资本公积与实收资本虽然都属于投入资本范畴，但两者又有区别。实收资本一般是投资者投入的、为谋求价值增值的原始投资，而且属于法定资本，因此，实收资本无论是在来源上还是在金额上，都有比较严格的限制。资本公积在金额上则并没有严格限制，而且在来源上也相对比较多样，只是由于法律的规定而无法直接以资本的名义出现。资本公积从其实质上看是一种准资本。

2. 资本公积的来源

资本公积有其特定的来源，其主要来源是资本(或股本)溢价和直接计入所有者权益的利得和损失等。

资本(或股本)溢价是指企业收到投资者出资额超出其在注册资本(或股本)中所占份额的投资。形成资本(或股本)溢价的原因有溢价发行股票、投资者超出注册资本的份额缴入的资本等。

直接计入所有者权益的利得和损失是指不应计入当期损益、会导致所有者权益发生增减变动的、与所有者投入资本或者向所有者分配利润无关的利得和损失。

3. 资本公积的用途

资本公积的主要用途是可以依法用于转增资本，而不得作为投资利润或股利进行分配。在用资本公积转增资本时，既没有改变企业的投入资本总额，也没有改变企业的所有者权益总额，则不会增加企业的价值。即在办理增资手续后用资本公积转增实收资本，并按所有者原有的投资比例增加投资人的实收资本。

4. 设置的账户

应设置“资本公积”账户，该账户性质属于所有者权益类，是用来核算和监督企业收到投资者出资超出其在注册资本或股本中所占的份额以及直接计入所有者权益的利得和损失等。贷方登记资本公积的增加额；借方登记资本公积的减少额；期末余额在贷方，表示企业尚有资本公积的余额。该账户企业应当按资本公积形成的来源分别设置“资本溢价”或“股本溢价”“其他资本公积”等明细分类账。

借方　　资本公积	贷方
资本公积的减少(使用)	期初余额 资本公积的增加(取得)
	期末余额：资本公积的结存数额

5. 资本公积的会计处理

【例 5-5】 东方公司收到 D 投资者投入企业的货币资金 550 000 元，款项已存入银行，其中，500 000 元属于注册资本，50 000 元属于资本溢价。

这项经济业务的发生，是一项接受投资而又涉及超出法定注册资本份额的业务。其中相当于法定注册资本份额部分应记入“实收资本”账户贷方，超出部分应记入“资本公积”账户贷方。该项业务又涉及“银行存款”增加，应记入“银行存款”账户借方。东方公司应编制的会计分录如下。

借：银行存款　　550 000

　　贷：实收资本　　500 000

　　　　资本公积　　50 000

【例 5-6】 W 股份有限公司委托某证券公司代理发行普通股 1 000 000 股，每股面值 1

元，按每股 1.2 元的价格发行。公司与受托单位约定，按发行收入的 3%收取手续费，从发行收入中扣除。假如股款已存入银行。

股份有限公司发行股票，均通过“股本”账户核算。当溢价发行股票时，企业应当将相当于股票面值的部分记入“股本”账户，其余部分在扣除发行手续费、佣金等发行费用后记入“资本公积”账户。款项存入银行应记入“银行存款”的借方。W 公司应编制的会计分录如下。

W 公司收到委托单位发来的现金=1 000 000 股×1.2 元/股×(1−3%)= 1 164 000 元

股本=1 000 000 股×1 元/股=1 000 000 元

发行溢价=1 000 000 股×0.2 元/股= 200 000 元

发行手续费=1 000 000 股×1.2 元/股×3%=36 000 元

应记入资本公积的金额=溢价收入−发行手续费 = 200 000−36 000=164 000(元)

借：银行存款　　　　1 164 000
　　贷：股本　　　　1 000 000
　　　　资本公积——股本溢价　　　　164 000

【例 5-7】 东方公司经股东大会批准，将公司的资本公积 200 000 元转增资本。

这是一项所有者权益内部转化的业务。该项经济业务的发生，一方面使得公司的实收资本增加 200 000 元，记入“实收资本”账户贷方；另一方面使得公司的资本公积减少 200 000 元，记入“资本公积”账户借方。东方公司应编制的会计分录如下。

借：资本公积　　　　200 000
　　贷：实收资本　　　　200 000

二、负债资金筹集业务的核算

《公司法》关于有限责任公司设立的相关出资规定.doc

企业在生产经营过程中，由于周转资金不足，向银行或其他金融机构借入款项而筹集到的资金形成企业的负债。由于负债的产生，形成债权人对企业资产的要求权，也称为“债权人权益”。对于这部分权益，企业必须以资产、提供劳务或举借新的负债去偿还。负债按其偿还期限的长短可以分为流动负债和非流动负债。流动负债指将在 1 年内(含 1 年)或超过 1 年的一个营业周期内偿还的债务；长期负债是指偿还期在 1 年以上或超过 1 年的一个营业周期以上偿还的债务。作为债务人，应该按照贷款合同的规定，按期支付利息，到期归还本金。

(一)短期借款业务的核算

1．短期借款的含义

短期借款是指企业为了满足日常生产经营活动对资金的需求，而向银行或其他金融机构等借入的偿还期限在 1 年以内(含 1 年)的各种临时性借款。短期借款一般是企业为维持正常的生产经营所需的资金而借入的或者为抵偿某项债务而借入的款项。短期借款应当按照借款本金和确定的银行借款利率按期计提利息，计入当期损益。

2．设置的账户

(1) “短期借款”账户。该账户性质属于负债类，是用来核算和监督企业向银行或其他金融机构借入的期限在 1 年以下(含 1 年)的各种借款。贷方登记借入的各种借款；借方登记归还的各种借款；余额在贷方，表示尚未归还的各种借款。该账户企业应按贷款单位和贷款种类设置明细分类账。

借方	短期借款　贷方
	期初余额
短期借款的减少(偿还)	短期借款的增加(取得)
	期末余额：尚未归还的短期借款

(2) “财务费用”账户。该账户性质属于损益类，是用来核算和监督企业为筹集生产经营所需资金等而发生的各种筹资费用，包括利息支出(减利息收入)、佣金以及相关的手续费等。借方登记发生的财务费用；贷方登记应冲减财务费用(如利息收入)以及期末转入“本年利润”账户的财务费用；结转以后，期末没有余额。该账户应按照费用项目设置明细分类账。

借方	财务费用　贷方
发生的费用：	利息收入
利息支出	期末转入“本年利润”账户
手续费用	
汇兑损益	

(3) “应付利息”账户。该账户性质属于负债类，是用来核算和监督企业按照合同约定应支付的利息，包括吸收存款、分期付息到期还本的长期借款、企业债券等应付的利息。借方登记按确定利率计算应付的利息；贷方登记实际支付的利息；期末余额在贷方，表示企业按照合同约定应付而未付的利息。该账户企业应当按照存款人或债权人设置明细分类账。

借方	应付利息　贷方
	期初余额
实际支付的利息	计算应付的利息
	期末余额：应付未付的利息

3．短期借款的会计处理

【例 5-8】 东方公司由于生产经营临时性需要，在 2020 年 7 月 30 日向银行申请借入流动资金 200 000 元，借款期限为 3 个月，年利率 6%，该款项已存入公司的银行账户。企业编制取得借款时、计提利息时、到期偿还本金和利息时的会计分录。

(1) 企业在取得借款时，一方面使得流动负债增加，记入“短期借款” 账户贷方；另一方面使得企业的资产增加，记入“银行存款” 账户借方。东方公司应编制的会计分录如下。

借：银行存款　　　　　　　　　　　　200 000

　　贷：短期借款　　　　　　　　　　　　200 000

(2) 按月计提利息时。按照权责发生制原则，企业一般按月计提利息，按季支付利息。计提利息业务，一方面使得企业流动负债增加，记入“应付利息”账户贷方；另一方面使得企业利息费用增加，记入“财务费用”账户借方。月利息=200 000×6%÷12=1 000(元)，东方公司应编制的会计分录如下。

借：财务费用　　　　　　　　　　　　1 000

　　贷：应付利息　　　　　　　　　　　　1 000

8 月末、9 月末、10 月末都做以上相同的会计分录。

(3) 2020 年 10 月 30 日偿还本金和利息时，一方面使得企业资产减少，记入“银行存款”账户贷方；另一方面使得企业短期借款本金减少，记入“短期借款”账户借方，同时也使得企业应付的银行借款利息减少，记入“应付利息” 账户借方。东方公司应编制的会计分录如下。

借：短期借款　　　　　　　　　　　　200 000

　　应付利息　　　　　　　　　　　　3 000

　　贷：银行存款　　　　　　　　　　　　20 3000

(二)长期借款业务的核算

1．长期借款的含义

长期借款是企业向银行及其他金融机构借入的偿还期限在 1 年以上或超过 1 年的一个经营周期以上的各种借款。一般来说，企业举借长期借款，主要是为了购买大型固定资产等。长期借款利息的会计处理，是按照权责发生制原则，企业应当按月提取借款利息，并根据借入资金用途的不同进行不同的利息处理。如果借入的款项用于购建固定资产、无形资产，其长期借款利息在工程达到预定可使用状态之前所产生的利息支出记入有关工程成本，当工程达到预定可使用状态之后所产生的利息支出应停止借款费用资本化而予以费用化，计入当期财务费用；如果借入的款项用于日常的生产经营，其利息费用应记入财务费用。

2．设置的账户

应设置“长期借款”账户，该账户性质属于负债类，是用来核算和监督企业向银行或其他金融机构借入的期限在 1 年以上(不含 1 年)的各种借款。贷方登记借入的各种借款；借方登记归还的各种借款；期末余额在贷方，表示企业尚未归还的各种借款。该账户按贷款单位和贷款种类设置明细分类账。

借方　　　　　　　　　　长期借款	贷方
长期借款的减少(偿还)	期初余额 长期借款的增加(取得)
	期末余额：尚未归还的长期借款

3．长期借款的会计处理

【例 5-9】东方公司于 2020 年 12 月 1 日因购置生产用厂房向银行借入 900 000 元，借款期限为 2 年，该款项账户存入公司的银行账户。

该项经济业务的发生，一方面使得公司的银行存款增加 900 000 元，记入“银行存款”账户借方；另一方面使得公司的长期负债增加 900 000 元，记入“长期借款”账户贷方。东方公司应编制的会计分录如下。

借：银行存款　　　　　　　　　　　　　　900 000
　　贷：长期借款　　　　　　　　　　　　　　900 000

【例 5-10】承上例，如果借款的年利率为 10%，合同规定到期一次还本付息，单利计息，每月应计提借款利息。

该项经济业务的发生，关于长期借款利息：①在固定资产达到预定可使用状态前，记入“在建工程”账户借方；②在固定资产达到预定可使用状态后，记入“财务费用”账户借方，同时企业的负债增加，记入“应付利息”的贷方。月利息=900 000×10%÷12=7 500(元)，东方公司应编制的会计分录如下。

借：在建工程(或财务费用)　　　　　　　　7 500
　　贷：应付利息　　　　　　　　　　　　　　7 500

【例 5-11】承上例，企业按季支付长期借款利息、到期偿还本金时的会计处理。

(1) 按季支付长期借款利息时：

借：应付利息　　　　　　　　　　　　　　22 500
　　贷：银行存款　　　　　　　　　　　　　　22 500

(2) 到期偿还本金时：

借：长期借款　　　　　　　　　　　　　　900 000
　　贷：银行存款　　　　　　　　　　　　　　900 000

第二节　供应过程业务的核算

供应过程的主要经济业务是原材料采购成本的确定及固定资产等相关生产资料入账价值的确定。供应过程主要是指企业物资的采购及验收入库、机器设备等固定资产以及其他资产的购建取得的过程。其核算的主要内容包括确定所采购物资的采购成本、购建固定资产等其他资产的取得成本、购货单位办理价款结算、采购物资验收入库、所购建固定资产等其他资产交接验收等相关业务的会计核算。

一、材料采购业务的核算

(一)材料采购成本的构成

企业生产所需的材料，通常情况下，都是从外单位采购而来的。在材料的采购过程中，要发生材料的买价、采购费用和增值税的进项税等相关问题。另外，由于材料取得方式的不同，材料成本的构成内容也不尽相同。

材料取得的计价一般遵循历史成本原则，即企业取得材料应当按照成本进行初始计量。制造业企业材料采购成本主要包括以下内容。

(1) 买价，即供货单位的发票账单上列明的价款。

(2) 运杂费，包括运输费、装卸费、保险费、包装费、仓储费等。

(3) 运输途中的合理损耗，是指企业与供应或运输部门所签订的合同中规定的合理损耗或必要的自然损耗。

(4) 入库前的挑选整理费用，是指购入的材料在入库前需要挑选整理而发生的费用，包括挑选过程中所支付给挑选人员的工资支出和必要的损耗，但要扣除下脚残料的价值。入库后的挑选整理费用计入管理费用。

(5) 购入物资负担的税金和其他费用，是指企业购买材料时发生的进口关税、消费税、资源税和不能抵扣的增值税进项税额以及应计入材料采购成本的税费。

发生以上可归属于材料采购的费用，能分清负担对象的，应直接计入该材料的采购成本；不能分清负担对象的，应选择合理的分配方法，分配计入有关材料的采购成本。分配方法通常包括按所购材料的重量、体积或采购价格比例进行分配。

下列费用不应计入材料的采购成本。

(1) 市内零星运杂费。

(2) 采购人员的差旅费。

(3) 采购机构的经费及供应部门和仓库的经费。

(二)设置的账户

1. “在途物资”账户

“在途物资”账户的账户性质属于资产类，是用来核算和监督企业外购材料的买价和各种采购费用(即材料采购的实际成本)，但材料尚未验收入库。借方登记购入材料物资的买价和采购费用；贷方登记月末按实际采购成本转入“原材料”账户借方的数额；期末余额在借方，表示企业在途材料、商品等物资的采购成本。该账户可按供应单位和物资品种设置明细分类账。

借方　　　　在途物资	贷方
期初余额 购入材料： 　买价 　采购费用	验收入库材料的实际采购成本
期末余额：在途材料的采购成本	

2. “原材料”账户

“原材料”账户的账户性质属于资产类，用来核算和监督企业库存各种材料的收入、发出和结存情况，包括原料及主要材料、辅助材料、外购半成品(外购件)、修理用备件(备品备件)、包装材料、燃料等。借方登记已经验收入库材料的实际成本；贷方登记发出材料的实际成本；期末余额在借方，表示库存材料的实际成本。该账户企业应当按照材料的类别、品种和规格设置明细分类账。

借方　　　　原材料	贷方
期初余额 验收入库材料的实际成本(材料增加)	发出库存材料的实际成本(材料减少)
期末余额：库存材料结存实际成本	

3. “应付账款”账户

“应付账款”账户的账户性质属于负债类，是用来核算和监督企业因采购材料、商品和接受劳务而应付给供应单位的款项。贷方登记应付未付款项的数额，借方登记实际归还款项的数额，期末余额在贷方，表示应付未付给供应单位的款项。该账户企业应当按照供应单位设置明细分类账。

借方　　　　应付账款	贷方
偿还供应单位款项(减少)	期初余额 应付供应单位款项(增加)
	期末余额：尚未偿还的应付款项

4. “预付账款”账户

“预付账款”账户的账户性质属于资产类，是用来核算和监督企业按照合同规定向供应单位预付购料款而与供应单位发生的结算债权的增减变动及其结余情况。借方登记企业按照合同规定预付给供应单位的款项(预付账款的增加)以及补付的款项；贷方登记收到供应单位提供的材料物资而应冲销预付账款(预付账款的减少)以及退回多预付给供应单位的款项；若期末余额在借方，表示企业实际已预付的款项，若期末余额在贷方，表示企业尚未补付的款项。该账户企业应按照供应单位设置明细分类账。

借方　　　　预付账款	贷方
期初余额 预付、补付供应单位的款项(增加)	冲销、退回已预付供应单位的款项(减少)
期末余额：实际已预付的款项	期末余额：尚未补付的款项

5. “应付票据”账户

“应付票据”账户的账户性质属于负债类，是用来核算和监督企业采用商业汇票结算方式购买材料物资等而开出、承兑商业汇票的增减变动及其结余情况。贷方登记企业开出、承兑商业汇票的增加，借方登记到期商业汇票的减少；期末余额在贷方，表示尚未到期的商业汇票的期末结余额。该账户企业应按照债权人的不同设置明细账户进行明细核算，同时设置“应付票据备查簿”，详细地登记了商业汇票的种类、号数和出票日期、到期日、票面金额、交易合同号和收款人姓名或收款单位名称，以及付款日期和金额等资料。应付票据到期结清时，在备查簿中注销。

借方　　　　应付票据	贷方
到期应付票据的减少(不论是否已经付款)	期初余额 开出、承兑商业汇票的增加
	期末余额：尚未到期商业汇票的结余额

6. “应缴税费”账户

“应缴税费”账户的账户性质属于负债类，是用来核算和监督企业应缴纳的各种税费，包括增值税、消费税、所得税、资源税、土地增值税、城市建设维护税、房产税、土地使用税、车船税、个人所得税和教育费附加等。贷方登记应缴纳的各种税金，借方登记已缴纳的税金，期末余额通常在贷方，表示企业尚未缴纳的税金；该账户企业按照应缴税金的税种设置明细分类账。

需要说明：企业为了核算和监督应交增值税的增减情况，应设置“应缴税费——应缴增值税”明细账户。该账户借方登记企业购进货物或接受应税劳务支付的进项税额和实际已缴纳的增值税，贷方反映销售货物或应税劳务所发生的销项税额。若期末余额在贷方，表示企业尚未缴纳的增值税；若期末余额在借方，表示企业多缴或尚未抵扣的增值税。

增值税是指纳税人销售货物和提供加工、修理修配劳务以及进口货物而就其产生的增值额征收的一种流转税，是一种价外税。按照纳税人的经营规模及会计核算制度的健全程度，增值税的纳税人分为一般纳税企业和小规模纳税企业。一般纳税企业应缴纳的增值税，根据当期销项税额减去当期进项税额计算确定；小规模纳税企业应缴纳的增值税额，按照销售额和规定的征收率计算确定。

(1) 一般纳税人增值税应纳税额的计算。增值税一般纳税人销售货物或提供应税劳务，其应缴纳增值税税额为当期销项税额抵扣当期进项税额后的余额。应纳税额的计算公式为

当期应纳税额=当期销项税额-当期进项税额

当期销项税额是纳税人销售货物或者提供应税劳务，按照销售额或应税劳务收入和规定的税率计算并向购买方收取的增值税额为销项税额。适用基本税率为 13%。销项税额的计算公式为

销项税额=销售额×适用税率

销售额=含税销售额÷(1+增值税税率)

准予从销项税额中抵扣的进项税额，根据税法的规定，准予从销项税额中抵扣的进项税额，限于下列增值税扣税凭证上注明的增值税额。

① 从销售方取得的增值税专用发票上注明的增值税额。

② 从海关取得的海关进口增值税专用缴款书上注明的增值税额。

(2) 小规模纳税人增值税应纳税额的计算。小规模纳税人销售货物或者应税劳务，按照销售额和《增值税暂行条例》规定的 3%的征收率计算应纳税额，不得抵扣进项税额。应纳税额的计算公式是

应纳税额=销售额×征收率

小规模纳税人销售货物或者应税劳务采用销售额和应纳税额合并定价方法的，按下列公式计算销售额，即

销售额=含税销售额÷(1+征收率)

借方　　　　　　　　　应缴税费——应缴增值税　　　　　　　　　贷方

借方	贷方
期初余额 进项税额 已缴税额	期初余额 销项税额 进项税额转出
期末余额：企业多交的增值税 尚未抵扣的增值税	期末余额：尚未缴纳的增值税

(三)主要经济业务的会计处理

增值税一般纳税人与小规模纳税人认定标准.doc

【例 5-12】 2020 年 12 月 1 日东方公司向甲公司购入甲材料 20 000 千克，单价 25 元，计 500 000 元，增值税额 65 000 元，材料尚未验收入库，货款以银行存款支付。

该项经济业务发生，涉及“在途物资”“应缴税费——应缴增值税”“银行存款”三个账户。采购成本的增加，记入“在途物资”账户借方；支付进项增值税，记入“应缴税费——应交增值税(进项税额)”账户借方；银行存款的减少，记入“银行存款”账户的贷方。东方公司应编制的会计分录如下：

借：在途物资——甲材料　　　　　　　　500 000

　　应缴税费——应缴增值税(进项税额)　　65 000

　贷：银行存款　　　　　　　　　　　　　　565 000

【例 5-13】 2020 年 12 月 4 日，东方公司向下列供应单位购进乙材料，如表 5-1 所示，材料已验收入库，但货款、增值税以及运杂费尚未支付。

表 5-1　乙材料采购明细表

供应单位	数量/吨	单价/(吨/元)	货款/元	运杂费/元	增值税/元	金额合计/元
宏远公司	500	50	25 000	500	3 250	28 750
东方公司	200	52	10 400	200	1 352	11 952
合计	700		35 400	700	4 602	40 702

该项经济业务的发生，其购入材料的买价和运杂费均为材料采购成本的部分，应把合计数(35 400+700=36 100)记入材料采购成本，记入“原材料”账户的借方，支付的增值税4 602 元，记入“应缴税费——应缴增值税(进项税额)”账户的借方；由于货款、增值税以及运杂费尚未支付，从而形成了企业对供应单位的一项负债，记入“应付账款”账户贷方。东方公司应编制的会计分录如下。

借：原材料——乙材料　　36 100
　　应缴税费——应缴增值税(进项税额)　　4 602
　　贷：应付账款——宏远公司　　28 750
　　　　　　　　——东方公司　　11 952

【例 5-14】 2020 年 12 月 5 日，东方公司以银行存款支付上述购入甲材料的装卸费、运输费、包装费等 500 元，甲材料验收入库。

该项经济业务的发生，所支付材料的装卸费、运输费、包装费等构成材料采购成本，记入“在途物资”账户借方；同时使得企业银行存款减少，记入“银行存款”账户贷方。材料已验收入库，将材料采购成本转入“原材料”账户的借方。东方公司应编制的会计分录如下。

(1) 发生采购费用：

借：在途物资——甲材料　　500
　　贷：银行存款　　500

(2) 材料验收入库：

借：原材料——甲材料　　500 500
　　贷：在途物资——甲材料　　500 500

【例 5-15】 2020 年 12 月 10 日，东方公司向丙公司购进甲材料 40 000 千克，单价 25 元，计 1 000 000 元，增值税额 130 000 元：向乙公司购进乙材料 20 000 千克，单价 50 元，计 1 000 000 元，增值税额 130 000 元：材料尚未验收入库，企业开出一张商业承兑汇票，期限为 60 天。

这项经济业务发生，涉及“在途物资”“应缴税费——应缴增值税(进项税额)”“应付票据”三个账户。材料采购成本的增加，记入“在途物资”账户借方；支付增值税，记入“应缴税费——应缴增值税(进项税额)”账户借方；应付购货款及增值税款，记入“应付票据”账户贷方。东方公司应编制的会计分录如下。

借：在途物资——甲材料　　1 000 000
　　　　　　——乙材料　　1 000 000

应缴税费——应缴增值税(进项税额)　　260 000
贷：应付票据　　2 260 000

【例 5-16】 2020 年 12 月 12 日，东方公司以银行存款支付上述甲、乙两种材料的运杂费用 6 000 元。按材料重量标准进行分摊。

该项经济业务是在采购多种材料过程中，所发生的共用采购费用，不能只归属于某一种材料，必须按一定的标准进行分摊。本例中的分摊标准是按重量标准分摊。计算过程如下。

分配率=待分配的费用/分配标准之和

=6 000/(40 000+20 000)

=0.10(元/千克)

分配额=某种分配标准×分配率

甲材料分配额=40 000×0.1=4 000(元)

乙材料分配额=20 000×0.1=2 000(元)

东方公司应编制的会计分录如下。

借：在途物资——甲材料　　4 000
——乙材料　　2 000
贷：银行存款　　6 000

【例 5-17】 2020 年 12 月 13 日，上述甲、乙材料到达公司并验收入库，结转其采购成本。

甲、乙材料到达到公司，计算其采购成本：

甲材料采购成本= 1 000 000+4 000=1 004 000(元)

乙材料采购成本= 1 000 000+2 000=1 002 000(元)

将两种材料由“在途物资”账户的贷方转入“原材料”账户的借方。东方公司应编制的会计分录如下。

借：原材料——甲材料　　1 004 000
——乙材料　　1 002 000
贷：在途物资——甲材料　　1 004 000
——乙材料　　1 002 000

二、固定资产购置业务的核算

企业除了有上述材料采购业务外，在生产经营过程中，还要购置厂房、机器设备、运输工具等长期资产来满足产品生产的需要。下面主要介绍企业所需的生产资料中的固定资产的购置业务的核算。

(一)固定资产特征及入账价值

固定资产是指同时具有下列特征的有形资产。

(1) 为生产商品、提供劳务、出租或经营管理而持有的。

(2) 使用寿命超过一个会计年度。

固定资产由于取得方式的不同，主要分为外购、自行建造、投资者投入、融资租入、盘盈等。不同的来源方式取得的固定资产，其入账价值和会计处理方法也不尽相同。下面重点介绍固定资产的购置业务的两种情况：一是不需要安装固定资产核算；二是需要安装固定资产的核算。其入账价值的确定如下。

外购固定资产的成本，包括购买价款、相关税费，以及使固定资产达到预定可使用状态前所发生的可归属于该项资产的运输费、装卸费、安装费和专业人员服务费等。

企业用一笔款项购入多项没有单独标价的固定资产时，应按各项固定资产公允价值的比例对总成本进行分配，以确定各项固定资产的入账价值。

(二)固定资产的会计核算

1. 设置的账户

为了总括地核算和监督企业固定资产的取得、使用和处置等情况，在会计上应设置“固定资产”账户。该账户属于资产类，借方登记固定资产的增加，贷方登记固定资产的减少；期末余额在借方，表示企业现有固定资产的总额。该账户应当按照固定资产的项目或类别设置明细账户进行明细分类核算。需要说明的是，为了反映企业固定资产的规模，该账户要求按照固定资产取得或形成时的实际成本(即原始价值)反映其增减变动。

借方　　　　固定资产	贷方
期初余额 取得固定资产原始价值的增加	处置固定资产原始价值的减少
期末余额：现有固定资产原始价值的结余数	

企业外购或取得的机器、设备等劳动资料，有些需要建设安装以后才能投入使用，把这些项目称为在建工程。为了总括地核算和监督企业在建工程的进行和完成情况，在会计上应设置“在建工程”账户，该账户属于资产类，借方登记基本建设、建筑安装、技术改造等工程的实际支出数，贷方登记项目完工结转的工程成本；期末余额在借方，表示尚未完工的工程成本。该账户应当按照建筑工程、安装工程、在安装设备以及单项工程等设置明细账户进行明细分类核算。

借方　　　　在建工程	贷方
期初余额 工程发生的全部支出	结转完工工程成本
期末余额：未完工工程成本	

2. 会计处理

1) 购入不需要安装的固定资产

购入不需要安装的固定资产，是指企业购入的固定资产不需要安装就可以直接交付使用。企业应按购入时实际支付的买价、包装费、运输费、装卸费、交纳的有关税金(如进口关税、耕地占用税、契税、车辆购置税等)等作为入账价值，借记“固定资产”账户，贷记

“银行存款”等账户。

【例 5-18】 东方公司以银行存款购入一台不需要安装的生产用机器设备，发票价格 200 000 元，增值税进项税额 26 000 元，包装费、运杂费 2 000 元，该设备已经交付使用。东方公司应编制的会计分录如下。

借：固定资产——生产经营用固定资产　　202 000
　　应缴税费——应缴增值税(进项税额)　　26 000
　　贷：银行存款　　228 000

2) 购入需要安装的固定资产

购入需要安装的固定资产，是指购入的固定资产需要经过安装以后才能交付使用。企业购入固定资产支付的买价、包装费、运输费以及发生的安装费等均应通过“在建工程”账户核算，待安装完毕达到预定可使用状态时，再由“在建工程”账户转入“固定资产”账户。企业购入固定资产时，按实际支付的价款，借记“在建工程”账户，贷记“银行存款”等账户；发生的安装费用等，借记“在建工程”账户，贷记“银行存款”等账户；安装完成达到预定可使用状态时，按其实际成本(包括买价、税金、包装费、运输费和安装费等)作为固定资产的原价入账，借记“固定资产”账户，贷记“在建工程”账户。

【例 5-19】 东方公司购入需要安装的生产用机器设备一台，买价 100 000 元，适用增值税税率 13%，包装费、运输费 2 000 元，发生安装费 3 000 元。所有款项均以银行存款支付。该机器安装完毕后交付使用。东方公司应编制的会计分录如下。

(1) 购入机器时：

借：在建工程　　102 000
　　应缴税费——应缴增值税(进项税额)　　13 000
　　贷：银行存款　　115 000

(2) 发生安装费用时：

借：在建工程　　3 000
　　贷：银行存款　　3 000

(3) 安装完毕交付使用时：

借：固定资产——生产经营用固定资产　　105 000
　　贷：在建工程　　105 000

第三节　生产过程业务的核算

一、产品成本的构成

产品生产是制造业企业生产经营活动的中心环节，是生产经营过程的第二个阶段，是劳动者利用劳动资料对劳动对象进行加工的过程。这个过程既是产品的制造过程，又是物化劳动(劳动资料和劳动对象)和活劳动的耗费过程。

企业在产品的生产过程中，要耗费各种材料(主要材料、辅助材料、燃料和动力)，支付生产工人工资及福利费，发生固定资产(厂房和机器设备)磨损以及其他费用。企业对发生的生产费用要按照产品种类并采用一定的方法进行归集和分配，能够予以对象化的部分计入产品生产成本，完工产品经检验合格后收入成品库，随之将其生产成本转入库存商品。另一部分不能予以对象化部分计入当期损益。因此，企业在生产经营过程中所发生的各项费用，按其经济用途可以分为计入产品成本的生产费用和不计入产品成本的期间费用。

(一)生产费用

为了具体反映生产产品所发生的各项生产费用，可以将生产费用进一步划分为若干项目，这些项目构成了产品成本的内容，在会计上称为产品成本项目，简称料、工、费。

(1) 直接材料。直接材料是指企业为制造各种产品并构成产品实体或主要成分的原料，包括构成产品的主要材料、有助于产品形成的辅助材料、外购半成品以及直接用于产品生产的各种燃料和动力费用等。

(2) 直接人工。直接人工是指直接参加产品制造的生产工人的工资以及按规定比例计提的职工福利费用等，包括生产工人的各种工资、奖金津贴、补贴及福利费用等。

(3) 制造费用。制造费用是指各个生产车间为组织和管理生产所发生的各项间接费用，包括生产车间管理人员的工资、福利费、生产车间的房屋建筑物及机器设备的折旧费、修理费、办公费、水电费、机物料消耗、劳动保护费、季节性停工损失等。

(二)期间费用

期间费用是指企业在生产经营过程中发生的，与产品生产没有直接关系，而是在一定期间企业为组织和管理生产而发生的费用。这些费用不容易确定它们应归属的成本计算对象。所以，期间费用不应计入产品生产成本，而是直接计入当期损益，包括管理费用、财务费用、销售费用。

(1) 管理费用。管理费用是指企业行政管理部门为组织和管理生产经营活动而发生的各项费用，包括行政管理部门职工薪酬、折旧费、业务招待费、修理费、物料消耗、办公费、差旅费、董事会费、聘请中介机构费、咨询费、诉讼费、矿产资源补偿费、排污费、房产税、车船税、土地使用税、印花税、技术转让费、无形资产摊销和研究开发费等。

(2) 财务费用。财务费用是指企业为筹集生产经营所需资金等财务活动中所发生的各项费用，包括利息净支出、银行及其他金融机构的手续费、汇兑损益。

(3) 销售费用。销售费用是指企业在销售产品过程中所发生的各项费用，包括应由本企业负担的包装费、运输费、广告费、展览费以及专设销售机构的职工薪酬和其他经费等。

成本计算的程序.doc

二、设置的主要账户

1. “生产成本”账户

“生产成本”账户的账户性质属于成本类，是用来核算和监督企业生产各种产品(包括产成品、自制半成品等)在工业性生产过程中所发生的各项生产费用，并据以正确计算产品生产成本。借方登记应计入产品成本中各项费用(直接材料、直接人工和按一定方法分配计入产品成本中的制造费用)；贷方登记应结转完工产品的生产成本；期末余额在借方，表示尚未完工的在产品生产成本。该账户企业应按产品种类或类别设置明细分类账。

借方　　　生产成本	贷方
期初余额 发生的生产费用 　直接材料 　直接人工 　制造费用	结转完工验收入库产品的成本
期末余额：在产品成本	

2. “制造费用”账户

“制造费用”账户的账户性质属于成本类，是用来归集和分配企业生产车间为组织和管理生产而发生的各项间接费用。借方登记本月实际发生的各种制造费用；贷方登记月末经分配结转应由各种产品生产成本负担的制造费用；结转以后，期末一般无余额。该账户企业应当按照不同车间、部门和费用项目设置明细分类账。

借方　　　制造费用	贷方
归集生产车间发生的各项间接费用	期末分配转入“生产成本”账户的数额

3. “应付职工薪酬”账户

“应付职工薪酬”账户的账户性质属于负债类，是用来核算和监督企业应付给职工的各种薪酬总额和实际发放情况。它包括的内容有工资、奖金、津贴、职工福利费、社会保险费、住房公积金、工会经费、职工教育经费等。贷方登记应付职工薪酬总额；借方登记实际支付的职工薪酬；期末余额在贷方，表示应付未付的职工薪酬。该账户企业应当按照“工资”“职工福利”“社会保险费”等设置明细分类账。

应付职工薪酬还包括职工在职期间和离职后提供给职工的全部货币性薪酬和非货币性福利，提供给职工配偶、子女或其他被赡养人的福利等。

借方　　　应付职工薪酬	贷方
实际支付的职工薪酬	期初余额 计算应分配的职工薪酬
	期末余额：应付未付的职工薪酬

4. “累计折旧”账户

“累计折旧”账户是“固定资产”账户的调整账户，账户性质属于资产类，是用来核算和监督固定资产因磨损减少的价值。企业固定资产在使用过程中的价值损耗(有形和无形损耗)，通过计提折旧的方式转移到产品成本或期间费用中去。贷方登记固定资产累计折旧增加数(即固定资产价值减少)；借方登记已计提固定资产折旧累计减少或转销数；期末余额在贷方，表示现有固定资产已提取累计折旧数。

借方	累计折旧 贷方
固定资产折旧的减少或转销	期初余额 计提固定资产折旧的增加
	期末余额：现有固定资产已计提累计折旧数

5. “管理费用”账户

“管理费用”账户的账户性质属于损益类，是用来核算和监督企业行政管理部门为组织和管理生产经营活动而发生的各项费用。借方登记发生的各项管理费用；贷方登记期末转入“本年利润”账户的管理费用数额；结转以后，期末无余额。该账户企业应按照费用项目设置明细分类账。

借方	管理费用 贷方
发生管理费用	期末转入“本年利润”账户的数额

6. “库存商品”账户

“库存商品”账户的账户性质属于资产类，是用来核算和监督企业库存的各种商品的实际成本(包括外购、自制商品等)。借方登记已经完工并验收入库的各种商品的实际生产成本；贷方登记已经出售的各种商品的实际生产成本；期末余额在借方，表示库存商品的实际成本。该账户企业应当按照商品的品种、规格或类别设置明细分类账。

制造业企业的库存商品主要是指产成品。产成品是指企业已完成全部生产过程并已验收合格入库可供销售的产品的实际成本。

借方	库存商品 贷方
结转验收入库商品的生产成本	结转已销商品的生产成本
期末余额：结存库存商品的生产成本	

三、主要经济业务的核算

职工薪酬的内容.doc

在整个生产过程中，发生的主要经济业务有以下几个。

(1) 生产产品领用原材料。

(2) 归集和分配人工费用。

(3) 计提固定资产折旧。

(4) 制造费用的归集和分配。

(5) 计算并结转完工产品成本等。

(一)生产产品领用原材料

企业进行产品生产，必然要消耗材料。生产部门在领用材料时，应该填制有关的领料凭证，向材料仓库办理领料手续。然后，会计部门根据领料凭证编制领料汇总表，根据领料汇总表进行会计处理。

【例 5-20】 2020 年 12 月 10 日，东方公司根据当月领料凭证，编制领料凭证汇总表，如表 5-2 所示。

表 5-2　领料凭证汇总表

用　途	甲 材 料			乙 材 料			金额合计
	数　量	单　价	金　额	数　量	单　价	金　额	
制造产品耗用							
A 产品	5 000	25.00	125 000	1 000	50.00	50 000	175 000
B 产品				4 000	50.00	200 000	200 000
生产车间一般耗用				24	50.00	1 200	1 200
合计	5 000	25.00	125 000	5 024	50.00	251 200	376 200

该项经济业务的发生，涉及三个账户，生产产品所用的直接材料记入“生产成本”账户借方；生产车间一般耗用材料记入“制造费用”账户借方；同时库存材料减少，记入“原材料”账户的贷方。东方公司应编制的会计分录如下。

借：生产成本——A 产品　　175 000

　　　　　　——B 产品　　200 000

　　制造费用　　1 200

　　贷：原材料——甲材料　　125 000

　　　　　　　——乙材料　　251 200

(二)归集和分配人工费用

为了正确地计算产品成本，确定当期损益，企业必须正确地归集和分配人工费用。企业应根据所发生的职工薪酬的不同用途，进行不同的分配。有的直接计入产品的生产，有的间接计入产品的成本，有的计入管理费用等。职工薪酬的核算程序包括分配工资及福利费、从银行提取现金、支付工资及福利费等环节。

【例 5-21】 月末，东方公司根据有关工资结算凭证，本月共发生应付工资 60 000 元，按用途汇总如下。

生产工人工资：

A 产品生产工人工资	24 000 元
B 产品生产工人工资	26 000 元
车间管理人员工资：	4 000 元
企业行政管理部门人员工资：	6 000 元
合　　计	60 000 元

该项经济业务的发生，涉及四个账户。一方面使生产工人工资增加，记入“生产成本”账户的借方；车间管理人员工资增加，记入“制造费用”账户的借方；企业行政管理部门人员工资增加，记入“管理费用”账户的借方；另一方面使公司本月发生的应付职工工资增加，使得企业负债增加，记入“应付职工薪酬”账户的贷方。东方公司应编制的会计分录如下。

借：生产成本——A 产品　　24 000
　　　　　　——B 产品　　26 000
　　制造费用　　4 000
　　管理费用　　6 000
　　贷：应付职工薪酬——工资　　60 000

【例 5-22】 东方公司开出一张现金支票，从银行提取现金 60 000 元准备发工资。

该项经济业务的发生，一方面使公司的库存现金增加 60 000 元，记入“库存现金”账户的借方；另一方面使公司的银行存款减少 60 000 元，记入“银行存款”账户的贷方。东方公司应编制的会计分录如下。

借：库存现金　　60 000
　　贷：银行存款　　60 000

【例 5-23】 东方公司以现金 60 000 元发放职工工资。

该项经济业务的发生，一方面使库存现金减少 60 000 元，记入“库存现金”账户的贷方；另一方面使应付职工薪酬也减少了 60 000 元，记入“应付职工薪酬”账户的借方。东方公司应编制的会计分录如下。

借：应付职工薪酬——工资　　60 000
　　贷：库存现金　　60 000

【例 5-24】 月末，东方公司按本月工资总额 14%提取职工福利费。

本月提取的职工福利费如下。

制造 A 产品生产工人福利费	24 000×14%=3 360(元)
制造 B 产品生产工人福利费	26 000×14%=3 640(元)
车间管理人员福利费	4 000×14%=560(元)
企业行政管理人员福利费	6 000×14%=840(元)
合　　计	8 400(元)

该项经济业务的发生，涉及四个账户。按生产工人工资提取的职工福利费，记入“生产成本”账户的借方；按车间管理人员工资提取的福利费，记入“制造费用”账户的借方；按企业行政管理人员工资提取的福利费，记入“管理费用”账户的借方；计提职工福利费表明对职工负债的增加，记入“应付职工薪酬——职工福利”账户的贷方。东方公司应编制的会计分录如下。

借：生产成本——A 产品　　3 360
　　　　　——B 产品　　3 640
　　制造费用　　560
　　管理费用　　840
　　贷：应付职工薪酬——福利费　　8 400

(三)制造费用的归集和分配

制造费用是制造企业为了生产产品和提供劳务而发生的各种间接费用，主要是指企业的生产车间为组织和管理生产活动而发生的费用，包括企业生产车间管理人员发生的工资和福利费、折旧费、修理费、办公费、水费、劳动保护费等。企业生产一种产品所发生的制造费用应直接计入该种产品的成本。在生产多种产品所发生的制造费用则属于间接计入费用，应采用适当的分配方法分配计入各产品生产成本中。分配制造费用的分配标准，常用的有这样几种分配方法：生产工人工时比例法、生产工人工资比例法、机器工时比例法等。分配方法一经确定，不宜任意变更。

【例 5-25】 2020 年 12 月 10 日，东方公司以现金购买办公用品，其中，车间用办公用品 340 元，行政管理部门用办公用品 500 元。

该项经济业务的发生，一方面使库存现金减少 840 元，记入“库存现金”账户的贷方；另一方面使车间管理部门的费用增加 340 元，记入“制造费用”账户的借方；企业行政管理部门的费用增加 500 元，记入“管理费用”账户借方。东方公司应编制的会计分录如下。

借：制造费用　　340
　　管理费用　　500
　　贷：库存现金　　840

【例 5-26】 2020 年 12 月 12 日，东方公司开出一张现金支票支付 11 月份车间水电费共 5 800 元。

该项经济业务的发生，一方面使银行存款减少 5 800 元，记入“银行存款”账户的贷方；另一方面使车间管理部门的水电费用增加 5 800 元，记入“制造费用”账户的借方。东方公司应编制的会计分录如下。

借：制造费用　　5 800
　　贷：银行存款　　5 800

【例 5-27】 2020 年 12 月 15 日，东方公司行政管理部门人员张远报销差旅费 1 200 元，原预借 1 000 元。

该项经济业务的发生，一方面使期间费用增加，记入“管理费用”账户的借方；另一方面由于报销差旅费使职工与企业的往来结算款项减少，记入“其他应收款”账户的贷方。

同时，由于预借差旅费不足补付现金，使企业库存现金减少，记入“库存现金”账户的贷方。东方公司应编制的会计分录如下。

借：管理费用　　　　　　　　　　　　　　1 200
　　贷：其他应收款——张远　　　　　　　　　1 000
　　　　库存现金　　　　　　　　　　　　　　200

【例 5-28】 2020 年 12 月 31 日，东方公司计提本月固定资产折旧费 30 000 元，其中：生产车间应计提折旧 22 000 元，行政管理部门使用的固定资产应计提折旧费 8 000 元。

该项经济业务的发生，涉及三个账户。车间使用的固定资产应计提的折旧费是一种间接生产费用，记入“制造费用”账户的借方；行政管理部门使用的固定资产应计提的折旧费，记入“管理费用”账户的借方；计提固定资产折旧表明原有固定资产价值减少了，即累计折旧增加，记入“累计折旧”账户的贷方。东方公司应编制的会计分录如下。

借：制造费用　　　　　　　　　　　　　　22 000
　　管理费用　　　　　　　　　　　　　　8 000
　　贷：累计折旧　　　　　　　　　　　　　30 000

【例 5-29】 2020 年 12 月 31 日，东方公司把本月发生的制造费用按生产 A、B 产品的生产工时比例分配转入“生产成本”账户。

月末归集本月发生的制造费用，然后按照生产工时比例将全部“制造费用”账户的金额分配转入“生产成本”账户借方。“制造费用”账户分配结转后，一般无余额。分配结转过程如下。

(1) 本月“制造费用”账户借方发生额。

制造费用=1 200 +4 000+560+340+5 800+22 000=33 900 (元)

(2) 制造费用分配率。

制造费用以生产 A、B 产品生产工时为分配标准，其中，A 产品生产工时为 4 000 元，B 产品生产工时为 6 000 元。

分配率=制造费用总额/分配标准总和=33 900/(4 000+6 000) =3.39

(3) 分配额。

A 产品应负担的制造费用=4 000×3.39=13 560(元)

B 产品应负担的制造费用=6 000×3.39=20 340(元)

(4) 编制会计分录。

借：生产成本——A 产品　　　　　　　　　13 560
　　　　　　——B 产品　　　　　　　　　20 340
　　贷：制造费用　　　　　　　　　　　　　33 900

在制造业企业里，制造完工并经验收合格入库的产成品即成为企业可供销售的产品，月末应计算当月完工产品的生产成本，并从“生产成本”账户的贷方转入“库存商品”账户的借方。尚未制造完成的产品属于在产品。

【例 5-30】 月末，A 产品 10 件全部制造完工，并已验收入库，若期初没有余额，按本月发生的实际生产成本予以转账；B 产品尚未完工，若期初没有余额，本月发生的生产成本均属于月末在产品成本。

根据上述发生的费用编制产品成本计算表，如表 5-3 所示。

表 5-3　产品成本计算表

2020 年 12 月 31 日　　单位：元

成本项目	A 产品		B 在产品成本
	总 成 本	单位成本	
直接材料	175 000	17 500	200 000
直接人工	27 360	2 736	29 640
制造费用	13 560	1 356	20 340
合　　计	215 920	21 592	249 980

编制会计分录如下。

借：库存商品——A 产品　　215 920

　　贷：生产成本——B 产品　　215 920

第四节　销售过程的核算

销售过程是制造业企业生产经营的第三阶段，是产品价值的实现阶段。在这个阶段，企业将生产出来的商品对外销售形成企业的销售收入，对已销售的商品要结转商品的成本，以及在销售过程中发生的运输、广告、包装、装卸费用等销售费用，还应按照税法规定缴纳各种税金，最后结算出企业生产经营成果，即实现利润还是发生亏损。

企业根据销售业务的主次分为主营业务收入和其他业务收入。主营业务收入是指企业为完成其经营目标所从事的经常性的经营活动所取得的收入，一般是指企业营业执照上规定的主要业务范围确定，所以又称为基本业务收入。例如，工业企业的主营业务收入是指销售产成品、半成品、提供工业性劳务等形成的收入；商品流通企业主要是以销售商品为主形成的收入；主营业务形成的收入是企业收入的主要来源。其他业务收入是指企业除了主营业务以外的与经常性经营活动相关的其他经营活动所实现的收入，一般指企业营业执照上注明的兼营业务所取得的收入，所以又称为附营业务收入，如工业企业销售材料、出租包装物、转让无形资产使用权、提供非工业性劳务等。

一、设置的主要账户

在销售过程中，企业为了核算和监督实现的销售收入，结转已销商品的销售成本，支付各种销售费用，计算应缴纳的税金，按期确定财务成果，所以应设置“主营业务收入”“主营业务成本”“销售费用”“税金及附加”“应收账款”“预收账款”“其他业务收入”“其他业务成本”等账户。

1. “主营业务收入”账户

“主营业务收入”账户的账户性质属于损益类，是用来核算和监督企业销售产品、提供劳务以及让渡资产使用权等日常活动中所实现的收入。贷方登记已销售产品、提供劳务等的收入；借方登记期末转入“本年利润”账户的数额；结转以后，期末无余额。该账户企业应按已销产品类别设置明细分类账。

借方　　　　　　主营业务收入	贷方
期末转入“本年利润”账户的数额	本期实现的销售收入

2. “主营业务成本”账户

“主营业务成本”账户的账户性质属于损益类，用来核算企业销售产品、提供劳务或让渡资产使用权等日常活动而发生的成本。借方登记已销售产品、劳务供应等的实际成本，贷方登记期末转入“本年利润”账户的数额；结转以后，期末无余额。该账户也应按产品类别设置明细分类账。

借方　　　　　　主营业务成本	贷方
本期已销产品的生产成本	期末转入“本年利润”账户的数额

3. “销售费用”账户

“销售费用”账户的账户性质属于损益类，是用来核算和监督企业在产品销售过程中所发生的各种费用，包括运输费、装卸费、包装费、保险费、展览费、广告费和为销售本企业产品而专设的销售机构的职工薪酬、业务经费等。借方登记本月发生的各种销售费用；贷方登记期末转入“本年利润”账户的数额；结转以后期末无余额。该账户应按费用项目设置明细分类账。

借方　　　　　　销售费用	贷方
发生销售费用	期末转入“本年利润”账户的数额

4. “税金及附加”账户

“税金及附加”账户的该账户性质属于损益类，是用来核算和监督企业日常活动应负担的税金及附加，包括除增值税以外的消费税、城市建设维护税、资源税、土地增值税和教育费附加。借方登记按规定税率计算应负担的各种税金及附加；贷方登记期末转入“本年利润”账户的数额；结转以后期末无余额。该账户按产品类别设明细分类账。

借方　　　　　　　　税金及附加	贷方
按规定计算应交各种税金及附加	期末转入“本年利润”账户的数额

5. “应收账款”账户

“应收账款”账户的账户性质属于资产类，是用来核算和监督企业因销售产品或提供劳务对购货单位或接受劳务单位发生的债权。借方登记应向购货单位或接受劳务单位收取的款项；贷方登记收回的款项。期末余额在借方，表示购货单位或接受劳务单位暂欠的货款。该账户应按债务人设置明细分类账。

借方　　　　　　　　应收账款	贷方
期初余额 发生的应收账款： 　应收货款 　应收税款 　应收代垫的款项	 实际收回的应收账款
期末余额：尚未收回的应收账款	

6. “预收账款”账户

在产品适销对路、供不应求的情况下，企业经常采用先收取定金或部分货款的方式销售产品。“预收账款”账户，账户性质属于负债类，是用来核算和监督企业按照合同的规定预收购货单位货款的增减变动及其结余情况。贷方登记预收购货单位货款的增加，借方登记销售实现时冲减的预收货款。期末余额如果在贷方，表示企业预收货款的结余额；期末余额如果在借方，表示购货单位应补付的货款数。该账户应当按照购货单位名称设置明细账户进行明细分类核算。

借方　　　　　　　　预收账款	贷方
预收货款的减少	预收货款的增加
期末余额：购货单位应补付的款项	期末余额：预收账款结余额

7. “其他业务收入”账户

“其他业务收入”账户的账户性质属于损益类，是用来核算和监督企业除主营业务收入以外的其他业务收入，包括工业企业销售材料、出租包装物的收入等。贷方登记本期实现各项其他业务收入的发生数；借方登记期末转入“本年利润”账户的数额；结转以后，期末无余额。该账户应按其他业务的品种或类别开设明细分类账。

借方	其他业务收入	贷方
期末转入“本年利润”账户的数额		本期实现的其他业务收入

8. “其他业务成本”账户

“其他业务成本”账户的账户性质属于损益类，是用来核算和监督除主营业务成本以外的其他业务所发生的支出，包括销售材料、对外出租而发生的相关成本、费用等。借方登记本期各项其他业务支出的发生数；贷方登记期末转入“本年利润”账户的数额；结转以后，期末无余额。

借方	其他业务成本	贷方
本期发生的其他业务成本		期末转入“本年利润”账户的数额

二、主要经济业务的核算

【例 5-31】 2020 年 12 月 10 日，东方公司销售给胜利公司 A 产品 200 件，每件售价 16 000 元，增值税 416 000 元，货款及税款均已收到并存入银行。

该项经济业务的发生，一方面表明企业销售产品实现收入 3 200 000 元及应缴增值税 416 000 元，记入“主营业务收入”和“应缴税费”账户的贷方；另一方面表明收到销货款及增值税 3 616 000 元，记入“银行存款”账户的借方。东方公司应编制的会计分录如下。

借：银行存款　　3 616 000
　　贷：主营业务收入——A 产品　　3 200 000
　　　　应缴税费——应缴增值税(销项税额)　　416 000

【例 5-32】 2020 年 12 月 16 日，东方公司以银行存款支付 A 产品展览费用 2 000 元。

该项经济业务的发生，一方面使销售费用增加了 2 000 元，记入“销售费用”账户的借方；另一方面使银行存款减少，记入“银行存款”账户的贷方。东方公司应编制的会计分录如下。

借：销售费用　　2 000
　　贷：银行存款　　2 000

【例 5-33】 2020 年 12 月 18 日，东方公司向成环公司销售 B 产品 10 件，每件售价 10 000 元，增值税 13 000 元，货款和税款尚未收回，该产品属于应税消费品，消费税税率为 10%。

该项经济业务的发生，涉及两笔会计分录。第一笔分录是销售收入的实现：一方面表明销售产品实现收入 100 000 元及应缴增值税 13 000 元，记入“主营业务收入”及“应缴税费——应缴增值税”账户的贷方；另一方面表明应收回销货款及增值税 113 000 元，记入“应收账款”账户的借方。第二笔分录是本例涉及应缴消费税的问题，计算应缴的消费税和营业税金及附加都增加，一方面记入“税金及附加”账户的借方；另一方面记入“应缴税费——应缴消费税”账户的贷方。东方公司应编制的会计分录如下。

(1) 销售收入实现。

借：应收账款——成环公司　　　　113 000

　　贷：主营业务收入——P 产品　　　　100 000

　　　　应缴税费——应缴增值税(销项税额)　　　　13 000

(2) 计算应缴消费税。

消费税= 100 000×10%=10 000(元)

借：税金及附加　　　　10 000

　　贷：应缴税费——应缴消费税　　　　10 000

【例 5-34】 2020 年 12 月 17 日，收到成环公司开来一张面值为 117 000 元，期限 3 个月，利率为 5%的商业承兑汇票，用于抵偿所欠款项。东方公司应编制的会计分录如下。

借：应收票据　　　　117 000

　　贷：应收账款——成环公司　　　　117 000

【例 5-35】 2020 年 12 月 18 日，东方公司销售一批原材料，价款 10 000 元，增值税 1 300 元，收到款项存入银行。该项材料成本为 8 000 元。

该项经济业务的发生，涉及两笔会计分录。第一笔分录是销售材料收入的实现(属于其他业务收入)：一方面表明其他业务收入和应缴增值税的增加，记入“其他业务收入”及“应缴税费——应缴增值税”账户的贷方；另一方面表明银行存款的增加，记入“银行存款”账户的借方。第二笔分录涉及结转已销材料的成本：一方面使得其他业务成本增加，记入“其他业务成本”账户的借方；另一方面使得库存材料减少，记入“原材料”账户的贷方。东方公司应编制的会计分录如下。

(1) 销售材料收入的实现。

借：银行存款　　　　11 300

　　贷：其他业务收入　　　　10 000

　　　　应缴税费——应缴增值税(销项税额)　　　　1 300

(2) 结转已销售材料成本。

借：其他业务成本　　　　8 000

　　贷：原材料　　　　8 000

【例 5-36】 月末，东方公司计算应缴的城市建设维护税 7 000 元，教育费附加 3 000 元。

该项经济业务的发生，一方面使得公司的税金及附加增加 10 000 元(7 000 +3 000)，记入“营业税金及附加”账户的借方；另一方面使得公司的应缴税费增加 10 000 元，记入“应缴税费”账户的贷方。东方公司应编制的会计分录如下。

借：税金及附加　　　　10 000

　　贷：应缴税费——应缴城市建设维护税　　　　7 000

　　　　　　　　——应缴教育费附加　　　　3 000

【例5-37】 月末，东方公司结转已销售A、B产品的实际生产成本，如表5-4所示。

表5-4 已销产品成本明细表

产品名称	销售数量/件	单位成本/(元/件)	总成本/元
A产品	200	15 000	3 000 000
B产品	10	7 000	70 000
合计	210	—	3 070 000

本例中的单位成本是加权平均单位成本。本月由于销售产品使销售收入增加，同时也使库存商品减少，因而企业在月末把已售产品的实际生产成本从“库存商品”账户贷方转入“主营业务成本”账户借方。东方公司应编制的会计分录如下。

借：主营业务成本　　3 070 000
　　贷：库存商品——A产品　　3 000 000
　　　　　　　　——B产品　　70 000

【例5-38】 2020年12月31日，东方公司收到佳胜公司购A产品的预付款50 000元，款项已存入银行。

该项经济业务的发生，一方面使银行存款增加，记入“银行存款”账户的借方，另一方面使企业的预收账款也增加，记入“预收账款”账户的贷方。东方公司应编制的会计分录如下。

借：银行存款　　50 000
　　贷：预收账款　　50 000

价内税与价外税的区别与联系.doc

第五节 利润形成与分配业务的核算

一、利润形成业务的核算

(一)利润及其构成

利润是指企业在一定会计期间的经营成果。利润包括收入减去费用后的净额、直接计入当期利润的利得和损失等。其中直接计入当期利润的利得和损失，是指应当计入当期损益、会导致所有者权益发生增减变动的、与所有者投入资本或者向所有者分配利润无关的利得或者损失，如营业外支出等。

对利润进行核算，可以及时反映企业在一定会计期间的经营业绩和获利能力，反映企业的投入产出效果和经济效益，有助于企业投资者和债权人据此进行盈利预测，评价企业经营绩效，做出正确的决策。

在利润表中，利润分为营业利润、利润总额和净利润三个层次。

1. 营业利润

营业利润是指企业在一定会计期间从事日常经营活动所取得的利润。其具体构成可用下列公式表示：

营业利润=营业收入-营业成本-税金及附加-销售费用-管理费用-财务费用-研发费用+其他收益+投资收益(-投资损失)-资产减值损失+公允价值变动收益(-公允价值变动损失)-信用减值损失+资产处置收益(-资产处置损失)

其中：

营业收入是指企业经营业务所确认的收入总额，包括主营业务收入和其他业务收入。

营业成本是指企业经营业务所发生的实际成本总额，包括主营业务成本和其他业务成本。

资产减值损失是指企业计提各项资产减值准备所形成的损失。

公允价值变动收益(或损失)是指企业交易金融资产等公允价值变动形成的应计入当期损益的利得(或损失)。

投资收益(或损失)是指企业以各种方式对外投资所取得的收益(发生的损失)。

信用减值损失是指企业按照《企业会计准则第 22 号——金融工具确认和计量》(2018)要计提的各项金融工具信用减值准备所确认的信用损失。

资产处置收益是指企业出售划分为持有待售的非流动资产(金融工具、长期股权投资和投资性房地产除外)或处置组(子公司和业务除外)时确认的处置利得或损失，以及处置未划分为持有待售的固定资产、在建工程、生产性生物资产以及无形资产而产生的处置利得或损失。

2．利润总额

利润总额=营业利润+营业外收入-营业外支出

其中：

营业外收入是指企业发生的与日常活动无直接关系的各项利得，包括处置固定资产净收益、处置无形资产收益、无法支付的应付款项、罚款净收入等。

营业外支出是指企业发生的与日常活动无直接关系的各项损失，包括固定资产盘亏、处置固定资产净损失、处置无形资产净损失、罚款支出、捐赠支出、非常损失等。

3．净利润

净利润=利润总额-所得税费用

其中，所得税费用是指企业确认的应从当期利润总额中扣除的所得税费用。

(二)设置的主要账户

1．“本年利润”账户

“本年利润”账户的账户性质属于所有者权益类，是用来核算和监督企业在本年度内实现的净利润或发生的亏损数额。贷方登记由“主营业务收入”“其他业务收入”“营业外收入”“投资收益”等账户转入的数额；借方登记由“主营业务成本”“其他业务成本”“销售费用”“管理费用”“财务费用”“税金及附加”“营业外支出”及“所得税费用”等账户转入的数额；期末企业应将本期的收入和支出相抵后结算出累计余额，若期末余额在贷方，表示企业当期实现的净利润，若期末余额在借方，表示当期发生的净亏损。年度终了，将本年实现的利润(或净亏损)转入“利润分配”账户。年度结转后，“本年利润”账户应无余额。

借方　　本年利润	贷方
结转本期各项费用、支出数额 包括： 主营业务成本 其他业务成本 销售费用 管理费用 财务费用 营业税金及附加 营业外支出 所得税费用	结转本期各项收入、收益数额 包括： 主营业务收入 其他业务收入 营业外收入 投资收益
期末余额：本期发生的亏损数额	期末余额：本期实现的利润数额

2. “营业外收入”账户

“营业外收入”账户的账户性质属于损益类，是用来核算和监督企业发生的与企业生产经营无直接关系的各项收入。贷方登记本期各项营业外收入的发生额；借方登记期末转入“本年利润”账户的数额；结转以后，期末应无余额。该账户企业应按具体收入项目设置明细分类账。

借方　　营业外收入	贷方
期末转入“本年利润”账户的数额	本期实现的营业外收入数额

3. “营业外支出”账户

“营业外支出”账户的账户性质属于损益类，是用来核算和监督企业发生的与企业生产经营无直接关系的各项支出。借方登记本期各项营业外支出的发生额；贷方登记期末转入“本年利润”账户的数额；结转以后，期末应无余额。该账户企业应按具体支出项目设置明细分类账。

借方　　营业外支出	贷方
本期发生的营业外支出数额	期末转入“本年利润”账户的数额

4. “投资收益”账户

“投资收益”账户的账户性质属于损益类，是用来核算和监督企业对外投资获得的收

益或发生的损失。贷方登记企业取得投资的收益数和期末转入“本年利润”账户的投资净损失；借方登记发生的亏损数和期末转入“本年利润”账户的投资净收益；结转以后，期末应无余额。该账户按投资收益种类设置明细分类账。

借方　　　　　投资收益	贷方
本期发生的投资损失 期末转入“本年利润”账户的投资净收益数额	本期实现的投资收益 期末转入“本年利润”账户的投资净损失数额

5．“所得税费用”账户

“所得税费用”账户的账户性质属于损益类，是用来核算和监督企业按规定从本期损益中扣除的所得税费用。借方登记计算出应计入本期的所得税费用；贷方登记期末转入“本年利润”账户的数额，结转以后，期末应无余额。

借方　　　　　所得税费用	贷方
计算应缴的所得税费用数额	期末转入“本年利润”账户的数额

(三)主要经济业务的核算

【例 5-39】 2020 年 12 月 5 日，东方公司以银行存款支付税收罚款 500 元。

该项经济业务发生，一方面使公司税收罚款增加，记入“营业外支出”账户的借方；另一方面使公司银行存款减少，记入“银行存款”账户的贷方。东方公司应编制的会计分录如下。

借：营业外支出　　　　　　　　　　　　　　500

　　贷：银行存款　　　　　　　　　　　　　　500

【例 5-40】 2020 年 12 月 15 日，东方公司收到丙公司合同违约金收入 30 000 元，已存入银行。

该项经济业务发生，一方面使得公司银行存款增加，记入“银行存款”账户的借方；另一方面使得公司取得违约金收入增加，记入“营业外收入”账户的贷方。东方公司应编制的会计分录如下。

借：银行存款　　　　　　　　　　　　　　30 000

　　贷：营业外收入　　　　　　　　　　　　　30 000

【例 5-41】 2020 年 12 月 25 日，东方公司收到被投资企业分来的红利 30 000 元，存入银行。

该项经济业务发生，一方面使得公司的银行存款增加，记入“银行存款”账户的借方；

另一方面使得公司的“投资收益”增加，记入“投资收益”账户的贷方。东方公司应编制的会计分录如下。

借：银行存款　　30 000
　　贷：投资收益　　30 000

【例 5-42】 期末，东方公司结转本期各损益类账户。

根据以上所发生的经济业务，将本期发生的成本、费用、税金、营业外支出转入“本年利润”账户的借方；将本期发生的收入、收益转入“本年利润”账户的贷方。东方公司应编制的会计分录如下。

(1) 结转本期取得的收入和收益。

主营业务收入=3 200 000+100 000=3 300 000(元)

借：主营业务收入　　3 300 000
　　其他业务收入　　10 000
　　营业外收入　　30 000
　　投资收益　　30 000
　　贷：本年利润　　3 370 000

(2) 结转本期发生的费用。

税金及附加=10 000+10 000=20 000(元)

管理费用=6 000+840+500+8 000+1 200=16 540(元)

借：本年利润　　3 118 540
　　贷：主营业务成本　　3 070 000
　　　　其他业务成本　　8 000
　　　　税金及附加　　20 000
　　　　销售费用　　2 000
　　　　管理费用　　16 540
　　　　财务费用　　1 500
　　　　营业外支出　　500

将损益类账户结转到“本年利润”账户，用 T 形账户表示如下。

借方	本年利润		贷方
		期初余额	1 500 000
3 070 000			3 300 000
8 000			10 000
20 000			30 000
2 000			30 000
16 540			
1 500			
500			
本期发生额	3 118 540	本期发生额	3 370 000
		期末余额	1 751 460

【例 5-43】　假设东方公司企业所得税税率为 25%，计算该企业应缴所得税并予以结转(假设无纳税调整事项)。

企业应纳所得税的计算公式：

应缴所得税=应纳税所得额×所得税税率

应缴纳所得税费用= 1 751 460×25%=437 865(元)

该项经济业务发生，首先计算应缴所得税费用数额，然后做出应缴税费和将所得税费用转入本年利润的会计处理。公司计算应缴未缴的所得税，一方面使得所得税费用增加，记入“所得税费用”账户的借方；另一方面使得应缴税费增加，记入“应缴税费——应缴所得税”账户的贷方。结转所得税费用，将“所得税费用”转入“本年利润”账户的借方。东方公司应编制的会计分录如下。

(1) 计算应缴的所得税。

借：所得税费用　　437 865

　　贷：应缴税费——应缴所得税　　437 865

(2) 结转所得税费用。

借：本年利润　　437 865

　　贷：所得税费用　　437 865

净利润=1 751 460−437 865=1 313 595(元)

二、利润分配业务的核算

(一)利润分配的内容

企业当期实现的净利润，加上年初未分配利润(或减去年初未弥补亏损)后的余额，构成可供分配的利润。可供分配的利润，一般按下列顺序分配。

(1) 提取法定盈余公积，是指企业根据有关法律的规定，按照净利润的 10%提取的盈余公积。法定盈余公积累计金额超过企业注册资本的 50%以上时，可以不再提取。

(2) 提取任意盈余公积，是指企业按股东大会决议提取的任意盈余公积。

(3) 应付现金股利或利润，是指企业按照利润分配方案分配给股东的现金股利，也包括非股份有限公司分配给投资者的利润。

(4) 转作股本的股利，是指企业按照利润分配方案以分派股票股利的形式转作股本的股利，也包括非股份有限公司以利润转增的资本。

企业如发生亏损，可以按规定由以后年度的利润进行弥补。

(二)设置的主要账户

1. “利润分配”账户

“利润分配”账户的账户性质属于所有者权益类，是用来核算和监督企业利润的分配(或亏损的弥补)以及历年积存的未分配利润(或未弥补亏损)。借方登记提取的盈余公积、应付股利等实际分配数额以及由“本年利润”账户转入的本年累计亏损数；贷方登记年末由

“本年利润”账户转来的本年累计的净利；若期末余额在贷方，表示未分配利润，若期末余额在借方，表示未弥补亏损。该账户应按分配项目设置明细分类账。

借方　　　　　利润分配	贷方
1. 实际分配的利润数 提取法定盈余公积 应付现金股利或利润 转作股本股利 2. 年末从“本年利润” 转入的全年发生的净亏损	年末从“本年利润”转入的全年实现的净利润
期末余额： 年内为已分配的利润额 年末为未弥补亏损	期末余额： 年末未分配利润

2. “盈余公积”账户

“盈余公积”账户的账户性质属于所有者权益类，是用来核算和监督企业从税后利润中提取的盈余公积金，包括法定盈余公积、任意盈余公积的增减变动及其结余情况。贷方登记提取的各项盈余公积金数；借方登记实际使用的盈余公积金数；期末余额在贷方，表示企业提取的盈余公积结存数。该账户企业应按“盈余公积”的项目设置明细账。

借方　　　　　盈余公积	贷方
实际使用的盈余公积(减少)	年末从税后净利润中提取的盈余公积(增加)
	期末余额：盈余公积的结存数

3. “应付股利”账户

“应付股利”账户的账户性质属于负债类，是用来核算和监督企业股东大会或类似机构决议确定分配给投资者的现金股利或利润。贷方登记应付给投资者的股利或利润数；借方登记实际支付给投资者的股利或利润数；若期末余额在贷方，表示尚未支付的股利或利润数。

借方　　　　　应付股利	贷方
实际支付的现金股利或利润	计算应付的现金股利或利润
	期末余额：应付未付的现金股利或利润

(三)主要经济业务的核算

【例 5-44】 东方公司在年度终了，将税后利润转入“利润分配”账户。

东方公司在本年度实现净利润1 313 595元。结转本年实现的净利润，一方面使得公司"本年利润"账户的累计净利润减少，记入"本年利润"账户的借方；另一方面使得公司可供分配的利润增加，记入"利润分配"账户的贷方(如果结转亏损数额，则进行相反的会计处理)。东方公司应编制的会计分录如下。

借：本年利润　　1 313 595

　贷：利润分配——未分配利润　　1 313 595

【例 5-45】 东方公司按税后净利润的10%提取法定公积金。

该项经济业务的发生，一方面使得企业法定盈余公积的增加，记入"盈余公积"账户的贷方；另一方面使得企业利润分配减少，记入"利润分配"账户的借方。东方公司应编制的会计分录如下。

提取法定盈余公积= 1 313 595×10%=131 359.50(元)

借：利润分配——提取法定盈余公积　　131 359.50

　贷：盈余公积——法定盈余公积　　131 359.50

【例 5-46】 东方公司根据股东大会决议，向股东宣告分派现金股利100 000元。

该项经济业务的发生，一方面使得企业应付股利增加，记入"应付股利"账户的贷方；另一方面使得企业利润分配减少，记入"利润分配"账户的借方。东方公司应编制的会计分录如下。

借：利润分配——应付现金股利或利润　　100 000

　贷：应付利润(或应付股利)　　100 000

【例 5-47】 将上述有关利润分配所属明细分类账户余额转入"利润分配——未分配利润"明细分类账户。东方公司应编制的会计分录如下。

借：利润分配——未分配利润　　231 359.50

　贷：利润分配——提取法定盈余公积　　131 359.50

　　　　　　——应付现金股利或利润　　100 000

上市公司股利支付程序.doc

通过上述结转后，"本年利润"账户无余额。而"利润分配"账户的余额在贷方为1 082 235.50元(1 313 595−131 359.50 100 000)，表示未分配利润，如为借方余额，则表示发生的亏损。

本 章 小 结

工业企业的主要生产经营过程分为供应、生产和销售三个阶段。在供应阶段，主要为生产过程准备必要的生产材料，其主要业务是材料的采购、运输、装卸搬运、验收入库，并相应地支付材料买价、运输及装卸搬运费用，计算材料的进项增值税额等；在产品生产阶段，劳动者借助生产资料对劳动对象进行加工制作，生产出为社会所需要的各种产品，因产品的生产而发生各种生产费用，包括材料燃料消耗费用、固定资产损耗费用、员工的工资及福利费用及其他各种费用，将这些费用中可以对象化的费用，按照产品对象进行归集和分配，从而计算确定产品总成本和单位成本；在销售阶段，企业将产品销售给购买单位，取得销售收入，同时需要支付必要的产品包装、运输、广告等销售费用，计算销售成本和销售税金，办理货款及其他各项销售费用的结算；利润形成以及分配过程将所取得的销售收入扣除各项销售成本、费用后，计算确定盈亏及应缴所得税，确定财务成果并按规定程序对实现利润进行合理分配。本章就是运用所学的借贷记账法对企业发生供应、生产、销售以及利润形成和分配过程的经济业务进行会计核算。

习　题

一、单项选择题

1. 企业在生产经营过程中借入的短期借款利息应记入（　　）账户。

A. 管理费用　　B. 销售费用　　C. 财务费用　　D. 制造费用

2. 企业“短期借款”账户期末贷方余额为 50 000 元，本期贷方发生额为 30 000 元，本期借方发生额为 40 000 元，则该账户期初余额为（　　）。

A. 借方 40 000 元　　B. 贷方 40 000 元

C. 借方 60 000 元　　D. 贷方 60 000 元

3. 下列项目中，不属于外购存货成本的是（　　）。

A. 材料买价　　B. 运杂费

C. 入库前的挑选整理费　　D. 入库后的保管费用

4. 企业生产用固定资产计提折旧时，应借记(　　)账户。

A. 累计折旧　　B. 生产成本　　C. 制造费用　　D. 固定资产

5. 制造企业生产产品领用材料，应计入(　　)账户。

A. 制造费用　　B. 生产成本　　C. 销售费用　　D. 管理费用

6. 制造企业销售产品时支付的广告费，应计入(　　)账户。

A. 生产成本　　B. 管理费用　　C. 销售费用　　D. 材料采购

7. 制造费用期末应分配应计入(　　)账户。

A. 本年利润　　B. 生产成本　　C. 管理费用　　D. 库存商品

8. 某增值税一般纳税企业，本月购入原材料一批，价款 40 000 元，增值税进项税额 5 200 元。发生材料运输费 2 000 元，装卸费 300 元。该批材料的采购成本应为(　　)元。

A. 49 100　　B. 48 800　　C. 45 200　　D. 42 300

9. 东方公司 2020 年 1 月发生的费用有：计提车间用固定资产折旧 10 万元，发生车间管理人员工资 40 万元，支付广告费用 30 万元，计提短期借款利息 20 万元，支付行政管理人员工资 10 万元。该公司当月的期间费用总额为(　　)万元。

A. 50　　B. 60　　C. 100　　D. 110

10. 年末结转后，“利润分配”账户的贷方余额表示(　　)。

A. 未分配利润　　B. 净利润　　C. 未弥补亏损　　D. 利润总额

二、多项选择题

1. 甲公司 2020 年 1 月 1 日，借入 6 个月期的借款 1 000 万元，年利率 6%，6 月 30 日到期时一次性还本付息。按照权责发生制原则，2020 年 6 月 30 日甲公司还本付息时，应编制的会计分录中可能涉及的应借和应贷账户及相应金额为(　　)。

A. 借记“短期借款”账户 1 000 万元

B. 借记“财务费用”账户 5 万元

C. 借记“应付利息”账户 25 万元

D. 贷记“银行存款”账户 1 015 万元

2. A 公司原由甲、乙、丙三人投资，三人各投入 100 万元。两年后丁想加入，经协商，甲、乙、丙、丁四人各拥有 100 万元的资本，但丁必须投入 136 万元的银行存款方可拥有 100 万元的资本。若丁以 136 万元投入 A 公司，并已办妥增资手续。下列表述的项目中能组合在一起形成该项经济业务的会计分录的项目有(　　)。

A. 该笔业务应借记“银行存款”账户 136 万元

B. 该笔业务应贷记“实收资本”账户 136 万元

C. 该笔业务应贷记“实收资本”账户 100 万元

D. 该笔业务应贷记“资本公积”账户 36 万元

3. 下列会计科目中，属于成本类科目的有(　　)。

A. 生产成本　　B. 主营业务成本　　C. 制造费用　　D. 销售费用

4. 产品生产成本包括(　　)。

A. 为制造产品发生的材料费用　　B. 自然灾害造成的材料损毁

C. 为制造产品发生的固定资产折旧费用　D. 为制造产品发生的人工费用

5. 某企业销售一批化妆品，化妆品的成本为 38 万元，为了销售发生广告费用 2 万元，化妆品的销售价款为 100 万元，应收取的增值税销项税 13 万元。因销售该批化妆品应缴的消费税为 27 万元。根据该项经济业务，下列表述中正确的项目有(　　)。

A. “主营业务成本”科目反映借方发生额为 38 万元

B. “主营业务收入”科目反映贷方发生额为 100 万元

C. “税金及附加”科目反映借方发生额为 44 万元

D. “销售费用”科目反映借方发生额为 2 万元

6. 制造企业计算缴纳的下列税金中，可能通过“税金及附加”科目核算的有(　　)。

A. 增值税　　B. 消费税　　C. 教育费附加　　D. 城市维护建设税

7. 下列各项中，应计入材料采购成本的有(　　)。

A. 买价　　B. 运杂费

C. 运输途中的合理损耗　　D. 厂部采购人员工资

8. 下列各项中，应计入“管理费用”账户的是(　　)。

A. 厂部固定资产的折旧费　　B. 业务招待费

C. 车间管理人员工资　　D. 厂部管理人员工资

9. 下列各项中，属于营业外支出的有(　　)。

A. 购买固定资产的支出　　B. 非常损失

C. 罚款支出　　D. 举借短期借款的利息支出

10. 期末需要结转至“本年利润”账户的有(　　)。

A. 制造费用　　B. 管理费用　　C. 主营业务成本　　D. 所得税费用

三、判断题

1. 预提短期借款的利息，应借记“财务费用”账户，贷记“应付利息”账户。 ( )
2. 短期借款利息在预提或实际支付时均应通过“短期借款”科目核算。 ( )
3. 企业材料采购成本包括买价及采购费用，采购人员的差旅费也应记入材料采购。 ( )
4. 外购固定资产的成本包括购买价款、相关税费，以及使固定资产达到预定可使用状态前所发生的可归属于该项资产的运输费、装卸费、安装费和专业人员服务费等。 ( )
5. “生产成本”账户期末的借方余额表示企业月末在产品成本。 ( )
6. 制造费用一般在其发生时先行归集，然后按一定标准分配后计入各种产品成本，在单一产品制造企业也可以不需要分配而直接转入生产成本明细账。 ( )
7. “固定资产”账户的期末借方余额，反映期末固定资产的净值。 ( )
8. 销售费用、管理费用和制造费用都属于损益类科目。 ( )
9. 制造费用和管理费用都应当在期末转入“本年利润”科目。 ( )
10. 预收账款是资产类科目，预付账款是负债类科目。 ( )

四、实训题

(一)掌握资金筹集业务的核算

资料：东海公司 2020 年 12 月发生下列部分经济业务。

(1) 2 日，收到三元公司投入的机床一台，经评估确认价值为 86 000 元。

(2) 9 日，收到万达公司投入的货币资金 200 000 元，已存入银行。

(3) 16 日，向银行借入一年期借款 60 000 元，年利率 5.6%，款项已存入银行。

(4) 31 日，计提应由本月负担的短期借款利息 5 400 元。

(5) 31 日，支付第四季度借款利息 20 000 元(其中 15 000 元已预提)。

(6) 31 日，归还已到期的短期借款本金 300 000 元。

要求：根据上述经济业务编制会计分录。

(二)练习供应过程业务的会计核算

资料：东海公司 2020 年 6 月发生以下业务。

(1) 3 日，购入不需要安装的机器设备一台，买价 60 000 元，增值税 7 800 元，包装费 1 200 元，全部款项已用银行存款支付。

(2) 6 日，购入需要安装的机器设备一台，买价 35 000 元，增值税 4 550 元，包装费 1 000 元，全部款项已用银行存款支付。在安装过程中，共发生安装费用 2 000 元，以银行存款支付。安装完毕，交付使用。

(3) 8 日，购入一批 A 材料，买价 50 000 元，增值税 6 500 元，另发生运输费 400 元，增值税 36 元，材料已入库，款项已用银行存款支付。

(4) 9 日，向北天公司购入一批 B 材料 6 000 千克，单价 10 元，价款共计 60 000 元，增值税 7 800 元，价税款已用银行存款支付。

(5) 9 日，向北天公司购入 B 材料共发生运输费 400 元，增值税 36 元，途中保险费 100 元，款项均以银行存款支付。

(6) 11 日，向北天公司购入的 B 材料已验收入库，按其实际采购成本入账。

(7) 12 日，向蓝远公司购入一批 C 材料，买价 150 000 元，增值税 19 500 元，另发生运输费 1 000 元，增值税 90 元，材料已入库，款项未付。

(8) 13 日，向宏达公司购入下列材料，货款和税款未付。

D 材料	1 000 千克	单价 5 元	计 5 000 元	增值税 650 元
E 材料	2 000 千克	单价 10 元	计 20 000 元	增值税 2 600 元
合　计			25 000 元	3 250 元

(9) 13 日，向宏达公司购入 D、E 两种材料共发生采购费用 300 元，已用银行存款支付(采购费用按外购材料的重量标准进行分摊)。

(10) 16 日，上述 D、E 两种材料已验收入库，按其实际采购成本入账。

(11) 25 日，向红星公司购入 F 材料 1 000 千克，单价 14 元，共计 14 000 元。增值税 1 820 元，款项尚未支付，且材料已验收入库。

(12) 28 日，以银行存款偿还宏达公司价税款 28 250 元。

(13) 30 日，以银行存款偿还红星公司余款 15 820 元。

要求：根据上述经济业务编制会计分录、

(三)掌握生产过程业务的核算

资料：北晨公司 2020 年 12 月发生下列部分经济业务。

(1) 6 日，生产 A 产品领用甲材料 1 945 千克，每千克单价 20 元，计 38 900 元；领用乙材料 1 000 千克，每千克 15 元，计 15 000 元。

(2) 8 日，生产 B 产品领用甲材料 800 千克，每千克单价 20 元，共计 16 000 元。

(3) 10 日，以银行存款 80 000 元，支付职工工资，将工资款分别打入职工的工资卡。

(4) 13 日，以现金 480 元支付生产车间购入的零星办公用品。

(5) 15 日，公司人事部经理周平出差预借差旅费 2 000 元，以现金支付。

(6) 18 日，周平出差归来报销差旅费 1 600 元，余款交回。

(7) 22 日，以银行存款 8 000 元支付水电费，其中生产 A 产品耗用 2 000 元，生产 B 产品耗用 1 800 元，生产车间一般耗用 3 800 元。行政管理部门一般耗用 400 元。

(8) 24 日，从仓库领用乙材料 800 千克，每千克单价 15 元，计 12 000 元，其中生产车间一般性耗用 9 000 元，行政管理部门一般性耗用 3 000 元。

(9) 31 日，分配结转应由产品成本负担的工资费用。其中，生产 A 产品的工人工资 35 000 元，生产 B 产品的工人工资 25 000 元，车间管理人员工资 13 000 元，企业行政管理部门人员工资 7 000 元。

(10) 31 日，根据历史经验数据和实际情况，合理预计本月份职工福利费，其中，生产 A 产品的工人应提福利费 4 900 元，生产 B 产品的工人应提福利费 3 500 元，车间管理人员应提福利费 1 820 元，行政管理部门应提福利费 980 元。

(11) 31 日，按规定提取本月固定资产折旧费 48 000 元。其中，生产车间使用固定资产应提折旧 31 900 元，行政管理部门使用固定资产应提折旧 16 100 元。

(12) 31 日，根据制造费用科目记录，本月制造费用发生额按生产工人工资比例分配，转入生产成本科目。

(13) 31 日，本月投产的 A 产品 600 件，B 产品 200 件均全部完工，结转本月已完工产品生产成本。A、B 两种产品成本均无期初余额。

要求：根据上述经济业务编制会计分录，并登记“生产成本”明细分类账。

(四)掌握销售过程业务的核算

资料：美迪公司 2020 年 1 月发生下列部分经济业务。

(1) 5 日，向金瑞公司销售 A 产品 60 件，每件售价 400 元，共计 24 000 元，增值税 3 120 元，货款和税款当即通过银行收回。

(2) 16 日，向远函公司销售 A 产品 80 件，每件售价 400 元，共计 32 000 元，增值税 4 160 元，产品已发出，款项尚未收到。

(3) 22 日，以银行存款支付产品展览费 1 000 元。

(4) 26 日，收到远函公司前欠款 36 160 元。

(5) 31 日，结转本月已销售 A 产品 140 件的实际成本(单位生产成本 280 元)。

(6) 31 日，计算本期应缴纳的城市维护建设税 600 元，应缴纳的教育费附加 260 元。

要求：根据上述经济业务编制会计分录。

(五)掌握利润形成和分配过程业务的核算

资料：东海公司为增值税一般纳税人，2020 年 1～11 月“本年利润”账户贷方余额为 710 000 元，12 月份发生下列部分经济业务。

(1) 5 日，出售给甲公司 A 产品 500 件，价款为 200 000 元，增值税为 26 000 元，出售 B 产品 300 件，价款为 180 000 元，增值税为 23 400 元，全部款项尚未收到。

(2) 9 日，销售一批多余的丙材料 1 000 千克，单价 12 元，价款共计 12 000 元，增值税 1 560 元，款项收到已存入银行。

(3) 12 日，以银行存款支付广告费 8 600 元。

(4) 16 日，接银行通知，因购货单位延期承付货款，按合同规定，收到延期付款滞纳金 800 元。

(5) 19 日，以银行存款向希望工程捐款 30 000 元。

(6) 26 日，以银行存款支付应由行政管理部门负担的水电费 2 400 元。

(7) 31 日，结转本月产品销售成本 196 000 元（其中 A 产品成本为 110 000 元，B 产品成本为 86 000 元）。

(8) 31 日，结转本月售出材料实际成本 8 800 元。

(9) 31 日，计算本月应缴城市维护建设税 18 000 元，应缴教育费附加 11 000 元。

(10) 31 日，接银行通知，从被投资单位分来利润 8 000 元已收妥入账。

(11) 31 日，计提应由本月负担的短期借款利息 6 000 元。

(12) 31 日，结转本月损益类账户余额。

(13) 31 日，按 25%税率计算并结转本月所得税。

(14) 31 日，按本年税后利润的 10%提取法定盈余公积金。

(15) 31 日，经股东大会批准，本年度向投资者分配利润 500 000 元。

(16) 31 日，年终结转本年利润账户余额。

(17) 31 日，年终结转利润分配明细账户余额。

要求：根据上述经济业务编制会计分录，并列示各种利润和所得税费用的计算过程。

第六章

会 计 凭 证

【学习目标】

1. 理解原始凭证和记账凭证的概念、基本分类。
2. 明确原始凭证和记账凭证的填制要求。
3. 掌握记账凭证的填制方法。
4. 了解原始凭证和记账凭证的审核内容。
5. 认知会计凭证的传递与保管。

【重点与难点】

重点：识别不同种类的原始凭证、填制和审核记账凭证。
难点：填制和审核记账凭证。

案例导入：

成先生是企业财务方面的主要负责人，在一次复核时发现，由于会计小代不小心丢了三张记账凭证，成先生经过审核原始凭证后，批评小代工作太马虎，同时让他重新编制三张记账凭证。另外一次，成先生在复核时发现小陈编制的银行存款付款凭证所附的 20 万元现金支票存根丢失，同时发现还有几张现金付款凭证所附的原始凭证与凭证所注张数不符，成先生马上让小陈停止工作，并且与他一起回忆、追查这张支票的去向。小陈对此非常不满，认为成先生小题大做，故意整他，偏向小代。你如何看待这件事？

分析：成先生的做法并不是小题大做。小代丢的三张记账凭证问题不是很严重，因为记账凭证是会计人员根据审核后的原始凭证进行归类、整理，按照会计准则和记账规则确定会计分录而编制的凭证，是登记账簿的依据。如果记账凭证丢了，还可以根据原始凭证重新编制记账凭证，不会对会计工作造成太大影响。而小陈弄丢的 20 万元的现金支票存根属于原始凭证，并且是外来原始凭证，是证明经济业务发生的初始文件，与记账凭证相比较，具有较强的法律效力，是证明经济业务发生的重要依据。一旦丢失，补偿原始凭证(尤其是外来原始凭证)的成本较高，同时也令记账凭证和会计分录缺乏依据。此外，现金付款凭证所附原始凭证与凭证所注张数不符，说明原始凭证有丢失，或者是所注张数出错，这些都是较严重的问题。

第一节　会计凭证概述

在日常经济工作中离不开会计凭证。任何单位的任何一项经济业务发生时，都必须办理一定的手续，作为证明经济业务真实性和合法性的凭证。例如，企业付款时要有收款单位的收据；企业购货时要有销货单位的发货票；企业从仓库发料时，要有仓库的发料单等。这些单据、票据、收据都是证明经济业务发生的证据资料，是会计凭证。

一、会计凭证的概念

会计凭证(简称凭证)是记录经济业务情况、明确经济责任的书面依据，也是登记账簿的依据。

在会计工作中离不开会计凭证。首先，会计上每处理一项经济业务，都必须以凭证为依据，没有凭证就不能随意收付款项或动用财产物资，也不能进行账务处理；其次，在有关部门和人员填制或取得凭证的同时，应由有关部门和人员签名盖章，以明确经济责任。

会计凭证只有经过审核无误后方可据以记账，因此，在实际工作中，填制和审核会计凭证，对于完成会计任务、加强会计在经济管理中的作用具有重要意义。

1. 会计凭证是记录经济业务已经发生和完成的证据

企业、行政事业单位每发生一项经济业务，都必须按规定的程序和要求，填制或取得真实、准确的书面证明，来记录经济业务的内容。没有能够证明经济业务已经发生或者已

经完成的会计凭证，就不能进行账务处理。

2. 会计凭证是明确经济责任，具有法律效力的书面证明

企业、行政事业单位每发生一项经济业务，都必须按规定的程序和要求，认真办理会计凭证的相关手续，并由经办人员在会计凭证上签名盖章，以对经济业务的真实性和准确性承担相应的经济责任。

3. 会计凭证是登记账簿的依据

会计凭证只有经过有关人员的严格审核，证明该项会计凭证真实、准确、合理、合法后，才能作为登记账簿的依据，以确保账簿记录的真实、可靠。

二、会计凭证的种类

会计凭证按填制的程序和用途不同，可将其分为原始凭证和记账凭证两大类。

(一)原始凭证

原始凭证又称单据，是在经济业务发生或完成时填制或取得的，用以记录、证明经济业务的发生或完成情况，明确经济责任的书面单据，是进行会计核算的原始资料。

原始凭证是进入会计信息系统的初始数据资料。一般而言，在会计核算过程中，凡是能够证明某项经济业务已经发生或完成情况的书面单据都可以作为原始凭证，如有关的发票、收据、银行结算凭证、收料单、发料单等；凡是不能证明该项经济业务已经发生或完成情况的书面文件都不能作为原始凭证，如生产计划、购销合同、银行对账单、材料请购单等。

原始凭证不仅是一切会计事项的入账根据，而且也是企业单位加强内部控制所常用的手段之一。

(二)记账凭证

记账凭证是指由会计人员根据审核无误的原始凭证编制的用来履行记账手续而编制的会计分录凭证，它是登记账簿的直接依据。

会计循环中的一个很重要的内容就是会计确认，这里的会计确认包括两个步骤，一个步骤是决定哪些原始数据应该记录和怎样记录，另一个步骤是决定已经记录并在账户中反映的信息应否在会计报表上列示和怎样列示。

会计确认的第一步是从原始凭证的审核开始的。应该说，原始凭证上所载有的一切可以用货币计量的内容还只是一些原始的数据。通过对原始凭证的审核，需要确认原始凭证上的数据是否能够输入会计信息系统，经过确认，对于那些可以输入会计信息系统的数据需要采用复式记账系统来处理其中含有的会计信息，即编制会计分录，这样才能将原始凭证上零散的数据转化为所需要的会计信息。在实际工作中，会计分录首先是填写在记账凭证上，这一步的确认是会计循环过程中的一个基本步骤，而这一步的核心载体就是记账凭证。在记账凭证上编制了会计分录，并据以登记有关账簿，标志着第一次会计确认的结束。

原始凭证和记账凭证之间存在着密切的联系，原始凭证是记账凭证的基础，记账凭证是根据原始凭证编制的；原始凭证附在记账凭证后面作为记账凭证的附件，记账凭证是对原始凭证内容的概括和说明；记账凭证与原始凭证的本质区别就在于原始凭证对经济业务是否发生或完成起证明作用，而记账凭证是为了履行记账手续而编制的会计分录凭证。

三、会计凭证的意义

会计凭证是会计信息的载体之一，会计核算工作程序主要包括“凭证—账簿—报表”三个步骤，会计凭证则是其中的起点和基础。企业、事业和机关单位发生的每一项经济业务，如现金的收付、物资的进出、往来款项的结算等，从开始执行到完成该项经济业务，经办业务的部门与人员都必须按照规定的程序和要求，认真办理会计凭证的填制手续，并在会计凭证上签名盖章，以记录经济业务和明确经济责任。一切会计凭证都要经过有关人员的严格审核，证明该项会计凭证真实、可靠、合法、合规后，才能作为登记账簿的依据。因此，正确填制和严格审核会计凭证，是会计核算工作的一项重要内容，也是反映和监督经济活动不可缺少的核算方法。也就是说，填制、取得并审核会计凭证是会计循环全过程中的初始阶段和最基本的环节，这个环节的工作正确与否，直接关系到会计循环中其他步骤内容的正确性。因此，在会计核算过程中，会计凭证具有非常重要的作用。

会计凭证的填制和审核，对于完成会计工作的任务和发挥会计在企业管理工作中的作用具有十分重要的意义，归纳起来主要体现在以下四个方面。

1. 记录经济业务、提供记账依据

任何一项经济业务的发生，如有关负债、所有者权益的增加或减少，有关财产物资的收支、结存情况，费用的支出、收入的形成及财务成果分配情况，都必须通过填制会计凭证加以全面记录，并加以系统的分类与汇总。会计凭证是记录经济活动的最原始资料，是经济信息的载体。由于日常发生的大量经济业务首先是通过会计凭证加以如实反映的，从而使会计凭证成为反映各单位经济活动的业务档案，为日后对经济活动进行会计分析和会计检查提供了必要的原始资料。通过会计凭证的加工、整理和传递，可以直接取得和传导经济信息，既协调了会计主体内部各部门、各单位之间的经济活动，保证生产经营各个环节的正常运转，又为会计分析和会计检查提供了基础资料。企业单位日常发生的业务，如资金的取得和运用，生产经营过程中活劳动和物化劳动的消耗，销售收入的取得，财务成果的形成和分配等，既有货币资金的支付，又有财产物资的进出，会计凭证可以将日常发生的大量经济业务加以全面地记录，经过分类与汇总的会计凭证是据以登记各种账簿的重要依据。由于日常发生的大量的经济业务首先是通过会计凭证加以如实反映的，因此会计凭证成为记录各单位经济活动的业务档案，这就使得会计凭证成为各单位日后进行经济活动分析和会计检查的重要的原始依据。

2. 明确经济责任，强化内部控制

任何单位发生财产的收发、现金的收付、款项的结算、费用的开支等，都是由不同的

部门相互协同完成的，都必须及时填制或取得会计凭证，以反映经济活动的情况。通过审核会计凭证，可以查明所发生的各项经济业务是否符合有关政策、法令、制度、计划和预算的规定，可以检查有无铺张浪费、违法乱纪等行为，对于查出的问题，应积极采取措施予以纠正，实现对经济活动的事中控制，保证经济活动的健康运行。通过填制和审核会计凭证，不仅将经办人员联系在一起，相互监督，相互促进，而且有利于划清经办单位、经办人员的责任。由于会计凭证记录了每项经济业务的内容，并要由有关部门和经办人员签章，这就要求有关部门和有关人员对经济活动的真实性、正确性和合法性负责。这样，无疑会增强有关部门和有关人员的责任感，促使他们严格按照政策、法令、制度、计划或预算办事。如有违法乱纪或经济纠纷事件，可借助会计凭证确定各经办部门和人员所负的经济责任，并据以进行正确的裁决和处理，从而加强经营管理的岗位责任制。

3. 监督经济活动、控制经济运行

通过对会计凭证的审核，监督各项经济业务的合法性，检查经济业务是否符合国家的有关法律、法规、规章和政策，是否符合业务经营、财务收支的方针和计划、预算的规定，有无违法乱纪、违反会计制度的现象，有无贪污盗窃、铺张浪费和损公肥私行为，从而发挥会计的监督作用，保护各会计主体所拥有资产的安全完整，维护投资者、债权人和有关各方的合法权益。

4. 可以为登记账簿提供正确的依据

由于经济业务复杂多样，为反映这些经济业务而填制的原始凭证也复杂多样。根据经过审核无误的原始凭证，并按一定的标准、方法进行分类，填制记账凭证据以记账，有利于记账工作，以保证账簿记录的正确性。

第二节 原 始 凭 证

一、原始凭证的分类

(一)原始凭证按来源不同分类

原始凭证按来源不同，可以分为自制原始凭证和外来原始凭证。

1. 自制原始凭证

自制原始凭证是指在经济业务发生或完成时由本单位经办人员和经办部门，根据经济业务的内容自行填制的原始凭证。如验收材料时填制的收料单；仓库领用材料时填制的领料单；发出商品时开出的发货单、托收承付结算书；单位开出的转账支票、现金支票；制造费用分配表；产品成本计算表；发料凭证汇总表等。收料单、领料单和借款单的格式如图 6-1、图 6-2 和图 6-3 所示。

收 料 单

供应单位：北京鑫平工贸有限公司　　　　　　　　　　　　收料单编号：

材料类别：　　　　2020 年 05 月 16 日　　　　　　　　收料仓库：

材料编号	名称	规格	单位	数量		实际成本				
				应收	实收	买价		运杂费	其他	合计
						单价	金额			
	乙材料		千克	400	400	20.00	8,000.00			¥8,000.00
合　计				400	400		8,000.00			¥8,000.00
备　注										

第三联 记账联

仓库主管：朱笑玮　　记账：高义鹤　　收料：刘焕　　制单：高义鹤

图 6-1　收料单

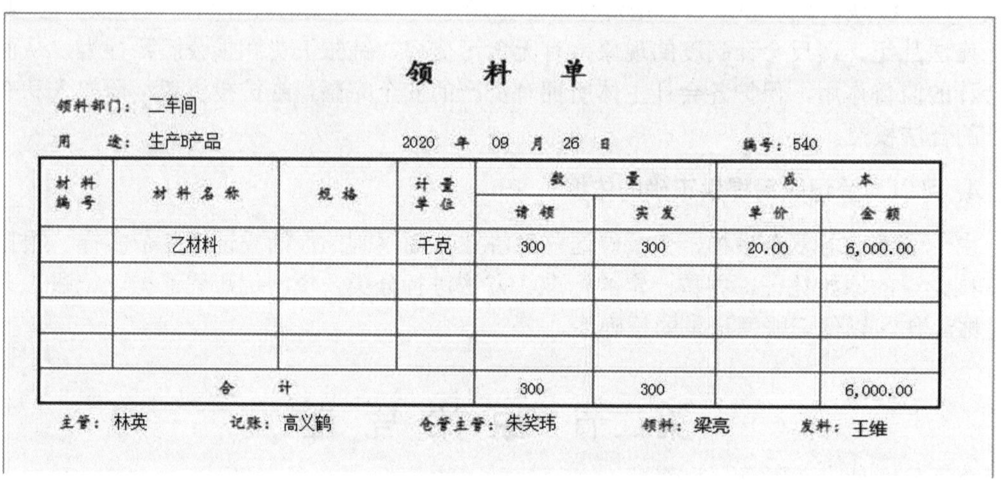

领 料 单

领料部门：二车间

用　途：生产B产品　　　　2020 年 09 月 26 日　　　　编号：540

材料编号	材料名称	规格	计量单位	数量		成本	
				请领	实发	单价	金额
	乙材料		千克	300	300	20.00	6,000.00
合　计				300	300		6,000.00

主管：林英　　记账：高义鹤　　仓管主管：朱笑玮　　领料：梁亮　　发料：王维

图 6-2　领料单

借 款 单

资金性质＿＿＿＿＿　　　　　　2020 年 06 月 26 日

借款单位	采购部门	
借款理由	开供货会	
借款数额	人民币（大写）叁仟元整　　¥ 3,000.00	
本单位负责人意见		借款人（签章）张明
领导指示： 吴姣	会计主管人员核批： 林英　　同意	付款记录： 2020 年 06 月 26 日 以第　　号 支票或现金支出凭单付给

图 6-3　借款单

2．外来原始凭证

外来原始凭证是指在同外单位或个人发生经济往来关系时，从外单位或个人直接取得的原始凭证。如销售单位开来的发货票、收据，银行转来的收款通知单和转账支票，铁路运货单等都是外来原始凭证。外来原始凭证一般都是一次凭证。增值税专用发票和进账单的格式如图 6-4 和图 6-5 所示。

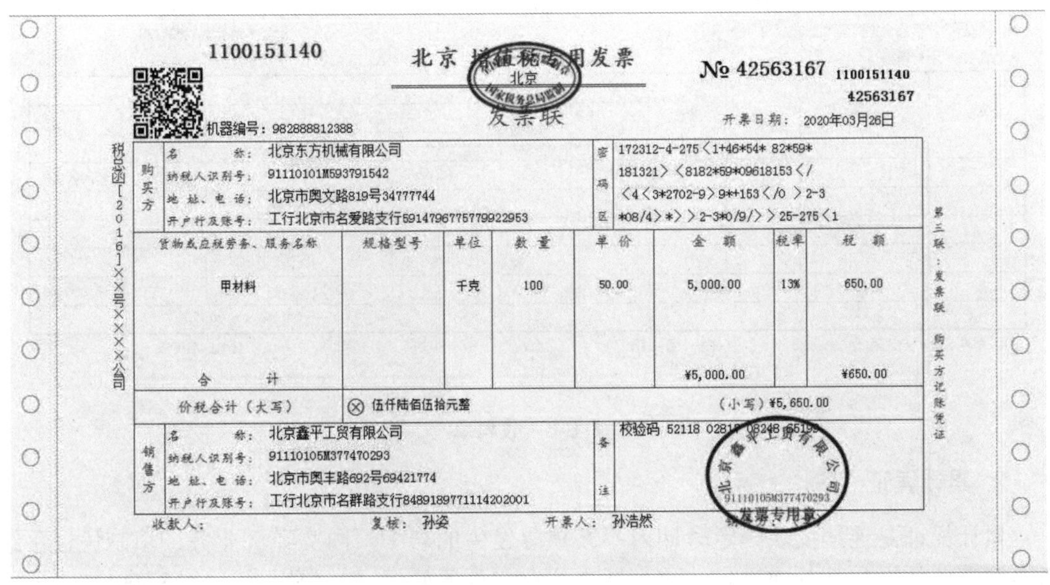

1100151140　　北京增值税专用发票　　№ 42563167　1100151140　42563167

发票联

机器编号：982888812388　　开票日期：2020年03月26日

税总函[2016]××号××××公司

购买方		密码区	
名　称：	北京东方机械有限公司		172312-4-275 <1+46*54* 82*59*
纳税人识别号：	91110101M593791542		181321> <8182*59*09618153 </
地址、电话：	北京市奥文路819号34777744		<4 <3*2702-9> 9**153 </0 > 2-3
开户行及账号：	工行北京市名爱路支行5914796775779922953		*08/4> *> > 2-3*0/9/> > 25-275 <1

货物或应税劳务、服务名称	规格型号	单位	数量	单价	金额	税率	税额
甲材料		千克	100	50.00	5,000.00	13%	650.00
合　计					¥5,000.00		¥650.00
价税合计（大写）	⊗ 伍仟陆佰伍拾元整				（小写）¥5,650.00		

销售方		备注
名　称：	北京鑫平工贸有限公司	校验码 52118 02818 08248 65199
纳税人识别号：	91110105M377470293	
地址、电话：	北京市奥丰路692号69421774	
开户行及账号：	工行北京市名群路支行8489189771114202001	

收款人：　　复核：孙姿　　开票人：孙浩然

北京鑫平工贸有限公司 91110105M377470293 发票专用章

第三联：发票联　购买方记账凭证

图 6-4　增值税专用发票

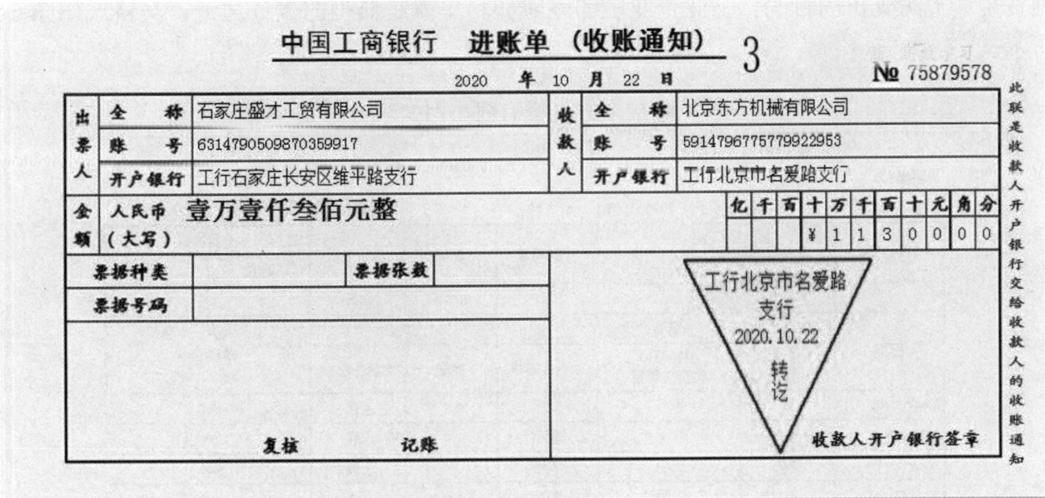

中国工商银行　进账单（收账通知）　3

2020 年 10 月 22 日　　№ 75879578

出票人			收款人		
	全　称	石家庄盛才工贸有限公司		全　称	北京东方机械有限公司
	账　号	6314790509870359917		账　号	5914796775779922953
	开户银行	工行石家庄长安区维平路支行		开户银行	工行北京市名爱路支行

金额	人民币（大写）	壹万壹仟叁佰元整	亿	千	百	十	万	千	百	十	元	角	分
						¥	1	1	3	0	0	0	0

票据种类		票据张数	
票据号码			

复核　　记账

工行北京市名爱路支行 2020.10.22 转讫

收款人开户银行签章

此联是收款人开户银行交给收款人的收账通知

图 6-5　银行进账单

(二)原始凭证按填制手续和内容不同分类

原始凭证按填制手续和内容的不同，可分为一次凭证、累计凭证和汇总凭证。

1. 一次凭证

一次凭证是只反映一项经济业务，或同时反映若干同类经济业务，凭证填制手续一次完成的原始凭证。如收料单、领料单、开出的发货单，如图6-6所示。

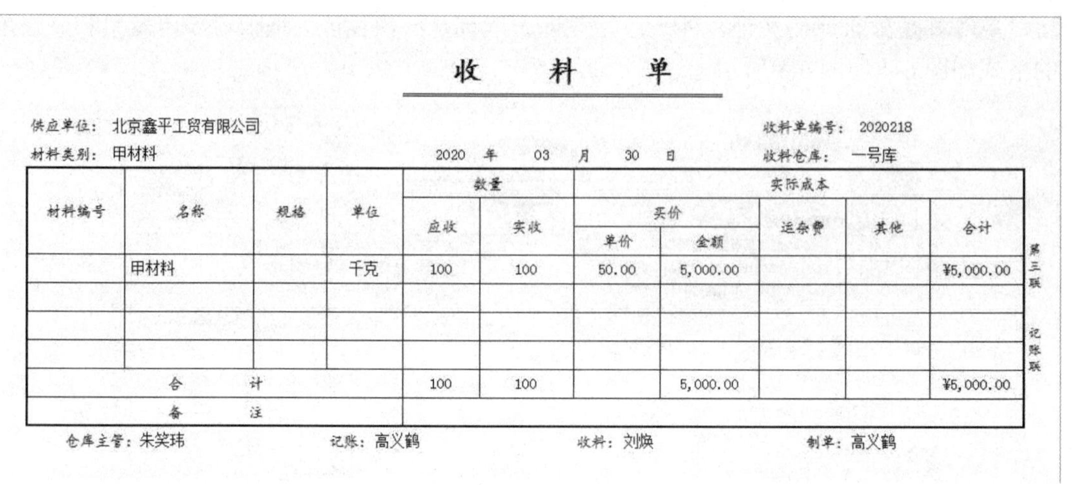

收　料　单

供应单位：北京鑫平工贸有限公司　　　　　　　　　　收料单编号：2020218

材料类别：甲材料　　　2020 年 03 月 30 日　　　　收料仓库：一号库

材料编号	名称	规格	单位	数量		实际成本				
				应收	实收	实价		运杂费	其他	合计
						单价	金额			
	甲材料		千克	100	100	50.00	5,000.00			¥5,000.00
合计				100	100		5,000.00			¥5,000.00
备注										

第三联 记账联

仓库主管：朱笑玮　　记账：高义鹤　　收料：刘焕　　制单：高义鹤

图6-6　收料单

2. 累计凭证

累计凭证是连续反映一定时期内不断重复发生的若干项同类经济业务，填制凭证手续随经济业务的发生而分次进行，直到期末才完成的原始凭证。使用累计凭证可以减少原始凭证的数量，简化核算手续，并能随时将累计发生额与定额、计划数进行比较，以达到控制费用、节约支出的目的。工业企业中的限额领料单就是典型的累计凭证，其格式如图6-7所示。

北京东方机械有限公司

限额领料单

领料部门：

用途：生产A产品　　　2020 年 03 月　　　　编号：48241807

材料类别	材料名称	规格	计量单位	单价	领用限额	全月实领	
						数量	金额
	甲		千克	50.00	1000		0.00

日期	请领			实发		限额结余
	数量	领料单位负责人签章	领料人签章	数量	发料人签章	
2020-03-05	200	张明	李芳	200	王强	800
2020-03-10	100	张明	李芳	100	王强	700
2020-03-15	300	张明	李芳	300	王强	400
2020-03-20	100	张明	李芳	100	王强	300
2020-03-25	150	张明	李芳	150	王强	150
2020-03-31	50	张明	李芳	50	王强	100
合计	900			900		

生产计划部门负责人：王东　　供应部门负责人：张兵　　仓库管理员：赵明明

图6-7　限额领料单

3. 汇总凭证

汇总凭证，或称原始凭证汇总表，是为了集中反映某项经济业务、简化记账工作，而将相同经济业务的原始凭证汇总填制在一张凭证上的原始凭证。如发料凭证汇总表，其格式如表 6-1 所示。

表 6-1　发料凭证汇总表

北京东方机械有限公司

2020 年 1 月 1—31 日

材　料	借　方				合　计
	生产成本	制造费用	管理费用	其　他	
甲材料	120 000	5 000			170 000
乙材料	180 000		3 000		210 000
合　计	300 000	5 000	3 000		380 000

(三)原始凭证按格式分类

原始凭证按格式的不同，可分为通用原始凭证和专用原始凭证。

1. 通用原始凭证

通用原始凭证是在全国或某一地区统一使用的具有相同格式的原始凭证。这种凭证格式标准、内容规范、便于比较，统一印制，可以降低核算费用。如银行统一制定的银行结算凭证、税务部门统一制定的发票等，如图 6-8 所示。

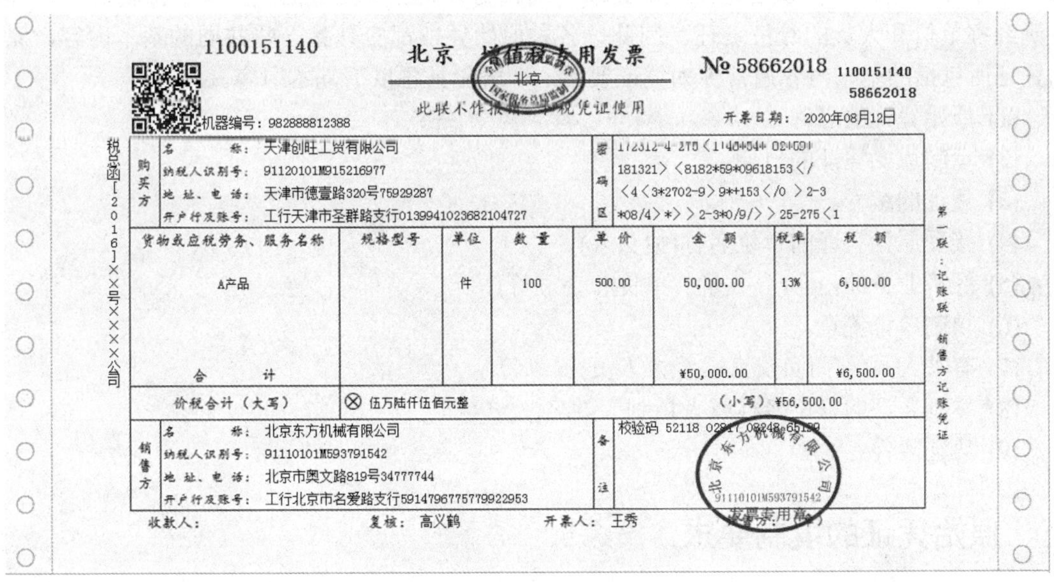

1100151140　　北京　增值税专用发票　　№ 58662018　1100151140 58662018

此联不作报销、扣税凭证使用

机器编号：982888812388　　开票日期：2020年08月12日

税总函[2016]××号××××公司

购买方　名　　称：天津创旺工贸有限公司
纳税人识别号：91120101M915216977
地 址、电 话：天津市德壹路320号75929287
开户行及账号：工行天津市圣群路支行0139941023682104727

密码区　172312-4-2T5 <1'40*54* 02*09*
181321> <8182*59*09618153</
<4<3*2702-9>9*+153</0 >2-3
08/4>>>2-3*0/9/>>25-275<1

货物或应税劳务、服务名称	规格型号	单位	数量	单价	金额	税率	税额
A产品		件	100	500.00	50,000.00	13%	6,500.00
合　计					¥50,000.00		¥6,500.00

价税合计（大写）　⊗ 伍万陆仟伍佰元整　　（小写）¥56,500.00

销售方　名　　称：北京东方机械有限公司
纳税人识别号：91110101M593791542
地 址、电 话：北京市奥文路819号34777744
开户行及账号：工行北京市名爱路支行5914796775779922953

备注　校验码 52118 02817 08248 65199

收款人：　　复核：高义鹤　　开票人：王秀　　销售方：（章）

第一联：记账联　销售方记账凭证

图 6-8　增值税专用发票

2. 专用原始凭证

专用原始凭证是指由单位自行印制、仅在本单位内部使用的原始凭证，如领料单、差旅费报销单、工资结算分配表等，如图 6-9 所示。

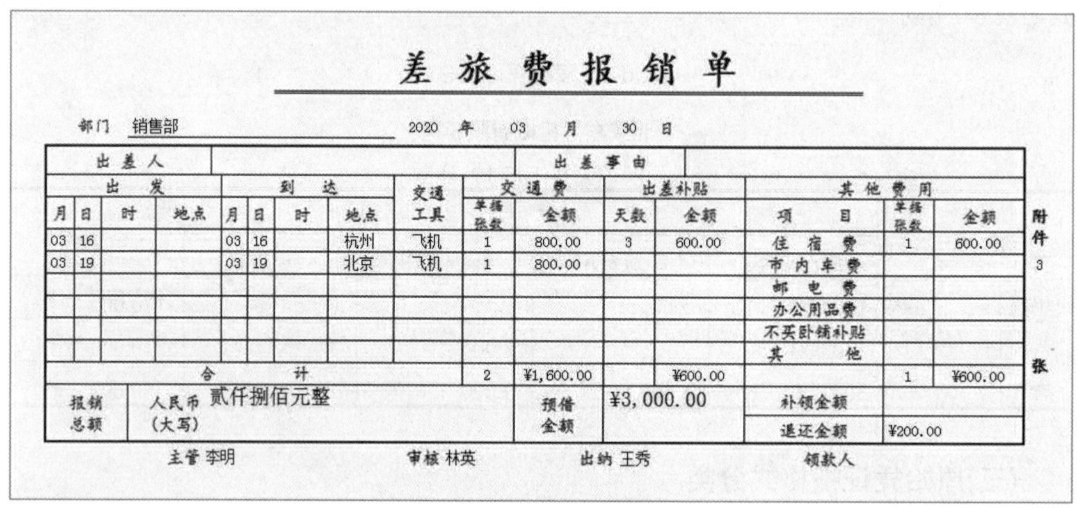

差旅费报销单

部门 销售部　　2020 年 03 月 30 日

出差人									出差事由							附件
出发				到达				交通工具	交通费		出差补贴		其他费用			
月	日	时	地点	月	日	时	地点		单据张数	金额	天数	金额	项目	单据张数	金额	
03	16			03	16		杭州	飞机	1	800.00	3	600.00	住宿费	1	600.00	3 张
03	19			03	19		北京	飞机	1	800.00			市内车费			
													邮电费			
													办公用品费			
													不买卧铺补贴			
													其他			
合计									2	¥1,600.00		¥600.00		1	¥600.00	
报销总额	人民币(大写) 贰仟捌佰元整								预借金额	¥3,000.00			补领金额			
													退还金额	¥200.00		

主管 李明　　审核 林英　　出纳 王秀　　领款人

图 6-9　差旅费报销单

二、原始凭证的基本内容

由于各项经济业务的内容和经济管理的要求不同，各个原始凭证的名称、格式和内容也多种多样。无论何种原始凭证，都必须详细载明有关经济业务的发生或完成情况，必须明确经办单位和人员的经济责任。因此，各种原始凭证都应具备一些共同的基本内容，原始凭证所包括的基本内容通常称为凭证要素，一般应具备以下基本内容。

(1) 原始凭证的名称。

(2) 填制原始凭证的日期。

(3) 凭证的编号。

(4) 接受原始凭证的单位名称(抬头人)。

(5) 经济业务的内容(含数量、单价和金额等)。

(6) 填制单位签章。

(7) 有关人员(部门负责人、经办人员)签章。

(8) 填制凭证的单位名称或者填制人姓名。

(9) 凭证附件。

三、原始凭证的填制要求

不同的经济业务需要用不同的原始凭证进行反映，所以每一张原始凭证所记录的具体业务内容就不可能完全一致。例如，“领料单”记录的是原材料的发出情况，而“收料单”

记录的是原材料的收入情况，两者所记录的具体业务内容显然是有区别的。但是，为了能够发挥原始凭证的应有作用，作为经济业务数据的特有载体，无论哪一种原始凭证，都要说明每一项经济业务的具体发生和完成情况，都要明确经办单位、人员以及其他相关单位的经济责任。因此，原始凭证的内容和格式因经济业务和经济管理的具体内容和要求不同而各不相同。作为一种证明经济业务发生情况、明确经济责任的依据，它撇开了各个原始凭证的具体形式和内容，就其共同点而言，各种原始凭证都应具备以下基本内容，这些基本内容通常可以称为原始凭证的基本要素。

(一)填制原始凭证的基本要求

1. 记录真实

填写原始凭证，必须符合真实性会计原则的要求。记录真实就是要实事求是地填写经济业务的实际情况，凭证的填制日期，所登记经济业务的内容，有关的数量、单价、金额都必须真实可靠、严肃认真地填写，不得弄虚作假，经办人员必须在凭证上签字盖章，以示对凭证的真实性负责。外来原始凭证还必须加盖填制单位的公章方为有效。

2. 内容完整

原始凭证上有很多具体内容，所以，在填写原始凭证时，对于其基本内容和补充资料都要按照规定的格式、内容逐项填写齐全，不得漏填或省略不填，该填写一式多联的原始凭证，联次不能短少。

3. 手续齐全

特别是有关签字盖章部分，自制的原始凭证必须有经办部门负责人或指定人员的签字或盖章，从外单位或个人取得的原始凭证，必须有填制单位公章或个人签字盖章，对外开出的原始凭证必须加盖本单位公章。公章应是具有法律效力和规定用途、能够证明单位身份和性质的印鉴，如业务公章、财务专用章、发票专用章、收款专用章或结算专用章等。对于无法取得相关证明的原始凭证，如火车票等，应由经办人员注明其详细情况后方可作为原始凭证。

4. 书写清楚、规范

原始凭证上的文字，要按规定要求书写，字迹要工整、清晰，易于辨认，不得使用未经国务院颁布的简化字。合计的小写金额前要冠以人民币符号“¥”(用外币计价、结算的凭证，金额前要加注外币符号，如“HK$”“US$”等)，币值符号与金额数字之间不得留有空白。所有以元为单位的阿拉伯数字，除表示单价等情况外，一律填写到角分，无角分的要以“0”补位。阿拉伯数字要一个一个地写，不得连写。汉字大写金额数字，一律用正楷字或行书字书写，如壹、贰、叁、肆、伍、陆、柒、捌、玖、拾、佰、仟、万、亿、元(圆)、角、分、零、整(正)，不得用一、二、三、四、五、六、七、八、九、十等代替。大写金额最后为“元”的应加写“整”(或“正”)字断尾。

5. 连续编号

各种凭证必须连续编号，以备查找。如果凭证已预先印定编号(如发票、收据都有统一编号)，在需要作废时，应加盖“作废”戳记，并保存完整，不得随意撕毁。

6. 不得涂改、刮擦、挖补

在填写原始凭证的过程中，如果发生错误，应采用正确的方法予以更正，不得随意涂改、刮擦凭证，如果原始凭证上的金额发生错误，则不得在原始凭证上更改，而应由出具单位重开。对于支票等重要的原始凭证，如果填写错误，一律不得在凭证上更正，应按规定的手续注销留存，另行填写。

7. 填制及时

按照及时性会计原则的要求，企业经办业务的部门或人员应根据经济业务的发生或完成情况，在有关制度规定的范围内，及时地填制或取得原始凭证，并按照规定的程序及时送交会计部门，经过会计部门审核后，据以编制记账凭证。如果不能及时取得凭证，会影响经济业务的及时反映，而且容易出现差错、舞弊等现象。

(二)自制原始凭证的填制要求

1. 一次凭证的填制

一次凭证是指一次填制完成，只记录一笔经济业务的原始凭证。一次凭证是一次有效的凭证，如发货票、收款收据等。通常，一次凭证只能反映一项经济业务事项，或同时发生的若干项同类经济业务事项。一次凭证使用方便灵活，但凭证数量较多。一次凭证的填制手续是：在经济业务发生或完成时，由经办人员填制，一般只反映一项经济业务，或者同时反映若干项同类性质的经济业务。下面以“收料单”的填制为例，介绍一次凭证的填制方法。

【例 6-1】 购入乙材料 400kg，单价为 20 元/kg，仓库保管人员验收后填制“收料单”，其格式与内容如图 6-10 所示。“收料单”通常是一料一单。

收　料　单

供应单位：北京鑫平工贸有限公司　　　　收料单编号：

材料类别：　　　2020 年 05 月 16 日　　　收料仓库：

材料编号	名称	规格	单位	数量		实际成本				
				应收	实收	买价		运杂费	其他	合计
						单价	金额			
	乙材料		千克	400	400	20.00	8,000.00			¥8,000.00
合计				400	400		8,000.00			¥8,000.00
备注										

第三联 记账联

仓库主管：朱笑玮　　记账：高义鹤　　收料：刘焕　　制单：高义鹤

图 6-10　收料单

2. 累计凭证的填制

累计凭证是在一定时期不断重复地反映同类经济业务的完成情况，它是由经办人在每次经济业务完成后在其上面重复填制而成的。下面以“限额领料单”为例说明累计凭证的填制方法。

【例 6-2】 一车间生产 A 产品，全月甲材料的领用限额为 1 000kg，甲材料的单价为 50 元/kg。该月份生产 A 产品，由生产计划部门下达“限额领料单”，车间在该月份之内领用甲材料情况见图 6-11。

北京东方机械有限公司

限额领料单

领料部门：

用途：生产A产品　　2020 年 03 月　　编号： 48241807

材料类别	材料名称	规格	计量单位	单价	领用限额	全月实领	
						数量	金额
	甲		千克	50.00	1000		0.00

日期	请领			实发		限额结余
	数量	领料单位负责人签章	领料人签章	数量	发料人签章	
2020-03-05	200	张明	李芳	200	王强	800
2020-03-10	100	张明	李芳	100	王强	700
2020-03-15	300	张明	李芳	300	王强	400
2020-03-20	100	张明	李芳	100	王强	300
2020-03-25	150	张明	李芳	150	王强	150
2020-03-31	50	张明	李芳	50	王强	100
合计	900			900		

生产计划部门负责人：王东　　供应部门负责人： 张兵　　仓库管理员： 赵明明

图 6-11　限额领料单

“限额领料单”是多次使用的累计领发料凭证。在有效期间内(一般为一个月)，只要领用数量不超过限额就可以连续使用。从以上“限额领料单”的记录可知，一车间在当月完成生产任务的条件下，于 5 日、10 日、15 日、20 日、25 日和 31 日六次领用甲材料，实际累计耗用 900kg，与领用限额 1 000kg 对比节约了 100kg，节约材料费用 5 000 元。“限额领料单”不仅起到了事先控制领料的作用，而且可以减少原始凭证的数量和简化填制凭证的手续。

3．汇总凭证的填制

汇总凭证是指在会计的实际工作日，为了简化记账凭证的填制工作，将一定时期若干份记录同类经济业务的原始凭证汇总编制一张汇总凭证，用以集中反映某项经济业务的完成情况。汇总凭证是有关责任者根据经济管理的需要定期编制的。现以“发料凭证汇总表”为例说明汇总凭证的编制方法。

【例 6-3】 企业 2020 年 10 月份发出材料所编制的“发料凭证汇总表”，如表 6-2 所示。

“发料凭证汇总表”由材料会计根据各部门到仓库领用材料时填制的领料单按旬汇总，每月编制一份，送交会计部门做账务处理。汇总凭证只能将同类内容的经济业务汇总在一起，填列在一张汇总凭证上，不能将两类或两类以上的经济业务汇总在一起，填列在一张汇总凭证上。

表 6-2　发料凭证汇总表

2020 年 10 月 31 日　　　　单位：元

应借科目	应贷科目：原材料					发料合计
	明细科目：主要材料				辅助材料	
	1—10 日	11—20 日	21—30 日	小　计		
生产成本	15 000	22 000	20 000	57 000	3 000	60 000
制造费用				1 000	500	1 500
管理费用				2 000	1 500	3 500
合　计	—	—	—	60 000	5 000	65 000

(三)外来原始凭证的填制要求

外来原始凭证简称外来凭证，是指在经济业务发生或完成时从其他单位或个人处直接取得的原始凭证或是能证明物品来源的最初证明。外来原始凭证都是一次凭证。外来原始凭证一般由税务局等部门统一印制，或经税务部门批准由经济单位印制，在填制时加盖出具凭证单位的公章方为有效，对于一式多联的原始凭证必须用复写纸套写。如企业采购时取得的发货票、出差人员报账时提供的车船票、住宿票、货物运单、银行的收账通知单等，均是外来原始凭证。外来原始凭证是在企业同外单位发生经济业务时，由外单位的经办人员填制的。外来原始凭证一般由税务局等部门统一印制，或经税务部门批准由经营单位印制，在填制时加盖出具凭证单位的公章方为有效，对于一式多联的原始凭证必须用复写纸套写。

【例 6-4】东方公司于 2020 年 3 月 26 日从鑫平公司购入甲材料 100kg，单价为 50 元/kg，购入材料时取得鑫平开具的增值税专用发票，见图 6-12。

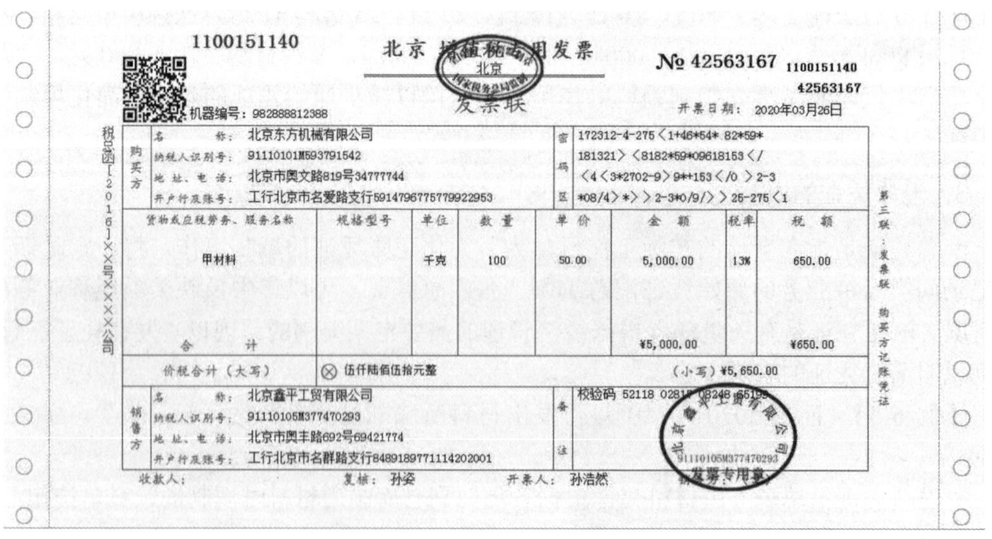

1100151140　　北京增值税专用发票　　№ 42563167　1100151140 42563167

发票联

机器编号：982888812388　　开票日期：2020年03月26日

购买方	名称：北京东方机械有限公司 纳税人识别号：91110101M593791542 地址、电话：北京市奥文路819号34777744 开户行及账号：工行北京市名爱路支行5914796775779922953	密码区	172312-4-275 <1+46*54* 82*59* 181321> <8182*59*09618153 </ <4 <3*2702-9> 9*+153 </0 > 2-3 *08/4> *> > 2-3*0/9/> > 25-275 <1

货物或应税劳务、服务名称	规格型号	单位	数量	单价	金额	税率	税额
甲材料		千克	100	50.00	5,000.00	13%	650.00
合　计					¥5,000.00		¥650.00
价税合计（大写）	⊗ 伍仟陆佰伍拾元整				（小写）¥5,650.00		

销售方	名称：北京鑫平工贸有限公司 纳税人识别号：91110105M377470293 地址、电话：北京市奥丰路692号69421774 开户行及账号：工行北京市名群路支行8489189771114202001	备注	校验码 52118 0281[illegible] 08248 6519[illegible]

收款人：　　复核：孙姿　　开票人：孙浩然　　销售方：（章）

税总函[2016]××号××××公司

第三联：发票联　购买方记账凭证

图 6-12　增值税专用发票

四、原始凭证的审核

原始凭证记载的内容仅仅是会计信息的原始数据，而原始数据必须经过会计确认后才能进入会计信息系统进行加工处理。为了保证原始凭证的真实性、完整性和合法性，企业会计部门对各种原始凭证都要进行严格的审核，只有经过严格审核合格的原始凭证才能作为编制记账凭证和登记账簿的依据。《会计法》规定，会计机构、会计人员必须按照国家统一制度的规定对原始凭证进行审核。对原始凭证的审核，不仅是会计人员履行法定的义务，也是会计监督的重要组成部分。对原始凭证的审核，主要是通过形式和实质上的审核，确保原始凭证的真实性、完整性和合法性。原始凭证的审核主要包括以下三个方面。

(1) 经济业务的真实性。真实性包括凭证日期、业务内容和数据是否真实；外来原始凭证是否有填制单位公章、填制人员签章；自制原始凭证是否有经办人员的签名或盖章等。审核中发现假冒、伪造的凭证必须拒绝办理。

(2) 审核经济业务的合法性、合理性。合法性、合理性审核包括：所记录的经济业务是否有违反国家法律法规的问题；是否符合规定的审核权限；是否履行了规定的凭证传递和审核程序；是否符合企业生产经营活动的需要；是否符合计划、预算等。

(3) 审核凭证填制的正确性。根据原始凭证的填制要求，凭证正确性的审核包括：原始凭证内容是否完整；手续是否完备；计算是否准确；项目填写是否齐全；数字书写是否清楚、正确。

上述审核完毕后，对于完全符合要求的原始凭证，应及时据以填制记账凭证入账；对于真实、合法、合理但内容上不够完整或计算有误的原始凭证，可退回经办人员，更正后再进行有关会计处理；对于不真实、不合法的原始凭证，会计人员应拒绝受理，并制止、纠正其不法行为。

现以东方公司 2020 年 6 月发生的经济业务为例，进一步说明原始凭证的填制和审核。

【例 6-5】 2020 年 6 月 3 日，开出现金支票如图 6-13 所示。

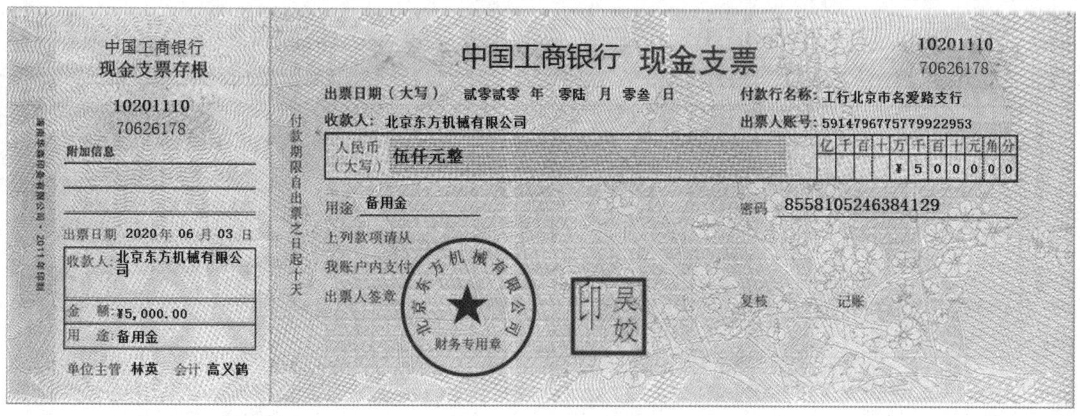

中国工商银行
现金支票存根
10201110
70626178
附加信息
出票日期 2020 年 06 月 03 日
收款人：北京东方机械有限公司
金　额：¥5,000.00
用　途：备用金
单位主管 林英　会计 高义鹤

中国工商银行　现金支票　10201110　70626178
出票日期（大写） 贰零贰零 年 零陆 月 零叁 日　付款行名称：工行北京市名爱路支行
收款人：北京东方机械有限公司　出票人账号：5914796775779922953
人民币（大写） 伍仟元整　¥500000
付款期限自出票之日起十天
用途 备用金　密码 8558105246384129
上列款项请从
我账户内支付
出票人签章　北京东方机械有限公司 财务专用章　吴姣印
复核　记账

图 6-13　原始凭证(一)

【例 6-6】 6月5日，企业购入乙材料，其相关的原始凭证如图6-14和图6-15所示。

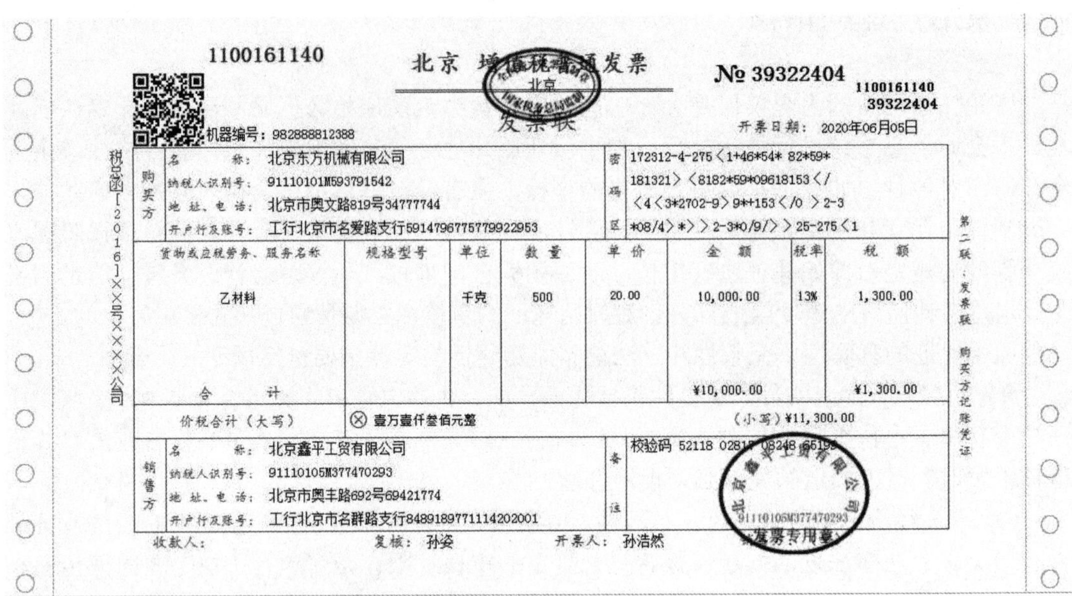

1100161140　　北京增值税普通发票　　№ 39322404　1100161140 39322404

发票联

机器编号：982888812388　　开票日期：2020年06月05日

税总函[2016]××号××××公司

购买方	名　　称：北京东方机械有限公司 纳税人识别号：91110101M593791542 地 址、电 话：北京市奥文路819号34777744 开户行及账号：工行北京市名爱路支行5914796775779922953	密码区	172312-4-275<1+46*54* 82*59* 181321><8182*59*09618153</ <4<3*2702-9>9*+153</0 >2-3 *08/4>*>>2-3*0/9/>>25-275<1

货物或应税劳务、服务名称	规格型号	单位	数量	单价	金额	税率	税额
乙材料		千克	500	20.00	10,000.00	13%	1,300.00
合　　计					¥10,000.00		¥1,300.00
价税合计（大写）	⊗壹万壹仟叁佰元整				（小写）¥11,300.00		

销售方	名　　称：北京鑫平工贸有限公司 纳税人识别号：91110105M377470293 地 址、电 话：北京市奥丰路692号69421774 开户行及账号：工行北京市名群路支行84891897771114202001	备注	校验码 52118 02817 08248 65199

收款人：　　复核：孙姿　　开票人：孙浩然

第二联：发票联　购买方记账凭证

图 6-14　原始凭证(二)

收　　料　　单

供应单位：北京鑫平工贸有限公司　　收料单编号：

材料类别：　　2020 年 06 月 05 日　　收料仓库：

材料编号	名称	规格	单位	数量		实际成本				
				应收	实收	买价		运杂费	其他	合计
						单价	金额			
	乙材料		千克	500	500	20.00	10,000.00			¥10,000.00
合　计				500	500		10,000.00			¥10,000.00
备　注										

仓库主管：朱笑玮　　记账：高义鹤　　收料：刘焕　　制单：高义鹤

第三联　记账联

图 6-15　原始凭证(三)

【例 6-7】 6 月 6 日，企业收到创旺公司前欠货款。其原始凭证如图 6-16 所示。

中国工商银行　进账单（收账通知）　3

2020 年 06 月 06 日　　№ 85222674

出票人	全称	天津创旺工贸有限公司	收款人	全称	北京东方机械有限公司
	账号	0139941023682104727		账号	5914796775779922953
	开户银行	工行天津市圣群路支行		开户银行	工行北京市名爱路支行

金额	人民币（大写）	伍万陆仟伍佰元整	亿	千	百	十	万	千	百	十	元	角	分
						¥	5	6	5	0	0	0	0

票据种类		票据张数	
票据号码			

复核　　记账

工行北京市名爱路支行 2020.06.06 转讫

收款人开户银行签章

此联是收款人开户银行交给收款人的收账通知

图 6-16　原始凭证(四)

【例 6-8】6 月 8 日，接受大海公司对企业的投资，其原始凭证如图 6-17 所示。

收　款　收　据　　No. 0577774

2020 年 06 月 08 日

今收到　大海公司

交来　投资款

金额（大写）　贰 拾 零 万 零 仟 零 佰 零 拾 零 元 零 角 零 分

¥ 200,000.00　　收款单位（公章）

北京东方机械有限公司 财务专用章

核准 林英　　会计 高义鹤　　记账 高义鹤　　出纳 王秀　　经办人

第一联 存根

图 6-17　原始凭证(五)

【例 6-9】 6 月 10 日，企业取得银行短期借款。其原始凭证如图 6-18 所示。

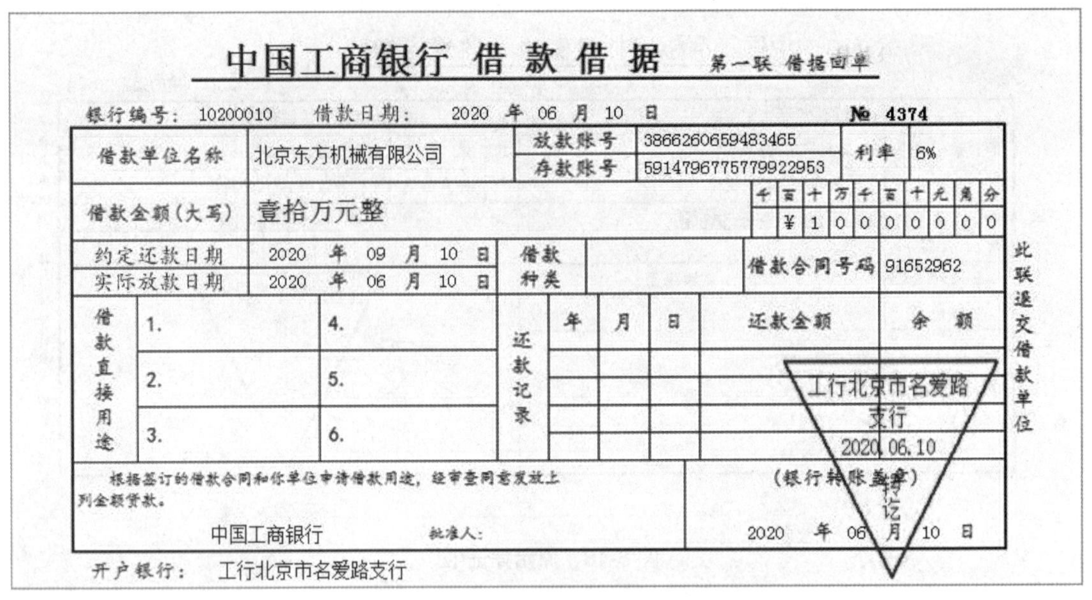

中国工商银行 借款借据 第一联 借据回单

银行编号：10200010 借款日期： 2020 年 06 月 10 日 № 4374

借款单位名称	北京东方机械有限公司	放款账号	3866260659483465	利率	6%
		存款账号	5914796775779922953		
借款金额(大写)	壹拾万元整		千百十万千百十元角分 ¥10000000		
约定还款日期	2020 年 09 月 10 日	借款种类		借款合同号码	91652962
实际放款日期	2020 年 06 月 10 日				

借款直接用途			还款记录	年	月	日	还款金额	余额
	1.	4.						
	2.	5.						
	3.	6.						

根据签订的借款合同和你单位申请借款用途，经审查同意发放上列金额贷款。

中国工商银行 批准人：

(银行转账盖章) 工行北京市名爱路支行 2020.06.10 转讫

2020 年 06 月 10 日

开户银行： 工行北京市名爱路支行

此联退交借款单位

图 6-18 原始凭证(六)

【例 6-10】 6 月 18 日，企业用银行存款偿还前欠货款。其原始凭证如图 6-19 所示。

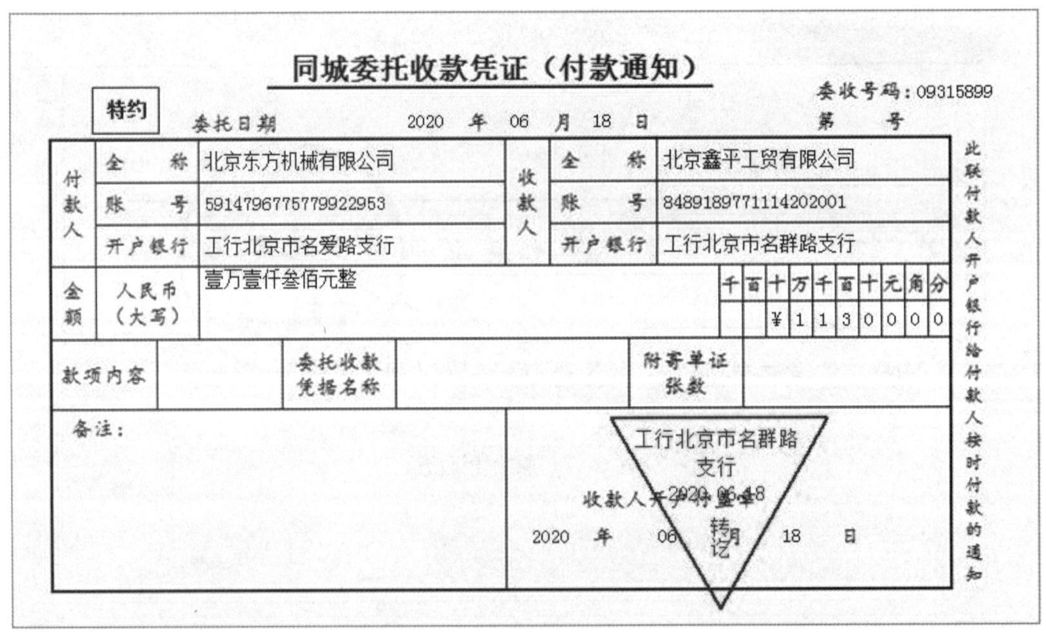

同城委托收款凭证（付款通知）

特约

委托日期 2020 年 06 月 18 日 委收号码：09315899 第 号

付款人	全称	北京东方机械有限公司	收款人	全称	北京鑫平工贸有限公司
	账号	5914796775779922953		账号	8489189771114202001
	开户银行	工行北京市名爱路支行		开户银行	工行北京市名群路支行
金额	人民币(大写)	壹万壹仟叁佰元整			千百十万千百十元角分 ¥1130000
款项内容		委托收款凭据名称		附寄单证张数	

备注：

收款人开户行盖章 工行北京市名群路支行 2020.06.18 转讫

2020 年 06 月 18 日

此联付款人开户银行给付款人按时付款的通知

图 6-19 原始凭证(七)

【例 6-11】 6 月 20 日，生产车间领用原材料。其原始凭证如图 6-20 所示。

领　料　单

领料部门：一车间

用　途：生产A产品　　　　2020 年 06 月 20 日　　　　编号：141

材料编号	材料名称	规格	计量单位	数量		成本	
				请领	实发	单价	金额
	甲材料		千克	100	100	50.00	5,000.00
合计				100	100		5,000.00

主管：林英　　记账：高义鹤　　仓管主管：朱笑玮　　领料：梁亮　　发料：王维

图 6-20　原始凭证(八)

【例 6-12】 6 月 20 日，企业购入一台卡车。其原始凭证如图 6-21 和图 6-22 所示。

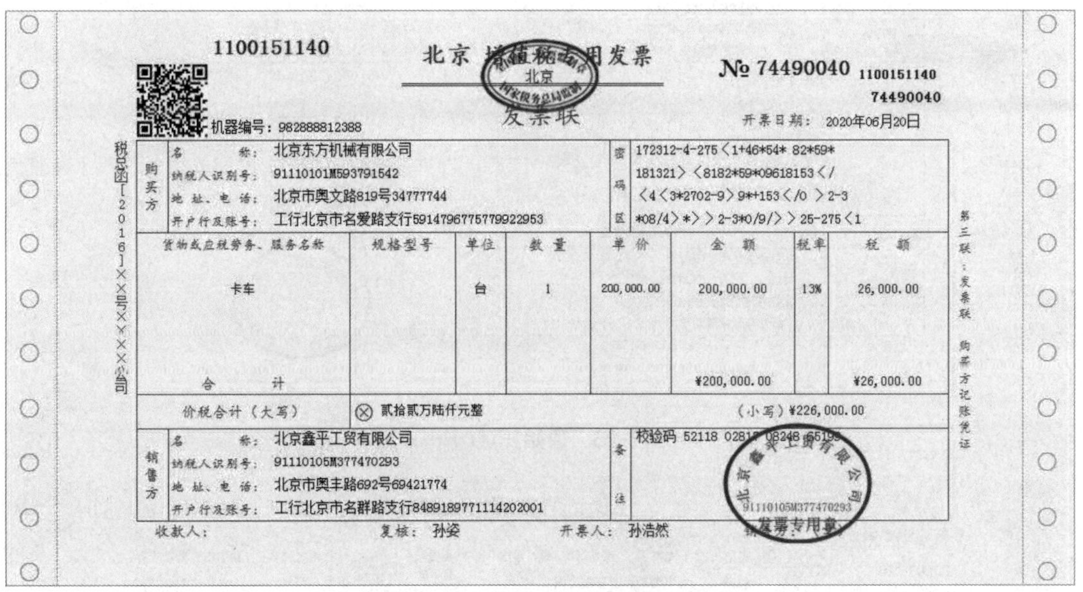

1100151140　　北京增值税专用发票　　№ 74490040　1100151140 74490040

发票联

机器编号：982888812388　　开票日期：2020年06月20日

购买方	名称：北京东方机械有限公司 纳税人识别号：91110101M593791542 地址、电话：北京市奥文路819号34777744 开户行及账号：工行北京市名爱路支行5914796775779922953	密码区	172312-4-275 <1+46*54* 82*59* 181321> <8182*59*09618153 </ <4 <3*2702-9> 9*+153 </0 > 2-3 *08/4> *> > 2-3*0/9/> > 25-275 <1

货物或应税劳务、服务名称	规格型号	单位	数量	单价	金额	税率	税额
卡车		台	1	200,000.00	200,000.00	13%	26,000.00
合计					¥200,000.00		¥26,000.00
价税合计（大写）	⊗ 贰拾贰万陆仟元整				（小写）¥226,000.00		

销售方	名称：北京鑫平工贸有限公司 纳税人识别号：91110105M377470293 地址、电话：北京市奥丰路692号69421774 开户行及账号：工行北京市名群路支行8489189771114202001	备注	校验码 52118 02817 08248 65199

收款人：　　复核：孙姿　　开票人：孙浩然　　销售方：（章）

税总函[2016]××号××××公司

第三联：发票联　购买方记账凭证

图 6-21　原始凭证(九)

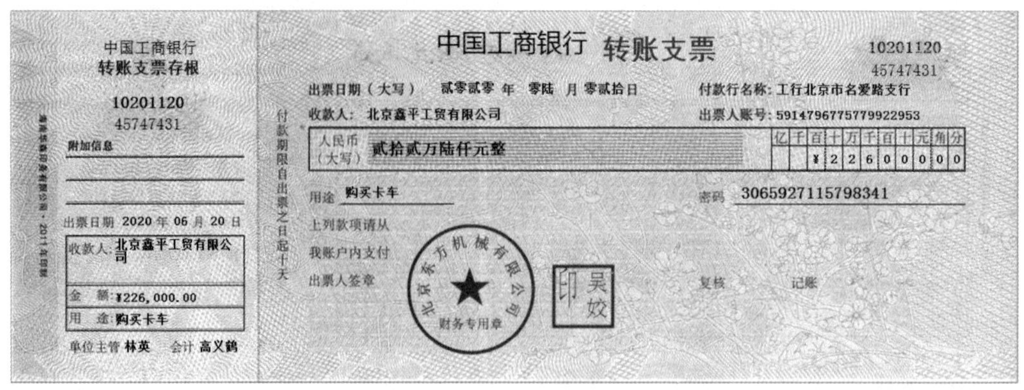

中国工商银行
转账支票存根
10201120
45747431
附加信息
出票日期 2020 年 06 月 20 日
收款人：北京鑫平工贸有限公司
金额：¥226,000.00
用途：购买卡车
单位主管 林英 会计 高义鹤

中国工商银行 转账支票 10201120 45747431
出票日期（大写） 贰零贰零 年 零陆 月 零贰拾日 付款行名称：工行北京市名爱路支行
收款人：北京鑫平工贸有限公司 出票人账号：5914796775779922953
付款期限自出票之日起十天
人民币（大写） 贰拾贰万陆仟元整

亿	千	百	十	万	千	百	十	元	角	分
		¥	2	2	6	0	0	0	0	0

用途 购买卡车 密码 3065927115798341
上列款项请从
我账户内支付
出票人签章 北京东方机械有限公司 财务专用章 吴姣印
复核 记账

图 6-22　原始凭证(十)

【例 6-13】6 月 21 日，企业以银行存款购买办公用品，其原始凭证如图 6-23 和图 6-24 所示。

011002000104
北京增值税普通发票
№ 16843538
011002000104
16843538
发票联
开票日期：2020年06月21日

税总函[2018]××号××××公司

购买方	名　　称：北京东方机械有限公司 纳税人识别号：91110101M593791542 地 址、电 话：北京市奥文路819号34777744 开户行及账号：工行北京市名爱路支行5914796775779922953	密码区	172312-4-275＜1+46*54* 82*59* 181321＞＜8182*59*09618153＜/ ＜4＜3*2702-9＞9*+153＜/0 ＞2-3 *08/4＞*＞＞2-3*0/9/＞＞25-275＜1

货物或应税劳务、服务名称	规格型号	单位	数量	单价	金额	税率	税额
打印纸	A4	包	100	20.00	2,000.00	13%	260.00
合　　计					¥2,000.00		¥260.00
价税合计（大写）	⊗ 贰仟贰佰陆拾元整				（小写）¥2,260.00		

销售方	名　　称：北京普爱超市有限公司 纳税人识别号：91110105M569270503 地 址、电 话：北京市菲同路411号31326649 开户行及账号：工行北京市恒驰路支行6670587384182679414	备注	北京普爱超市有限公司 91110105M569270503 发票专用章

收款人：　复核：林乙轩　开票人：朱雄

第二联：发票联　购买方记账凭证

图 6-23　原始凭证(十一)

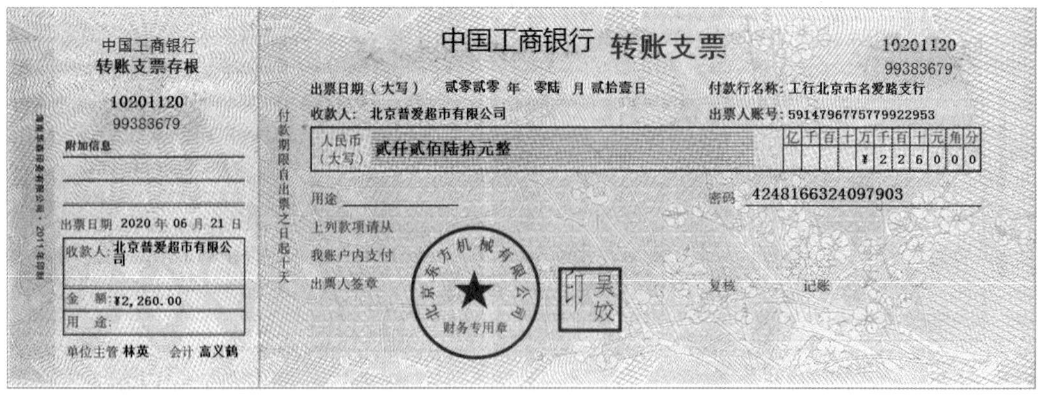

中国工商银行
转账支票存根
10201120
99383679
附加信息
出票日期 2020 年 06 月 21 日
收款人：北京普爱超市有限公司
金额：¥2,260.00
用途：
单位主管 林英 会计 高义鹤

中国工商银行 转账支票 10201120 99383679
出票日期（大写） 贰零贰零 年 零陆 月 贰拾壹日 付款行名称：工行北京市名爱路支行
收款人：北京普爱超市有限公司 出票人账号：5914796775779922953
付款期限自出票之日起十天
人民币（大写） 贰仟贰佰陆拾元整

亿	千	百	十	万	千	百	十	元	角	分
					¥	2	2	6	0	0

用途 密码 4248166324097903
上列款项请从
我账户内支付
出票人签章 北京东方机械有限公司 财务专用章 吴姣印
复核 记账

图 6-24　原始凭证(十二)

【例 6-14】 6 月 22 日，企业销售一批产品，其原始凭证如图 6-25 所示。

011002000104

北京增值税普通发票

北京

发票联

№ 16843538

011002000104
16843538

开票日期：2020年06月22日

税总函[2018]××号×××公司

购买方	名　　称：北京东方机械有限公司 纳税人识别号：91110101M593791542 地 址、电 话：北京市奥文路819号34777744 开户行及账号：工行北京市名爱路支行5914796775779922953	密码区	172312-4-275<1+46*54* 82*59* 181321><8182*59*09618153</ <4<3*2702-9>9*+153</0 >2-3 *08/4>*>>2-3*0/9/>>25-275<1

货物或应税劳务、服务名称	规格型号	单位	数量	单价	金额	税率	税额
A产品		件	100	500.00	50,000.00	13%	6,500.00
合　　计					¥50,000.00		¥6,500.00
价税合计（大写）	⊗ 伍万陆仟伍佰元整				（小写）¥56,500.00		

销售方	名　　称：天津创旺工贸有限公司 纳税人识别号：91120101M915216977 地 址、电 话：天津市德壹路320号7592928７ 开户行及账号：工行天津市圣群路支行013994102368210472７	备注	

收款人：　　复核：李媚　　开票人：胡婉　　销售方：（章）

第二联：发票联　购买方记账凭证

图 6-25　原始凭证(十三)

【例 6-15】6 月 24 日，企业开出转账支票，支付广告费。其原始凭证如图 6-26 和图 6-27 所示。

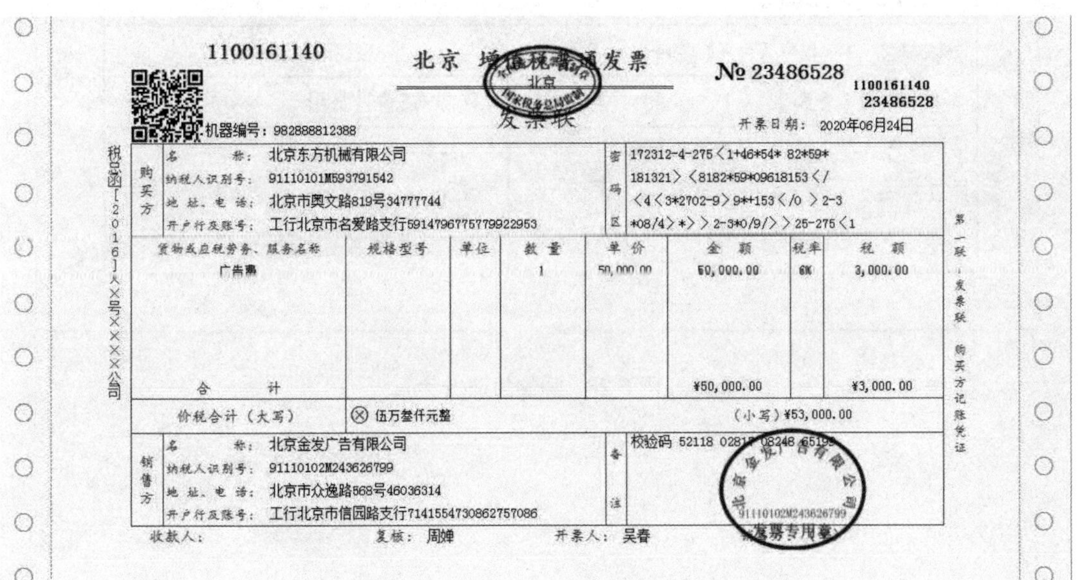

1100161140

北京增值税普通发票

北京

发票联

№ 23486528

1100161140
23486528

机器编号：982888812388

开票日期：2020年06月24日

税总函[2016]××号×××公司

购买方	名　　称：北京东方机械有限公司 纳税人识别号：91110101M593791542 地 址、电 话：北京市奥文路819号34777744 开户行及账号：工行北京市名爱路支行5914796775779922953	密码区	172312-4-275<1+46*54* 82*59* 181321><8182*59*09618153</ <4<3*2702-9>9*+153</0 >2-3 *08/4>*>>2-3*0/9/>>25-275<1

货物或应税劳务、服务名称	规格型号	单位	数量	单价	金额	税率	税额
广告费			1	50,000.00	50,000.00	6%	3,000.00
合　　计					¥50,000.00		¥3,000.00
价税合计（大写）	⊗ 伍万叁仟元整				（小写）¥53,000.00		

销售方	名　　称：北京金发广告有限公司 纳税人识别号：91110102M243626799 地 址、电 话：北京市众逸路568号46036314 开户行及账号：工行北京市信园路支行7141554730862757086	备注	校验码 52118 02817 08248 65196

收款人：　　复核：周婵　　开票人：吴春　　销售方：（章）

第一联：发票联　购买方记账凭证

图 6-26　原始凭证(十四)

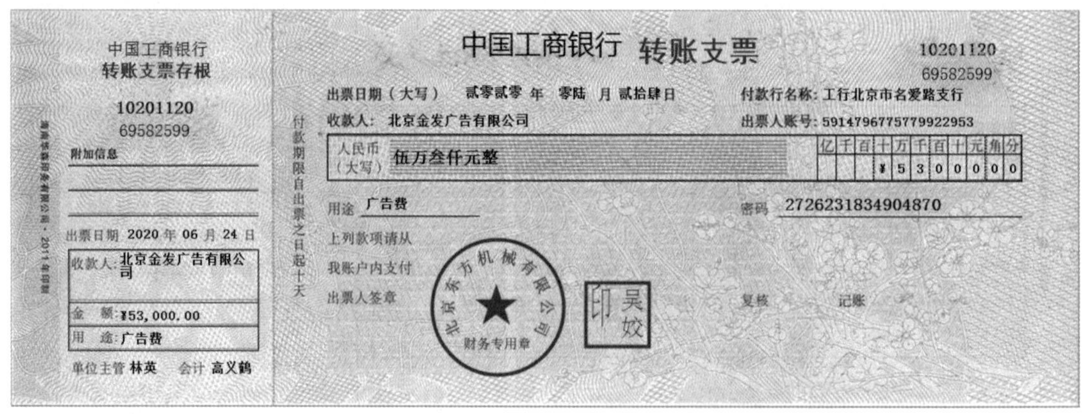

中国工商银行
转账支票存根
10201120
69582599
附加信息
出票日期 2020 年 06 月 24 日
收款人：北京金发广告有限公司
金　额：¥53,000.00
用　途：广告费
单位主管 林英　会计 高义鹤

中国工商银行 转账支票　10201120 69582599
付款期限自出票之日起十天
出票日期（大写） 贰零贰零 年 零陆 月 贰拾肆日　付款行名称：工行北京市名爱路支行
收款人：北京金发广告有限公司　出票人账号：5914796775779922953

人民币（大写）	伍万叁仟元整	亿	千	百	十	万	千	百	十	元	角	分
					¥	5	3	0	0	0	0	0

用途 广告费　密码 2726231834904870
上列款项请从
我账户内支付
出票人签章　北京东方机械有限公司 财务专用章　吴姣 印　复核　记账

图 6-27　原始凭证(十五)

【例 6-16】 6 月 26 日，职工张明预借差旅费。其原始凭证如图 6-28 所示。

借　款　单

资金性质＿＿＿＿＿　　2020 年 06 月 26 日

借款单位	采购部门		
借款理由	开供货会		
借款数额	人民币（大写）叁仟元整　¥ 3,000.00		
本单位负责人意见		借款人（签章）	张明
领导指示： 吴姣	会计主管人员核批： 林英　同意	付款记录： 2020 年 06 月 26 日 以第　号 支票或现金支出凭单付给	

图 6-28　原始凭证(十六)

【例 6-17】 6 月 28 日，张明出差回来报销差旅费。其原始凭证如图 6-29 所示。

差 旅 费 报 销 单

部门 销售部　　　　2020 年 06 月 28 日

出差人	张明								出差事由								
出发				到达				交通工具	交通费		出差补贴		其他费用			
月	日	时	地点	月	日	时	地点		单据张数	金额	天数	金额	项目	单据张数	金额	附件
06	25		北京				杭州	飞机	1	800.00	3	600.00	住宿费	1	600.00	
06	27		杭州				北京	飞机	1	800.00			市内车费			3
													邮电费			
													办公用品费			
													不买卧铺补贴			
													其他			张
合计									2	¥1,600.00		¥600.00		1	¥600.00	
报销总额	人民币（大写） 贰仟捌佰元整								预借金额				补领金额	¥2,800.00		
													退还金额			

主管 李华　　　审核 林英　　　出纳 王秀　　　领款人 张明

图 6-29　原始凭证(十七)

【例 6-18】 6 月 28 日，企业将多余的现金存入银行，填制的缴款单如图 6-30 所示。

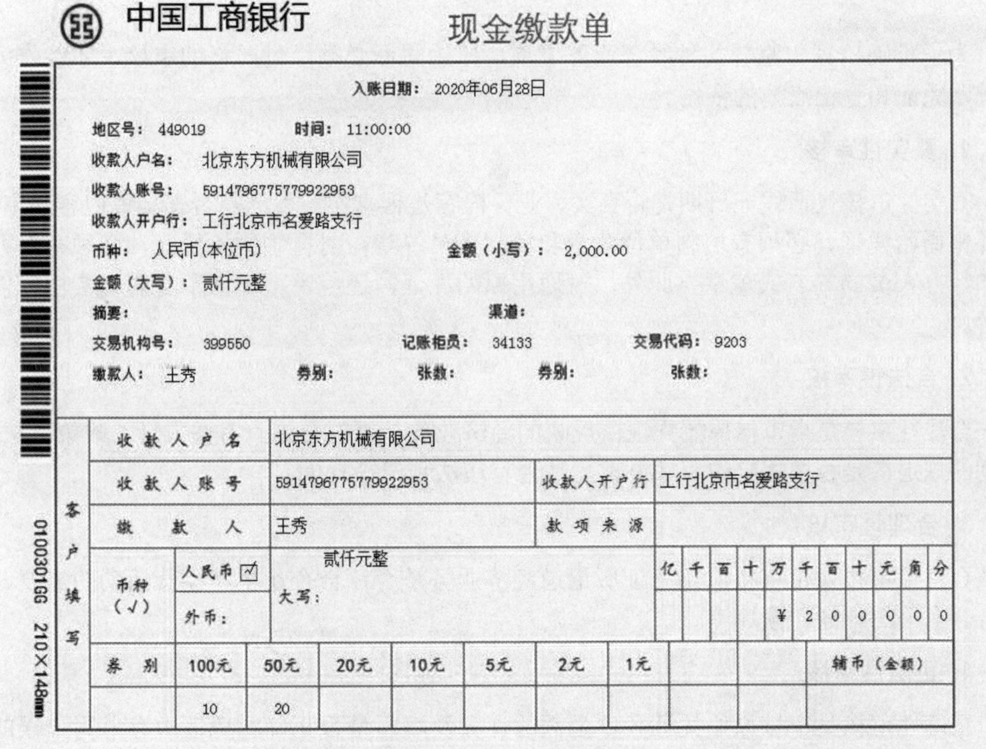

中国工商银行　　现金缴款单

入账日期：2020年06月28日

地区号：449019　　时间：11:00:00

收款人户名：北京东方机械有限公司

收款人账号：5914796775779922953

收款人开户行：工行北京市名爱路支行

币种：人民币(本位币)　　金额（小写）：2,000.00

金额（大写）：贰仟元整

摘要：　　渠道：

交易机构号：399550　　记账柜员：34133　　交易代码：9203

缴款人：王秀　　券别：　　张数：　　券别：　　张数：

客户填写

收款人户名	北京东方机械有限公司		
收款人账号	5914796775779922953	收款人开户行	工行北京市名爱路支行
缴款人	王秀	款项来源	

币种（√）	人民币☑ 外币：	大写：贰仟元整	亿	千	百	十	万	千	百	十	元	角	分
								¥	2	0	0	0	0	0

券别	100元	50元	20元	10元	5元	2元	1元		辅币（金额）
	10	20							

0100301GG 210×148mm

图 6-30　原始凭证(十八)

【例 6-19】 6 月 30 日，收到银行收款通知，6 月 22 日销货款到账。其原始凭证如图 6-31 所示。

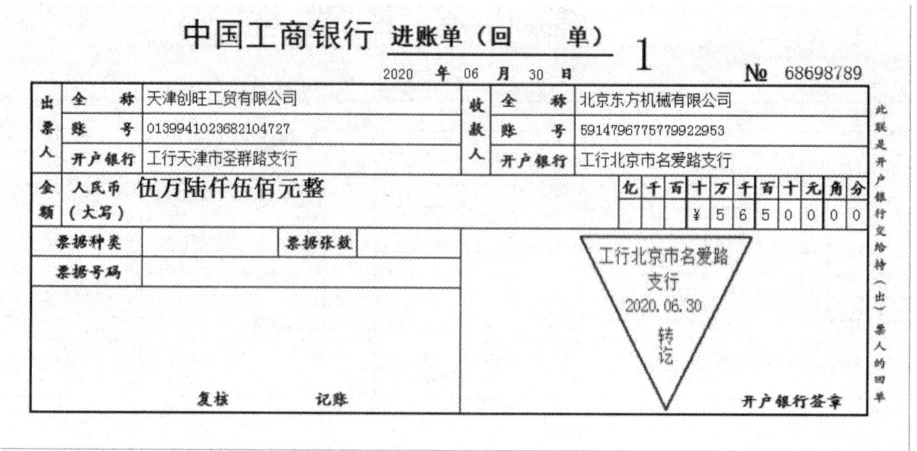

中国工商银行 进账单（回　单） 1

2020 年 06 月 30 日　　№ 68698789

出票人	全称	天津创旺工贸有限公司	收款人	全称	北京东方机械有限公司
	账号	0139941023682104727		账号	5914796775779922953
	开户银行	工行天津市圣群路支行		开户银行	工行北京市名爱路支行

金额	人民币（大写） 伍万陆仟伍佰元整	亿	千	百	十	万	千	百	十	元	角	分
					¥	5	6	5	0	0	0	0

票据种类　　票据张数

票据号码

复核　　记账

工行北京市名爱路支行 2020.06.30 转讫

开户银行签章

此联是开户银行交给持（出）票人的回单

图 6-31　原始凭证(十九)

五、原始凭证的审核要求

为了正确核算和监督各种经济业务事项，原始凭证必须经过严格的审核，才能作为编制记账凭证和登记账簿的依据。

1. 真实性审核

真实性审核包括凭证日期是否真实、业务内容是否真实、数据是否真实等内容的审查。对外来原始凭证，必须有填制单位公章和填制人员签章；对自制原始凭证，必须有经办部门和经办人员的签名或盖章。此外，对通用原始凭证，还应审核凭证本身的真实性，以防假冒。

2. 合法性审核

合法性审核是指审核原始凭证所反映的经济业务是否符合国家有关方针、政策、法令、制度的规定，是否按规定的程序办理，是否有违法乱纪等行为。

3. 合理性审核

合理性审核是指审核原始凭证所记录经济业务是否符合企业生产经营活动的需要、是否符合有关的计划和预算等。

4. 正确性审核

正确性审核是审核原始凭证各项金额的计算及填写是否正确。凭证中有书写错误的，应采用正确的方法更正，不能采用涂改、刮擦、挖补等不正确方法。

5. 完整性审核

完整性审核是审查原始凭证的各项目是否按规定填写齐全，内容是否完整，手续是否

完备，有关经办人员是否都已签名或盖章等。

6. 及时性审核

原始凭证的及时性是保证会计信息及时性的基础。因此，要求在经济业务发生或完成时及时填制有关原始凭证，及时进行凭证的传递。

对于完全符合要求的原始凭证，应及时据以编制记账凭证入账；对于真实、合法、合理但是内容不够完整、填写有错误的原始凭证，应退回给有关经办人员，由其负责将有关凭证补充完整、更正错误或重开后，再办理正式的会计手续。对于不真实、不合法的原始凭证，会计机构和会计人员有权不予接受，并向单位负责人报告。

六、原始凭证的错误更正

为了明确相关人员的经济责任，防止利用原始凭证进行舞弊，原始凭证填写错误时，不得涂改、刮擦、挖补，必须按规定的方法更正。原始凭证有错误的，应由出具单位重开或更正，更正处应当加盖出具单位的印章。原始凭证金额有错误的，应由出具单位重开，不得在原始凭证上更正。

第三节　记 账 凭 证

由于原始凭证只表明经济业务的具体内容，不能反映其归类的会计科目和记账方向，而且原始凭证种类繁多，格式不一，直接根据原始凭证记账，容易发生差错。为了便于登记账簿，需要根据原始凭证或原始凭证汇总表编制记账凭证。

一、记账凭证的概念

记账凭证又称记账凭单，是会计人员根据审核无误后的原始凭证或原始凭证汇总表，按照经济业务的内容加以归类，并据以确定会计分录而填制的会计凭证。记账凭证是登记账簿的直接依据。

二、记账凭证的种类

(一)按反映的经济业务不同分类

1. 收款凭证

收款凭证是指用于记录根据现金或银行存款收款业务的记账凭证，它是出纳人员根据库存现金收入业务和银行存款收入业务的原始凭证填制的，据以作为登记现金和银行存款等有关账簿的依据。收款凭证格式如图 6-32 所示。

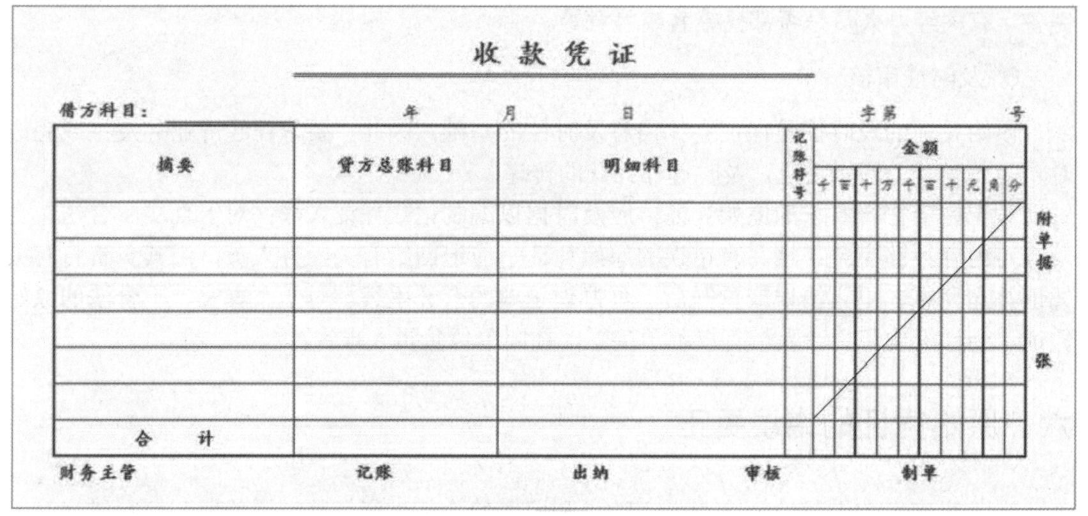

收款凭证

借方科目：　　年　月　日　　字第　号

摘要	贷方总账科目	明细科目	记账符号	金额									
				千	百	十	万	千	百	十	元	角	分
合　计													

附单据　张

财务主管　记账　出纳　审核　制单

图 6-32　收款凭证

收款凭证又可以分为现金收款凭证和银行存款收款凭证。现金收款凭证是根据现金收入业务的原始凭证编制收款凭证。银行存款收款凭证是根据银行存款收入业务的原始凭证编制的收款凭证。

2．付款凭证

付款凭证是指用于记录现金和银行存款付款业务的会计凭证。它是出纳人员根据现金和银行存款付出业务的原始凭证编制的，既是出纳付款的依据，又是企业据以登记现金和银行存款等有关账簿的依据。付款凭证的格式如图 6-33 所示。

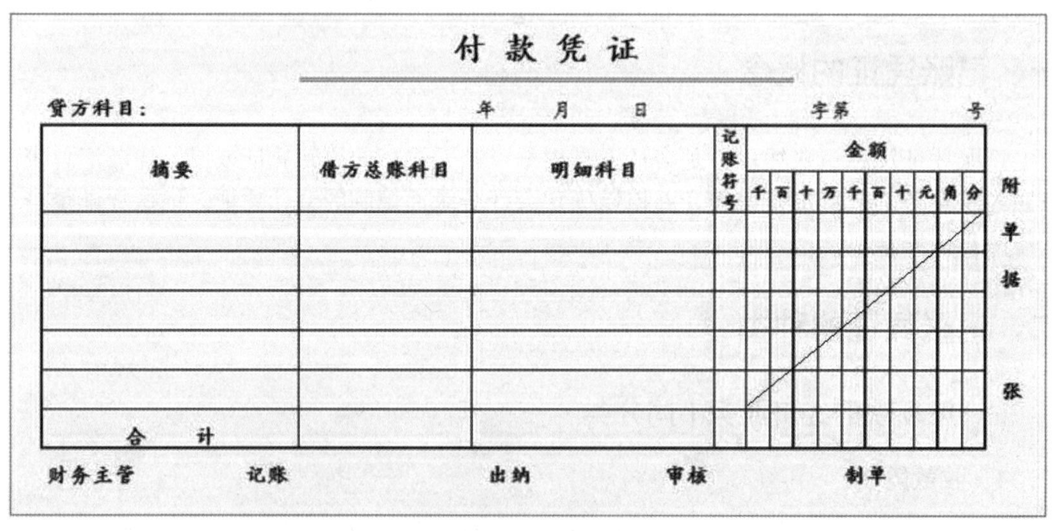

付款凭证

贷方科目：　　年　月　日　　字第　号

摘要	借方总账科目	明细科目	记账符号	金额									
				千	百	十	万	千	百	十	元	角	分
合　计													

附单据　张

财务主管　记账　出纳　审核　制单

图 6-33　付款凭证

付款凭证又可以分为现金付款凭证和银行存款付款凭证。现金付款凭证是根据现金付出业务的原始凭证编制的付款凭证。银行存款付款凭证是根据银行存款付出业务的原始凭证编制的付款凭证。

对于库存现金和银行存款之间的相互划转业务，为避免重复记账，一般只填制付款凭证，不填制收款凭证。

3. 转账凭证

转账凭证是根据不涉及现金、银行存款收付款业务的转账业务原始凭证而填制的，如根据产品生产成本计算表填制的记账凭证就是转账凭证。转账凭证的格式如图 6-34 所示。

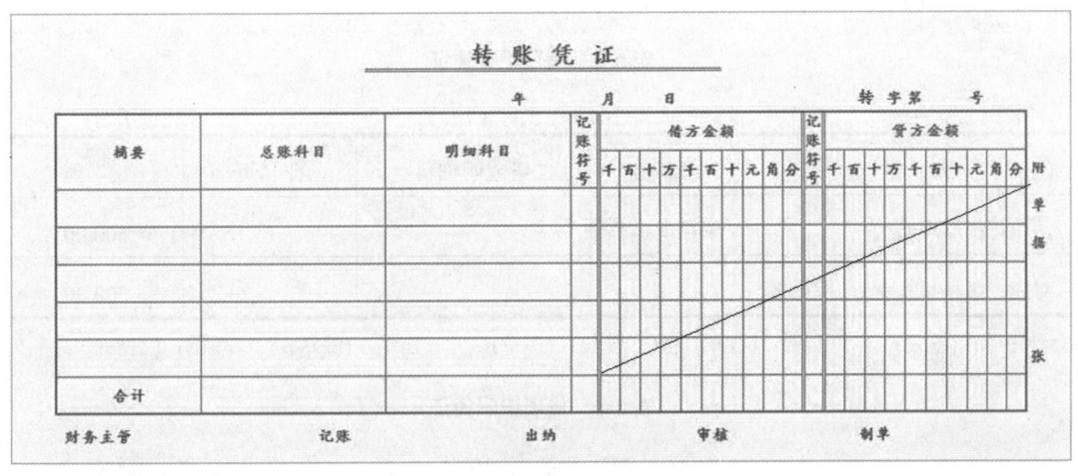

转账凭证

年　月　日　　　　转字第　号

摘要	总账科目	明细科目	记账符号	借方金额										记账符号	贷方金额									
				千	百	十	万	千	百	十	元	角	分		千	百	十	万	千	百	十	元	角	分
合计																								

附单据　张

财务主管　　记账　　出纳　　审核　　制单

图 6-34　转账凭证

将记账凭证划分为收款凭证、付款凭证和转账凭证三种，为记账工作带来了方便，但工作量较大。对于经济业务简单、规模较小、收付业务较少的单位，为了简化核算，还可以采用通用记账凭证来记录所有的经济业务。通用记账凭证是指对全部业务不再区分收款、付款和转账业务，而将所有的经济业务统一编号，在同一的凭证中进行记录。通用记账凭证的格式如图 6-35 所示。

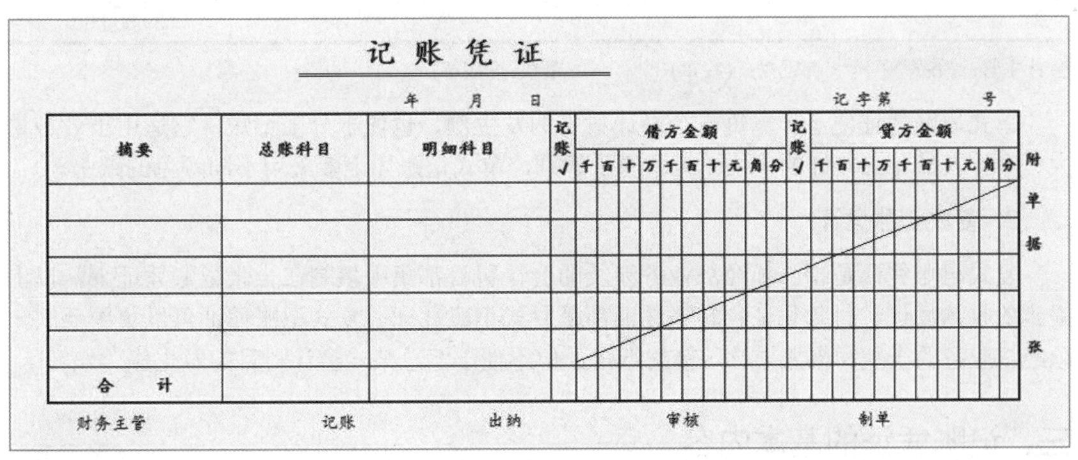

记 账 凭 证

年　月　日　　　　记字第　号

摘要	总账科目	明细科目	记账√	借方金额										记账√	贷方金额									
				千	百	十	万	千	百	十	元	角	分		千	百	十	万	千	百	十	元	角	分
合　计																								

附单据　张

财务主管　　记账　　出纳　　审核　　制单

图 6-35　记账凭证

(二)按填列方式不同分类

按记账凭证填制的方式不同，可分为单式记账凭证和复式记账凭证两种。

1. 单式记账凭证

单式记账凭证是指对同一项经济业务所涉及的会计科目分别填制记账凭证，一张凭证只填制一个会计科目。根据借方科目填制的记账凭证为借项记账凭证，根据贷方科目填制的记账凭证为贷项记账凭证。其格式分别如表6-3、表6-4所示。

表6-3　借项记账凭证

2013年5月3日　　凭证编号：

摘　要	一级科目	二级或明细科目	账　页	记　账
从银行提取现金	库存现金			500.00
对应一级科目：银行存款				500.00

会计主管：(签章)　记账：(签章)　复核：(签章)　出纳：(签章)　填制：(签章)

表6-4　贷项记账凭证

2020年5月10日　　凭证编号：

摘　要	一级科目	明细科目	账　页	金　额
生产领料	原材料			29 800.00
对应一级科目——生产成本		425号圆钢		15 000.00
管理费用		325号方钢		4 800.00
对应一级科目——生产成本		425号圆钢		10 000.00
合　计				29 800.00

会计主管：(签章)　记账：(签章)　审核：(签章)　填制：(签章)

单式记账凭证便于计算每一个会计科目的发生额，也便于分工记账，它适用于业务量大、会计人员分工较细的单位。为了便于识别，单式记账凭证多采用不同颜色的纸张。

2. 复式记账凭证

复式记账凭证是指一项经济业务涉及的会计科目都集中填制在一张记账凭证上，以上提到的收款凭证、付款凭证、转账凭证都是复式记账凭证。复式记账凭证可以集中反映一项经济业务的全貌和来龙去脉，节约纸张，但不便于汇总某一会计科目的发生额。

三、记账凭证的基本内容

记账凭证的重要作用是将审核无误的原始凭证中所载有的原始数据，通过运用账户和复式记账系统编制会计分录，转换为会计账簿所能接受的专有语言，从而成为登记账簿的直接依据，完成第一次会计确认。因此，作为登记账簿直接依据的记账凭证，虽然种类不同，格式各异，但一般都具备以下的基本内容。

(1) 记账凭证的名称。如“收款凭证”“付款凭证”“转账凭证”等。

(2) 记账凭证的填制日期。一般用年、月、日表示，要注意的是记账凭证的填制日期不一定就是经济业务发生的日期。

(3) 记账凭证的编号。

(4) 经济业务的内容摘要。

(5) 经济业务所涉及的会计科目及金额。

(6) 所附原始凭证的张数。

(7) 会计主管、记账、审核、出纳、制单等有关人员的签字盖章。收款凭证和付款凭证还应有出纳人员的签名或盖章。

四、记账凭证的填制程序和要求

记账凭证是登记账簿的直接依据，为了使账簿记录正确无误，保证会计核算工作的质量，必须按照一定的程序和要求，严肃认真地填写记账凭证。

(一)填制程序

(1) 审核原始凭证所记录的经济业务是否符合有关政策、制度、法令和规定，内容是否完整，数字是否正确。如需编制原始凭证汇总表，还应将业务相同的原始凭证加以归类、整理并据以编制原始凭证汇总表，即记账凭证必须以审核无误的原始凭证或原始凭证汇总表为填制依据。

(2) 根据审核无误的原始凭证，确定使用何种记账凭证：是库存现金或银行存款的增加业务用收款凭证，是库存现金或银行存款的减少业务用付款凭证，还是不涉及库存现金或银行存款的收付业务用转账凭证。

(3) 根据审核无误的原始凭证或汇总原始凭证和已确认的记账凭证，按照会计制度的规定，明确会计分录、应登账户、记账方向和金额。

(4) 填制记账凭证的日期。

(5) 填制记账凭证的编号和附件张数。记账凭证应按同种类凭证分别连续编号。编号按时间先后顺序统一编号，若一笔经济业务要编制几张记账凭证反映时，还可采用分数编号法。例如，一笔经济业务涉及三张记账凭证，记账凭证总号为 8，则三张记账凭证编号分别为 8 1/3、8 2/3、8 3/3。“8”代表凭证总号，表示经济业务的顺序；分母“3”代表第 8 号凭证共三张凭证；分子 1、2、3 分别代表这三张凭证中的第一、第二、第三张凭证。每月可更换一次编号，每月最后一张记账凭证的编号旁边加注“全”字，以免凭证散失，造成汇总对账困难。为了便于复核“摘要栏”所述的经济业务内容及所确定的会计分录是否正确，反映记账凭证和原始凭证的内在联系，防止原始凭证散失，应在记账凭证上注明所附原始凭证的张数和有关资料。若同一原始凭证填制两张记账凭证，则应在未附原始凭证的记账凭证上注明“单据×张附在第××号记账凭证后”，以便复核和查阅。

(二)填制要求

(1) 记账凭证“摘要”栏的填写要求既简明扼要，又能准确说明经济业务的真实情况。

(2) 在填制会计科目项目时，应严格按照会计制度统一规定的会计科目使用，不得随意改变科目名称，也不得改变它的核算内容，以保证各单位会计记录的指标口径一致，使之有利于综合汇总核算指标，也便于根据账户对应关系了解有关经济业务的完成情况。

(3) 正确计算并填写“金额”栏的一级科目、二级或明细科目金额以及“合计”栏的总计金额数。

(4) 有关人员的签名或盖章。

对于库存现金、银行存款之间的划转业务在填制记账凭证时，为避免记账重复，只填制付款凭证，不填制收款凭证。如从银行提取现金，只填制银行存款付款凭证，不填制现金收款凭证。

以上为复式记账凭证的填制方法，单式记账凭证的填制方法与复式记账凭证的填制方法基本相同，只是将一项经济业务分别填制在两张或两张以上的记账凭证上。

(三)记账凭证的填制

1. 收款凭证的填制

收款凭证是用来记录货币资金收款业务的凭证，它是由出纳人员根据审核无误的原始凭证收款后填制的。满足记账凭证要求后的进一步要求如下。

收款凭证左上方所填列的借方科目应是“库存现金”或“银行存款”科目；“日期”填写的是编制本凭证的日期；右上角填写编制收款凭证的顺序号；“摘要”填写对所记录的经济业务的简要说明；“贷方科目”应填列与“库存现金”或“银行存款”相对应的科目；“√”是指该凭证已登记账簿的标记，防止经济业务事项重记或漏记；“金额”是指该经济业务事项的发生额；该凭证右边“附件 张”是指本记账凭证所附原始凭证的张数；最下边分别是有关人员的签章，以明确经济责任。

【例 6-20】2020 年 3 月 20 日，东方公司收到一张支票，系 A 公司支付前欠购货款 50 000 元。会计分录如下。

借：银行存款　　　　　　　　　　　　　　50 000

　　贷：应收账款——A 公司　　　　　　　　　50 000

填制收款凭证如图 6-36 所示。

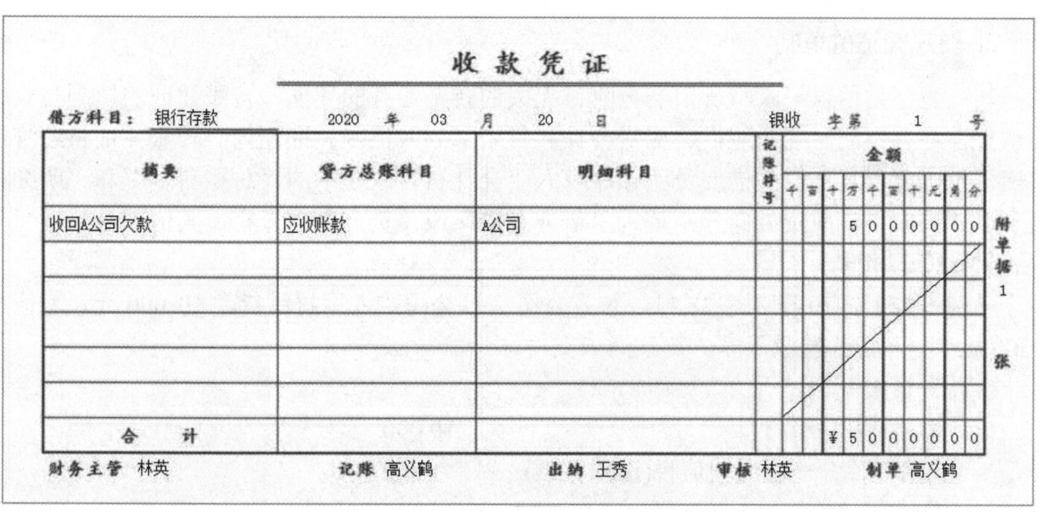

收款凭证

借方科目：银行存款　　2020 年 03 月 20 日　　银收 字第 1 号

摘要	贷方总账科目	明细科目	记账符号	金额									
				千	百	十	万	千	百	十	元	角	分
收回A公司欠款	应收账款	A公司					5	0	0	0	0	0	0
合　计						¥	5	0	0	0	0	0	0

附单据 1 张

财务主管 林英　　记账 高义鹤　　出纳 王秀　　审核 林英　　制单 高义鹤

图 6-36　收款凭证

2. 付款凭证的填制

付款凭证的编制方法与收款凭证基本相同，只是左上角由“借方科目”换为“贷方科目”，凭证中间的“贷方科目”换为“借方科目”。涉及“库存现金”和“银行存款”之间的经济业务，为了避免重复记账，一般只编制付款凭证，不编制收款凭证。

【例 6-21】2020 年 3 月 25 日，东方公司以银行存款支付前欠 B 公司材料货款 11 300 元。会计分录如下。

借：应付账款——B 公司　　　　11 300

　　贷：银行存款　　　　　　　　11 300

填制付款凭证如图 6-37 所示。

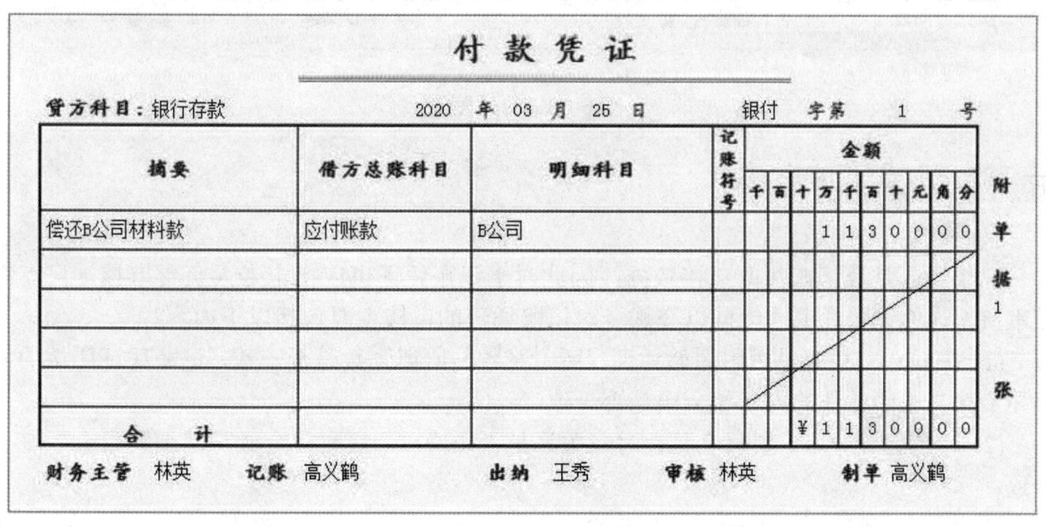

付款凭证

贷方科目：银行存款　　2020 年 03 月 25 日　　银付 字第 1 号

摘要	借方总账科目	明细科目	记账符号	金额									
				千	百	十	万	千	百	十	元	角	分
偿还B公司材料款	应付账款	B公司					1	1	3	0	0	0	0
合　计						¥	1	1	3	0	0	0	0

附单据 1 张

财务主管 林英　　记账 高义鹤　　出纳 王秀　　审核 林英　　制单 高义鹤

图 6-37　付款凭证

3. 转账凭证的填制

转账凭证是用以记录与货币资金收付无关的转账业务的凭证。转账凭证的填制与收、付款凭证略有不同，它的应借、应贷会计科目全部列入记账凭证之内。转账凭证将经济业务所涉及全部科目按照先借后贷的顺序填入“会计科目”栏中的“总账科目”和“明细科目”，并按应借、应贷方向分别填入“借方金额”或“贷方金额”栏。其他项目的填写与收、付款凭证相同。

【例 6-22】2020 年 3 月 28 日，东方公司从 C 公司购入甲材料货款 10 000 元，增值税 1 300 元，材料已经验收入库，货款尚未支付。

会计分录如下。

借：原材料——甲材料　　　　　　　　10 000

　　应缴税费——应缴增值税(进项税额)　　1 300

　　贷：应付账款——C 公司　　　　　　　11 300

填制转账凭证如图 6-38 所示。

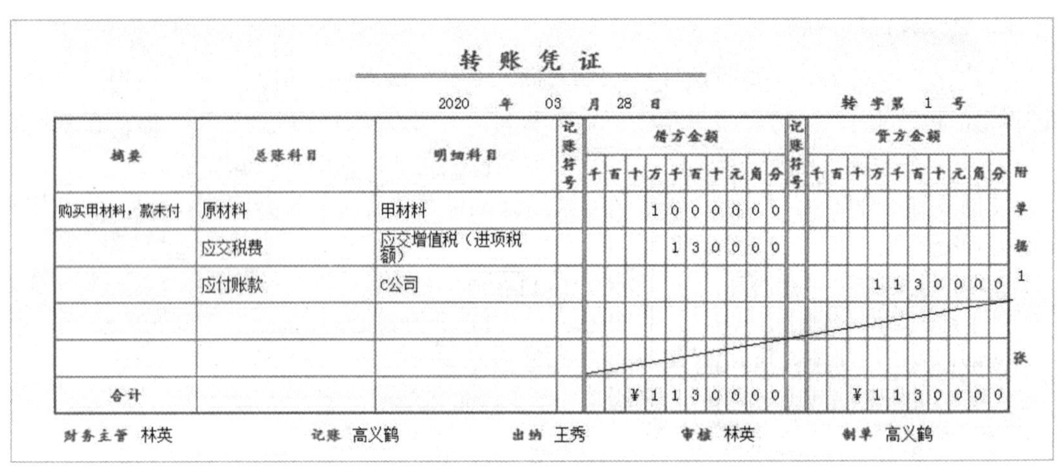

转账凭证

2020 年 03 月 28 日　　　　转字第 1 号

摘要	总账科目	明细科目	记账符号	借方金额										记账符号	贷方金额										附单据1张
				千	百	十	万	千	百	十	元	角	分		千	百	十	万	千	百	十	元	角	分	
购买甲材料，款未付	原材料	甲材料					1	0	0	0	0	0	0												
	应交税费	应交增值税（进项税额）						1	3	0	0	0	0												
	应付账款	C公司																1	1	3	0	0	0	0	
合计						¥	1	1	3	0	0	0	0				¥	1	1	3	0	0	0	0	

财务主管 林英　　记账 高义鹤　　出纳 王秀　　审核 林英　　制单 高义鹤

图 6-38　转账凭证

五、记账凭证的审核

记账凭证是登记账簿的直接依据，因此对于记账凭证也应指定专人负责审核，只有经过审核无误的记账凭证才能据以登账。对记账凭证的审核主要包括以下内容。

(1) 审核记账凭证是否附原始凭证，所附张数与所填张数是否一致，记账凭证所填的内容和金额与原始凭证的内容和金额是否一致。

(2) 审核会计分录、科目名称、对应关系是否正确；一级科目金额与明细科目金额是否一致。

(3) 记账凭证格式中的项目填列是否齐全，有无错误，有关人员是否都已签名盖章。

(4) 如果发现填制内容有错误，应及时按规定的更正方法更正。

对会计凭证的审核，实质上就是要正确处理企业同国家、其他单位或个人、内部职工的关系。因此，会计人员只有熟悉和掌握了国家政策、制度和计划、合同等规定，熟悉和了解了本单位的业务和生产经营情况，才能做好这项工作，正确地发挥会计监督的作用。

现以东方公司 2020 年 6 月发生的经济业务及本章上节所列示的原始凭证为例，说明记账凭证的填制和审核。

【例 6-23】 6 月 3 日，企业开出现金支票从银行提取现金业务，应编制的“银行存款付款凭证”如图 6-39 所示。

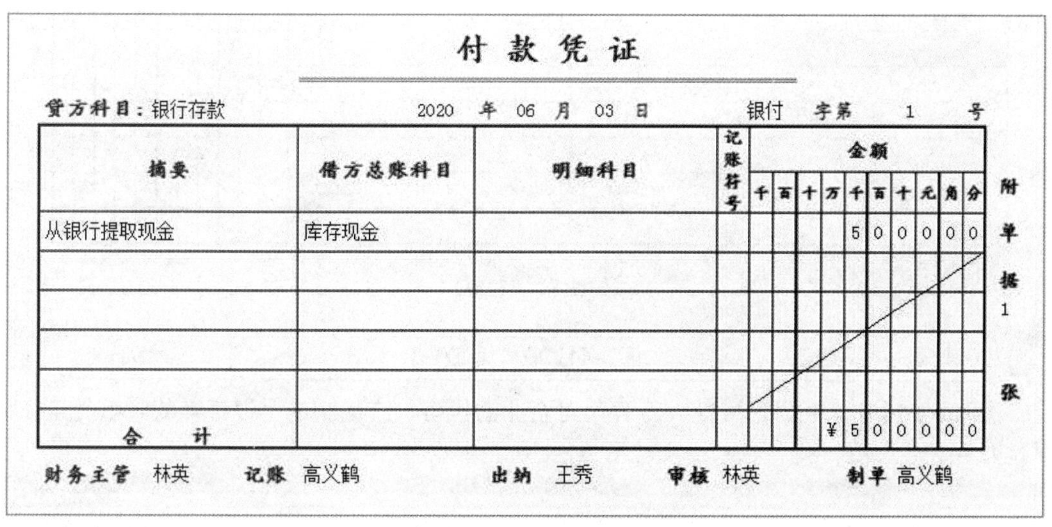

付 款 凭 证

贷方科目：银行存款　　2020 年 06 月 03 日　　银付 字第 1 号

摘要	借方总账科目	明细科目	记账符号	金额									
				千	百	十	万	千	百	十	元	角	分
从银行提取现金	库存现金							5	0	0	0	0	0
合　计							¥	5	0	0	0	0	0

附单据 1 张

财务主管 林英　记账 高义鹤　出纳 王秀　审核 林英　制单 高义鹤

图 6-39　付款凭证(一)

【例 6-24】 6 月 5 日，企业购入乙材料，材料验收入库，货款尚未支付，应编制的“转账凭证”如图 6-40 所示。

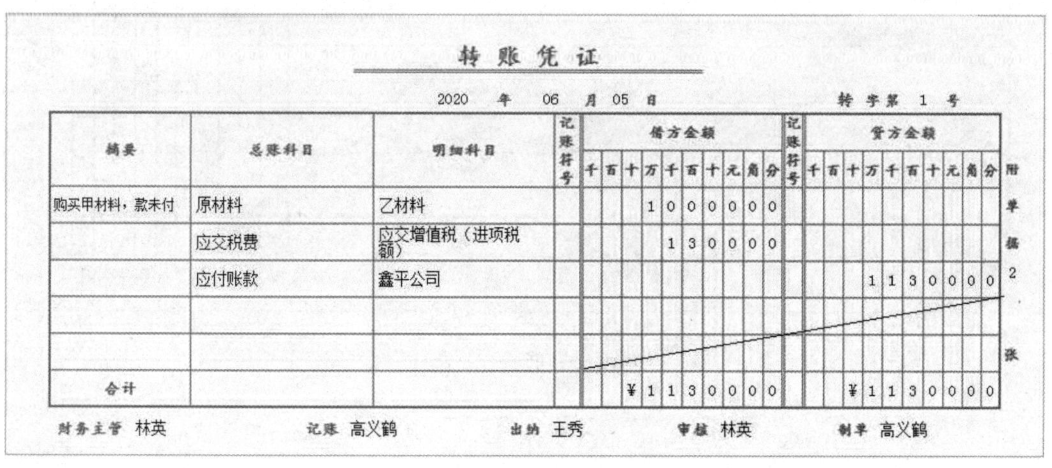

转 账 凭 证

2020 年 06 月 05 日　　转 字第 1 号

摘要	总账科目	明细科目	记账符号	借方金额										记账符号	贷方金额									
				千	百	十	万	千	百	十	元	角	分		千	百	十	万	千	百	十	元	角	分
购买甲材料，款未付	原材料	乙材料					1	0	0	0	0	0	0											
	应交税费	应交增值税（进项税额）						1	3	0	0	0	0											
	应付账款	鑫平公司																1	1	3	0	0	0	0
合计						¥	1	1	3	0	0	0	0				¥	1	1	3	0	0	0	0

附单据 2 张

财务主管 林英　记账 高义鹤　出纳 王秀　审核 林英　制单 高义鹤

图 6-40　转账凭证(一)

【例 6-25】 6月6日，企业收到创旺公司偿还前欠货款，应编制的“银行存款收款凭证”如图6-41所示。

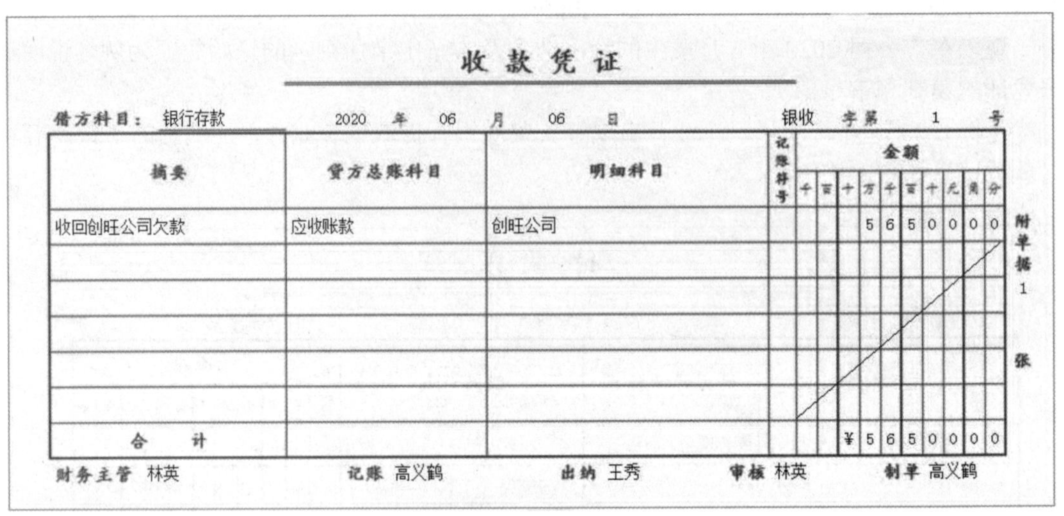

收款凭证

借方科目：银行存款　　2020 年 06 月 06 日　　银收 字第 1 号

摘要	贷方总账科目	明细科目	记账符号	金额									
				千	百	十	万	千	百	十	元	角	分
收回创旺公司欠款	应收账款	创旺公司					5	6	5	0	0	0	0
合　计						¥	5	6	5	0	0	0	0

附单据 1 张

财务主管 林英　　记账 高义鹤　　出纳 王秀　　审核 林英　　制单 高义鹤

图 6-41　收款凭证(一)

【例 6-26】6月8日，接受大海公司对企业的投资，应编制的“银行存款收款凭证”如图6-42所示。

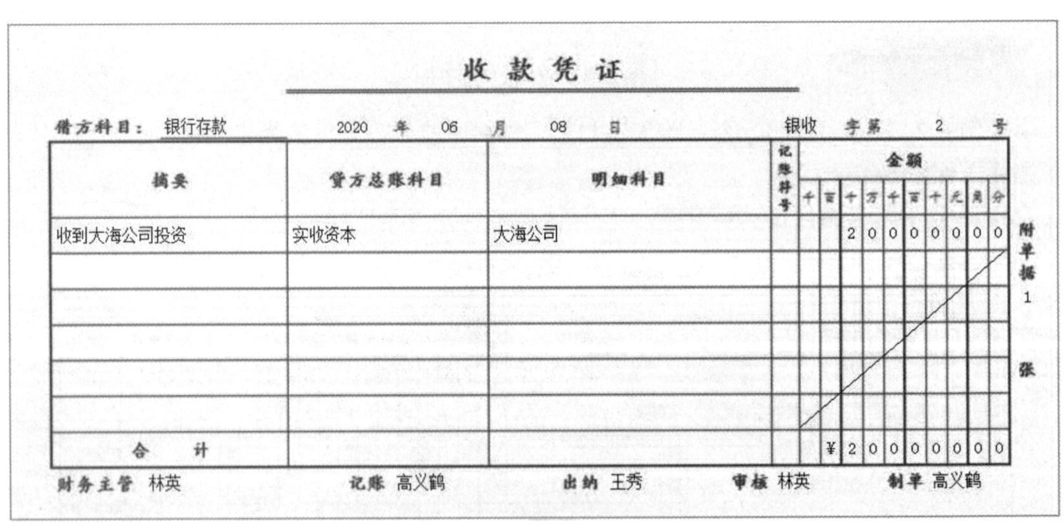

收款凭证

借方科目：银行存款　　2020 年 06 月 08 日　　银收 字第 2 号

摘要	贷方总账科目	明细科目	记账符号	金额									
				千	百	十	万	千	百	十	元	角	分
收到大海公司投资	实收资本	大海公司				2	0	0	0	0	0	0	0
合　计					¥	2	0	0	0	0	0	0	0

附单据 1 张

财务主管 林英　　记账 高义鹤　　出纳 王秀　　审核 林英　　制单 高义鹤

图 6-42　收款凭证(二)

【例 6-27】 6 月 10 日，企业从银行借入短期借款，应编制的“银行存款收款凭证”如图 6-43 所示。

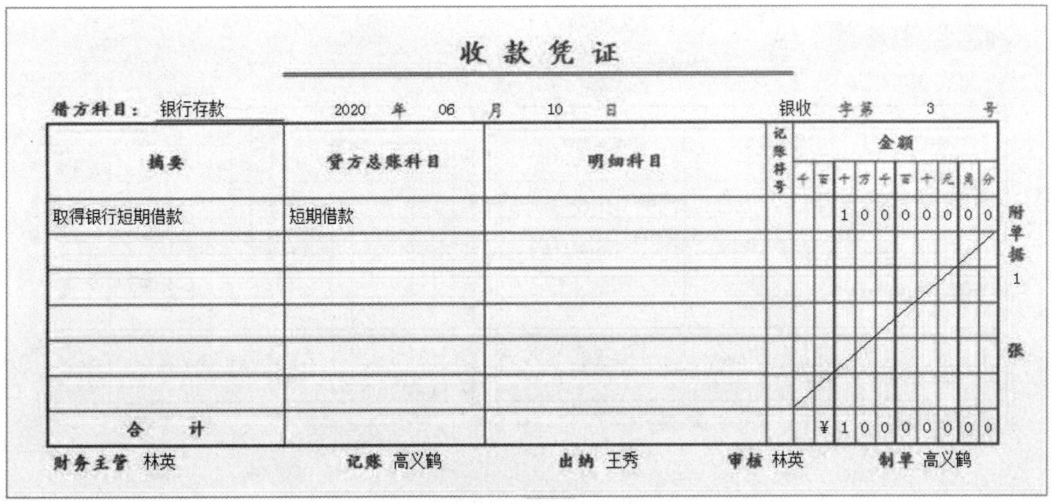

收款凭证

借方科目：银行存款　　2020 年 06 月 10 日　　银收 字第 3 号

摘要	贷方总账科目	明细科目	记账符号	金额 千	百	十	万	千	百	十	元	角	分
取得银行短期借款	短期借款					1	0	0	0	0	0	0	0
合　计					¥	1	0	0	0	0	0	0	0

附单据 1 张

财务主管 林英　　记账 高义鹤　　出纳 王秀　　审核 林英　　制单 高义鹤

图 6-43　收款凭证(三)

【例 6-28】 6 月 18 日，企业用银行存款偿还原欠货款，应编制的“银行存款付款凭证”如图 6-44 所示。

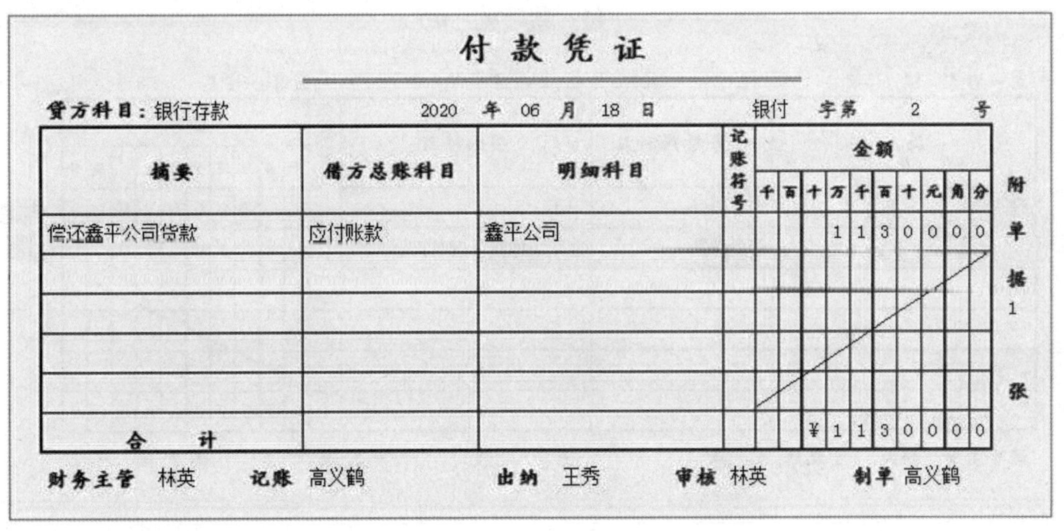

付款凭证

贷方科目：银行存款　　2020 年 06 月 18 日　　银付 字第 2 号

摘要	借方总账科目	明细科目	记账符号	金额 千	百	十	万	千	百	十	元	角	分
偿还鑫平公司货款	应付账款	鑫平公司					1	1	3	0	0	0	0
合　计						¥	1	1	3	0	0	0	0

附单据 1 张

财务主管 林英　　记账 高义鹤　　出纳 王秀　　审核 林英　　制单 高义鹤

图 6-44　付款凭证(二)

【例 6-29】 6 月 20 日，生产车间生产 A 产品领用甲材料，应编制的“转账凭证”如图 6-45 所示。

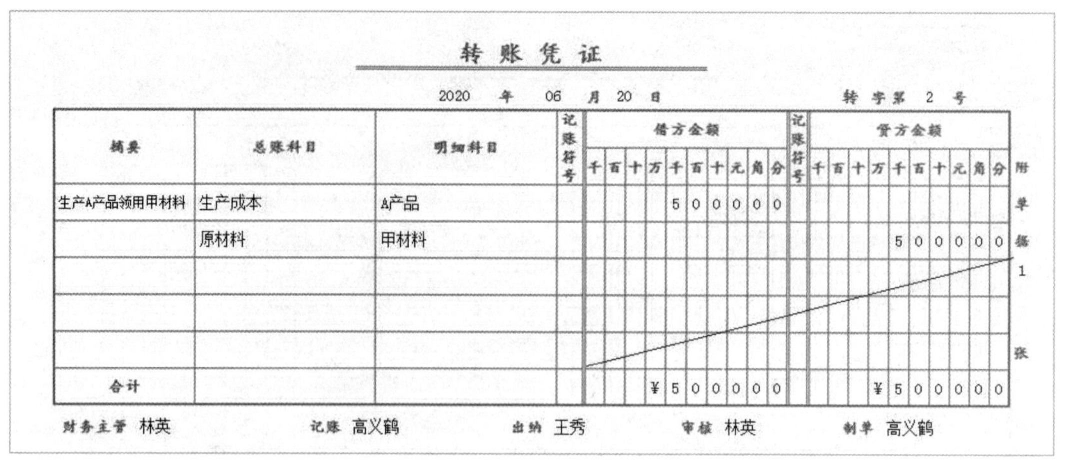

转账凭证

2020 年 06 月 20 日　　　　转字第 2 号

摘要	总账科目	明细科目	记账符号	借方金额 千	百	十	万	千	百	十	元	角	分	记账符号	贷方金额 千	百	十	万	千	百	十	元	角	分
生产A产品领用甲材料	生产成本	A产品						5	0	0	0	0	0											
	原材料	甲材料																	5	0	0	0	0	0
合计							¥	5	0	0	0	0	0					¥	5	0	0	0	0	0

附单据 1 张

财务主管 林英　记账 高义鹤　出纳 王秀　审核 林英　制单 高义鹤

图 6-45　转账凭证(二)

【例 6-30】 6 月 20 日，企业以银行存款购买卡车，应编制的“银行存款付款凭证”如图 6-46 所示。

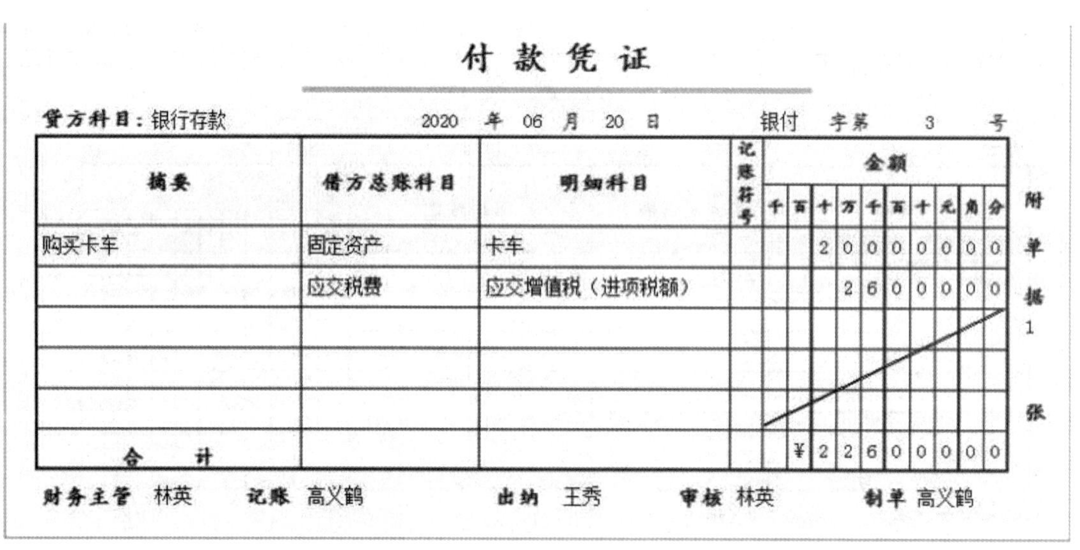

付款凭证

贷方科目：银行存款　　2020 年 06 月 20 日　　银付 字第 3 号

摘要	借方总账科目	明细科目	记账符号	金额 千	百	十	万	千	百	十	元	角	分
购买卡车	固定资产	卡车				2	0	0	0	0	0	0	0
	应交税费	应交增值税（进项税额）					2	6	0	0	0	0	0
合　计					¥	2	2	6	0	0	0	0	0

附单据 1 张

财务主管 林英　记账 高义鹤　出纳 王秀　审核 林英　制单 高义鹤

图 6-46　付款凭证(三)

【例 6-31】 6 月 21 日，企业以银行存款购买办公用品，应编制的“银行存款付款凭证”如图 6-47 所示。

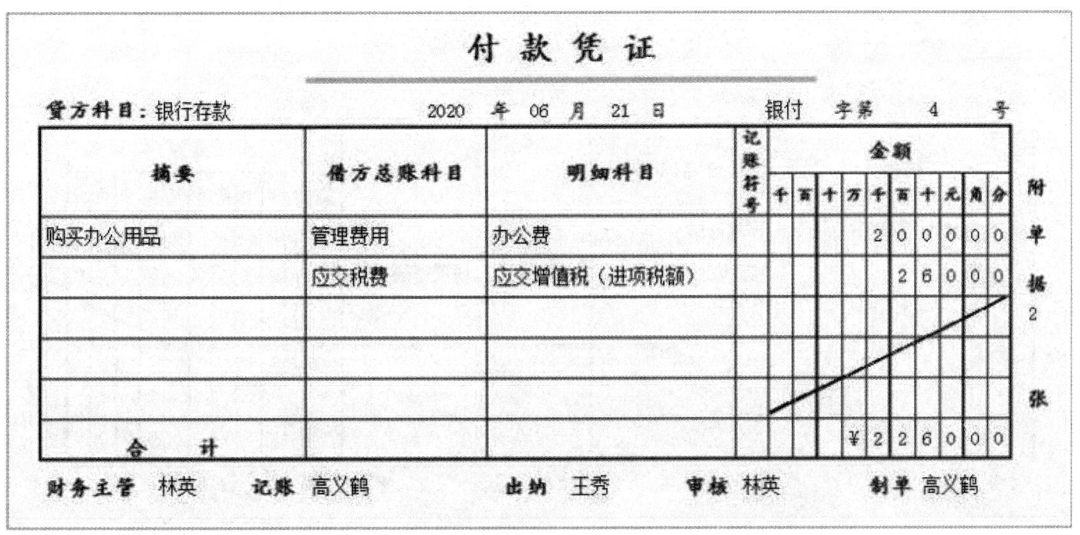

付款凭证

贷方科目：银行存款　　2020 年 06 月 21 日　　银付 字第 4 号

摘要	借方总账科目	明细科目	记账符号	千	百	十	万	千	百	十	元	角	分	
				金额										附
购买办公用品	管理费用	办公费						2	0	0	0	0	0	单
	应交税费	应交增值税（进项税额）							2	6	0	0	0	据
														2
														张
合　计							¥	2	2	6	0	0	0	

财务主管 林英　记账 高义鹤　出纳 王秀　审核 林英　制单 高义鹤

图 6-47　付款凭证(四)

【例 6-32】 6 月 22 日，企业销售 A 产品，货款尚未收到，应编制的“转账凭证”如图 6-48 所示。

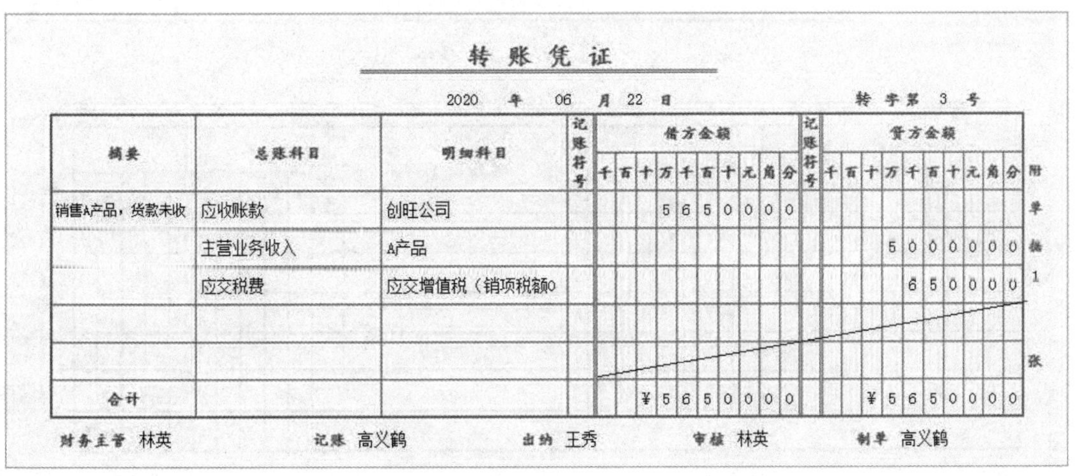

转账凭证

2020 年 06 月 22 日　　转 字第 3 号

摘要	总账科目	明细科目	记账符号	借方金额 千	百	十	万	千	百	十	元	角	分	记账符号	贷方金额 千	百	十	万	千	百	十	元	角	分	附单据 1 张
销售A产品，货款未收	应收账款	创旺公司					5	6	5	0	0	0	0												
	主营业务收入	A产品																5	0	0	0	0	0	0	
	应交税费	应交增值税（销项税额0																	6	5	0	0	0	0	
合计						¥	5	6	5	0	0	0	0				¥	5	6	5	0	0	0	0	

财务主管 林英　记账 高义鹤　出纳 王秀　审核 林英　制单 高义鹤

图 6-48　转账凭证(三)

【例 6-33】 6 月 24 日，企业开出转账支票，支付广告费，应编制的“银行存款付款凭证”如图 6-49 所示。

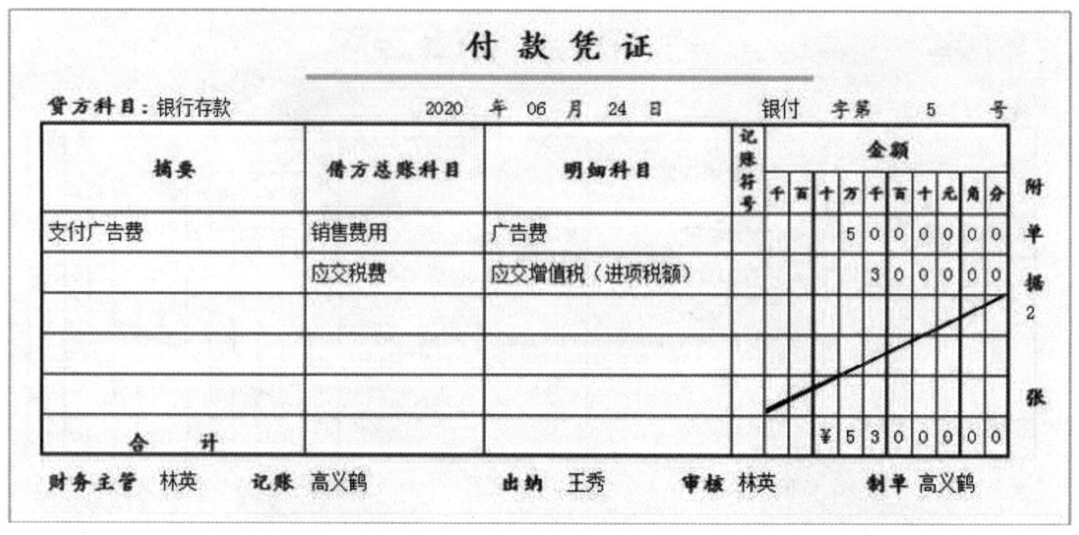

付 款 凭 证

贷方科目：银行存款　　2020 年 06 月 24 日　　银付 字第 5 号

摘要	借方总账科目	明细科目	记账符号	千	百	十	万	千	百	十	元	角	分
支付广告费	销售费用	广告费					5	0	0	0	0	0	0
	应交税费	应交增值税（进项税额）						3	0	0	0	0	0
合　计						¥	5	3	0	0	0	0	0

附单据 2 张

财务主管 林英　　记账 高义鹤　　出纳 王秀　　审核 林英　　制单 高义鹤

图 6-49　付款凭证(五)

【例 6-34】 6 月 26 日，职工张明出差预借差旅费，应编制的“库存现金付款凭证”如图 6-50 所示。

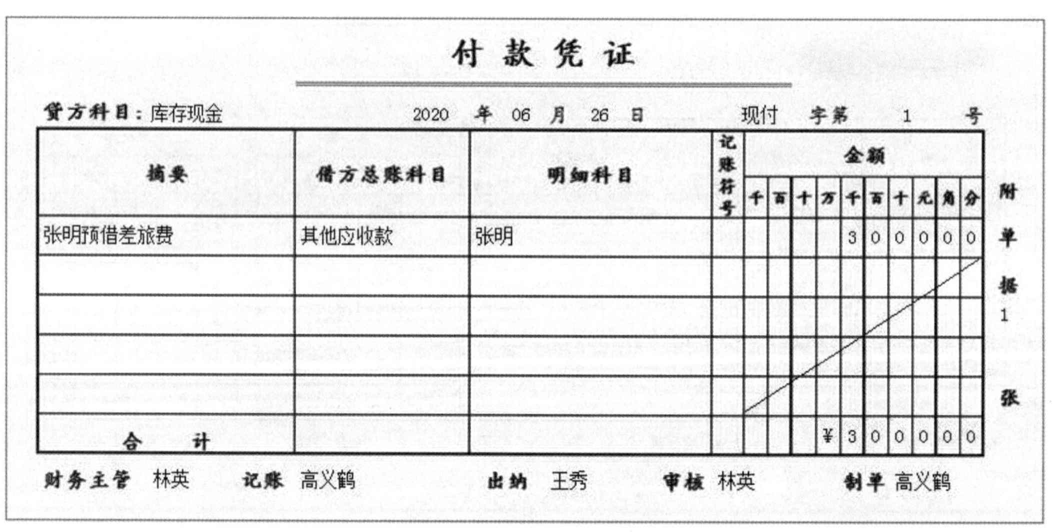

付 款 凭 证

贷方科目：库存现金　　2020 年 06 月 26 日　　现付 字第 1 号

摘要	借方总账科目	明细科目	记账符号	千	百	十	万	千	百	十	元	角	分
张明预借差旅费	其他应收款	张明						3	0	0	0	0	0
合　计							¥	3	0	0	0	0	0

附单据 1 张

财务主管 林英　　记账 高义鹤　　出纳 王秀　　审核 林英　　制单 高义鹤

图 6-50　付款凭证(六)

【**例 6-35**】6 月 28 日，职工张明出差回来报销差旅费，应编制的“库存现金收款凭证”和“转账凭证”如图 6-51 和图 6-52 所示。

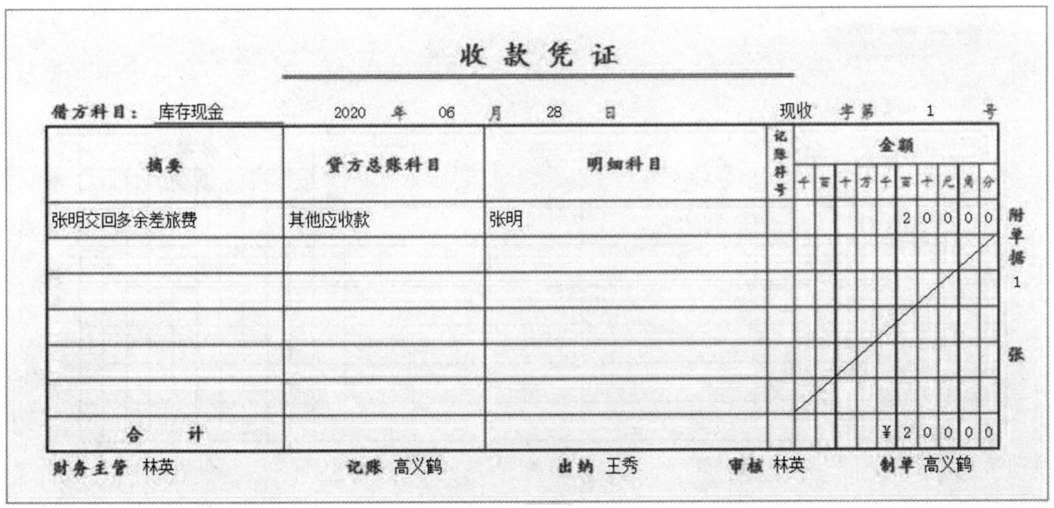

收 款 凭 证

借方科目：库存现金　　2020 年 06 月 28 日　　现收 字第 1 号

摘要	贷方总账科目	明细科目	记账符号	千	百	十	万	千	百	十	元	角	分
张明交回多余差旅费	其他应收款	张明							2	0	0	0	0
合　计								¥	2	0	0	0	0

附单据 1 张

财务主管 林英　　记账 高义鹤　　出纳 王秀　　审核 林英　　制单 高义鹤

图 6-51　收款凭证(四)

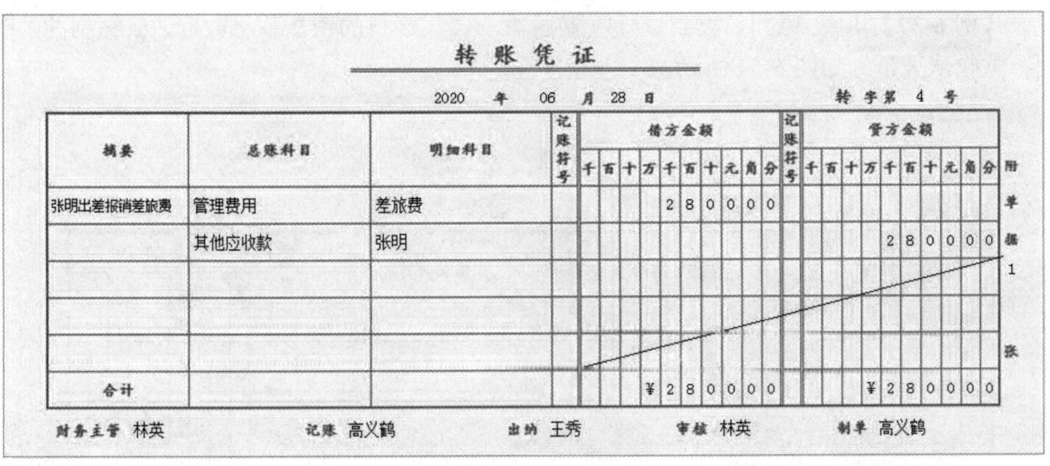

转 账 凭 证

2020 年 06 月 28 日　　转 字第 4 号

摘要	总账科目	明细科目	记账符号	借方金额 千	百	十	万	千	百	十	元	角	分	记账符号	贷方金额 千	百	十	万	千	百	十	元	角	分
张明出差报销差旅费	管理费用	差旅费						2	8	0	0	0	0											
	其他应收款	张明																	2	8	0	0	0	0
合计							¥	2	8	0	0	0	0					¥	2	8	0	0	0	0

附单据 1 张

财务主管 林英　　记账 高义鹤　　出纳 王秀　　审核 林英　　制单 高义鹤

图 6-52　转账凭证(四)

【例 6-36】 6 月 28 日，企业将多余的现金存入银行，应编制的“库存现金付款凭证”如图 6-53 所示。

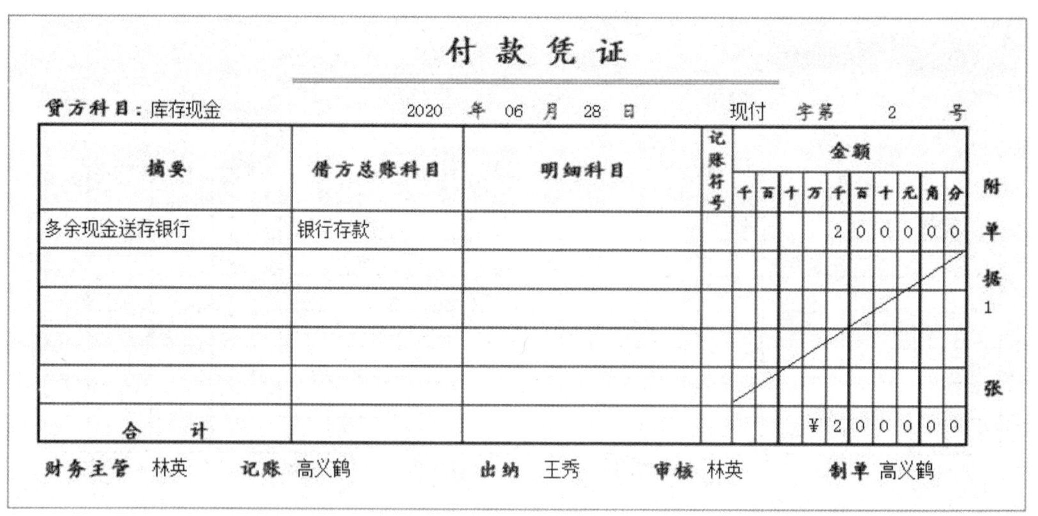

付款凭证

贷方科目：库存现金　　2020 年 06 月 28 日　　现付 字第 2 号

摘要	借方总账科目	明细科目	记账符号	金额									
				千	百	十	万	千	百	十	元	角	分
多余现金送存银行	银行存款							2	0	0	0	0	0
合　计							¥	2	0	0	0	0	0

附单据 1 张

财务主管 林英　记账 高义鹤　出纳 王秀　审核 林英　制单 高义鹤

图 6-53　付款凭证(七)

【例 6-37】 6 月 30 日，收到银行收款通知，6 月 22 日的销货款已收回，应编制的“银行存款收款凭证”如图 6-54 所示。

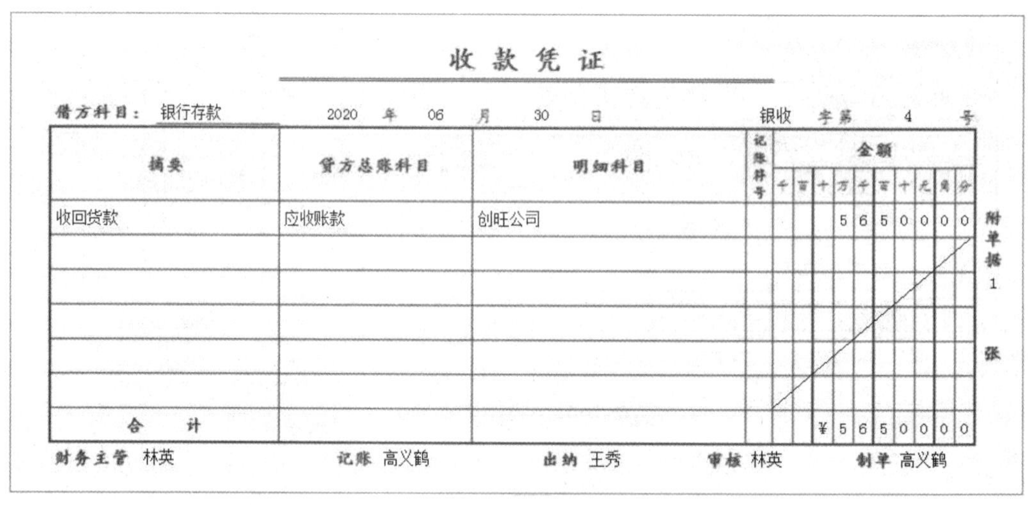

收款凭证

借方科目：银行存款　　2020 年 06 月 30 日　　银收 字第 4 号

摘要	贷方总账科目	明细科目	记账符号	金额									
				千	百	十	万	千	百	十	元	角	分
收回货款	应收账款	创旺公司					5	6	5	0	0	0	0
合　计						¥	5	6	5	0	0	0	0

附单据 1 张

财务主管 林英　记账 高义鹤　出纳 王秀　审核 林英　制单 高义鹤

图 6-54　收款凭证(五)

六、记账凭证的填制

(一)基本要求

记账凭证是根据审核无误的原始凭证编制的，各种记账凭证可以根据每一张原始凭证单独编制，也可以根据若干张原始凭证汇总编制。填制记账凭证要求会计人员将各项记账凭证要素按规定方法填写齐全，便于登记账簿。记账凭证虽然有不同的格式，但就记账凭证确定会计分录，便于保管和查阅会计资料来看，各种记账凭证除严格按原始凭证的填制要求填制外，还应注意以下填制要求。

(1) 必须根据审核无误的原始凭证填制记账凭证。除填制更正错账、编制结账分录和按权责发生制要求编制的调整分录的记账凭证可以不附原始凭证以外，其余的记账凭证都应该附有原始凭证，同时，还应在记账凭证中注明所附原始凭证的张数，以便日后查阅。如果一张原始凭证同时涉及几张记账凭证，应将其附在其中一张主要的记账凭证的后面，并在其他记账凭证中予以说明。

(2) 必须采用科学的方法对记账凭证进行编号。编号是为了分清记账凭证的先后顺序，便于登记账簿和日后记账凭证与会计账簿之间的核对，并防止散失。在使用通用凭证的企业里，可按经济业务发生的先后顺序分月按自然数 1、2、3、…的顺序编号；在采用收款凭证、付款凭证和转账凭证的企业里，可以采用“字号编号法”，即按照专用记账凭证的类别顺序分别进行编号，如收字第 X 号、付字第 X 号、转字第 X 号等。也可以采用“双重编号法”，即按总字顺序编号与按类别顺序编号相结合，如某收款凭证为“总字第 X 号、收字第 X 号”。一笔经济业务，如果需要编制多张专用记账凭证时，可采用“分数编号法”。例如，一笔经济业务需要编制两张转账凭证，凭证的顺序号为 10 号时，其编号可为转字第 10 1/2 号、转字第 10 2/2 号。不论采用哪种凭证编号方法，每月月末最后一张记账凭证的编号旁边要加注“全”字，以免凭证散失。记账凭证的编号对于凭证的完整无缺具有重要作用，不可忽视，不得漏号、重号。

(3) 记账凭证日期应如实填写。一般来说，记账凭证填列的日期应该是根据原始凭证编制记账凭证的日期，因此记账凭证日期与原始凭证日期或经济业务发生日期可能一致，也可能不一致。收付款业务发生时一般要立即进行相应的账务处理，在这种情况下，收付款凭证上的日期就为实际发生收款或付款的日期。一些转账业务的原始凭证并不是立即编制记账凭证，记账凭证日期就与经济业务发生日期或原始凭证日期不一致了。至于月终(或年终)账项调整及结账时，全部会计凭证则应填制月终(或年终)日期。

(4) 会计科目的填写，必须按照统一规定的会计科目名称和每一会计科目所核算的内容，结合经济业务的内容正确分析填列。相关科目必须保持对应关系，金额必须核对无误。收款凭证的“借方科目”应填列“库存现金”科目或“银行存款”科目，其“贷方科目”应填入与收入现金或收入银行存款相对应的会计科目。付款凭证的“贷方科目”应该填列“库存现金”科目或“银行存款”科目，其“借方科目”则应填制与付出现金或付出银行存款相对应的会计科目。转账凭证的会计科目，应根据对经济业务的分析确定的应借、应贷科目及金额分别填写。借方会计科目应和借方金额在同一行内，贷方会计科目应和贷方金额在同一行内。

(5) 凭证摘要的填写要简明扼要。摘要栏的填写很重要，必须根据原始凭证正确填写，不得漏填或错填。每一笔经济业务，通过借贷双方会计科目及金额，辅以相应的文字摘要来说明它的实际情况。摘要栏空间有限，字数不能太多。对摘要栏的记法要求有三点：一是意义完备，应该记录的内容不能漏列；二是简明扼要，凡可有可无的文字一概不写；三是字义明白。

(6) 附件张数完整。记账凭证应根据原始凭证编制，除账目调整及结账时某些无原始凭证的业务外，发生经济业务时都应以能够证明该项经济业务实际情况的原始凭证作为附件，不管张数多少，都应粘附在记账凭证的后面。附件的张数，应按独立的原始凭证计算。根据同一原始凭证填制多张记账凭证时，必须在未附原始凭证的记账凭证摘要栏中注明“原始凭证××张，附在第×号记账凭证上”，以便日后复核和查阅。

(7) 记账凭证填制完经济业务事项后，如有空行，应当在金额栏最后一笔金额数字下方的空行处至合计数上方的空行处划斜线予以注销。

(8) 实行会计电算化的单位，对于机制记账凭证，要认真审核，做到会计科目使用正确、数字准确无误。打印出的机制记账凭证要加盖制单人员、审核人员、记账人员及会计机构负责人、会计主管人员印章或者签字。

(9) 记账凭证如果填制错误，应当按错账更正的方法更正。已登记入账的记账凭证在当年内发现填写错误的，可以用红笔填写一张与原内容相同的记账凭证，在摘要栏注明“注销某年某月某日某号凭证”字样，同时再用蓝字重新编制一张正确的记账凭证。如果会计科目没有错误，只是金额错误，也可以将正确数字与错误数字之间的差额，另编制一张调整的记账凭证，调增金额用蓝字，调减金额用红字。发现以前年度记账凭证有错误的，应当分别对资产负债表日后事项或非日后事项进行会计处理。

(二)记账凭证的审核

正确地编制记账凭证是正确地进行会计处理的前提。所以，记账凭证填制完成以后，必须由会计主管人员或其他指定人员进行严格审核。应该说，记账凭证的审核同原始凭证的审核一样，也是会计确认的一个重要环节，都是为了保证会计信息的真实、可靠，对经济业务在会计账簿上正式加以记录之前所采取的复式记账系统内部的一种防护性措施。因此，为了正确地登记账簿和监督经济业务，除了在记账凭证的编制过程中，有关人员应认真负责、正确填制、加强自审之外，还要对记账凭证建立综合审核制度。

如前所述，记账凭证是根据审核后的原始凭证填制的，因此，记账凭证的审核，除了应对原始凭证进行必要的复核外，还应着重审核以下几方面内容。

(1) 记账凭证是否附有原始凭证，记录的内容与所附原始凭证的内容是否相符，记账凭证上填写的附件张数与实际原始凭证张数是否相符。

(2) 会计科目的应用是否正确，二级或明细科目是否齐全，会计科目的对应关系是否清晰。

(3) 金额的计算是否正确。

(4) 内容摘要的填写是否清楚，是否正确归纳了经济业务的实际内容。

(5) 记账凭证中有关项目是否填列齐全；有关人员是否签字或盖章等。

严格地说，记账凭证的审核同原始凭证一样，共同组成会计确认的一个环节，都是在会计账簿上正式加以记录之前的必要步骤。在记账凭证的审核过程中，如果发现了差错，应查明原因，按照规定的办法及时处理和更正，并由更正人员在更正处签章。只有经过审核无误的记账凭证，才能作为登记账簿的直接依据。

第四节　会计凭证的传递和保管

会计凭证的传递，是指凭证从取得或填制时起，经过审核、记账、装订到归档保管时止，在单位内部各有关部门和人员之间按规定的时间、路线办理业务手续和进行处理的过程。正确、合理地组织会计凭证的传递，对于及时处理和登记经济业务，协调单位内部各部门、各环节的工作，加强经营管理的岗位责任制，实行会计监督具有重要作用。例如，对材料收入业务的凭证传递应明确规定：材料运达企业后需要多长时间验收入库，由谁负责填制验收单，又由谁在何时将收料单交送会计及其他有关部门；会计部门由谁负责审核收料单，由谁在何时编制记账凭证和登记账簿，又由谁负责整理或保管凭证等。这样，既可以把材料收入业务验收入库到登记入账的全部工作在本单位内部进行分工，并通过各部门的协作来共同完成，又便于考核经办业务的有关部门和人员是否按照规定的会计手续办事。

一、会计凭证传递的意义

正确组织会计凭证的传递，对于及时利用会计凭证正确反映和有效监督各项经济业务，合理组织经济活动，加强经济责任，具有重要的意义。

(1) 正确组织会计凭证的传递，可以把反映在会计凭证中的有关经济业务完成情况的资料，及时地传递到本单位内部各部门、各环节，最后集中到财务部门中，这样有利于加强经济管理，提高工作效率。例如，企业支付给职工一笔差旅费，首先要由职工填制借款单，注明借款的用途和事由，经主管部门负责人签字同意后，到财会部门办理借款手续，经财会部门相关人员审核批准填制付款凭证后，出纳人员方可据以支付这笔款项，并在付款凭证上打上“付讫”戳记，再交会计人员记账。不同的经济业务涉及的部门不同，填制的凭证和传递的程序也不一样。明确规定各类经济业务会计凭证的传递程序，能够使经济业务的办理有条不紊，从而提高工作效率，及时、正确地反映和监督各项经济业务的完成情况。

(2) 正确组织会计凭证的传递，有利于合理组织经济活动，加强岗位责任制，有效地进行会计监督。如前所述，经济业务的发生与完成要经过许多环节和人员办理，正确组织会计凭证传递，就能把本单位各有关部门和人员的活动紧密联系起来，使他们既有分工又有协作，从而使正常的经济活动得以实现。在这个过程中，通过会计凭证传递会起到相互牵制、相互监督的作用，从而有利于加强岗位责任制，有效地发挥会计的监督职能。

二、会计凭证传递的内容

会计凭证的传递主要包括凭证的传递路线、传递时间和传递过程中的衔接手续三个方面的内容。

(1) 确定凭证的传递路线。各单位应根据经济业务的特点、机构设置、人员分工情况，以及经营管理上的需要，明确规定会计凭证的联次及其流程。既要使会计凭证经过必要的环节进行审核和处理，又要避免会计凭证在不必要的环节停留，从而保证会计凭证沿着简捷、合理的路线传递，使经济活动有序、协调地运转。

(2) 规定凭证的传递时间。会计凭证的传递时间，是指各种凭证在各经办部门、环节所停留的最长时间。它应考虑各部门和有关人员，在正常情况下办理经济业务所需的时间来合理确定，恰当地规定凭证在各环节的停留时间和交接时间。明确会计凭证的传递时间，能防止拖延处理和积压凭证，保证会计工作的正常秩序，提高工作效率。一切会计凭证的传递和处理，都应在报告期内完成，否则，将会影响会计核算的及时性。

(3) 制定会计凭证传递过程中的衔接手续。为了防止凭证在传递过程中出现遗失、毁损或其他意外情况，凭证在传递过程中，应建立凭证的交接签收制度，凭证的收发、交接都按一定的手续和制度办理，以保证会计凭证的安全和完整。

会计凭证的传递是会计工作的一个重要组成部分，由于各种会计凭证所记载的经济业务内容不同，所涉及的部门和人员不同，企业管理的要求也不同，因此，各单位应根据自身的具体情况，在企业内部制定出一套合理的会计凭证传递制度，以便更好地发挥会计凭证的作用，使凭证传递的整个过程环环相扣，从而加速经济业务的处理进程，保证会计部门迅速、及时地取得和处理会计凭证，提高各项工作的效率，充分发挥会计监督作用。会计凭证的传递路线、传递时间和传递手续，还应根据实际情况的变化及时加以修改，以确保会计凭证传递的科学化、制度化。

在会计凭证的传递过程中，如果遇到不合理的环节，应根据实际情况及时加以修改，确保会计凭证传递路线、传递时间和衔接手续的合理化、制度化和科学化。

会计凭证的传递程序和方法，是经济管理的一项重要规章制度，会计部门要会同有关业务部门在调查研究的基础上，共同制定出科学合理的凭证传递程序。各有关部门和人员必须严格遵守，自觉执行，会计主管人员要监督执行的情况。

三、会计凭证的保管

会计凭证是进行会计工作的基础，是重要的经济档案和历史资料。为了便于随时查阅利用，各种会计凭证在办理好各项业务手续，并据以记账后，应由会计部门加以整理、归类，并送交档案部门妥善保管，不得丢失或任意撕毁。为了保管好会计凭证，更好地发挥会计凭证的作用，《会计基础工作规范》第五十五条对此做了明确的规定，具体可归纳为以下几点。

1. 会计凭证的整理归类

会计部门在记账以后，应定期(一般为每月)将会计凭证加以归类整理，即把记账凭证及其所附原始凭证，按记账凭证的编号顺序进行整理，在确保记账凭证及其所附原始凭证完整无缺后，将其折叠整齐，加上封面、封底，装订成册，在装订线上加贴封签，并在封签处加盖会计主管或指定的装订人员的骑缝图章，以防散失和任意拆装。在封面上要注明单位名称、凭证种类、所属年月和起讫日期、起讫号码、凭证张数等。会计主管或指定的装订人员要在装订线封签处签名或盖章，然后入档保管。会计凭证装订封面的一般格式如图6-55所示。

年月份第册	(企业名称) 年　月份　共　册 收款 付款　　　　凭证第　号至第　号共　张 转账 会计主管(签章)　　保管(签章)

图 6-55　会计凭证装订封面的一般格式

对于那些数量过多或各种随时需要查阅的原始凭证，可以单独装订保管，在封面上注明记账凭证的日期、编号、种类，同时在记账凭证上注明“附件另订”字样。各种经济合同和重要的涉外文件等凭证，应另编目录，单独登记保管，并在有关记账凭证和原始凭证上注明。

2．会计凭证的造册归档

每年的会计凭证都应由会计部门按照归档的要求，负责整理立卷或装订成册，按年、分月排列，以备查阅。会计凭证的装订方法如下：因为原始凭证的纸张面积与记账凭证的纸张面积不可能全部一样，有时前者大于后者，有时前者小于后者，这就需要会计人员在制作会计凭证时对原始凭证加以适当整理，以便下一步装订成册。对于纸张面积大于记账凭证的原始凭证，可按记账凭证的面积尺寸，先自右向后，再自下向后两次折叠。注意应把凭证的左上角或左侧面让出来，以便装订后还可以展开查阅。对于纸张面积过小的原始凭证，一般不能直接装订，可先按一定的次序和类别排列，再粘在一张同记账凭证大小相同的白纸上，粘贴时宜用胶水。证票应分张排列，同类、同金额的单据尽量粘在一起；同时，在一旁注明张数和合计金额。如果是板状票证，可以将票面票底轻轻撕开，厚纸板弃之不用。对于纸张面积略小于记账凭证的原始凭证，可先用回形针或大头针别在记账凭证后面，待装订时再抽去回形针或大头针。有的原始凭证不仅面积大，而且数量多，可以单独装订，如工资单、耗料单等，但在记账凭证上应注明保管地点。原始凭证附在记账凭证后面的顺序应与记账凭证所记载的内容顺序一致，不应按原始凭证的面积大小来排序。会计凭证经过上述加工整理后，就可以装订了。

当年的会计凭证，在会计年度终了后，可暂由会计部门保管一年，期满后，原则上应由会计部门编造清册移交本单位档案部门保管。档案部门接收的会计凭证，原则上要保持原卷册的封装，个别需要拆封重新整理的，应由会计部门和经办人员共同拆封整理，以明确责任。会计凭证必须做到妥善保管、存放有序、查找方便，并严防毁损、丢失和泄密。

3．会计凭证的借阅

会计凭证原则上不得借出，如有特殊需要，须报请批准，但不得拆散原卷册，并应限期归还。需要查阅已入档的会计凭证时，必须办理借阅手续。其他单位由于特殊原因需要使用原始凭证时，经本单位负责人批准后可以复制。但向外单位提供的原始凭证复印件，应在专设的登记簿上登记，并由提供人员和收取人员共同签名或盖章。

4．会计凭证的保管期限和销毁手续

会计凭证的保管期限一般为30年。保管期未满，任何人都不得随意销毁已归档保管的会计凭证。按规定销毁会计凭证时，必须开列清单，报经批准后，由档案部门和会计部门共同派员监销。在销毁会计凭证前，监督销毁人员应认真清点核对，销毁后，在销毁清册上签名或盖章，并将监销的情况报本单位负责人。

本 章 小 结

填制和审核会计凭证是会计核算的专门方法之一，也是会计核算工作的起点和基础。本章主要讲述会计凭证的意义，原始凭证和记账凭证的概念、分类、基本内容、填制要求、填制方法及其审核的有关事项。

习　　题

一、单项选择题

1. 下列凭证中，不属于原始凭证的是(　　)。
   A. 收料单　　B. 领料单　　C. 购货发票　　D. 购销合同
2. 下列原始凭证中，属于外来原始凭证的是(　　)。
   A. 收料单　　B. 购货发票　　C. 职工薪酬明细表　　D. 购销合同
3. 下列各项中，不属于原始凭证要素的是(　　)。
   A. 交易或事项发生的日期　　B. 交易或事项的内容
   C. 会计人员记账标记　　D. 有关人员签章
4. 实际会计工作过程中，依据(　　)编制记账凭证。
   A. 原始凭证　　B. 会计科目　　C. 记账凭证　　D. 会计账簿
5. 发出材料汇总表的是(　　)。
   A. 记账凭证　　B. 汇总原始凭证　C. 明细账　　D. 累计原始凭证
6. 原始凭证不得涂改、刮擦、挖补。对于金额有错误的原始凭证，正确的处理方法是(　　)。
   A. 退回由出具单位重新填写
   B. 由出具单位在凭证上更正并由经办人员签名
   C. 由出具单位在凭证上更正并由出具单位负责人签名
   D. 由出具单位在凭证上更正并加盖出具单位印章
7. 企业购入原材料一批，款未付，会计人员应填制的专用凭证是(　　)。
   A. 收款凭证　　B. 付款凭证　　C. 记账凭证　　D. 转账凭证

8. 对于现金存入银行的业务，企业应编制的专用记账凭证是(　　)。
   A. 收款凭证　　B. 付款凭证　　C. 转账凭证　　D. 通用记账凭证
9. 限额领料单属于(　　)。
   A. 一次性原始凭证　　B. 外来原始凭证
   C. 汇总原始凭证　　D. 累计原始凭证
10. 如果一笔交易或事项需要编制多张记账凭证时，可采用(　　)。
   A. 分数编号法　　B. 双重编号法　　C. 统一编号　　D. 分类编号法

二、多项选择题

1. 下列各项中，属于自制原始凭证的有(　　)。
   A. 销货发票　　B. 差旅费报销单
   C. 工资结算单　　D. 银行转来的委托收款凭证
2. 自制原始凭证按其反映经济业务的次数，可分为(　　)。
   A. 一次凭证　　B. 累计凭证
   C. 收、付、转款凭证　　D. 汇总原始凭证
3. 下列属于原始凭证的有(　　)。
   A. 销货发票　　B. 收款收据　　C. 工资结算单　　D. 领料单
4. 记账凭证可以根据(　　)填制。
   A. 账簿提供的某些数据　　B. 原始凭证
   C. 原始凭证汇总表　　D. 存盘盘点报告单
5. 下列各项中，属于外来原始凭证的有(　　)。
   A. 购货发票　　B. 差旅费报销单
   C. 工资结算　　D. 银行转来的委托收款凭证
6. 下列交易或事项中，应编制转账凭证的有(　　)。
   A. 生产领用材料 10 000 元　　B. 计提固定资产折旧 1 000 元
   C. 购入材料 20 000 元，货款未付　　D. 年终进行利润分配
7. 下列项目中，属于记账凭证基本内容的有(　　)。
   A. 记账凭证的名称　　B. 填制凭证的日期
   C. 借方或贷方科目　　D. 经办人员签名或盖章
8. 在编制转账凭证时，凭证中不可能出现的会计科目有(　　)。
   A. 应付账款　　B. 库存现金　　C. 应收账款　　D. 银行存款
9. 下列交易或事项中，应填制转账凭证的有(　　)。
   A. 将现金 2 000 元存入银行
   B. 生产领用原材料 1 500 元
   C. 采购员李平预借差旅费，企业支付现金 1 200 元
   D. 购入原材料一批价值 14 000 元，款项尚未支付
10. 记账凭证的填制，可以根据(　　)。
   A. 每一张原始凭证　　B. 若干张同类原始凭证
   C. 原始凭证汇总表　　D. 不同内容和类别的原始凭证

三、判断题

1. 从外部取得的原始凭证，必须盖有填制单位的公章；从个人取得的原始凭证，无须签名盖章。 (　　)

2. 原始凭证审核时，对于数字填写有差错的凭证，应退还经办人员进行更正后才能受理。 (　　)

3. 外来的原始凭证都是一次凭证，自制的原始凭证可能是一次凭证，也可能是累计凭证。 (　　)

4. 凡是涉及现金或银行存款增加的经济业务必须填制收款凭证。 (　　)

5. 现金存入银行时，为避免重复记账只编制银行存款收款凭证，不编制现金付款凭证。 (　　)

6. 为了简化工作手续，可以将不同内容和类别的原始凭证进行汇总，填制在一张记账凭证上。 (　　)

7. 记账人员根据记账凭证记账后，应在“记账符号”栏内做“√”记号，表示该笔金额已记入有关账户，以免漏记或重记。 (　　)

8. 一般情况下，记账凭证必须附有原始凭证，但结账和更正错账的记账凭证可以不附原始凭证。 (　　)

9. 原始凭证上一般要求既要填写小写金额，又要填写大写金额，当大写金额元后没有角分的，应以“整”字收尾。 (　　)

10. 所有原始凭证都是从企业外部取得的。 (　　)

第七章

会 计 账 簿

【学习目标】

1. 掌握会计账簿的启用和记账规则。
2. 掌握现金和银行存款日记账的登记。
3. 掌握总分类账和明细分类账登记。
4. 掌握对账、结账及错账更正的方法。
5. 了解会计账簿更换和保管的有关规定。

【重点与难点】

重点：掌握现金日记账和银行存款日记账的登记、掌握总分类账和明细分类账登记。
难点：对账、结账和更正错账。

案例导入：王方该不该辞职

王方先生应聘一家外国公司的会计，发现这家公司有几个与其他公司不一样的地方：一是公司所有的账簿都使用活页账，理由是这样便于改错；二是公司的往来账簿都采用抽单核对的方法，直接用往来会计凭证控制，不再记账；三是在记账时发生了错误允许使用涂改液，但是强调必须由责任人签字；四是经理要求王方先生在登记现金总账的同时也要负责出纳工作。经过不到 3 个月的试用期，尽管这家公司的报酬高出其他同类公司，王方先生还是决定辞职。请问，他为什么会辞职？你如果处在他的位置上，你会辞职吗？

分析：(1) 现金、银行存款日记账必须采用订本式账簿，而记录内容比较复杂的财产明细账，如固定资产卡片则需使用卡片式账簿，除此之外的明细账可以使用活页式账簿，该公司所有的账簿都采用活页账显然不够规范。

(2) 会计账簿具有重要意义，记录在会计凭证上的信息是分散的、不系统的。为了把分散在会计凭证中的大量核算资料加以集中归类反映，为经营管理提供系统、完整的核算资料，并为编报会计报表提供依据，就必须设置和登记账簿。设置和登记账簿是会计核算的专门方法之一。所以，对于会计凭证必须登记入账，不可单凭往来会计凭证控制。

(3) 如果发现账簿记录有错误，应按规定的方法进行更正，不得涂改、挖补或用涂改液消除字迹。更正错误的方法有划线更正法、红字更正法及补充登记法。显然，案例中的公司允许使用涂改液的做法是错误的。

(4) 由于现金和银行存款是企业的重要资产，同时又是非常容易出问题的，所以为了加强内部控制，必须坚持内部牵制原则，实行钱、账分管，出纳人员不得负责登记现金日记账和银行存款日记账以外的任何账簿。出纳人员登记现金日记账和银行存款日记账后，应将各种收付款凭证交由会计人员据以登记总分类账及有关的明细分类账。

综上所述，该公司的会计内部制度明显存在一系列问题，王方先生对此将面临比较大的职业风险，如果处在该职位上应该选择辞职。

第一节　会计账簿概述

一、设置会计账簿的意义

在会计核算工作中，对每一项经济业务，都必须取得和填制会计凭证。由于会计凭证数量很多，又很分散，而且只能零散地反映个别经济业务的内容，不能连续、全面、系统、完整地反映和监督一个企业单位在一定时期内某类和全部经济业务的变化情况。为了把一个单位在一定时期内发生的某类和全部经济业务进行连续、全面、系统、完整地反映和监督，就需要把分散在会计凭证上的大量核算资料，加以集中和归类整理，登记到各类经济业务的账簿中去，以便为经济管理提供系统的核算资料。会计账簿是由具有一定格式、相互联系的账页组成，用来序时、分类、连续地登记全部经济业务的簿籍，简称账簿。

账簿和账户既有明显区别，又有密切联系。账簿和账户所反映的经济内容是一致的；

账户是在账簿中按规定的会计科目设置的户头，而账簿可以连续、系统、全面、完整地记录和反映经济业务，可以积累、储存经济活动信息资料。

可见，设置和登记账簿是对经济信息进行分类、加工整理和积累的一种方法，是会计核算工作的重要环节。设置和登记账簿的意义可以概括如下。

1. 可以为企业经营管理提供系统、完整的会计信息

通过设置和登记账簿，可以把记载于会计凭证上的大量而分散的会计核算资料，按照账户加以归类、记录、汇总和整理，以便系统、连续、分类地核算和监督一个单位在一定期间发生的经济业务的全部情况，初步形成企业经营管理所需要的完整、系统、分类的会计核算资料。

2. 可以保证企业单位财产物资的安全与完整

通过设置和登记账簿，可以具体反映各项财产物资的收入、发出以及保管使用等情况，并将账面记录与有关财产物资实地盘点确定的实有数进行核对，可以查实财产物资是否得到妥善保管和有效使用，有利于保护财产物资的安全、完整。

3. 可以为考核经营成果提供依据

账簿不仅可以全面反映资金的循环周转情况，而且可以把经营活动中的收益和成本、费用以总括和明细指标分别反映出来，从而便于检查和考核生产经营过程及其取得的成果，并为改善经营管理、提高经济效益提供可靠的依据。

4. 可以为定期编制财务报表提供数据资料

在企业经营的过程中，许多与企业相关的人员和部门如投资者、债权人、潜在投资者、潜在债权人、职工、政府管理部门等都需了解企业的财务状况和经营成果。企业的经营情况都记录在账簿中，但企业不能将本单位的账簿资料公开，因为账簿记录内容中有许多是企业的商业秘密，这样为满足有关人员及部门对企业的财务信息的需求，企业就需要定期编制会计报表，这也是企业自身发展的需要，通过编制会计报表总结一定时期的经济活动情况。编制会计报表的数据，都是来自结账后的账簿记录。

二、会计账簿的分类

(一)账簿按其用途分类

账簿按其用途不同，可分为序时账簿、分类账簿和备查账簿三种。

1. 序时账簿

序时账簿是指按照经济业务发生或完成时间的先后顺序，逐日逐笔登记经济业务的账簿，亦称日记账。按其登记内容的不同，日记账又分为普通日记账和特种日记账两种。普通日记账是将各企业单位全部经济业务不分类别，依照业务发生时间顺序逐笔登记的日记账。特种日记账是用来专门登记某一类经济业务的发生情况的日记账。为了避免重复，设置普通日记账的单位，一般情况下不再单独设置特种日记账；但是，在绝大多数情况下，各个单位只对现金和银行存款的收付业务，设置库存现金日记账和银行存款日记账进行登记，以便加强货币资金的管理。

2. 分类账簿

分类账簿是指对全部经济业务按照总分类账户和明细分类账户进行分类登记的账簿。分类账簿可分为总分类账簿和明细分类账簿两种。总分类账簿亦称总分类账或总账，是根据总分类科目开设的账户，用来分类登记全部经济业务、提供总括核算资料的分类账簿。明细分类账簿亦称明细分类账或明细账，是根据总账科目所属的二级科目或明细科目开设的账户，用来分类登记某类经济业务、提供明细核算指标的分类账簿。总分类账簿和明细分类账簿的作用各不相同，但又密切联系、互为补充。

3. 备查账簿

备查账簿也称辅助账簿，是指用来对某些在序时账簿和分类账簿等主要账簿中未能登记的事项或记载不全的经济业务，进行补充登记的账簿，亦称备查登记簿。它可以对某经济业务提供必要的参考资料，如租入固定资产登记簿、委托加工材料登记簿等。备查账簿由各单位根据需要自行设置。

(二)账簿按其外表形式分类

账簿按其外表形式不同，可分为订本式账簿、活页式账簿和卡片式账簿三种。

1. 订本式账簿

订本式账簿是指把一定数量的印有专门格式的账页预先编好顺序号数，固定地装订在一起的账簿，亦称订本账。其优点是能够避免账页散失和防止账页被抽换，比较安全。其缺点是因为账页固定，不能增减，不便于调整各账户的账页数量，为每一账户预留空白账页时，留少了会影响账簿记录的连续登记，留多了又会造成浪费。此外，使用这种账簿，在同一时间内，只能由一人登记，不便于记账人员的分工。带有统驭性和比较重要的总分类账、库存现金日记账和银行存款日记账，一般使用订本式账簿。

2. 活页式账簿

活页式账簿是指由若干零散的具有专门格式的账页组成的账簿，亦称活页账。其特点是在启用之前不能固定地装订在一起，年终时才装订成册。活页式账簿的优点是，可以根据实际需要增减账页，不会浪费账页，还便于同时分工记账。其缺点是账页容易散失和被抽换。为了防止散失和被抽换，空白账页使用时必须编号，安置在账夹内或临时装订成册，并由有关人员在账页上盖章；到一定时期(如 1 年)记账告一段落后，将所有账页加以汇总装订，然后才编列账簿号数，以便保存。活页式账簿一般适用于明细分类账。

3. 卡片式账簿

卡片式账簿是指一种由具有一定格式的卡片组成、存放在卡片箱中可以随时取出和放入的账簿。卡片式账簿的优点是应用灵活、便于分工，数量可多可少。有些卡片的面积并不大，应用于机械记账。其缺点是如果保管不善，容易散失和被抽换。在实际使用时，卡

片上应连续编号并加盖有关人员的名章。另外，卡片箱应由专人负责保管，以保证账簿的安全；使用完毕，不再登账时，应将卡片穿孔固定保管。卡片式账簿一般适用于低值易耗品、固定资产等的明细账。

(三)账簿按其账页的具体格式分类

账簿按其账页的具体格式不同，可分为两栏式账簿、三栏式账簿、数量金额式账簿和多栏式账簿四种。

1. 两栏式账簿

两栏式账簿是指只有借方和贷方两个基本金额栏目的账簿。普通日记账和转账日记账一般采用两栏式账簿。

2. 三栏式账簿

三栏式账簿是指账簿的账页由借方、贷方和余额三个金额栏组成的账簿。总分类账以及资本、债权、债务明细账都可以采用三栏式账簿。

3. 数量金额式账簿

数量金额式账簿是指在账簿账页的借方、贷方和余额三大栏内，又分别设置了数量、单价、金额三个小栏的账簿。原材料、库存商品等明细账一般采用数量金额式账簿。

4. 多栏式账簿

多栏式账簿是指在账簿账页的借方、贷方两个金额栏内又分别设置了若干个金额栏的账簿。收入、费用明细账一般采用多栏式账簿。

第二节　会计账簿的设置和登记

一、会计账簿的基本内容

任何会计主体都应根据本单位经济业务的特点和经营管理上的需要，设置一定种类和数量的账簿。各种账簿所记录的经济内容不同，其形式和格式也多种多样，但是，各种主要的账簿都具备下述基本内容。

1. 封面

封面主要标明账簿名称和记账单位名称，如总分类账、各种明细分类账、库存现金日记账、银行存款日记账等。

2. 扉页

扉页主要填明会计科目索引及账簿启用和经管人员一览表。其格式如表 7-1、表 7-2 所示。

表 7-1　会计科目索引

页　数	科　目	页　数	科　目	页　数	科　目	页　数	科　目

表 7-2　账簿启用和经管人员一览表

<table>
<tr><td colspan="2">使用者名称</td><td colspan="3"></td><td colspan="2">印　鉴</td></tr>
<tr><td colspan="2">账簿名称</td><td colspan="3"></td><td colspan="2" rowspan="4"></td></tr>
<tr><td colspan="2">账簿编号</td><td colspan="3"></td></tr>
<tr><td colspan="2">账簿页数</td><td colspan="3">本账簿共计　　　页</td></tr>
<tr><td colspan="2">启用日期</td><td colspan="3">年　月　日</td></tr>
<tr><td rowspan="2">责任者</td><td></td><td>主　管</td><td>会　计</td><td>记　账</td><td colspan="2">审　核</td></tr>
<tr><td></td><td></td><td></td><td></td><td colspan="2"></td></tr>
<tr><td rowspan="6">经管人姓名及接交日期</td><td rowspan="2"></td><td colspan="3">接管　年　月　日</td><td rowspan="2"></td><td rowspan="2"></td></tr>
<tr><td colspan="3">交出　年　月　日</td></tr>
<tr><td rowspan="2"></td><td colspan="3">接管　年　月　日</td><td rowspan="2"></td><td rowspan="2"></td></tr>
<tr><td colspan="3">交出　年　月　日</td></tr>
<tr><td rowspan="2"></td><td colspan="3">接管　年　月　日</td><td rowspan="2"></td><td rowspan="2"></td></tr>
<tr><td colspan="3">交出　年　月　日</td></tr>
<tr><td>备注</td><td colspan="6"></td></tr>
</table>

二、会计账簿的设置和登记方法

(一)日记账的设置和登记方法

1．特种日记账的设置和登记方法

各企业单位通常要设置库存现金日记账和银行存款日记账，用以逐日核算和监督库存现金与银行存款的收入、付出和结存情况。

(1) 库存现金日记账的设置和登记方法。库存现金日记账是由出纳人员根据审核无误后的现金收、付款凭证和银行存款付款凭证(从银行提取现金的业务)，按照经济业务发生的先后顺序逐日逐笔登记的。库存现金日记账一般采用三栏式订本账。

【**例 7-1**】 现以东方公司在 2020 年 3 月 1 日发生的部分现金收付经济业务为例，说明三栏式库存现金日记账的登记方法。东方公司在 2012 年 3 月 1 日发生的部分经济业务如表 7-3 所示。

表 7-3 东方公司部分经济业务内容

记账凭证号数	摘 要	会计分录
现收字 1 号	收回职工王刚借款	借：库存现金 300 贷：其他应收款——王刚 300
银付字 1 号	从银行提现金	借：库存现金 800 贷：银行存款 800
现付字 1 号	购买办公用品	借：管理费用 60 贷：库存现金 60
现付字 2 号	职工李斌借差旅费	借：其他应收款——李斌 900 贷：库存现金 900
现收字 2 号	业务员王伟报销差旅费交回余款	借：库存现金 30 贷：其他应收款——王伟 30
现付字 3 号	支付业务招待费	借：管理费用 80 贷：库存现金 80

根据以上经济业务登记三栏式库存现金日记账，如表 7-4 所示。

表 7-4 库存现金日记账(三栏式)

2020 年		凭证种类及编号	摘 要	对方科目	收 入	支 出	结 余
月	日						
3	1		期初余额				360.00
	1	现收 001	收回工刚借款	其他应收款	300.00		660.00
	1	银付 001	提取现金	银行存款	800.00		1 460.00
	1	现付 001	购买办公用品	管理费用		60.00	1 400.00
	1	现付 002	李斌借差旅费	其他应收款		900.00	500.00
	1	现收 002	收王伟报差旅费余款	其他应收款	30.00		530.00
	1	现付 003	支付业务招待费	管理费用		80.00	450.00
			本日合计		1 130.00	1 040.00	450.00
3	31		本月发生额及余额		157 310.00	157 370.00	300.00

现金日记账各栏的登记方法如下。

① 日期栏：是指记账凭证的日期，应与现金实际收付日期一致。

② 凭证栏：是指登记入账的收付款凭证的种类和编号。例如，“现金收(付)款凭证”，简写为“现收(付)”；“银行存款收(付)款凭证”，简写为“银收(付)”。

③ 摘要栏：简要说明登记入账的经济业务的内容。

④ 对方科目栏：是指现金收入的来源科目或支出的用途科目，如从银行提取现金，其对方科目为“银行存款”。其作用在于了解经济业务的来龙去脉。

⑤ 收入、支出栏：是指现金实际收付的金额。每日终了，应分别计算现金收入和现金付出的合计数，结出余额，同时将余额与出纳员的库存现金核对，即通常说的“日清”。如账款不符，应查明原因，并记录备案。月终同样要计算现金收、付和结存的合计数，通常称为“月结”。

如果现金收、付款凭证数量较多，为了简化记账手续，需要通过现金日记账汇总登记现金总分类账时，也可以用多栏式现金日记账的格式。

多栏式库存现金日记账，是在三栏式日记账的基础上发展建立起来的，即将收入栏和付出栏分别按照对方科目设置若干专栏。也就是在收入现金时，按对应的贷方科目在收入栏下设置专栏以反映现金的来源；在支出现金时，按对方的借方科目在支出栏下设置专栏，以反映现金支出的去向。

【例 7-2】 仍以表 7-3 所示的经济业务资料为例，登记多栏式现金日记账如表 7-5 所示。

表 7-5 库存现金日记账(多栏式)

2020 年		凭证种类及编号	摘 要	收 入			支 出			结余
				应贷科目		合计	应借科目		合计	
月	日			其他应收款	银行存款		管理费用	其他应收款		
3	1		期初余额							360
	1	现收 001	收回王刚借款	300		300				660
	1	银付 001	提取现金		800	800				1 460
	1	现付 001	购买办公用品				60		60	1 400
	1	现付 002	李斌借差旅费					900	900	500
	1	现收 002	收王伟报的差旅费余款	30		30				530
	1	现付 003	支付业务招待费				80		80	450
	1		本日合计	330	800	1 130	140	900	1 040	450
3	31		本月合计	—	—	157 310	—	—	157 370	300

采用多栏式库存现金日记账格式时，如果会计科目过多，收入栏和支出栏下面需要开设几十个专栏才能满足经济业务变化的需求，才能将现金的收支情况详细地记录下来。如果设置这么多专栏，必然会使账簿账页过长，不利于使用。在这种情况下，可以将多栏式库存现金日记账分设为库存现金收入日记账和库存现金支出日记账两部分，其格式如表 7-6、表 7-7 所示。

多栏式库存现金日记账的登记方法有两种。一是由出纳人员根据审核后的收、付款凭证逐日逐笔登记库存现金收入日记账和库存现金支出日记账，每日应将支出日记账中当日支出合计数，转记入库存现金收入日记账中当日支出合计栏中以结出当日账面余额。会计人员应对多栏式库存现金日记账的记录加强检查监督，并负责于月末根据多栏式库存现金日记账各专栏的合计数，分别登记总账的有关账户。二是设置单设现金出纳登记簿，由出纳人员根据审核无误后的收、付款凭证逐日逐笔登记，以便逐笔掌握库存现金的收付情况，然后将收、付款凭证交由会计人员据以逐日汇总登记多栏式库存现金日记账，并于月末根据多栏式日记账登记总账。现金出纳登记簿与多栏式库存现金日记账要相互核对。采用该法，由出纳员登记出纳登记簿，由会计人员登记多栏式日记账，符合内部牵制原则，有利于加强内部的控制和监督。

表 7-6　库存现金收入日记账(多栏式)

年		凭证号数	摘　要	贷方科目								支出合计	结余
月	日										收入合计		

表 7-7　库存现金支出日记账(多栏式)

年		凭证号数	摘　要	借方科目								
月	日											支出合计

(2) 银行存款日记账的设置和登记方法。银行存款日记账，是指由出纳人员根据银行存款收款凭证、银行存款付款凭证和现金付款凭证(将现金存入银行业务)，按经济业务发生时间的先后顺序，逐日逐笔进行登记的账簿。银行存款日记账一般采用三栏式订本账簿。

【例 7-3】 现以东方公司在 2020 年 3 月 1 日发生的部分银行存款收付经济业务为例，说明三栏式银行存款日记账的登记方法。

东方公司在 2020 年 3 月 1 日发生的部分银行存款业务如表 7-8 所示。

表 7-8　银行存款业务

凭证号数	摘　要	会计分录		
银付 001	提取现金	借：库存现金	800	
		贷：银行存款		800
银付 002	支付购料款	借：在途物资	20 000	
		应缴税费——应缴增值税	2 600	
		贷：银行存款		22 600
银收 001	销售产品收到款项	借：银行存款	33 900	
		贷：主营业务收入		30 000
		应缴税费——应缴增值税		3 900
银收 002	收到购货单位偿还的欠款	借：银行存款	22 600	
		贷：应收账款		22 600

根据以上经济业务登记三栏式银行存款日记账，如表 7-9 所示。

表 7-9　银行存款日记账

2020 年		凭证种类及编号	摘　要	结算凭证		对方科目	收　入	支　出	结　余
月	日			种类	号码				
3	1		期初余额						576 840
	1	银付 001	提取现金	现支	271	库存现金		800	576 040
		银付 002	支付购料款	转支	412	在途物资		20 000	556 040
	1					应缴税费		2 600	553 440
		银收 001	现销产品	转支	357	主营业务收入	30 000		583 440
						应缴税费	3 900		587 340
		银收 002	收回欠款			应收账款	22 600		609 940
			本日合计				56 500	23 400	609 940
3	31		本月合计				376 000	476 860	475 980

银行存款日记账各栏的登记方法如下。

① 日期栏：是指记账凭证的日期。

② 凭证栏：是指登记入账的收付款凭证的种类和编号。例如，“银行存款收(付)款凭证”，简写为“银收(付)”；“现金收(付)款凭证”，简写为“现收(付)”。

③ 摘要栏：简要说明登记入账的经济业务的内容。

④ 结算凭证栏：如果登记入账的经济业务是以支票付款结算的，应在该栏内填写相应的支票种类和号数，以便与开户银行核对账目。

⑤ 对方科目栏：是指银行存款收入的来源科目或支出的用途科目。例如，从银行提取现金，其对方科目为“库存现金”。其作用在于了解经济业务的来龙去脉。

⑥ 收入、支出栏：是指银行存款实际收付的金额。每日终了，应分别计算银行存款收入和付出的合计数，结出余额，做到“日清”；月终应计算出银行存款全月收入、支出的合计数，做到“月结”。

如果银行存款的收、付款凭证数量较多，为了简化记账手续，需要通过银行存款日记账汇总登记银行存款总分类账时，也可以用多栏式银行存款日记账的格式。

多栏式银行存款日记账，也是在三栏式日记账的基础上发展建立来的，即将收入栏和支出栏分别按照对方科目设置若干专栏。也就是在收入银行存款时，按对应的贷方科目在收入栏下设置专栏以反映银行存款的来源；在支出银行存款时，按对方的借方科目在支出栏下设置专栏，以反映银行存款支出的去向。多栏式银行存款日记账的格式与多栏式现金日记账的格式基本相同(见表 7-5)。但是，采用多栏式银行存款日记账格式时，当会计科目过多时，收入栏和支出栏下面需要开设几十个专栏才可能满足经济业务变化的需求，才能将银行存款的收支情况详细地记录下来，此时必然会使账簿账页过长，不利于使用。在这种情况下，也可以将多栏式银行存款日记账分设为银行存款收入日记账和银行存款支出日记账两部分，其格式和登记方法分别与表 7-6 的库存现金收入日记账和表 7-7 的库存现金支出日记账基本相同，在此不再赘述。

2. 普通日记账的设置和登记方法

(1) 两栏式普通日记账的设置与登记。普通日记账是将全部经济业务不分类别依次按经济业务发生时间的先后顺序进行记录的账簿。它将发生的经济业务以会计分录的形式记录下来，因此，普通日记账又称为分录簿。

普通日记账是会计人员根据经济业务发生的原始凭证直接登记的。

【例 7-4】 现将东方公司 2020 年 3 月 1 日发生的全部经济业务登记在普通日记账上，如表 7-10 所示。

表 7-10 普通日记账

2020 年		摘 要	账户名称	借 方	贷 方	过 账
月	日					
3	1	收回职工王刚的借款	库存现金	300		√
			其他应收款		300	√
	1	从银行提现金	库存现金	800		√
			银行存款		800	√
	1	支付购料款	在途物资	20 000		√
			应缴税费	2 600		√
			银行存款		22 600	√
	1	赊购机器一台	固定资产	36 000		
			应付账款		36 000	
	1	购买办公用品	管理费用	60		
			库存现金		60	
	1	李斌借差旅费	其他应收款	900		
			库存现金		900	
	1	现销产品	银行存款	33 900		
			主营业务收入		30 000	
			应缴税费		3 900	
	1	王伟报销差旅费	库存现金	30		
			管理费用	1 270		
			其他应收款		1 300	
	1	赊销产品	应收账款	5 650		
			主营业务收入		5 000	
			应缴税费		650	
	1	收到购货单位还欠款	银行存款	23 400		
			应收账款		23 400	
	1	支付业务招待费	管理费用	80		
			库存现金		80	

在登记普通日记账时应注意“账户名称”栏的登记，会计分录中应借会计科目填入该

栏并将其金额填入后面的“借方”金额栏；会计分录中应贷的会计科目填入借方科目的下面，填写时科目前面应空出一格(或两格)，然后将其金额填入后面的“贷方”金额栏。每天根据日记账中应借、应贷账户及其金额过入分类账后，在过账栏内注明“√”符号，表示已过账；或者在过账栏内注明该账户的账页号数，表示已过账，而且便于查账。

由上可见，应用普通日记账可以逐日序时地把各项经济业务记录下来。在日记账里，分别确定了每笔经济业务的会计分录，这些会计分录成为过入分类账各有关账户的依据，避免了根据经济业务直接登记各分类账可能发生的差错。一个规模较小、经济业务较少而且比较简单的单位，应用一本日记账便可以集中、序时地记录全部经济业务，满足管理的需要。但在业务繁多的单位，使用这种日记账，过入分类账时，需逐笔转记，工作量很大，也不便于会计人员分工记账。为了简化过账工作，并便于分工记账，简单的两栏式普通日记账便发展为多栏式普通日记账。

(2) 多栏式普通日记账的设置与登记。企业在生产经营过程中，有许多经济业务经常重复发生，如库存现金、银行存款、生产成本、制造费用、管理费用等，如果在日记账中设置一些专栏，把同类业务在专栏里汇总，然后一次性过入分类账，就可以大大减少这类业务逐笔过账的工作，于是就产生了多栏式普通日记账。

多栏式普通日记账，是指在日记账中分设专栏，把经常重复的经济业务分栏登记，并将汇总的发生额，一次性过入分类账的一种普通日记账。多栏式普通日记账的登记方法与多栏式现金日记账的登记方法相差不多，在此不再赘述。

(二)分类账的设置和登记方法

1. 总分类账的设置和登记方法

总分类账是提供总括资料的账簿，能够全面总括地反映经济活动和财务收支情况，为编制会计报表提供所需要的资料，因此，每一个企业都必须设置总分类账。

在总分类账中应按照会计科目的编码顺序分设账户(为每个账户预留若干账页)。

由于采用的记账方法和会计核算形式的不同，总分类账有三栏式和多栏式等不同的格式，其中三栏式总账的具体格式又可分为在借方金额、贷方金额栏内反映“对方科目”的三栏式总账和不反映“对方科目”的三栏式总账，其账页格式如表 7-11～表 7-13 所示。

表 7-11　总分类账(三栏式)

会计科目：　　　　第 1 页

年		凭证种类及编号	摘　要	借　方		贷　方		借或贷	余额
月	日			金额	对方科目	金额	对方科目		

表 7-12　总分类账(三栏式)

会计科目：　　　　　　　　　　　　　　　　　　　　第 1 页

年		凭证种类及编号	摘　要	借　方	贷　方	借或贷	余　额
月	日						

表 7-13　总分类账(多栏式)

年		凭证种类及编号		摘　要	发生额	科目		科目		科目		科目		科目	
月	日					借	贷	借	贷	借	贷	借	贷	借	贷

登记总分类账的方法，取决于所采用的会计核算程序。例如，可以直接根据各种记账凭证逐笔进行登记，也可以先把各种记账凭证定期汇总，编制成汇总记账凭证或科目汇总表，再据以登记。不管如何登记总分类账，每月都应将当月发生或完成的经济业务全部登记入账，并于月份终了时总结出总账各账户的本期发生额和期末余额，作为编制会计报表的主要依据。

2. 明细分类账的设置与登记方法

明细分类账是总分类账的明细记录，是按照二级科目或明细科目分类，连续地记录和反映各种会计要素明细情况的账簿。设置明细分类账，能够详细地反映经济活动和财务收支情况，并可提供编制会计报表所需要的资料。这对加强监督财产的收发和保管、往来款项的结算、收入的取得及费用的开支等，都有重要作用。因此，每个单位都应根据经济管理的要求及经济业务的内容，设置财产物资、债权债务、收入、成本费用等明细分类账。

明细分类账一般采用活页式账簿，有的要采用卡片式账簿。明细分类账的格式主要有三种。

(1) 三栏式明细分类账。三栏式明细分类账的格式与三栏式总分类账相同，账页中只设有借方、贷方和余额三栏金额栏，不设数量栏。这种格式适用于那些只需要进行金额核算，而不需要进行数量核算的明细分类核算，如“应收账款”“应付账款”等科目的明细核算。其格式如表 7-14 所示。

表 7-14　明细分类账(三栏式)

会计科目：　　　　　　　　　　　　　　　　　　　　　　　　　　　　　第 1 页

年		凭证种类及编号	摘　要	借　方	贷　方	借或贷	余　额
月	日						

(2) 数量金额式明细账。数量金额式明细分类账的账页，分别设有收入、发出和结余的数量和金额栏。这种格式适用于既要进行金额核算，又要进行实物数量核算的各种财产物资科目，如“原材料”“库存商品”等科目的明细分类核算。其账页格式如表 7-15 所示。

表 7-15　明细分类账(数量金额式)

类别：　　　　　　　　编号：

品名规格：　　　　　　存放地点：

储备定额：　　　　　　计量单位　　　　　　　　　　　　　　　　　　第 1 页

年		凭证字号	摘　要	收　入			发　出			结　余		
月	日			数量	单价	金额	数量	单价	金额	数量	单价	数量

(3) 多栏式明细分类账。多栏式明细分类账是根据经济业务的特点和经营管理的需要，在一张账页上按有关明细项目分设若干专栏，用以在同一张账页上集中反映各有关明细项目的详细资料。按照明细分类账登记的经济业务的不同，多栏式明细分类账账页又分为借方多栏、贷方多栏、借贷方均多栏三种格式。

借方多栏式明细分类账的账页格式适用于借方需要设多个明细科目或明细项目的账户，如“生产成本”“制造费用”“管理费用”“财务费用”和“营业外支出”科目的明细分类核算。借方多栏式明细分类账的账页格式如表 7-16 所示。

表 7-16　明细分类账(借方多栏式)

年		凭证字号	摘　要	借方(项目)				贷方	余额
月	日						合　计		

贷方多栏式明细分类账的账页格式适用于贷方需要设多个明细科目或明细项目的账户，如“主营业务收入”和“营业外收入”等科目的明细分类核算。贷方多栏式明细分类账的账页格式如表 7-17 所示。

表 7-17 明细分类账(贷方多栏式)

年		凭证字号	摘 要	贷方(项目)				余 额
月	日						合 计	

借贷方均多栏式明细分类账的账页格式适用于借方、贷方均需要设多个明细科目或明细项目的账户，如“本年利润”科目和“应缴税费——应缴增值税”等科目明细分类核算。借贷方均多栏式明细分类账的账页格式如表 7-18 所示。

表 7-18 明细分类账(借贷方均多栏式)

年		凭证字号	摘 要	借方(项目)				贷方(项目)				借或贷	余额
月	日						合计				合计		

各种明细分类账的登记方法，应根据各个企业单位业务量的大小、经营管理上的需要和记录的经济业务内容而定，可以根据审核无误的原始凭证、原始凭证汇总表或记账凭证，按经济业务发生的时间先后顺序逐日逐笔登记，也可以定期汇总登记。各种明细分类账在每次登记完毕后，都应结算出余额。为了便于事后检查和核对账目，在明细分类的摘要栏内，必须将有关经济业务的简要内容填写清楚。

对于借方多栏式明细分类账，由于只在借方设多栏，平时在借方登记成本、费用损失的发生额，贷方登记月末将借方发生额一次转出的数额，所以平时如果发生贷方发生额，应该用红数字在借方多栏中登记。同样，对于贷方多栏式明细分类账，只在贷方设多栏，平时贷方登记收入的发生额，当发生退货业务时应用红数字在贷方登记退货金额。

(三)备查账簿的设置

备查账簿是根据各单位会计核算和经营管理的需要而设置的。它可以弥补序时账簿和分类账簿提供资料的不足，提供备查性质的资料。它没有固定的格式，各单位可以根据实际需要而设计。备查账簿的记录不列入本单位的会计报表。其账页格式如表 7-19 所示。

表 7-19　租入固定资产登记簿

第 1 页

固定资产名称及规格	租约合同编号	租出单位名称	租入日期	租金	使用记录		归还日期	备注
					单　位	日　期		

第三节　会计账簿的启用和登记规则

一、会计账簿的基本内容

会计账簿是重要的经济档案，登记账簿要有专人负责。为了保证账簿资料完整无缺，防止舞弊行为发生，明确经济责任和便于日后查阅，在账簿开始启用时，应在账簿扉页填写“账簿启用和经管人员一览表”(其格式如表 7-2 所列)。启用订本式账簿，应从第一页到最后一页编定页数，不得跳页、缺号。使用活页式账页，应按账户顺序编号，并须定期装订成册。装订后应按实际使用的账页顺序编定页数，另加目录，说明每个账户的名称和页次。记账人员接管账簿时，应在“账簿启用和经管人员一览表”中登记注明交接日期和交接人员的姓名。同时，交接必须在会计主管人员的监督下进行。

各种账簿所记录的经济内容不同，账簿的格式又多种多样，不同账簿的格式所包括的具体内容也不尽一致，但各种主要账簿都应具备以下基本内容。

1. 封面

封面主要用于表明账簿的名称，如现金日记账、银行日记账、总分类账、应收账款明细账等。

2. 扉页

扉页主要用于载明经管人员一览表，其应填列的内容主要有经管人员、移交人和移交日期以及接管人和接管日期。

3. 账页

账页是用来记录具体经济业务的载体，其格式因记录经济业务内容的不同而有所不同，但每张账页上都应载明的主要内容有：账户的名称(即会计科目)；记账日期栏；记账凭证种类和号数栏；摘要栏(经济业务内容的简要说明)；借方、贷方金额及余额的方向、金额栏；总页次和分页次等。

二、会计账簿的启用

为了考证会计账簿记录的合法性和会计资料的真实性、完善性，明确经济业务，会计账簿应由专人负责登记。启用会计账簿应遵守以下规则。

1. 认真填写封面及账簿启用和经管人员一览表

启用会计凭证时应在账簿封面上写明单位名称和账簿名称，并在账簿扉页附上账簿启用和经办人员一览表(简称启用表)。启用表内容主要包括账簿名称、启用日期、账簿页数、记账人员和会计机构负责人、会计主管人员姓名，并加盖名章和单位公章。

启用订本式账簿，应当从第一页到最后一页顺序编定页数，不得跳页、缺页。使用活页式账簿，应当按账户顺序编号，并要定期装订成册；装订后再按实际使用的账页顺序编定页码，另加目录，记明每个账户的名称和页次。卡片式账簿在使用前应当登记卡片登记簿。

2. 严格交接手续

记账人员或者会计机构负责人、会计主管人员调动工作时，必须办理账簿交接手续，在账簿启用和经管人员一览表中注明交接日期、交接人员和监交人员姓名，并由双方交接人员签名或者盖章，以明确有关人员的责任，增强有关人员的责任感，维护会计记录的严肃性。

3. 及时结转旧账

每年年初更换新账时，应将旧账的各账户余额过入新账的余额栏，并在摘要栏中注明“上年结转”字样。

三、会计账簿的设置原则

会计账簿的设置和登记包括确定账簿的种类、设计账页的格式、内容和规定账簿登记的方法等。各单位应根据经济业务的特点和管理要求，科学、合理地设置账簿。具体表现如下。

(1) 账簿的设置必须保证能够全面、系统地核算和监督各项经济活动，为经济管理提供必要的考核指标。

(2) 账簿的设置要从各单位经济活动和业务工作特点出发进行设置，以有利于会计分工和加强岗位责任制。

(3) 账簿结构要求科学、严密，有关账簿之间要有统驭关系或平行制约关系，并应避免重复记账或遗漏。

(4) 账簿的格式，要力求简明实用，既要保证会计记录的系统和完整，又要避免过于烦琐，以便于日常使用和保存。账簿的设置要组织严密、层次分明。账簿之间要互相衔接、互相补充、互相制约，能清晰地反映账户间的对应关系，以便能提供完整、系统的资料。

四、会计账簿的登记规则

会计人员应当根据审核无误的会计凭证登记会计账簿。登记账簿的基本规则如下。

(1) 登记账簿时，应当将会计凭证日期、编号、业务内容摘要、金额和其他有关资料逐项记入账内，做到数字准确、摘要清楚、登记及时、字迹工整。

(2) 登记完毕后，要在记账凭证上签名或者盖章，并注明已经登账的符号，表示已经记账。

(3) 账簿书写的文字和数字上面适当留有空格，不要写满格，一般应占格距的 1/2。

(4) 登记账簿要用蓝墨水或者碳素墨水书写，不得使用圆珠笔(银行的复写账簿除外)或者铅笔书写。

(5) 特殊记账可以用红墨水，包括：按照红字冲账的记账凭证，冲销错误记录；在不设借贷等栏的多栏式账页中登记减少数；在三栏式账户的余额栏前，如未印明余额方向的，在余额栏内登记负数余额；根据国家统一会计制度的规定可以用红字登记的其他会计记录。

(6) 各种账簿按页次顺序连续登记，不得跳行、隔页。如果发生跳行、隔页，应当将空行、空页划线注销，或者注明“此行空白”“此页空白”字样，并由记账人员签名或者盖章。

(7) 凡需要结出余额的账户，结出余额后，应当在“借或贷”等栏内写明“借”或者“贷”字样。没有余额的账户，应当在“借或贷”等栏内写“平”字，并在余额栏内用“0”表示。库存现金日记账和银行存款日记账必须逐日结出余额。

(8) 每一账页登记完毕结转下页时，应当结出本页合计数及余额，写在本页最后一行和下页第一行有关栏内，并在摘要栏内注明“过次页”和“承前页”字样；也可以将本页合计数及金额只写在下页第一行有关栏内，并在摘要内注明“承前页”字样。

对需要结计本月发生额的账户，结计“过次页”的本页合计数应当为自本月初起至本页末止的发生额合计数；对需要结计本年累计发生额的账户，结计“过次页”的本页合计数应当为自年初起至本页末止的累计数；对既不需要结计本月发生额也不需要结计本年累计发生额的账户，可以只将每页末的余额结转次页。

(9) 账簿记录发生错误，不准涂改、挖补、刮擦或者用药水消除字迹，不准重新抄写，必须按照规定的错账更正方法进行更正。

实行会计电算化的单位应定期打印总账和明细账，如发生收款和付款业务的，在输入收款凭证和付款凭证的当天必须打印出库存现金日记账和银行存款日记账，并与库存现金核对无误。

第四节　错账的更改方法

登记会计账簿是一项很细致的工作。在记账工作中，可能由于种种原因使账簿记录发生错误，有的是填制凭证和记账时发生的单纯笔误；有的是写错了会计科目、金额等；有的是合计时计算错误；有的是过账错误。登记账簿中发生的差错，一经查出就应立即更正。

对于账簿记录错误，不准涂改、挖补、刮擦或者用药水消除字迹，不准重新抄写，而必须根据错误的具体情况和性质，采用规范的方法予以更正。

一、错账的查找方法

在记账过程中，可能发生各种各样的差错，产生错账，如重记、漏记、数字颠倒、数字错位、科目记错、借贷方向记反等，影响会计信息的准确性，应及时找出差错，并予以更正。

下面介绍几种日常业务常见差错的查找方法。

1. 二除法

账簿余额与实有数不符，且差数为偶数时，应检查记账方向是否发生错误。如在登账时，由于疏忽，错将借方金额记为贷方金额，或者错将贷方金额记为借方金额。这时必然会出现一方合计数增多，而另一方合计数减少，其差数是记错方向数据的两倍，是偶数。对这种错误的检查可采用“二除法”。用差错数除以2，商数就是账簿中记错方向的数字。

2. 九除法

九除法就是用数字 9 去除差错数来分析造成差错的原因，据以找出账簿中错误记录的查错方法。查找现金差错时，如果差错的数额比较大，首先应考虑用九除法来检查是否在记账时发生了数据错位，如把 1 000 元记成了 10 000 元，或者把 10 000 元记成了 1 000 元；此外，数字位置颠倒，也可用“九除法”，故这两种情况都是用不相符的差数除以 9， 如被除尽，然后根据商数检查是否有相同数字移位进行判断，如果无相同数，则考虑为相邻两个数字颠倒。其具体查找方法如下。

(1) 数字移位的查找方法。数字移位是指记账时以小写大或者以大写小造成的错误，如将 60 元误记为 600 元，错位的差异数为 540，使其原数扩大了 9 倍，将差数除 9 为 60 就是移位数；或将 600 元错记为 60 元，差数为 540，除 9 得 60 就是移位数。计算出移位数后，就要分析：如果是账上多记，则要在凭证上查是否与移位数相同的数，并看其是否记错；如果是账上少记，则要在账上查是否有与错位数相同的数，并看其是否记错。如推测可能是移动两位数字造成的差错，比如将 20 写成 2 000 或者将 20120 写成 20，可用“九九除法”，即以不相符的差数除以 99，如能除尽，然后根据商数去查找。

(2) 数字颠倒的查找方法。记账时往往会将某一组数字的几个数字颠倒，如将 12345 误记为 12435，差额为 90，或将 12345 误记为 12354，差额为 9。数字错误的特征是：差数是 9 的倍数；差额数码相加之和是 9；被颠倒的两个数码之差，是差额除以 9 所得的商。如果发现上述情况，说明数字可能颠倒。再根据差额数字分析数字颠倒的可能性，有目的地以某些数字进行重点查对。如果差额数是 10 倍，即 90，则数字颠倒错误发生在百位和十位之间，只要在数字的百位和十位之间检查有无颠倒即可，并依次类推。

3. 普查法与抽查法

当差错笔数比较多，通过以上方法找不出问题时，可以按普查法或抽查法等来检查是否有漏记、错记、重记等情况。

(1) 普查法。普查法是指当查找的重点很难确定或者可能发生差错的地方很多时，将所有的账目全部进行核对。采用普查法，按照查账的顺序又可以分为顺查法和逆查法两种。

① 顺查法是指按照原来账务处理的顺序从头到尾进行普遍查找的方法，主要用于期末对账簿进行的全面核对和不规则的错误查找。对于查过的账目要在数字旁边打“√”，或其他记号，以免重复查找。

② 逆查法是指与原来账务处理的顺序相反，从尾到头进行普遍检查的方法。

(2) 抽查法。抽查法是指抽取账簿记录中的某些部分进行局部检查的方法。例如，差错数字只在角位、分位，或者只是整数百位、千位，就可以缩小查找范围，专门查看角位、分位或者百位、千位的数字，其他的数字不必一一检查。

4. 差数法

差数法即根据核对不相符的差额进行查找。如日记账余额比总账余额少(或多)2 012 元，则可以查找金额为 2 012 元的凭证。这种方法主要是对漏记、重记的差错进行寻找。

二、错账的更正方法

在记账过程中，当发现账簿记录发生错误时，不得任意刮擦、挖补、涂抹或者用修改液更改字迹，而应该根据错误的性质和具体情况，按照下列更正错账的方法进行更正。

1. 划线更正法

划线更正法是指将错误数字或文字划一条红线表示注销原有记录，然后在注销的错误数字或文字上面的空白处书写上正确数字或文字的一种方法。它适用于在结账前，如果发现账簿中所记文字或数字有笔误或者数字计算上有错误，而记账凭证中应借、应贷的科目与金额没有错误，一般可以运用划线更正法进行更正。更正时，先将错误的文字或数字划一条红线加以注销，但必须使原有字迹仍可辨认，然后在划线上面做更正记录。更正后，应当由记账人员在更正处盖章，以明确责任。必须注意，对于错误的数字应当全部划线更正，不得只划线更正其中的个别数字。

【例 7-5】 东方公司收回购货单位所欠的货款 23 400 元。在记账时，在“应收账款”账户的贷方误记为 23 600 元。经查，记账凭证未错，更正记录如图 7-1 所示。

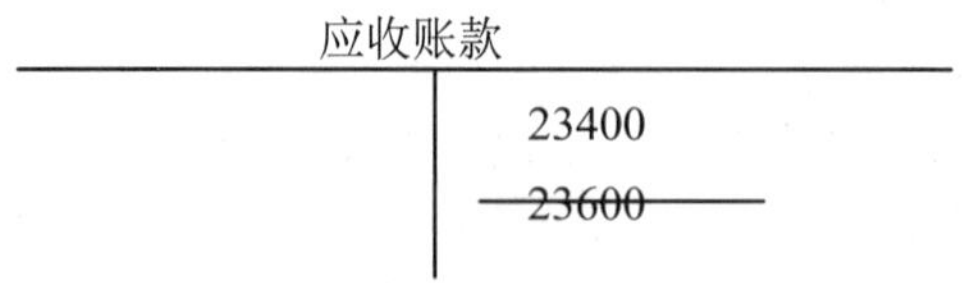

图 7-1 划线更正法核算示意图

2. 红字更正法

红字更正法又称为红字冲销法，是指首先用红字冲销错记入账的账户和金额，然后用蓝字登记正确的账户或金额的一种方法。它适用于记账以后，如果发现记账凭证中应借、应贷科目或金额发生错误时，可运用红字更正。更正时，应先用红字金额填制一张内容与

错误的记账凭证完全相同的记账凭证，据以用红字登记入账，以冲销原有的错误记录，然后再用蓝字填制一张正确的记账凭证，据以登记入账。

【例 7-6】 东方公司生产车间生产甲产品，一般性消耗 A 材料 55 000 元。填制记账凭证时，误做以下会计分录，并已登记入账。

借：管理费用　　55 000

　　贷：原材料——A 材料　　55 000

更正时，需做两张记账凭证。

① 先用红字填制一张记账凭证并登记入账，以冲销原有错误会计记录。

借：管理费用　　[55 000]

　　贷：原材料——A 材料　　[55 000]

② 再用蓝字填制一张正确的记账凭证并登记入账，以正确记录所发生的经济业务。

借：制造费用　　55 000

　　贷：原材料——A 材料　　55 000

以上有关账户的更正记录如图 7-2 所示。

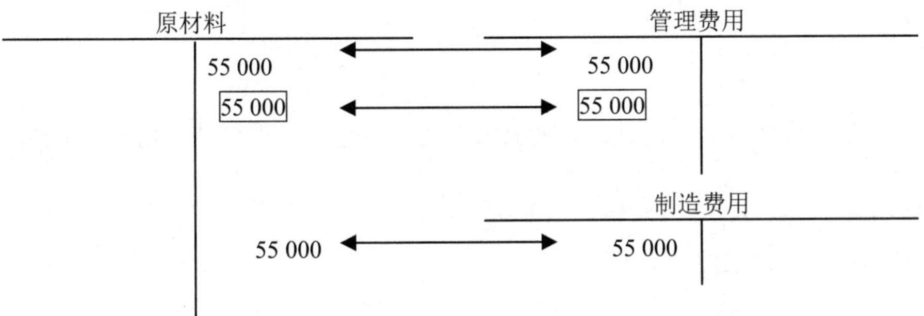

图 7-2　红字更正法核算示意图(一)

记账后，如果发现原填制的记账凭证中应借、应贷科目并无错误，但所填金额大于应填金额时，也可采用红字更正法进行更正。更正时，按多记金额用红字填制一张与原记账凭证中应借、应贷科目相同的凭证，并登记入账，用以冲销多记金额。

【例 7-7】 东方公司生产车间以银行存款支付修理费用 5 270 元。填制记账凭证时，将金额误做以下会计分录，并已登记入账。

借：制造费用　　5 720

　　贷：银行存款　　5 720

发现上述错误时，按多记金额 450 元，用红字填制记录凭证并登记入账，冲销多记金额。

借：制造费用　　[450]

　　贷：银行存款　　[450]

以上有关账户的更正记录如图 7-3 所示。

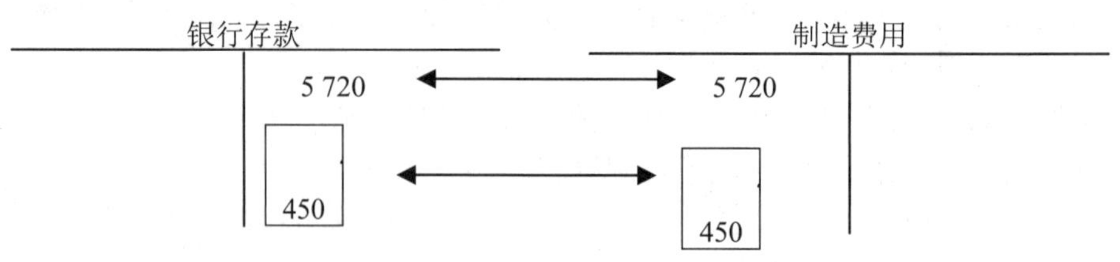

图 7-3　红字更正法核算示意图(二)

3．补充登记法

补充登记法是指原记账凭证中的应借、应贷会计科目并无错误，而已记金额小于应记金额时更正错账所采用的一种方法。它适用于在记账后，如果发现原记账凭证中应借、应贷账户并无错误，只是实际登记金额小于应记金额时，可采用补充登记法。更正时，按少记金额填制一张与原记账凭证中应借、应贷科目相同的凭证，并登记入账，用以补充少记的金额。

【例 7-8】 东方公司计提应由管理部门负担的固定资产折旧费 3 900 元。填制记账凭证时，误做以下会计分录，并已登记入账。

借：管理费用　　　　390

　　贷：累计折旧　　　　390

发现错误后，按少记金额 3 510 元填制一张记账凭证，并登记入账，以补充少记金额。

借：管理费用　　　　3 510

　　贷：累计折旧　　　　3 510

以上有关账户的更正记录如图 7-4 所示。

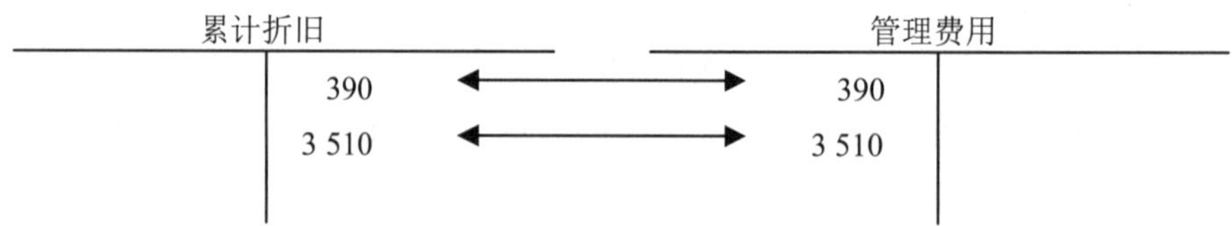

图 7-4　补充登记法核算示意图

以上三种方法对当年内发现填写记账凭证或者登记账错误而采用的更正方法，如果发现以前年度记账凭证中有错误(指会计科目和金额)并导致账簿登记出现差错，应当用蓝字或黑字填制一张更正的记账凭证。因错误的账簿记录已经在以前会计年度终了进行结账或决算，不可能将已经决算的数字进行红字冲销，只能用蓝字或黑字凭证对除文字外的一切错误进行更正，并在更正凭证上特别注明“更正××年度错账”的字样。

第五节　对账与结账

登记账簿作为会计核算的方法之一，除了包括记账外，还包括对账和结账两项工作。

一、对账

对账就是核对账目，是保证会计账簿记录质量的重要程序。在会计工作中，由于种种原因，难免会发生记账、计算等差错，也难免会出现账实不符的现象。为了保证各账簿记录和会计报表的真实、完整和正确，如实地反映和监督经济活动，各单位必须做好对账工作。

账簿记录的准确与真实可靠，不仅取决于账簿本身，还涉及账簿与凭证的关系、账簿记录与实际情况是否相符的问题等。对账就是核对有关账目的内容、数量与金额是否相符。对账是为了保证账簿记录的正确性和完整性，为编制会计报表提供真实、可靠的会计核算资料。各单位应定期对会计账簿记录的有关数字与库存实物、货币资金、有价证券、往来单位或者个人等进行相互核对，保证账证相符、账账相符、账实相符。会计对账工作的主要内容包括以下几点。

1. 账证核对

账证核对是指将会计账簿记录与会计凭证(包括记账凭证和原始凭证)的有关内容进行核对。由于会计账簿是根据会计凭证登记的，两者之间存在钩稽关系，因此，通过账证核对，可以检查、验证会计账簿记录与会计凭证的内容是否正确无误，以保证账证相符。各单位应当定期将会计账簿记录与其相应的会计凭证记录(包括时间、编号、内容、金额、记录方向等)逐项核对，检查是否一致。如有不符之处，应当及时查明原因，予以更正。保证账证相符，是会计核算的基本要求之一，也是账账相符、账实相符和账表相符的基础。

2. 账账核对

账账核对是指将各种会计账簿之间相对应的记录进行核对。由于会计账簿之间相对应的记录存在着内在联系，因此，通过账账相对，可以检查、验证会计账簿记录的正确性，以便及时发现错账，予以更正，保证账账相符。账账核对的内容主要包括以下几项。

(1) 总分类账各账户借方余额合计数与贷方余额合计数核对相符。

(2) 总分类账各账户余额与其所属明细分类账各账户余额之和核对相符。

(3) 现金日记账和银行存款日记账的余额与总分类账中“现金”和“银行存款”账户余额核对相符。

(4) 会计部门有关财产物资的明细分类账余额与财产物资保管或使用部门登记的明细账核对相符。

3. 账实核对

账实核对是指在账账核对的基础上，将各种财产物资的账面余额与实存数额进行核对。由于实物的增减变化、款项的收付都要在有关账簿中如实反映，因此，通过会计账簿记录与实物、款项的实有数进行核对，可以检查、验证款项、实物会计账簿记录的正确性，以便于及时发现财产物资和货币资金管理中存在的问题，查明原因，分清责任，从而改善管理，保证账实相符。账实核对的主要内容包括以下几项。

(1) 现金日记账账面余额与现金实际库存数核对相符。

(2) 银行存款日记账账面余额与开户银行对账单核对相符。

(3) 各种材料、物资明细分类账账面余额与实存数核对相符。

(4) 各种债权债务明细账账面余额与有关债权、债务单位或个人的账面记录核对相符。

实际工作中，账实核对一般要结合财产清查进行。有关财产清查的内容和方法将在以后的章节介绍。

二、结账

结账是在把一定时期内发生的全部经济业务登记入账的基础上，按规定的方法将各种账簿的记录进行小结，计算并记录本期发生额和期末余额。

为了正确反映一定时期内在账簿中已经记录的经济业务，总结有关经济活动和财务状况，为编制会计报表提供资料，各单位应在会计期末进行结账。会计期间一般按日历时间划分为年、季、月，结账在各会计期末进行，所以分为月结、季结和年结。

(一)结账的基本程序

结账前必须将属于本期内发生的各项经济业务和应由本期受益的收入、负担的费用全部登记入账。在此基础上，才可保证结账的有用性，确保会计报表的正确性。不得把将要发生的经济业务提前入账，也不得把已经在本期发生的经济业务延至下期(甚至以后期)入账。结账的基本程序具体表现如下。

(1) 将本期发生的经济业务事项全部登记入账，并保证其正确性。

(2) 根据权责发生制的要求，调整有关账项，合理确定本期应计的收入和应计的费用。

① 应计收入和应计费用的调整。应计收入是指那些已在本期实现、因款项未收而未登记入账的收入。企业发生的应计收入，主要是本期已经发生且符合收入确认标准，但尚未收到相应款项的商品或劳务。对于这类调整事项，应确认为本期收入，借记“应收账款”等科目，贷记“营业收入”等科目；待以后收妥款项时，再借记“现金”或“银行存款”等科目，贷记“应收账款”等科目。

② 收入分摊和成本分摊的调整。收入分摊是指企业已经收取有关款项，但未完成或未全部完成销售商品或提供劳务，需在期末按本期已完成的比例，分摊确认本期已实现收入的金额，并调整以前预收款项时形成的负债，如企业销售商品预收定金、提供劳务预收佣金。在收到预收款项时，应借记“银行存款”等科目，贷记“预收账款”等科目；在以后提供商品或劳务、确认本期收入时，应借记“预收账款”等科目，贷记“营业收入”等科目。

成本分摊是指企业的支出已经发生、能使若干个会计期间受益，为正确计算各个会计期间的盈亏，将这些支出在其受益期间进行分配。如企业已经支出，但应由本期或以后各期负担的待摊费用，购建固定资产和无形资产的支出等。企业在发生这类支出时，应借记“待摊费用”“固定资产”“无形资产”等科目，贷记“银行存款”等科目。在会计期末进行摊销时，应借记“制造费用”“管理费用”“销售费用”等科目，贷记“待摊费用”

“累计折旧”“累计摊销”等科目。

(3) 将损益类账户转入“本年利润”账户，结平所有损益类账户。

(4) 结算出资产、负债和所有者权益账户的本期发生额和余额，并结转下期。

(二)结账的基本方法

结账时，应当结出每个账户的期末余额。需要结出当月(季、年)发生额的账户，如各项收入、费用账户等，应单列一行登记发生额，在摘要栏内注明“本月(季)合计”或“本年累计”。结出余额后，应在余额前的“借或贷”栏内写“借”或“贷”字样，没有余额的账户，应在余额栏前的“借或贷”栏内写“平”字，并在余额栏内用“θ”表示。为了突出本期发生额及期末余额，表示本会计期间的会计记录已经截止或者结束，应将本期与下期的会计记录明显分开，结账一般都划“结账线”。划线时，月结、季结用单线，年结划双线。划线应划红线并应划通栏线，不能只在账页中的金额部分划线。

结账时，应根据不同的账户记录，分别采用不同的结账方法。

(1) 总账账户的结账方法。总账账户平时只需结计月末余额，不需要结计本月发生额。每月结账时，应将月末余额计算出来并写在本月最后一笔经济业务记录的同一行内，并在下面通栏划单红线。年终结账时，为了反映全年各会计要素增减变动的全貌，便于核对账目，要将所有总账账户结计全年发生额和年末余额，在摘要栏内注明“本年累计”字样，并在“本年累计”行下划双红线。

(2) 现金日记账、银行存款日记账和需要按月结计发生额的收入、费用等明细账的结账方法。现金日记账、银行存款日记账和需要按月结计发生额的各种明细账，每月结账时，要在每月的最后一笔经济业务下面通栏划单红线，结出本月发生额和月末余额写在红线下面，并在摘要栏内注明“本月合计”字样，再在下面通栏划单红线。

(3) 不需要按月结计发生额的债权、债务和财产物资等明细分类账的结账方法。对这类明细账，每次记账后，都要在该行余额栏内随时结出余额，每月最后一笔余额即为月末余额。也就是说，月末余额就是本月最后一笔经济业务记录的同一行内的余额。月末结账时，只需在最后一笔经济业务记录之下通用栏划单红线即可，无须再结计一次余额。

(4) 需要结计本年累计发生额的收入、成本等明细账的结账方法。对这类明细账，先按需按月结计发生额的明细账的月结方法进行月结，再在“本月合计”行下的摘要栏内注明“本年累计”字样，并结出自年初起至本月末止的累计发生额，再在下通栏划单红线。12月末的“本年累计”就是全年累计发生额，全年累计发生额下面通栏划双红线。

(5) 年度终了结账时，有余额的账户，要将其余额结转到下一会计年度，并在摘要栏内注明“结转下年”字样；在下一会计年度新建有关会计账簿的第一行余额栏内填写上年结转的余额，并在摘要栏内注明“上年结转”字样。结转下年时，既不需要编制记账凭证，也不必将余额再记入本年账户的借方或贷方，使本年有余额的账户的余额变为零，而是使有余额的账户的余额如实地反映在账户中，以免混淆有余额账户和无余额账户的区别。

若由于会计准则或会计制度改变而需要在新账中改变原有账户名称及其核算内容的，可将年末余额按新会计准则或会计制度的要求编制余额调整分录，或编制余额调整工作底稿，将调整后的账户余额抄入新账的有关账户余额栏内。

第六节　账簿的更换与保管

一、会计账簿的更换

会计账簿是记录和反映经济业务的重要历史资料和证据。为了使每个会计年度的账簿资料明晰且便于保管，一般来说，总账、日记账和多数明细账要每年更换一次，这些账簿在每年年终按规定办理完结账手续后，就应更换、启用新的账簿，并将余额结转记入新账簿中。一般来说，库存现金日记账、银行存款日记账，总分类账和大多数明细账应每年更换一次。但有些财产物资明细账和债权债务明细账、固定资产卡片账等，由于涉及材料品种、规格和往来单位较多，更换新账，重抄一遍工作量较大，或因变化不大，可以跨年度使用，不必每年更换一次，各种备查账簿也可以连续使用。

各种需要更换的账簿，在年度终了时，将有余额账户的余额直接记入新账余额栏内，具体操作是：在本年有余额的账户的年末余额下一行的“摘要”栏内注明“结转下年”字样。在更换新账时，注明各账户的年份，在第一行“日期”栏内写明 1 月 1 日；“记账凭证”栏空置不填，并注明余额的借贷方向。

二、会计账簿的保管

会计账簿与会计凭证和会计报表一样，都属于会计档案，是重要的经济档案，各单位必须按规定妥善保管，确保其安全与完整，并加以充分利用。

(一)会计账簿的装订整理

在年度终了更换新账簿后，应将使用过的各种账簿(跨年度使用的账簿除外)按时装订整理立卷。

(1) 装订前，首先要按账簿启用和经管人员一览表的使用页数核对各个账户是否相符，账页数是否齐全，序号排列是否连续；然后按会计账簿封面、账簿启用表、账户目录、该账簿按页数顺序排列的账页、装订封底的顺序装订。

(2) 对活页账簿，要保留已使用过的账页，将账页数填写齐全，除去空白页并撤掉账夹，用质地好的牛皮纸做封面和封底，装订成册。多栏式、三栏式、数量金额式等活页账不得混装，应按同类业务、同类账页装订在一起。装订好后，应在封面上填明账目的种类，编号卷号，并由会计主管人员和装订人员签章。

(3) 装订后会计账簿的封口要严密，封口处要加盖有关印章。封面要齐全、平整，并注明所属年度和账簿名称和编号。不得有折角、缺角、错页、掉页、加空白纸的现象。会计账簿要按保管期限分别编制卷号。

(二)按期移交档案部门进行保管

年度结账后，更换下来的账簿，可暂由本单位财务会计部门保管一年，期满后原则上

应由财务会计部门移交本单位档案部门保管。移交时需要编制移交清册，填写交接清单，交接人员按移交清册和交接清单项目核查无误后签章，并在账簿使用日期栏内填写移交日期。

已归档的会计账簿作为会计档案可为本单位提供使用便利，原件不得借出，如有特殊需要，须经上级主管单位或本单位领导、会计主管人员批准，在不拆散原卷册的前提下，可以提供查阅或者复制，并要办理登记手续。

账簿是重要的会计档案。因此，账簿的保管既要安全、完整，又要保证需用时能迅速查到。因此，会计人员必须在年度结束以后，将各种活页式账簿连同账簿启用和经管人员一览表一起装订成册，加上封面，统一编号，与各种订本式账簿一起归档保管。账簿借出时，应当办理有关手续，并如期归还。

会计账簿是重要的会计档案之一，必须严格按《会计档案管理办法》规定的保管年限妥善保管，不得丢失和任意销毁。通常日记账、总账和明细账的保管期限为 30 年；固定资产卡片账在固定资产报废清理后保管 5 年；辅助账簿的保管期限为 30 年。实际工作中，各单位可以根据实际利用的经验、规律和特点，适当延长有关会计档案的保管期限，但必须有较为充分的理由。

本 章 小 结

本章主要讲述会计账簿的概念和种类、会计账簿的启用和记账规则、会计账簿的设置和登记、对账和结账、错账的更正方法以及会计账簿的更换与保管。学习时要仔细体会企业设置和登记账簿的必要性，登记会计账簿应遵循的记账规则，正确理解对账和结账的程序以及错账的更正方法，在此基础上全面掌握各种账簿的登记方法，为编制会计报表提供准确的资料。

习　　题

一、单项选择题

1. 下列明细分类账中，可以采用数量金额式明细分类账的是(　　)。

　　A. 应收账款明细账　　　　B. 预提费用明细账

　　C. 原材料明细账　　　　　D. 财务费用明细账

2. 填制记账凭证时无误，根据记账凭证登记账簿时，将 10 000 元误记为 1 000 元，已登记入账，更正时应采用(　　)。

　　A. 划线更正法　　　　　　B. 红字更正法

　　C. 补充登记法　　　　　　D. 更换账页法

3. 登记账簿的依据是(　　)。

　　A. 经济合同　　　　　　　B. 记账凭证

　　C. 会计分录　　　　　　　D. 有关文件

4. 会计人员在记账以后，发现所依据的记账凭证中的应借、应贷会计科目有错误，而且记账凭证中所列金额小于应记金额，该会计人员应采用的最好的错账更正方法是(　　)。

A. 划线更正法　　B. 红字更正法
C. 补充登记法　　D. 更换账页法

5. 下列各账簿中，必须逐日逐笔登记的是(　　)。

A. 总分类账簿　　B. 现金日记账
C. 明细分类账簿　　D. 订本式账簿

6. 账簿按(　　)的不同，可分为序时账、分类账和备查账。

A. 用途　　B. 外表形式
C. 格式　　D. 启用时间

7. 按经济业务发生的时间先后顺序，逐日逐笔进行登记的账簿是(　　)。

A. 明细分类账　　B. 总分类账
C. 序时账　　D. 备查账

8. 固定资产明细账一般采用(　　)。

A. 活页式　　B. 订本式
C. 多栏式　　D. 卡片式

9. “管理费用”明细账一般采用的格式是(　　)。

A. 三栏式　　B. 数量金额式
C. 借方多栏式　　D. 贷方多栏式

10. 银行存款日记账与银行对账单之间的核对属于(　　)。

A. 账证核对　　B. 账账核对
C. 账实核对　　D. 余额核对

二、多项选择题

1. 明细分类账可根据(　　)进行登记。

A. 记账凭证　　B. 原始凭证
C. 原始凭证汇总表　　D. 科目汇总表

2. 总分类账户和明细分类账户平行登记，可以概括为(　　)。

A. 登记的依据相同　　B. 登记的方向相同
C. 登记的人员相同　　D. 登记的金额相同

3. 订本式账簿的主要优点是(　　)。

A. 可以防止账页散失　　B. 可以防止任意抽换账页
C. 可以防止出现记账错误　　D. 可以灵活安排分工记账

4. 会计账簿按经济用途的不同，可分为(　　)。

A. 序时账簿　　B. 分类账簿
C. 联合账簿　　D. 备查账簿

5. 下列明细分类账中，可以只设置借方专栏的有(　　)。

A. 库存商品明细账　　B. 销售费用明细账

C. 管理费用明细账　　　　D. 制造费用明细账

6. 下列明细分类账中，可以采用数量金额式账页的有(　　)。

A. 库存商品明细账　　　　B. 应付账款明细账

C. 管理费用明细账　　　　D. 原材料明细账

7. 在会计实务中，一般采用订本式账簿记录的有(　　)。

A. 固定资产总账　　　　B. 固定资产明细账

C. 银行存款日记账　　　　D. 原材料总账

8. 下列账簿可以采用三栏式账页的有(　　)。

A. 应收账款明细账　　　　B. 其他应收款总账

C. 周转材料明细账　　　　D. 现金日记账

9. 现金日记账是根据(　　)凭证，按经济业务发生的先后顺序进行登记的。

A. 现金收款凭证　　　　B. 现金付款凭证

C. 银行收款凭证　　　　D. 银行付款凭证

10. 发生以下记账错误时，应选择红字更正法的有(　　)。

A. 记账之后，发现记账凭证中的会计科目应用错误

B. 记账之后，发现记账凭证中会计科目正确，但所列金额大于正确金额

C. 记账之后，发现记账凭证中会计科目正确，但所列金额小于正确金额

D. 结账之前，发现账簿记录有文字错误，而记账凭证正确

三、判断题

1. 登记各种账簿的直接依据只能是记账凭证。(　　)

2. 在记账以后，结账之前，如果发现记账凭证和账簿记录的金额大于应记金额，而所用会计科目及记账方向并无错误，可用划线更正法更正。(　　)

3. 若记账凭证上应记科目或金额有误且已入账，可以将填错的记账凭证销毁，另填一张正确的记账凭证，并据以登记入账。(　　)

4. 在账簿记录中有可能出现红字。(　　)

5. 经过审核无误的会计凭证才能够作为登记账簿的依据。(　　)

6. 现金日记账既是序时账簿又是订本式账簿。(　　)

7. 现金出纳每天工作结束前都要将现金日记账结清并与现金实存数核对。(　　)

8. 总分类账户与其所属明细分类账户进行平行登记时，可以不在同一天登记，但应该在同一会计期间内登记。(　　)

9. 总账登记的依据是原始凭证或原始凭证汇总表。(　　)

10. 对账的内容一般包括账证核对、账账核对、账实核对和账表核对。(　　)

四、实训题

(一)[实训目的] 掌握现金、银行存款日记账的登记。

[实训资料] 新华公司 2020 年 3 月 31 日银行存款日记账余额为 265 000 元,现金日记账余额为 3 000 元，该公司 4 月份发生以下银行存款和现金收、付业务(所有业务均不考虑增值税)。

(1) 4 月 2 日，以银行存款归还短期借款 35 000 元。

(2) 4 月 5 日，以银行存款缴纳上月未缴所得税 15 000 元。

(3) 4 月 7 日，用现金支付职工预借的差旅费 1 000 元。

(4) 4 月 10 日，收到投资者投入资金 80 000 元存入银行。

(5) 4 月 12 日，以银行存款偿还原欠某单位的购货款 64 000 元。

(6) 4 月 15 日，将现金 1 000 元存入银行。

(7) 4 月 18 日，用银行存款支付本月电话费 1 300 元。

(8) 4 月 20 日，从银行提取现金 52 000 元，准备发放工资。

(9) 4 月 20 日，用现金 52 000 元发放工资。

(10) 4 月 26 日，销售一批产品，货款 95 000 元存入银行。

(11) 4 月 29 日，以银行存款支付广告费 8 500 元。

[实训要求] 根据上述经济业务，编制会计分录、登记现金、银行存款日记账，并结出余额。

(二)[实训目的] 掌握总账和明细账的平行登记。

[实训资料] 永和公司 2020 年 6 月 1 日“原材料”和“应付账款”两个总分类账户及其所属明细分类账户的有关资料如下。

“原材料”总分类账户借方余额 40 000 元，其所属明细分类账户余额如下：

甲材料	400 千克	单价 60 元	24 000 元
乙材料	200 千克	单价 80 元	16 000 元
		合计	40 000 元

“应付账款”总分类账户贷方余额 32 000 元，其所属明细分类账户余额如下：

A 公司	20 000 元
B 公司	12 000 元
合计	32 000 元

该公司 6 月份发生下列经济业务。

(1) 3 日，向 A 公司购入甲材料 400 千克，单价 60 元，价款 24 000 元；乙材料 400 千克，单价 80 元，价款 32 000 元。材料验收入库，货款尚未支付。

(2) 8 日，车间从仓库领用原材料一批，其中甲材料 600 千克，单价 60 元，计 36 000 元，乙材料 300 千克，单价 80 元，计 24 000 元。

(3) 16 日，向 B 公司购入材料一批，其中甲材料 200 千克，单价 60 元，价款 12 000 元，乙材料 400 千克，单价 80 元，价款 32 000 元。材料已验收入库，货款尚未支付。

(4) 23 日，以银行存款偿还前欠亨达公司的货款 40 000 元，偿还前欠北辰公司的货款 48 000 元。

[实训要求] 根据上述资料编制会计分录、登记“原材料”“应付账款”的总账和明细账，并编制“原材料”和“应付账款”总分类账户所属明细分类账户发生额及余额表。

(三)[实训目的] 掌握错账的更正方法。

[实训资料] 荣达公司 2020 年 10 月 31 日结账前，将本月账簿记录与记账凭证进行核对，发现下列情况。

(1) 9 日，车间领用一般消耗材料一批，价值 4 000 元。所编记账凭证如下。

借：生产成本　4 000

　　贷：原材料　4 000

(2) 16 日，开出转账支票一张，支付电话费 8 600 元。所编记账凭证如下。

借：管理费用　6 800

　　贷：银行存款　6 800

(3) 20 日，职工李华预借差旅费 6 700 元。所编记账凭证如下。

借：管理费用　670

　　贷：库存现金　670

(4) 31 日，计提管理用固定资产折旧 6 000 元。所编记账凭证如下。

借：管理费用　6 000

　　贷：累计折旧　6 000

在登记“管理费用”账簿时登记的金额是 60 000 元。

[实训要求] 根据上述各项经济业务处理，判断记账是否有差错，分析错账的成因，并采用正确的方法予以更正。

第八章

财 产 清 查

【学习目标】

1. 了解财产清查的概念、一般对象和基本分类。
2. 掌握库存现金清查的方法，熟悉现金清查业务的原始凭证及内部控制要求。
3. 掌握银行存款的清查方法并定期开展银行对账工作。
4. 掌握存货、固定资产等实务资产的清查方法。
5. 了解债权、债务等各种往来款项的清查。
6. 掌握财产清查结果的账务处理。

【重点与难点】

重点： 各种财产清查结果的账务处理。
难点： 银行存款余额调节表的编制。

引导案例：货币资金案例

星海公司出纳员小王由于刚参加工作不久，对于货币资金业务管理和核算的相关规定不甚了解，所以出现了一些不应有的错误，有两件事情让他印象深刻，至今记忆犹新。第一件事是在2020年6月8日和10日两天的现金业务结束后例行的现金清查中，分别发现现金短缺50元和现金溢余20元的情况，对此他经过反复思考也弄不明白原因。为了保全自己的面子和息事宁人，同时又考虑到两次账实不符的金额又很小，他决定采取下列办法进行处理：现金短缺50元，自掏腰包补齐；现金溢余20元，暂时收起。第二件事是星海公司经常对其银行存款的实有数额心中无数，甚至有时会影响到公司日常业务的结算，公司经理因此指派有关人员检查一下小王的工作，结果发现，他每次编制银行存款余额调节表时，只根据公司银行存款日记账的余额加或减对账单中企业的未入账款项来确定公司银行存款的实有数额，而且每次做完此项工作以后，小王就立即将这些未入账的款项登记入账。

问题：1. 小王对上述两项业务的处理是否正确？为什么？

2. 你能给出正确答案吗？

案例分析：

星海公司出纳员小王对其在2020年6月8日和10日两天的现金清查结果的处理方法都是错误的。他的处理方法的直接后果可能会掩盖公司在现金管理与核算中存在的诸多问题，有时可能会是重大的经济问题。因此，凡是出现账实不符的情况时，必须按照有关的会计规定进行处理。按照规定，对于现金清查中发现的账实不符，即现金溢缺情况，首先应通过“待处理财产损溢——待处理流动资产损溢”科目进行核算。现金清查中发现短缺的现金，应按短缺的金额，借记“待处理财产损溢——待处理流动资产损溢”科目，贷记“现金”科目；在现金清查中发现溢余的现金，应按溢余的金额，借记“现金”科目，贷记“待处理财产损溢——待处理流动资产损溢”科目，待查明原因后按以下要求进行处理。

一是如为现金短缺，属于应由责任人赔偿的部分，借记“其他应收款——应收现金短缺款”或“现金”等科目，贷记“待处理财产损溢——待处理流动资产损溢”科目；属于应由保险公司赔偿的部分，借记“其他应收款——应收保险赔款”科目，贷记“待处理财产损溢——待处理流动资产损溢”科目；属于无法查明的其他原因，根据管理权限，经批准后处理，借记“管理费用——现金短缺”科目，贷记“待处理财产损溢——待处理流动资产损溢”科目。

二是如为现金溢余，属于应支付给有关人员或单位的，应借记“待处理财产损溢——待处理流动资产损溢”科目，贷记“其他应付款——应付现金溢余”科目；属于无法查明原因的现金溢余，经批准后，借记“待处理财产损溢——待处理流动资产损溢”科目，贷记“营业外收入——现金溢余”科目。

银行存款实有数额与企业银行存款日记账余额或银行对账单余额并不总是一致，原因一般有两个方面：第一存在未达账项；第二企业或银行双方可能存在记账错误。小王在确定企业银行存款实有数额时，只考虑了第一个方面的因素，而忽略了第二个方面的因素。如果企业或银行没有记账错误的话，小王的方法可能会确定出银行存款的实有数额，但如果未达账项确定不全面或错误的话，也不会确定出银行存款实有数额的。银行存款实有数额的确定方法一般有三种，第一种方法是根据错记金额和未达账项同时将银行存款日记账余额和对账单余额调整到银行存款实有数额；第二种方法是根据错记金额和未达账项，以银行存款日记账余额为准，将对账单余额调整到银行存款日记账余额；第三种方法是根据错记金额和未达账项，以对账单余额为准，将银行存款日记账余额调整到对账单余额。另外，小王以对账单为依据将企业未入账的未达账项记入账内也是错误的。这是因为银行的对账单并不能作为记账的原始凭证，企业收款或付款必须取得收款或付款的原始凭证才能记账，这是记账的基本要求。

第一节　财产清查的意义和种类

一、财产清查的意义及作用

(一)财产清查的意义

财产清查就是根据账簿记录，对企业的货币资金、存货、固定资产、债权债务、票据等的盘点或核对，查明各项财产的实存数与账面结存数是否相符的一种方法。财产清查不但是会计核算的一种专门方法，也是财产管理的一项重要制度。

准确反映财产物资和债权债务的真实情况，是会计核算的基本准则，也是经济管理对会计核算的客观要求。但在实际工作中，即使通过加强会计凭证的日常审核，定期进行账证和账账核对，也难以保证各项财产物资的账存数同实存数不发生差异。造成差异的原因，可能有以下几个方面。

(1) 收发物资时，因经办人疏忽，发生计量、检验不准，引起品种、数量、质量的差错。

(2) 物资收入、发出时，漏办或重办入账手续，或入账时计算、登记发生差错。

(3) 财产物资在保管中，发生自然损溢。

(4) 财产物资保管不善或工作人员失职，发生财产物资损失、短缺。

(5) 不法分子营私舞弊、贪污盗窃，发生财产物资的损失。

(6) 发生人力不可抗拒的自然灾害和战争等的意外损失。

以上原因的发生必然影响会计资料的真实、正确，为使账实相符，需要进行财产清查。

(二)财产清查的作用

(1) 通过财产清查，保证账实相符。确定各项财产物资的实有数，查明账款、账物是否相符，并及时地调整账面资料，使账面数额与实有数额一致，以保证会计资料的真实可靠性。

(2) 通过财产清查，挖掘财产物资的潜力。查明各项财产物资的储备和利用情况，对于超储积压和不需用的财产物资和不良资产能得到及时处理，而且还可以促使物资的有效和节约使用；及时清理各种往来款项，可加速资金周转。

(3) 通过财产清查，促进财经纪律和结算制度的执行。可查明企业与银行及其他单位或个人款项往来，是否符合结算制度和合同规定，有无不合公允的债权、债务行为，从而促使企业自觉遵守、维护财经纪律。

(4) 通过财产清查，力求财产物资的安全、完整。查明财产损失的原因，明确经济责任，进行处理。同时，通过分析损失产生的原因，可以发现财产管理和核算制度存在的缺点，从而采取措施，健全财产物资管理和核算制度，做到财产物资安全、完整。

二、财产清查的种类

(一)按清查的对象和范围分类

按清查的对象和范围划分，财产清查可以分为全面清查和局部清查。

1. 全面清查

全面清查是指对企业所有的财产进行全面盘点和核对。全面清查的对象一般包括以下几类。

(1) 库存现金、银行存款、银行借款、各种有价证券和投资。

(2) 所有的固定资产、原材料、库存商品、在产品、产成品和其他物资。

(3) 在途物资、发出商品、委托外单位加工的材料或商品。

(4) 各项往来结算款项，缴拨款项和其他结算账项。

由于全面清查内容多、范围广、工作量大、时间长、参与部门和人员多，所以，全面清查主要适用于：年终决算之前进行，以确保年度会计报表的真实性；主要领导离任，企业被兼并、破产、撤销、合并、改制或改变隶属关系时进行，以明确经济责任；开展清仓查库或进行资产评估时进行，以摸清家底，评价企业现行整体价值，促进生产经营正常运行。

2. 局部清查

局部清查是指对企业的一部分财产物资进行的清查。局部清查一般在符合以下几种情况下进行。

(1) 对流动性较大的物资，如原材料、在产品、产成品(或库存商品)等，除了年度清查外，年内还要轮流盘点、抽查。

(2) 对于贵重物资，每月都应清查盘点一次。

(3) 对于库存现金，每日终了时，应由出纳人员自行清点，主管人员随时进行抽查。

(4) 对于银行存款和银行借款，每月要同银行核对一次。

(5) 对于债权、债务等，每年至少要核对 1～2 次。

(二)按清查的时间分类

按清查的时间分类，财产清查可分为定期清查和不定期清查。

1. 定期清查

定期清查是指按预先计划安排的时间，对财产物资所进行的清查，一般是在年度、季度或月度末结账前进行。其清查的对象和范围，根据实际情况和需要，可以全面清查，也可以局部清查。

2. 不定期清查

不定期清查是指事先并无规定的清查时间，而是根据实际需要所进行的清查，一般在出现以下几种情况时进行。

(1) 更换财产物资和现金保管人员时进行，便于分清经济责任。

(2) 上级主管部门和财政及审计部门要对本单位进行会计检查时进行，以验证会计资料的真实性、准确性以及有无违纪违法行为。

(3) 作抵押贷款标的物，受理银行或金融机构需要核查的。

(4) 发生战争或自然灾害和意外损失时进行，以查明损失情况。

(5) 按照董事会要求临时性需要清查的行为等。

不定期清查，可以是全面清查，也可以是局部清查，应依实际需要而定。

第二节　财产清查的方法

一、财产清查的准备工作

1. 组织准备

首先，做好宣传动员工作，增强本企业全体职工对财产清查重要意义的认识。其次，在企业领导人的领导下，组织一个由有关职能部门主管人员、技术人员、会计人员、保管人员和职工代表参加的专门小组，具体负责研究制订财产清查计划，确定清查对象、范围、时间，配备清查人员、讲明清查具体要求等。

2. 业务准备

财会部门在财产清查前，将所有的账目全部登记入账，结出余额，做到记录完整、计算正确、账证相符、账账相符；对于银行存款、借款，以及各种有效合同结算款项，对账单等搜集齐全，以备清查核对。

物资保管部门在清查前，应将各种财产物资清查整理，排列整齐，注明品种、规格和结存数量，以便盘点查对。并且还应准备好各种必要的计量器具和有关清查的各种资产明细清单，实物吊卡要准备完整。

二、财产清查的技术方法

财产物资的种类繁多，实物形态不同，清查中，需根据各种财产物资的特点，采用不同的技术方法。

1. 实物盘点法

实物盘点法是指通过对财产物资逐一清点或用度、量、衡器按其存放地点进行计数、检尺或过重、量方，以确定其实存数量。这种方法确定的实存数量比较准确。凡是能够通过点数和量度的实物，如固定资产、材料、商品、在产品、产成品等物资，都可以采用此方法。

2. 技术推算盘点法

技术推算盘点法是指根据各种财产物资的特点，按照一定的标准，推算其实存数量的方法。如对露天存放的物资，其堆放量较大、存放规则，可通过测量体积，将单位体积换算为重量，确定其实存数量。对数量大、不规则、物重价廉的财产物资，一般利用经验估算其实存量。对于委托外单位加工的材料，由于分批送料和收回加工产品，可根据已知收回和付出的数量来推算材料的外存数量。这种方法适用于那些大量成堆，难以逐一清点、计量或不能清点、计量的财产物资。

3. 核对账目法

核对账目法是指通过与有关方面相互对账，进行核实的方法。通常采用一方向另一方抄送对账单或双方互送对账单的方法进行。该方法适用于银行存款及各种债权、债务的清查。

三、财产清查的程序和方法

(一)库存现金的清查

库存现金的清查采用实地盘点法，即通过点数确定库存现金的实有数额。在做到库存现金日记账与总分类账账账相符的前提下，与库存现金日记账的账面余额进行核对。若实有余额大于库存现金日记账账面余额，为现金溢余数，反之为短缺数，凡现金出现溢余或短缺都要说明原因。将库存现金盘点情况填入“库存现金盘点报告表”内，该表是重要的原始凭证，既是库存现金的盘存单，也是实存账存对比表，如表 8-1 所示。

表 8-1　现金盘点报告表

单位名称：　　　　　　　　　　　　　　　　___年___月___日

实存金额	账存金额	账存与实存对比		备　注
		盘盈(长款)	盘亏(短款)	

盘点人签章___________　　　　　　　　　　　　出纳员签章__________

库存现金盘点，必须有出纳员在场，并同盘点人一起在库存现金报告表上签字。库存现金盘点时，还应注意清查有无白条抵充现金、超过库存限额等情况，发现此类情况应在备注栏内注明。现金的清查方法也适用于对各种有价证券的清查。

(二)银行存款的清查

银行存款的清查，与实物、现金的清查方法不同，它采用的是账目核对法，即采用与开户银行核对账目的方法来进行。其具体做法是：在同银行核对账目之前，先仔细检查企业银行存款日记账的正确性、完整性，然后根据银行送来的对账单，逐笔核对。银行对账

单尽管全部记录了本单位存款的收、支和结余额，但是银行对账单上的存款余额与企业银行存款日记账上的存款余额，即使双方记账无差错，也往往会出现账面记录不一致的情况。这种差异，可能是由“未达账项”造成的。

未达账项是指由于双方收付款结算凭证的传递和双方入账时间的不同，所出现的一方已经入账，而另一方尚未记账的款项。未达账项总体来说有两大类型：一是企业已经入账而银行尚未入账的款项；二是银行已经入账而企业尚未入账的款项。具体来讲有以下四种情况。

(1) 企业已经收款入账，银行未收款入账的款项。

(2) 企业已经付款入账，银行未付款入账的款项。

(3) 银行已经收款入账，企业未收款入账的款项。

(4) 银行已经付款入账，企业未付款入账的款项。

上述任何一种未达账项存在，都会使企业银行存款日记账余额与银行转来的对账单的余额不符。在与银行对账时，应首先查明有无未达账项，如果存在未达账项，可编制银行存款余额调节表。银行存款余额调节表的编制应在企业银行存款日记账余额和银行对账单余额的基础上，分别加减未达账项，调整后的双方余额应该相符，并且是企业当时实际可以动用的款项。其计算公式如下。

企业银行存款日记账余额+银行已收企业未收款项-银行已付企业未付款项=银行对账单余额+企业已收银行未收款项-企业已付银行未付款项

现举例说明“银行存款余额调节表”的具体编制方法。

【例 8-1】 东方公司 2020 年 8 月 31 日银行存款日记账的余额为 112 000 元，银行对账单的余额为 148 000 元，经核对发现以下未达账项。

(1) 企业将收到的销货款 4 000 元存入银行，企业已记银行存款增加，而银行尚未记增加。

(2) 企业开出转账支票 36 000 元支付购料款，企业已记银行存款减少，而银行尚未记减少。

(3) 收到东方公司汇来的购货款 20 000 元，银行已记增加，而企业尚未记增加。

(4) 银行代企业支付水电费 16 000 元，银行已记减少，而企业尚未记减少。

根据上述资料编制“银行存款余额调节表”，如表 8-2 所示。

表 8-2 银行存款余额调节表

项 目	金 额	项 目	金 额
企业银行存款日记账余额	112 000	银行对账单余额	148 000
加：银行已收企业未收	20 000	加：企业已收银行未收	4 000
减：银行已付企业未付	16 000	减：企业已付银行未付	36 000
调节后的存款余额	116 000	调节后的存款余额	116 000

值得注意的是，“银行存款余额调节表”的编制只是银行存款清查的方法，它只起到对账的作用，不能作为调节账面余额的原始凭证。银行存款日记账的登记，还应等收到有关原始凭证后再进行。

(三)实物资产的清查

实物财产的清查，是指对原材料、在产品、库存商品等存货及固定资产，在数量上和质量上所进行的清查。

为了明确经济责任，清查实物财产应由清查人员协同实物保管人员一起在现场进行。实物财产清查的具体步骤如下。

(1) 采用一定的清查方法清查盘点各种实物财产的实有数量。清查实物财产的实有数量，可以根据实物财产的不同类别，分别采用实地盘点法、技术推算盘点法。

(2) 登记“盘存单”。“盘存单”是记录实物盘点结果的书面文件，也是反映实物财产实有数的原始凭证，其格式如表 8-3 所示。盘点结束后，应将盘点结果登记在“盘存单”上，并由盘点人员和实物保管人员签名和盖章，以明确经济责任。

表 8-3　盘存单

编制单位：　　　　　　　　　　　　　　　　　　　　　　　盘点时间：

财产类别：　　　　　　　　　　　　　　　　　　　　　　　存放地点：

编　号	名　称	型号规格	计量单位	数　量	单　价	金　额	备　注

盘点人签章：　　　　　　　　　　　　　　　　　　　　实物保管人签章：

(3) 编制“账存实存对比表”。为了进一步查明盘点结果同账面余额是否一致，就要根据“盘存单”和有关账簿记录编制“实存账存对比表”。“实存账存对比表”是一个非常重要的原始凭证，在这个凭证上所确定的各种实物的实存与账存之间的差异，是调整账簿记录的依据，也是分析差异原因、查明责任的依据。“账存实存对比表”的格式如表 8-4 所示。

表 8-4　账存实存对比表

单位名称：　　　　　　　　　　　　年　月　日

编号	名称	型号规格	计量单位	单价	对比结果								备　注
					账面结存		实物结存		盘　盈		盘　亏		
					数量	金额	数量	金额	数量	金额	数量	金额	

盘点人签章：　　　　　　　　　　　　　　　　　　　　会计签章：

如果在清查中，发现账外的财产物资，以及超出账面的财产物资，应填具名称及实存数，并记入“盘盈”栏内；有账存数无实存数，或实存数小于账存数，则说明财产物资发生短缺，应记入“盘亏”栏内。所有发生的“盘盈”或“盘亏”，还要认真查明原因，根据有关规定，办理审批手续，然后在账面上加以处理。对于多余的、带有积压性的财产物资，也要通过一定的程序加以处理，以免积压资金。如果发现在财产物资的管理制度上存在缺点，应提出建议并加以改进。

(四)往来结算款项的清查

各种往来结算款项的清查，也采用核对账目法。但由于结算款项既有对外单位的，也有对企业内部各个部门和个人的，因此，在清查中应区别情况，采用不同的方法核对。

对于外部各单位的应收、应付款项等，企业应在所记账目正确、完整的基础上，编制“往来款项对账单”送交对方单位进行核对。这种对账单一式二份，一份送交对方留存，另一份作为回单，即对方单位核对相符，在对账单上盖章后退回；核对不符，在对账单上注明不符情况或另抄对账单退回本单位。在核对过程中，如发现未达账项，双方都应采用调节账面余额的方法，使往来结算款项相符。

对于内部各部门的往来款项，由各部门的财产清查员、会计员直接根据账簿记录核对。发现不符，应查明原因，并进行处理。

对于职工的各种代垫款项和尚未报销的备用金，通常可以抄列清单与本人核对或定期公布，自行核对。

通过往来结算款项的清查，要求及时收回应收款项，及时偿还应付款项。对于双方发生争议的款项，应采取措施予以解决。对于坏账损失应按坏账准备的有关规定处理。往来款项对账单如表 8-5 所示。

表 8-5　往来款项对账单

××单位：

现列示我单位与贵单位的往来款项，请贵单位核实后将回单联寄回。

往来款项原因	往来款项发生时间	信用截止期	经办人	往来款项金额	备注

清查单位：(盖章)

20××年×月×日

沿此虚线裁开，将以下回单联寄回！如有不符，请在回单联上说明情况。

………………………………………………………………………………………… …… ……

××清查单位：

你单位寄来的“往来款项对账单”已经收到，经核对相符无误。

往来账单位：(盖章)

20××年×月×日

第三节　财产清查结果的处理

一、财产清查结果的处理程序

通过财产清查以后，如果发现财产管理和会计核算方面存在的问题，必须以有关法令、制度为依据予以处理。对财产清查结果进行处理时，应按照以下步骤进行。

1. 查明差异产生的原因、提出处理意见

通过财产清查所确定的各项差异，即财产物资的盘盈、盘亏，要将差异数字核准，查清产生差异的原因，明确经济责任，据实提出处理意见。对于财产清查中发现的盘盈、盘亏和毁损的物资及长期不清或有争议的债权、债务，应查明原因，报请股东大会或董事会，或经理(厂长)会议或类似机构审批，及时组织清理。

2. 总结经验教训、完善管理制度

财产清查结束后，要在彻底查明财产中所发现问题的性质和原因的基础上，对暴露出来的有关经营管理和会计核算等方面存在的问题，应帮助有关领导和部门总结经验教训，提出改进工作的措施，建立和健全以岗位责任制为中心的财产管理制度，进一步加强财产管理，保证财产物资的完全和完整。

3. 调整账簿记录、进行账务处理

对于财产清查中所发现的各种差异以及对这些差异的处理，都应当及时调整有关的账簿记录，以达到账实相符。由于对财产清查中发现的盘盈、盘亏和毁损等情况，须按规定的程序报请有关机构审批才能处理，所以清查结果的账务处理应当按照下列两步进行。

(1) 在报请有关机构审批前，根据有关“财产盈亏毁损报告表”等原始凭证中所列明的财产盘盈、盘亏和毁损的数字，编制记账凭证，并据以登记有关账簿，以使各项财产的账存数与实存数保持一致。

(2) 有关机构审批后，根据发生差异的原因及批复意见，编制记账凭证，并据以登记入账。

需要说明的是，报请有关机构批准后，应当在期末结账前处理完毕；如在期末结账前尚未经批准的，应在对外提供财务会计报告时先按有关处理规定进行账务处理，并在财务报表附注中做出说明，如果其后批准处理的金额与已处理的金额不一致，应按其差额调整财务报表相关项目的年初数。

二、财产清查结果的账务处理

为了保证账实相符，提供真实、正确的会计资料，对财产清查结果中各种财产物资出现的差异，凡需要调账的，会计上必须按规定进行账务处理。

(一)账户的设置

为了反映和监督企业在财产清查中查明的各种财产盘盈、盘亏和毁损，应设置“待处理财产损溢”账户(固定资产盘盈通过“以前年度损益调整”账户)。“待处理财产损溢”账户用以专门核算已经发生需经批准转销的财产物资的损溢。其借方登记各种财产物资的盘亏、毁损或经批准各种财产物资盘盈的转销；贷方登记经批准、转销的财产物资盘亏、毁损或各种财产物资的盘盈。这个账户属于暂记账户，也称过渡账户或调整账户，应在期末结账前处理完毕，结清余额。

财产清查结果的账务处理分为两个阶段：一是在领导审批之前，应根据“账存实存对比表”等原始凭证编制记账凭证，调整财产物资账面记录，使账实相符；二是根据领导对差异形成的不同原因做出的处理意见做相应的账务处理。

(二)账务处理方法

1．固定资产清查结果的账务处理

盘盈固定资产的计价，如果同类或类似固定资产存在活跃市场的，按同类或类似固定资产的市场价格，减去该项资产的新旧程度估计的价值损耗后的余额，作为入账价值。如同类或类似固定资产不存在活跃市场的，按该项固定资产的预计未来现金流量现值作为入账价值。

【例 8-2】 东方公司清查固定资产时，发现账外设备一台，经确认盘盈价值为 8 000 元。编制会计分录如下。

借：固定资产　　8 000

　　贷：以前年度损益调整　　8 000

【例 8-3】 上述盘盈固定资产，按规定程序报经批准后进行处理，假设不考虑对所得税的影响，该企业按净利润的 10%提取盈余公积。编制会计分录如下。

借：以前年度损益调整　　8 000

　　贷：盈余公积——提取法定盈余公积　　800

　　　　利润分配——未分配利润　　7 200

固定资产的盘亏，应按账面原值及累计折旧，将差额转入“待处理财产损溢”账户，报经批准后，将差额计入“营业外支出”账户。

【例 8-4】 东方公司年终财产清查发生盘亏设备一台，账面原值为 2 000 元，已提折旧为 800 元，上报审批时编制会计分录如下。

借：待处理财产损溢——待处理固定资产损溢　　1 200

　　累计折旧　　800

　　贷：固定资产　　2 000

【例 8-5】 上例盘亏设备按规定程序报经批准后，将盘亏固定资产的净值转作“营业外支出”，编制会计分录如下。

借：营业外支出　　1 200

　　贷：待处理财产损溢——待处理固定资产盘亏　　1 200

2．存货清查结果的账务处理

正常范围的自然损溢以及收发过程中计量误差累计所致盘盈：上报审批时，按盈溢数先转入“待处理财产损溢”账户，使材料、商品和产品符合实际情况；报经批准后，冲减“管理费用”账户；盘盈属于多收少发：材料或产品盘盈，查明属于供货单位多发的，应通知供货单位，并补开收货单，作为材料或产品购进，将货款补付给供货单位。如属于其他原因造成的盘盈，其盘盈存货的成本应按照同类或类似存货的市场价格确定。

由于正常范围的自然损耗以及责任事故、企业管理不善发生的盘亏，上级审批时，按盘亏数转入“待处理财产损溢”账户，使材料、产品、商品符合实存数量。报经批准后，按不同的情况分别处理，凡自然损耗以及管理不善造成的盘亏，最终列作企业损失，计入“管理费用”账户；凡责任事故，应由责任者赔偿，计入“其他应收款”账户。

由于发生火灾或人力不可抗拒的自然灾害所造成的材料、产品或商品毁损，在报经批准核销前，应先转入“待处理财产损溢”账户；上级审批同意后，按毁损的材料、产品或商品扣除保险公司赔款和残料价值后的差额，计入“营业外支出”账户。

以上账务处理举例说明如下。

【例 8-6】 东方公司在财产清查中，发现材料亏损 300 元，经查明 100 元属于自然损耗，250 元属于管理不善造成的，50 元属于过失人造成的，按规定程序上报审批。编制会计分录如下。

借：待处理财产损溢——待处理流动资产损溢　　300
　　贷：原材料　　300

【例 8-7】 上述材料的盘亏，经批准做以下处理。

自然损耗和管理不善造成盘亏计入管理费用。其余 50 元由过失人赔偿。编制会计分录如下。

借：管理费用　　250
　　其他应收款　　50
　　贷：待处理财产损溢——待处理流动资产损溢　　300

【例 8-8】 东方公司不慎发生火灾，烧毁材料一批，计 2 000 元，企业保有火险，经保险公司核定赔偿 1 200 元，残料出售 300 元，报上级审批。编制会计分录如下。

借：待处理财产损溢——待处理流动资产损溢　　2 000
　　贷：原材料　　2 000

【例 8-9】 上述烧毁材料报经审批同意，予以转账。编制会计分录如下。

借：其他应收款　　1 200
　　银行存款　　300
　　营业外支出　　500
　　贷：待处理财产损溢——待处理流动资产损溢　　2 000

3. 货币资金盈亏的账务处理

库存现金发生溢余或短缺时，应由主管人员会同检查，提出书面报告，按照规定审批权限，报经企业领导或再报上级批准后，按批示处理意见办理。

(1) 现金发生溢余时的会计处理。

① 上报审批时：

借：库存现金
　　贷：待处理财产损溢——待处理流动资产损溢

② 审批同意后：

借：待处理财产损溢——待处理流动资产损溢
　　贷：其他应付款(应支付给有关单位和人员的)
　　　　营业外收入(无法查明原因的)

(2) 现金发生短缺时的会计处理。

① 上报审批时：

借：待处理财产损溢——待处理流动资产损溢

　　贷：库存现金

② 审批同意后：

借：管理费用(不明原因)

　　其他应收款(过失人赔偿)

　　贷：待处理财产损溢——待处理流动资产损溢

正常情况下，发生现金短少，应由出纳人员赔偿。

本章小结

本章主要讲述财产清查的意义、种类和财产清查前的准备工作，各项财产物资和往来款项的清查方法以及财产清查结果的账务处理。学习时要认识财产清查的必要性，弄清未达账项形成的原因以及银行存款余额调节表能否作为记账的依据。理解并掌握“待处理财产损溢”账户结构、性质和核算。

习　题

一、单项选择题

1. “待处理财产损溢”账户是(　　)。

A. 资产类账户　　B. 负债类账户

C. 损益类账户　　D. 资产负债双重性账户

2. 在财产清查中，如查明盘亏是由于保管人员失职造成的，批准后应记入“(　　)”账户。

A. 管理费用　　B. 其他应收款　　C. 营业外支出　　D. 生产成本

3. 库存现金的清查应采用的方法是(　　)。

A. 检查现金日记账　　B. 实地盘点法

C. 抽查现金　　D. 倒挤法

4. 无法查明原因的现金盘盈应记入“(　　)”账户。

A. 管理费用　　B. 营业外收入　　C. 销售费用　　D. 其他业务收入

5. 对银行存款进行清查，应采用的方法是(　　)。

A. 定期盘点法　　B. 与银行核对账目法

C. 实地盘点法　　D. 与往来单位核对账目法

6. 北辰公司 2020 年 1 月 31 日银行存款日记账的余额为 100 万元，经逐笔核对，未达账项如下：银行已收企业未收 2 万元；银行已付企业未付 1.5 万元。调节后的企业银行存款余额为(　　)万元。

A. 100　　B. 100.5　　C. 102　　D. 103.5

7. 对于银行已收款记账而企业尚未记账的未达账项，其记账依据是(　　)。

A. 银行对账单　　B. 银行存款余额调节表

C. 账存实存对比表　　D. 收到的银行收账通知

8. 现金清查时，在盘点结束后，应根据盘点结果编制(　　)，由相关人员签字后作为调整账簿记录的重要原始凭证。

A. 账存实存对比表　　B. 盘点表

C. 现金盘点报告　　D. 对账单

9. 在企业和银行双方记账均无错误的情况下，银行对账单与企业银行存款日记账的余额不一致的原因是(　　)。

A. 结账时间不一致　　B. 外填存款

C. 未达账项　　D. 应收账款的存在

10. 下列单据中，应由财会部门编制，并可以直接作为调整账簿记录原始凭证的是(　　)。

A. 银行存款余额调节表　　B. 存货盘存单

C. 存货账存与实存对比表　　D. 银行对账单

二、多项选择题

1. 财产清查结果账务处理的原始凭证有(　　)。

A. 盘存单　　B. 账存实存对比表

C. 银行存款余额调节表　　D. 现金盘点报告表

2. “待处理财产损溢”账户的结构有(　　)。

A. 借方登记盘亏数，贷方登记盘盈数

B. 借方登记盘盈数，贷方登记盘亏数

C. 借方登记盘亏处理数，贷方登记盘盈处理数

D. 借方登记盘盈处理数，贷方登记盘亏处理数

3. 下列各项中，关于库存现金清查的说法不正确的有(　　)。

A. 库存现金只需要定期专门清查

B. 库存现金清查时出纳人员应回避

C. 库存现金清查一般采用实地盘点法

D. 库存现金清查后如存在账实不符，不得调整现金日记账

4. 下列事项，会影响管理费用的有(　　)。

A. 库存现金盘亏　　B. 属于管理不善造成的存货盘亏

C. 固定资产盘亏　　D. 库存现金盘盈

5. 下列说法，正确的有(　　)。

A. 库存现金应每日清点一次

B. 在对库存现金的清查过程中，可以用借条、收据冲抵库存现金

C. 根据库存现金盘点结果填写“现金盘点报告表”

D. “现金盘点报告表”不能作为调整账簿记录的原始凭证

6. 编制银行存款余额调节表时，银行对账单的余额应进行下列哪些调整？(　　)

A. 加：企业已收银行未收的款项　B. 减：企业已付银行未付的款项

C. 加：银行已收企业未收的款项　D. 减：银行已付企业未付的款项

7. 关于银行存款清查，下列说法正确的有(　　)。

A. 不需要根据“银行存款余额调节表”做任何账务处理

B. 对于未达账项，等以后有关原始凭证到达后再做账务处理

C. 如果调节之后双方的余额不相等，则说明银行或企业记账有误

D. 对未达账项，需要根据“银行存款余额调节表”做账务处理

8. 往来款项清查的内容，主要包括(　　)。

A. 应收应付款项　B. 预收预付款项

C. 其他应收款　D. 其他应付款

9. 下列说法中，不正确的有(　　)。

A. 银行存款应采用发函询证法进行核对

B. 往来款项的清查一般采用发函询证的方法进行核对

C. 库存现金清查时，出纳人员必须在场

D. “现金盘点报告表”不能作为调整账簿记录的原始凭证

10. 下列说法中，正确的有(　　)。

A. 往来款项的清查要按每一个往来单位填制“往来款项对账单”

B. 采用发函询证法，对方单位经过核对相符后，在回单上加盖公章退回，表示已经核对

C. 往来款项清查一般采用实地盘点法

D. 往来款项清查结束后，应根据清查中发现的问题，及时编制“往来款项清查结果报告表”

三、判断题

1. 财产清查结果的处理，一般分审批前和审批后两个步骤进行，并且第一步骤往往不涉及账务处理。(　　)

2. “待处理财产损溢”账户期末一般无余额。(　　)

3. 对于财产清查中发现的存货盘盈、盘亏，可以根据“账存实存对比表”，调整存货账面结存数，以保证账实相符。(　　)

4. 对盘亏存货的净损失，属于自然灾害造成的部分经批准后应计入管理费用。(　　)

5. 企业库存现金的清查，应采用实地盘点的方法。(　　)

6. 在清查小组盘点现金时，出纳人员必须在场。(　　)

7. 由于“现金盘点报告表”是调整账簿记录的重要依据，因此它只需要清查人员的签字盖章。(　　)

8. 银行存款日记账的余额，应同开户银行寄送企业的银行对账单相核对，一般至少每月核对一次。(　　)

9. 如果银行和企业记账均无错误，则经过银行存款余额调节表调整后的存款余额就

是企业可动用的银行存款实有数。 ( )

10. “银行存款余额调节表”编制完成后，可以作为调整企业银行存款余额的原始凭证。 ( )

四、实训题

资料：东方公司 2020 年 6 月 30 日银行存款日记账余额 133 750 元，开户银行提送的对账单余额为 127 000 元，经逐笔核对，发现未达账项如下。

(1) 6 月 29 日，委托银行收款 9 100 元，银行已经入账，收款通知尚未送达企业。

(2) 6 月 30 日，企业开出现金支票一张 400 元，企业已经减少存款，银行尚未入账。

(3) 6 月 30 日，银行已经代付企业电费 250 元，银行已经入账，企业尚未收到付款通知。

(4) 6 月 30 日，企业收到外单位转账支票一张 16 000 元，企业已经收款入账，银行尚未入账。

要求：根据上述资料，编制东方公司 2020 年 6 月 30 日“银行存款余额调节表”。

第九章

账务处理程序

【学习目标】

1. 了解账务处理程序的概念及选择要求。
2. 掌握并应用记账凭证账务处理程序。
3. 掌握并应用科目汇总表账务处理程序。
4. 了解汇总记账凭证账务处理程序。
5. 认知不同账务处理程序的异同、优缺点和适用范围。

【重点与难点】

重点：记账凭证账务处理程序和科目汇总表账务处理程序。
难点：科目汇总表账务处理程序。

引导案例

李明经过两年的打拼后，出资创办了学子书城，主要经营图书、杂志、学习用品等商品的批发兼零售业务。2019 年 9 月 1 日，李明以公司名义在银行开立账户，存入 100 000 元作为资本，用于经营。由于李明没有学过会计，只是将所有的发票、单据等业务资料进行收集、保存，没有做任何会计记录。月底，李明发现公司的存款只剩下 58 000 元外加 643 元现金。尽管客户赊欠的 13 300 元尚未收到，但公司也有 10 500 元货款尚未支付。除此之外，实地盘点存货的价值为 25 800 元。为了进一步了解书城的财务、经营情况，李明特招聘会计人员刘丽，负责书城的经济业务核算。

李明将保存的所有单据进行检查分析，汇总了书城一个月的经济业务情况。李明请会计刘丽设计一套合理的财务处理程序。刘丽给出建议，在选择账务处理程序时，需要考虑以下四个因素：以最低成本有效地处理会计信息；较快地获取财务报告信息；确保数字准确、及时；把财务欺诈的可能性降至最低。而学子书城是新成立的小企业，所用会计科目不多，适用于记账凭证核算处理程序。

第一节 账务处理程序概述

一、账务处理程序的概念

会计核算形式亦称账务处理程序，是指在会计循环中，以账簿体系为核心，把会计凭证、账簿组织、记账形式和记账方法有机结合起来的方式。这里的“会计凭证、账簿组织”是指会计凭证和会计账簿的种类、格式以及各种会计凭证之间、各种会计账簿之间的相互关系；“记账形式和记账方法”是指从会计凭证的整理、传递到会计账簿的登记、汇总，以及根据账簿记录编制会计报表的顺序和方法。

会计凭证、会计账簿和会计报表是记录、储存和反映会计核算资料的三个主要环节。为了全面、连续、系统地反映和监督企业的经济业务，就有必要综合地运用各种会计核算方法，并把这些方法科学地、完善地结合在一起，建立一套科学的会计核算形式。

在会计工作中，不仅要了解会计凭证的填制、账簿的设置和登记，以及会计报表的编制，还必须明确规定各会计凭证、会计账簿和会计报表之间的关系，使之构成一个有机整体。而不同的账簿组织、记账程序和记账方法的有机结合，就构成了不同的账务处理程序。

二、设置会计核算组织程序的意义

会计核算组织程序是否科学、合理，对整个会计核算工作会产生诸多方面的影响。确定科学合理的会计核算组织程序，对于保证能够准确、及时地提供系统而完整的会计信息具有十分重要的意义，也是会计部门和会计人员的一项重要工作。

1. 有利于规范会计核算组织工作

会计核算工作是需要会计部门和各类会计人员之间的密切配合的有机系统，建立科学

合理的会计核算组织程序，形成规范的会计核算工作秩序，会计机构和会计人员在进行会计核算的过程中就能够做到有序可循，按照不同的责任分工，有条不紊地处理好各个环节上的会计核算工作内容。确定合理的凭证、账簿与报表之间的联系方式，采用适当的账务处理程序，科学地组织记账工作，可以使企业的日常会计核算工作按规定的程序有条不紊地进行，并且有利于会计合理分工，加强岗位责任制，健全企业内部的控制制度，保证会计信息加工过程的严密性，提高会计信息的质量。

2. 有利于保证会计核算工作质量

在进行会计核算的过程中，保证会计核算工作的质量是对会计工作的基本要求。建立起科学、合理的会计核算组织程序，形成加工和整理会计信息的正常机制，是提高会计核算工作质量的重要保障，同时有利于提高会计信息的质量。账务处理程序是会计制度设计的一项重要内容，它规定了设置会计凭证、账簿及会计报表的种类和格式，规定了各种凭证之间、账簿之间、报表之间的关系，规定了其填制方法和登记程序，使凭证、账簿及报表之间产生相互牵制作用，增强会计信息的可靠性。

3. 有利于提高会计核算工作效率

会计核算工作效率的高低，直接关系到提供会计信息的及时性和相关性。按照既定的会计核算组织程序进行会计信息的处理，将会大大提高会计核算的工作效率，保证会计信息整理、加工和对外报告的顺利进行，满足会计信息质量的及时性要求。账务处理程序解决了从记账的准备到编制会计报表这一过程中会计工作的技术组织问题，通过科学、合理的账务处理程序可以在保证对企业经济活动做出及时、客观反应的前提下，尽可能地简化会计核算手续，提高会计工作效率，保证会计信息的及时性。

4. 有利于降低会计核算工作成本

组织会计核算的过程也是对人力、物力和财力的消耗过程，因此，要求会计核算本身也要讲求经济效益，根据“效益大于成本”原则设计会计核算组织程序。会计核算组织程序安排得科学合理，选用的会计凭证、会计账簿和会计报表种类适当，格式适用，数量适中，在一定程度上也能够降低会计核算工作的成本，节约会计核算方面的支出。

5. 有利于发挥会计核算工作的作用

会计核算工作的重要作用是对企业发生的交易和事项进行确认、计量、记录和报告，为会计信息使用者进行经济决策提供有用信息。因此，应切实保障会计核算并保证记录的正确性、完整性和合理性，这种作用是通过会计核算和监督职能的发挥而体现出来的。在建立规范会计核算组织程序的基础上，保证了会计核算工作质量，提高了会计核算工作效率，就能够在为会计信息使用者提供相关信息，在经营管理等方面更好地发挥会计核算工作的作用。恰当地选用科学合理的账务处理程序，对提高会计工作的效率，保证会计工作质量，改善企业经营管理带来积极的影响。一方面，由于能够正确、及时地进行信息反馈和内部会计控制，可以加强对企业经济活动及其结果的反映和监督、计划和控制及决策；另一方面，可以有利于会计工作合理的分工协作，切实加强会计工作，从而提高会计工作的管理水平。

三、账务处理程序的种类

目前，我国企业、事业、机关等单位会计核算一般采用的主要账务处理程序有以下 6 种，分别是记账凭证账务处理程序、汇总记账凭证账务处理程序、科目汇总表账务处理程序。以上三种账务处理程序既有共同点，又有各自的特点。其中，记账凭证账务处理程序是最基本的一种，其他账务处理程序都是由此发展、演变而来的。在实际工作中，各经济单位可根据实际需要选择其中一种账务处理程序，也可以将多种账务处理程序的优点结合起来使用，以满足本单位经营管理的需要。

四、账务处理程序的要求

由于各个行业经营特点不同，业务性质和规模大小不同，因而，管理要求各不相同，会计核算形式和方法也会有所差异。因此，选择会计核算形式，一般应符合以下要求。

1. 必须满足经营管理的需要

整个会计核算形式的建立，从填制会计凭证开始，经过登记账簿，到编制会计报表为止，均应按照经营管理的需要设计，提供必要的会计核算信息。要能够及时、准确、全面、系统地提供会计信息，满足各会计信息使用者对会计信息的需要。

2. 必须符合本单位的实际情况

选择会计核算形式，要与本单位经济业务的特点、经营规模、业务繁简及会计部门技术力量相适应。经营业务单一、企业规模较小、会计部门技术力量比较薄弱的企业，可以采用比较简单的会计核算形式；反之，可以采用比较复杂的会计核算形式。这样，才便于科学的分工协作，落实岗位责任制。要与本单位的经济性质、经营特点、规模大小及业务的繁简程度相适应，有利于岗位责任制的建立和分工协作。

3. 符合成本效益原则

在保证会计核算工作质量的前提下，在保证核算资料及时、准确、完整的前提下，力求简化核算手续，尽可能提高会计工作的效率，节约账务处理的费用。

第二节　记账凭证账务处理程序

一、记账凭证核算形式的特点

记账凭证核算形式的主要特点是直接根据记账凭证逐笔登记总分类账。这种核算形式是会计核算中最基本的核算形式，其他几种核算形式都是以它为基础，根据经济管理的需要发展而成的。

二、记账凭证账务处理程序的设计要求

记账凭证账务处理程序是最基本的一种账务处理程序，在这种账务处理程序下，要求直接根据记账凭证逐笔登记总分类账。

在记账凭证账务处理程序下，应当设置现金日记账、银行存款日记账、明细分类账和总分类账。日记账和总账可采用三栏式；明细分类账可根据需要采用三栏式、数量金额式和多栏式；记账凭证一般使用收款凭证、付款凭证和转账凭证三种格式，也可采用通用记账凭证。

三、记账凭证核算形式下设置的会计凭证和会计账簿

记账凭证账务处理程序是最基本的一种账务处理程序，在这种账务处理程序下，要求直接根据记账凭证逐笔登记总分类账。

在记账凭证账务处理程序下，应当设置现金日记账、银行存款日记账、明细分类账和总分类账。日记账和总账可采用三栏式；明细分类账可根据需要采用三栏式、数量金额式和多栏式；记账凭证一般使用收款凭证、付款凭证和转账凭证三种格式，也可采用通用记账凭证。

在记账凭证核算形式下，记账凭证可以采用通用记账凭证格式，也可以采用收款凭证、付款凭证和转账凭证等专用记账凭证格式。

在记账凭证核算形式下，需要设置库存现金日记账、银行存款日记账、总分类账和明细分类账。

库存现金日记账、银行存款日记账、总分类账一般均采用三栏式账页，明细分类账则可以根据管理的需要分别采用三栏式、数量金额式和多栏式账页。

四、记账凭证账务处理程序的基本内容

记账凭证账务处理程序是指对发生的经济业务，都要根据原始凭证或汇总原始凭证编制记账凭证，然后根据记账凭证直接登记总分类账的一种账务处理程序。其特点是直接根据记账凭证逐笔登记总分类账。它是最基本的账务处理程序。在这一程序中，记账凭证可以是通用记账凭证，也可以分设收款凭证、付款凭证和转账凭证，需要设置现金日记账、银行存款日记账、明细分类账和总分类账，其中现金日记账、银行存款日记账和总分类账采用三栏式，明细分类账根据需要采用三栏式、多栏式和数量金额式。其一般程序如下。

(1) 根据原始凭证编制汇总原始凭证。

(2) 根据原始凭证或汇总原始凭证，编制记账凭证。

(3) 根据收款凭证、付款凭证逐笔登记现金日记账和银行存款日记账。

(4) 根据原始凭证、汇总原始凭证和记账凭证，登记各种明细分类账。

(5) 根据记账凭证逐笔登记总分类账。

(6) 期末，现金日记账、银行存款日记账和明细分类账的余额同有关总分类账的余额核对相符。

(7) 期末，根据总分类账和明细分类账的记录编制会计报表。

记账凭证账务处理程序如图 9-1 所示。

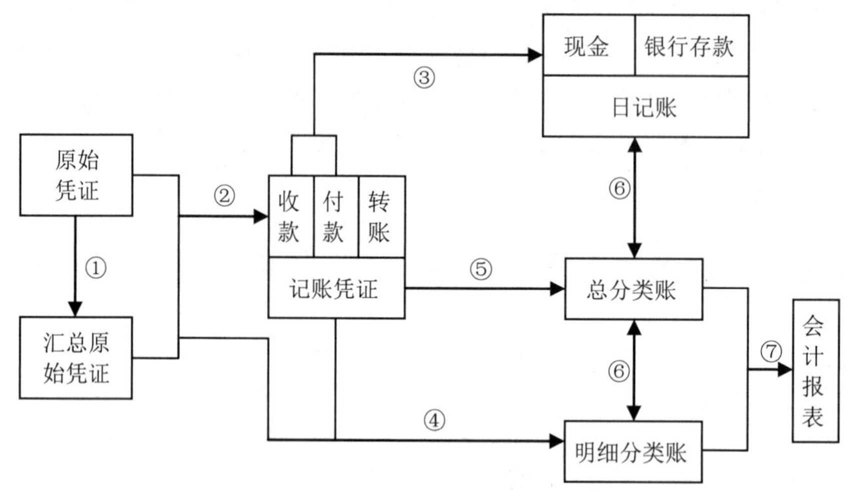

图 9-1 记账凭证账务处理程序

五、记账凭证账务处理程序的优、缺点及适用范围

1. 记账凭证账务处理程序的优点

(1) 在记账凭证上能够清晰地反映账户之间的对应关系。在记账凭证账务处理程序下，所采用的是专用记账凭证或通用记账凭证，当一笔经济业务发生以后，利用一张记账凭证就可以编制出该笔经济业务的完整会计分录，涉及几个会计科目(账户的名称)就填写几个会计科目。因而，在记账凭证上，账户之间的对应关系一目了然。

(2) 总分类账上能够比较详细地反映经济业务的发生情况。在记账凭证账务处理程序下，不仅对各种日记账和明细分类账采取逐笔登记的方法，对于总分类账的登记方法也是如此。因而，在总分类账上能够详细登记所发生的经济业务情况。

(3) 总分类账登记方法简单，易于掌握。根据记账凭证直接登记账户是最简单的一种登记方法，这种方法比较容易掌握。

2. 记账凭证账务处理程序的缺点

(1) 总分类账登记工作量过大。对发生的每一笔经济业务都要根据记账凭证逐笔地在总分类账中进行登记，实际上与登记日记账和明细分类账的做法一样，是一种简单的重复登记，势必要增大登记总分类账的工作量，特别是在经济业务量比较多的情况下更是如此。

(2) 账页耗用多，预留账页多少难以把握。由于总分类账对发生的所有经济业务都要重复登记一遍，势必会耗用更多的账页，造成一定的账页浪费。如果是在一个账簿上设置多个账户，登记业务的多少很难预先确定，对于每一个账户应预留多少账页很难把握，预留过多会形成浪费，预留过少又会影响账户登记上的连续性。

3. 记账凭证账务处理程序的适用范围

记账凭证账务处理程序一般只适用于规模较小、经济业务量比较少、会计凭证不多的单位。

第三节　科目汇总表账务处理程序

一、科目汇总表核算形式的特点

科目汇总表核算形式的特点是：先根据记账凭证定期编制科目汇总表，然后根据科目汇总表登记总分类账。由于科目汇总表是根据记账凭证汇总编制而成的，因此，这种核算形式亦称为记账凭证汇总表核算形式。

二、科目汇总表账务处理程序的设计要求

在科目汇总表账务处理程序下，要求定期将记账凭证编制成科目汇总表，然后根据科目汇总表登记总分类账。

采用科目汇总表账务处理程序时，其账簿设置、各种账簿的格式以及记账凭证的种类和格式基本上与记账凭证账务处理程序相同。但应增设科目汇总表，以作为登记总分类账的依据。

三、科目汇总表核算形式下设置的会计凭证和会计账簿

在科目汇总表核算形式下，记账凭证可以采用通用记账凭证格式，也可以采用收款凭证、付款凭证和转账凭证等专用记账凭证格式。

在记账凭证核算形式下，需要设置库存现金日记账、银行存款日记账、总分类账和明细分类账。

库存现金日记账、银行存款日记账、总分类账一般均采用三栏式账页，明细分类账则可以根据管理的需要分别采用三栏式、数量金额式和多栏式账页。

四、科目汇总表的编制方法

科目汇总表的填制方法是：首先将汇总期内各项经济业务所涉及的会计科目填列在科目汇总表的“会计科目”栏内，填列的顺序最好与总分类账上会计科目的顺序相同，以便于登记总分类账；然后，依据汇总期内所有的记账凭证，按照相同的会计科目归类，分别计算各会计科目的借方发生额和贷方发生额，并将其填入科目汇总表的相应栏内，用以反映全部总账科目的借方本期发生额合计数和贷方本期发生额合计数；最后，进行本期发生

额试算平衡。试算无误后，据以登记总分类账。

定期将一定时期内的全部记账凭证，按照相同会计科目归类，汇总出每一个总账科目的借方发生额合计数和贷方发生额合计数，填写在科目汇总表的相关栏内。在实际工作中，科目汇总表可以根据需要设计，采用不同的格式，但是所有格式的科目汇总表只反映各总账科目借、贷方本期发生额，不反映各个总账科目的对应关系。科目汇总表可以每月汇总一次编制一张，也可以视业务量大小每 5 天或每 10 天汇总一次，每月编制一张。为便于编制科目汇总表，所有的记账凭证可采用单式记账凭证来填制，这样便于汇总计算其借贷方发生额，不易出错。科目汇总表常用的格式如表 9-1、表 9-2 所示。

表 9-1　科目汇总表(一)

年　月　　日至　　日　　　　　　　　　　第　　号

<table>
<tr><th rowspan="2">会计科目</th><th rowspan="2">总账页数</th><th colspan="2">本期发生额</th><th rowspan="2">记账凭证起讫号数</th></tr>
<tr><th>借方</th><th>贷方</th></tr>
<tr><td></td><td></td><td></td><td></td><td></td></tr>
<tr><td>合　　计</td><td></td><td></td><td></td><td></td></tr>
</table>

附单据　　张

会计主管：　　　会计：　　　复核：　　　制表：

表 9-2　科目汇总表(二)

年　月　　　　　　　　　　第　　号

<table>
<tr><th rowspan="2">会计科目</th><th rowspan="2">总账页数</th><th rowspan="2">记账凭证起讫号数</th><th colspan="2">1—10 日</th><th colspan="2">11—20 日</th><th colspan="2">21—30 日</th></tr>
<tr><th>借方</th><th>贷方</th><th>借方</th><th>贷方</th><th>借方</th><th>贷方</th></tr>
<tr><td></td><td></td><td></td><td></td><td></td><td></td><td></td><td></td><td></td></tr>
<tr><td>合　　计</td><td></td><td></td><td></td><td></td><td></td><td></td><td></td><td></td></tr>
</table>

附单据　　张

会计主管：　　　会计：　　　复核：　　　制表：

由于借贷记账法的记账规则是“有借必有贷，借贷必相等”，所以，编制的科目汇总表内的全部借方发生额合计数一定与全部贷方发生额合计数相等。

五、科目汇总表账务处理程序的基本内容

科目汇总表账务处理程序又称记账凭证汇总表账务处理程序，它是根据记账凭证定期

编制科目汇总表，再根据科目汇总表登记总分类账的一种账务处理程序。其特点是编制科目汇总表，并据以登记总分类账。

采用科目汇总表账务处理程序，对记账凭证、账簿的设置与记账凭证账务处理程序基本相同。

科目汇总表的性质和作用，与汇总记账凭证相似，但两者的结构和编制的方法不同。科目汇总表不是分对应科目进行汇总，而是将所有科目的本期借方、贷方发生额汇总在一张科目汇总表内，然后据以登记总账。为了便于汇总，必须注意以下几点。

(1) 每一张收款凭证一般应填列一个贷方科目；每一张付款凭证一般应填列一个借方科目；转账凭证则应填列一个借方科目和一个贷方科目，一式二联，一联为借方科目转账凭证，一联为贷方科目转账凭证。

(2) 为了便于登记总账，科目汇总表上的科目排列顺序，应按总分类账上的科目排列顺序来定。

(3) 科目汇总表汇总的时间不宜过长，业务量多的单位可每天汇总一次，一般间隔最长不超过 10 天，以便对发生额进行试算平衡，及时了解资金的运动状况。

科目汇总表账务处理的一般程序如下。

① 根据原始凭证编制汇总原始凭证。

② 根据原始凭证或汇总原始凭证编制记账凭证。

③ 根据收款凭证、付款凭证逐笔登记现金日记账和银行存款日记账。

④ 根据原始凭证、汇总原始凭证和记账凭证，登记各种明细分类账。

⑤ 根据各种记账凭证编制科目汇总表。

⑥ 根据科目汇总表登记总分类账。

⑦ 期末，现金日记账、银行存款日记账和明细分类账的余额同有关总分类账的余额核对相符。

⑧ 期末，根据总分类账和明细分类账的记录编制会计报表。

科目汇总表账务处理程序如图 9-2 所示。

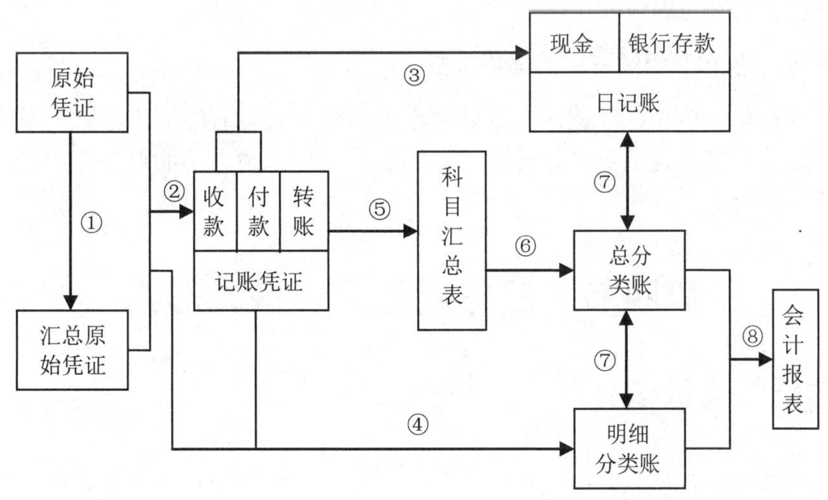

图 9-2　科目汇总表账务处理程序

六、科目汇总表账务处理程序的优、缺点及适用范围

1. 科目汇总表核算组织程序的优点

(1) 可以利用科目汇总表的汇总结果进行账户发生额的试算平衡。科目汇总表上的汇总结果体现了一定会计期间内所有账户的借方发生额和贷方发生额之间的相等关系，利用这种发生额的相等关系，可以进行全部账户记录的试算平衡。

(2) 在试算平衡的基础上记账能保证总分类账登记的正确性。在科目汇总表账务处理程序下，总分类账是根据科目汇总表上的汇总数字登记的。由于在登记总分类账之前，能够通过科目汇总表的汇总结果检验所填制的记账凭证是否正确，就等于在记账前进行了一次试算平衡，对汇总过程中可能存在的错误也容易发现。在所有账户借、贷发生额相等的基础上再记账，在一定程度上能够保证总分类账登记的正确性。

(3) 可以大大减轻登记总账的工作量。在科目汇总表账务处理程序下，可根据科目汇总表上有关账户的汇总发生额，在月中定期的或月末一次性的登记总分类账，可以使登记总分类账的工作量大大减轻。

(4) 适用性比较强。与记账凭证账务处理程序和汇总记账凭证账务处理程序相比较，由于科目汇总表核算组织程序的优点较多，任何规模的会计主体都可以采用。

2. 科目汇总表账务处理程序的缺点

(1) 编制科目汇总表的工作量比较大。如同汇总记账凭证核算组织程序一样，在科目汇总表账务处理程序下，对发生的经济业务首先要填制各种专用记账凭证，在此基础上，还需要定期地对这些专用记账凭证进行汇总，编制作为登记总分类账依据的科目汇总表，增加了编制科目汇总表的工作量。

(2) 科目汇总表不能够清晰地反映账户之间的对应关系。科目汇总表是按各个会计科目归类汇总其发生额的，在该表中不能清楚地显示出各个账户之间的对应关系，不能够清晰地反映经济业务的来龙去脉。

3. 科目汇总表核算组织程序的适用范围

由于科目汇总表核算组织程序账务处理程序清楚，又具有能够进行账户发生额的试算平衡、减轻总分类账登记的工作量等优点，因而，不论规模大小的单位都可以采用，特别是经济业务较多的单位。

第四节　汇总记账凭证核算形式

一、汇总记账凭证核算形式的特点

汇总记账凭证核算形式的特点是：定期将所有的记账凭证按照收款凭证、付款凭证和转账凭证分别归类编制成汇总记账凭证，然后根据汇总记账凭证登记总分类账。

二、汇总记账凭证账务处理程序的设计要求

汇总记账凭证账务处理程序区别于其他账务处理程序的主要特点是：定期将记账凭证分类编制汇总记账凭证，然后根据汇总记账凭证登记总分类账。

采用汇总记账凭证账务处理程序时，其账簿设置、各种账簿的格式以及记账凭证的种类和格式基本上与记账凭证账务处理程序相同。但应增设汇总记账凭证、汇总收款凭证和汇总转账凭证，以作为登记总分类账的依据。另外，总分类账的账页格式必须增设“对应账户”栏。

三、汇总记账凭证核算形式下设置的会计凭证和会计账簿

在汇总记账凭证核算形式下，除了设置收款凭证、付款凭证和转账凭证以外，还应设置汇总收款凭证、汇总付款凭证和汇总转账凭证，作为登记总分类账的依据。

在汇总记账凭证核算形式下，需要设置库存现金日记账、银行存款日记账、总分类账和明细分类账。

库存现金日记账、银行存款日记账、总分类账一般均采用三栏式账页，明细分类账则可以根据管理的需要分别采用三栏式、数量金额式和多栏式账页。

四、汇总记账凭证的填制

(一)汇总记账凭证

汇总记账凭证分为汇总收款凭证、汇总付款凭证和汇总转账凭证三种。其格式如表 9-3～表 9-5 所示。它是根据收款凭证、付款凭证和转账凭证定期汇总编制而成，间隔天数视业务量多少而定，一般每 5 天或每 10 天汇总填制一次，每月编制一张。

表 9-3　汇总记账凭证(一)

汇总收款凭证

借方科目：　　　　　　　　　　×年×月　　　　　　　　　　汇收×号

贷方科目	金　额				总账页数	
	(1)	(2)	(3)	合　计	借　方	贷　方
合　计						

附件
(1) 自＿＿日至＿＿日＿＿凭证　共＿＿张
(2) 自＿＿日至＿＿日＿＿凭证　共＿＿张
(3) 自＿＿日至＿＿日＿＿凭证　共＿＿张

表 9-4　汇总记账凭证(二)

汇总付款凭证

贷方科目：　　　　×年×月　　　　汇付×号

借方科目	金　额				总账页数	
	(1)	(2)	(3)	合　计	借　方	贷　方
合　计						

附件　(1) 自____日至____日____凭证　共____张
(2) 自____日至____日____凭证　共____张
(3) 自____日至____日____凭证　共____张

表 9-5　汇总记账凭证(三)

汇总转账凭证

贷方科目：　　　　×年×月　　　　汇转×号

借方科目	金　额				总账页数	
	(1)	(2)	(3)	合　计	借　方	贷　方
合　计						

附件　(1) 自____日至____日____凭证　共____张
(2) 自____日至____日____凭证　共____张
(3) 自____日至____日____凭证　共____张

汇总收款凭证应根据现金和银行存款收款凭证，分别按“现金”“银行存款”的借方设置，按对应贷方科目进行归类汇总。月末，结算出汇总收款凭证的合计数，分别记入现金、银行存款总分类账的借方以及其各对应账户总分类账的贷方。

汇总付款凭证应根据现金和银行存款付款凭证，分别按“现金”“银行存款”的贷方设置，按对应借方科目进行归类汇总。月末，结算出汇总付款凭证的合计数，分别记入现金、银行存款总分类账的贷方以及其各对应账户总分类账的借方。

在填制时，若现金和银行存款之间有相互划转业务，则应按付款凭证进行汇总，以免重复。如将现金存入银行的业务，只需根据现金付款凭证汇总，银行存款收款凭证就不再汇总了。

汇总转账凭证应根据转账凭证中有关账户的贷方设置，按对应借方科目进行归类汇总。月末，结算出汇总转账凭证的合计数，分别记入该汇总转账凭证所开设的应贷账户总分类账的贷方，以及其各对应账户总分类账的借方。

为了便于汇总转账凭证的编制，所有的转账凭证都应是一贷一借或一贷多借；否则，会给汇总凭证的编制带来不便。

(二)汇总记账凭证的编制方法

汇总记账凭证分为汇总收款凭证、汇总付款凭证和汇总转账凭证三种，分别根据收款凭证、付款凭证和转账凭证定期汇总编制而成。具体编制方法述如下。

1. 汇总收款凭证的编制方法

汇总收款凭证是按“库存现金”或“银行存款”科目的借方分别设置的一种汇总记账凭证，它汇总了一定时期内库存现金和银行存款的收款业务。其格式如表 9-6 所示。

表 9-6　汇总收款凭证

借方科目：银行存款　　　　2020 年 3 月　　　　第　　号

贷方科目	金　额				总账页数	
	1—10 日	11—20 日	21—30 日	合计	借方	贷方
主营业务收入	45 000		49 000	94 000	略	略
营业外收入		3 000		3 000	略	略
合　计	45 000	3 000	49 000	97 000		

汇总收款凭证的编制方法是将需要进行汇总的收款凭证按其对应的贷方科目进行归类，计算出每一个贷方科目发生额合计数，填入汇总收款凭证中，一般可每 5 天或每 10 天汇总一次，每月编制一张。月末计算出每个贷方科目发生额合计数，据以登记总分类账。

2. 汇总付款凭证的编制方法

汇总付款凭证是按“库存现金”或“银行存款”科目的贷方分别设置的一种汇总记账凭证，它汇总了一定时期内库存现金和银行存款的付款业务。其格式如表 9-7 所示。

表 9-7　汇总付款凭证

贷方科目：库存现金　　　　2020 年 3 月　　　　第　　号

借方科目	金　额				总账页数	
	1—10 日	11—20 日	21—30 日	合计	借方	贷方
管理费用	5 000		3 000	8 000	略	略
其他应收款		33 000		33 000	略	略
合　计	5 000	33 000	3 000	41 000		

汇总付款凭证的编制方法是将需要进行汇总的付款凭证按其对应的借方科目进行归类，计算出每一个借方科目发生额合计数，填入汇总付款凭证中，一般可每 5 天或每 10 天汇总一次，每月编制一张。月末计算出每个借方科目发生额合计数，据以登记总分类账。

3. 汇总转账凭证的编制方法

汇总转账凭证是按每一贷方科目分别设置的，用来汇总一定时期内转账业务的一种汇总记账凭证。其格式如表 9-8 所示。

表 9-8　汇总转账凭证

贷方科目：原材料　　2020 年 3 月　　第　　号

借方科目	金　额				总账页数	
	1—10 日	11—20 日	21—30 日	合计	借方	贷方
生产成本	3 000	2 400	2 600	8 000	略	略
制造费用	300	420	160	880	略	略
管理费用	2012	300	600	1 100	略	略
合　　计	3 500	3 120	3 360	9 980		

汇总转账凭证的编制方法是将需要进行汇总的转账凭证按其对应的借方科目进行归类，计算出每一个借方科目发生额合计数，填入汇总转账凭证中，一般可每 5 天或每 10 天汇总一次，每月编制一张。月末计算出每个借方科目发生额合计数，据以登记总分类账。

由于汇总转账凭证上的科目对应关系是一个贷方科目与一个或几个借方科目相对应的，因此，在这种核算形式下，为了便于填制汇总转账凭证，平时要求所有的转账凭证也要按一个贷方科目与一个或几个借方科目相对应来编制，而不应编制一个借方科目与几个贷方科目相对应的转账凭证。

五、汇总记账凭证核算形式的账务处理程序

汇总记账凭证核算形式的账务处理程序如下。

(1) 根据原始凭证或汇总原始凭证编制记账凭证。

(2) 根据收款凭证、付款凭证逐笔登记库存现金日记账和银行存款日记账。

(3) 根据原始凭证、汇总原始凭证、记账凭证登记各种明细分类账。

(4) 根据一定时期内的收款凭证、付款凭证和转账凭证分别编制汇总收款凭证、汇总付款凭证和汇总转账凭证。

(5) 根据定期编制的汇总收款凭证、汇总付款凭证、汇总转账凭证登记总分类账。

(6) 期末，将库存现金日记账、银行存款日记账的余额，以及各种明细分类账的余额合计数分别与总分类账中有关账户的余额核对相符。

(7) 期末，根据核对无误的总分类账和各种明细分类账的记录编制会计报表。

汇总记账凭证核算形式的账务处理程序如图 9-3 所示。

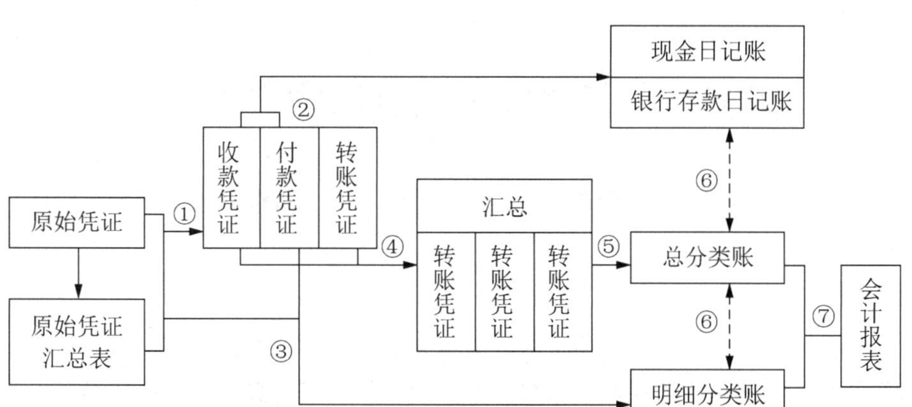

图 9-3　汇总记账凭证账务处理程序

六、汇总记账凭证核算形式的优、缺点及适用范围

1. 汇总记账凭证账务处理程序的优点

(1) 在汇总记账凭证上能够清晰地反映账户之间的对应关系。在汇总记账凭证账务处理程序下，所采用的是专用记账凭证和汇总记账凭证。汇总记账凭证是采用按会计科目对应关系进行分类汇总的办法，能够清晰地反映出有关会计账户之间的对应关系。

(2) 可以大大减少登记总分类账的工作量。在汇总记账凭证账务处理程序下，可以根据汇总记账凭证上有关账户的汇总发生额，在月份当中定期或月末一次性登记总分类账，可以使登记总分类账的工作量大大减少。

2. 汇总记账凭证账务处理程序的缺点

(1) 定期编制汇总记账凭证的工作量比较大。对发生的经济业务首先要填制专用记账凭证，即收款凭证、付款凭证和转账凭证，在此基础上，还需要定期分类地对这些专用记账凭证进行汇总，编制作为登记总分类账依据的汇总记账凭证，增加了编制汇总记账凭证的工作量。

(2) 对汇总过程中可能存在的错误难以发现。编制汇总记账凭证是一项比较复杂的工作，容易产生汇总错误，而且汇总记账凭证本身又不能体现有关数字之间的平衡关系，因此即使存在汇总错误也很难发现。

多栏式日记账账务处理程序.doc

3. 汇总记账凭证账务处理程序的适用范围

由于汇总记账凭证账务处理程序具有能够清晰地反映账户之间的对应关系和能够减轻登记总分类账的工作量等优点，它一般只适用于规模较大、经济业务量比较多、专用记账凭证也比较多的单位。

第五节　记账凭证核算形式应用举例

由于记账凭证核算形式是最基本的会计核算形式，下面就以例题来说明在这种核算形式下的账务处理程序。

【资料】

(1) 企业背景及采用的会计政策：东方公司为制造企业。该公司属于增值税一般纳税人，适用 13%的基本税率。该公司对原材料和库存商品的日常核算采用实际成本法进行核算。该公司对验收入库材料采购成本的结转和已销产品销售成本的结转采用月末集中结转法。该公司采用记账凭证核算形式在月末集中进行账务处理，记账凭证格式采用专用记账凭证。

(2) 东方公司 2020 年 9 月 30 日各总分类账户及有关账户期末余额资料如表 9-9 所示。

表 9-9　资料

会计科目	总分类账户	
	借方余额	贷方余额
库存现金	1 000	
银行存款	95 000	
应收账款	5 000	
原材料	75 000	
生产成本	19 000	
库存商品	75 000	
固定资产	440 000	
应付账款		15 000
应缴税费		5 000
长期借款		160 000
实收资本		520 000
盈余公积		10 000
合计	710 000	710 000

其中：甲材料 300 千克，单价为 150 元/千克，金额为 45 000 元；乙材料 1 000 千克，单价为 30 元/千克，金额为 30 000 元；应付账款——南方工厂，金额为 6 500 元；应付账款——北方工厂，金额为 8 500 元。

东方公司 2020 年 10 月份发生的经济业务如下(假设本例除考虑增值税和所得税外，其他税种不予考虑，增值税适用税率为 13%)

(1) 3 日，购入材料 50 千克，单价为 150 元/千克，进项税额为 975 元，甲材料已验收入库，货款和税款用银行存款支付。

(2) 4 日，生产领用甲材料 100 千克，合计金额为 15 000 元；乙材料 400 千克，合计金额为 12 000 元。

(3) 6 日，用银行存款上缴上月税金为 5 000 元。

(4) 10 日，收到大海工厂归还前欠货款 5 000 元。

(5) 12 日，从银行提取现金 1 000 元备用。

(6) 12 日，用现金 500 元购买办公用品。

(7) 15 日，计提本月应付职工工资 30 000 元，其中：生产工人工资为 21 000 元，车间管理人员工资为 3 000 元，厂部行政人员工资为 6 000 元。

(8) 15 日，按工资总额的 14%计提职工福利费。

(9) 16 日，收到国家拨入新车床一台，价值为 25 000 元。

(10) 20 日，用银行存款 30 000 元归还长期借款。

(11) 21 日，从银行提取现金 30 000 元，备发工资。

(12) 21 日，发放本月职工工资 30 000 元。

(13) 22 日，出售产品 100 件，单价为 800 元，销项税额为 10 400 元，款项已收到并存入银行。

(14) 29 日，结转本月制造费用至生产成本账户。

(15) 31 日，本月完工产品 40 件，单位生产成本为 650 元，已验收入库。

(16) 31 日，结转本产品的销售成本 65 000 元。

(17) 31 日，用银行存款付给南方工厂货款 3 000 元，付给北方工厂货款 3500 元。

(18) 31 日，将本月损益类账户结转至本年利润。

(19) 31 日，按 25%计算本月应缴所得税。

(20) 31 日，将所得税转入本年利润。

(21) 31 日，结转本年利润账户。

要求：根据上述资料，采用记账凭证账务处理程序对本月的经济业务进行核算。

(1) 填制收款凭证、付款凭证和转账凭证。凭证格式和内容如图 9-4～图 9-25 所示。

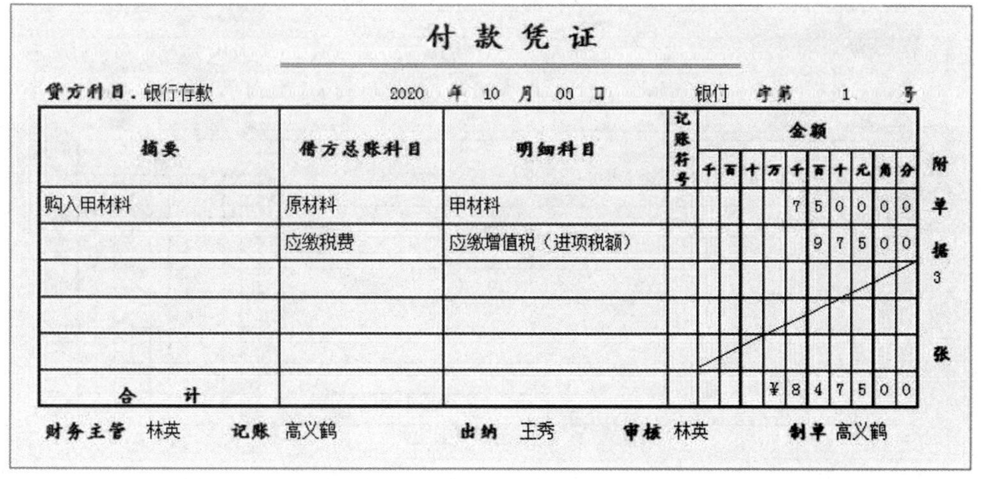

付 款 凭 证

贷方科目：银行存款　　2020 年 10 月 00 日　　银付 字第 1 号

摘要	借方总账科目	明细科目	记账符号	千	百	十	万	千	百	十	元	角	分
购入甲材料	原材料	甲材料						7	5	0	0	0	0
	应缴税费	应缴增值税（进项税额）							9	7	5	0	0
合　计							¥	8	4	7	5	0	0

附单据 3 张

财务主管 林英　记账 高义鹤　出纳 王秀　审核 林英　制单 高义鹤

图 9-4　付款凭证(1)

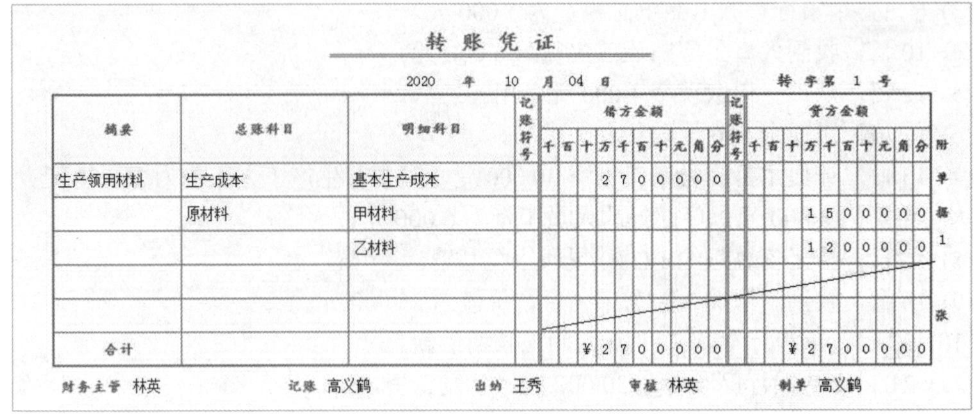

转账凭证

2020 年 10 月 04 日　　转 字第 1 号

摘要	总账科目	明细科目	记账符号	借方金额	记账符号	贷方金额
生产领用材料	生产成本	基本生产成本		2700000		
	原材料	甲材料				1500000
		乙材料				1200000
合计				¥2700000		¥2700000

附单据 1 张

财务主管 林英　记账 高义鹤　出纳 王秀　审核 林英　制单 高义鹤

图 9-5　转账凭证(1)

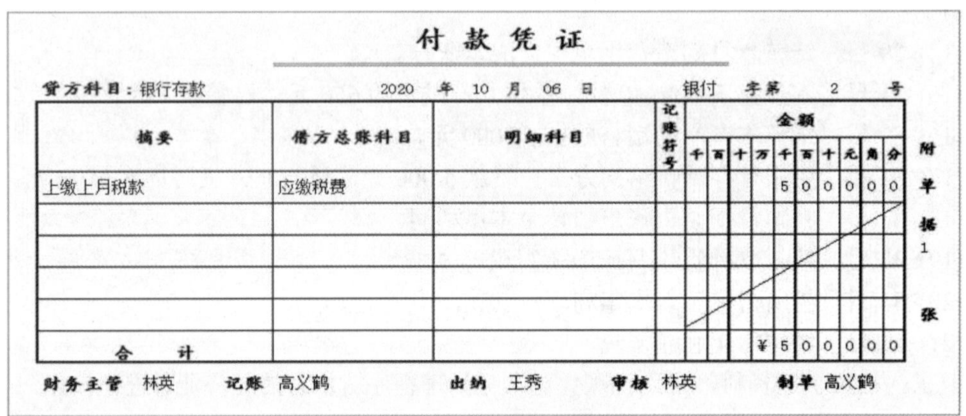

付款凭证

贷方科目：银行存款　　2020 年 10 月 06 日　　银付 字第 2 号

摘要	借方总账科目	明细科目	记账符号	金额
上缴上月税款	应缴税费			500000
合　计				¥500000

附单据 1 张

财务主管 林英　记账 高义鹤　出纳 王秀　审核 林英　制单 高义鹤

图 9-6　付款凭证(2)

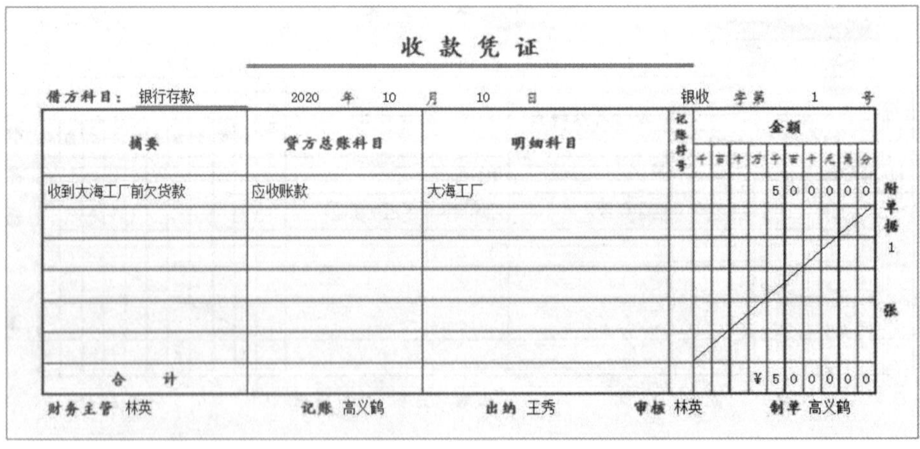

收款凭证

借方科目：银行存款　　2020 年 10 月 10 日　　银收 字第 1 号

摘要	贷方总账科目	明细科目	记账符号	金额
收到大海工厂前欠货款	应收账款	大海工厂		500000
合　计				¥500000

附单据 1 张

财务主管 林英　记账 高义鹤　出纳 王秀　审核 林英　制单 高义鹤

图 9-7　收款凭证(1)

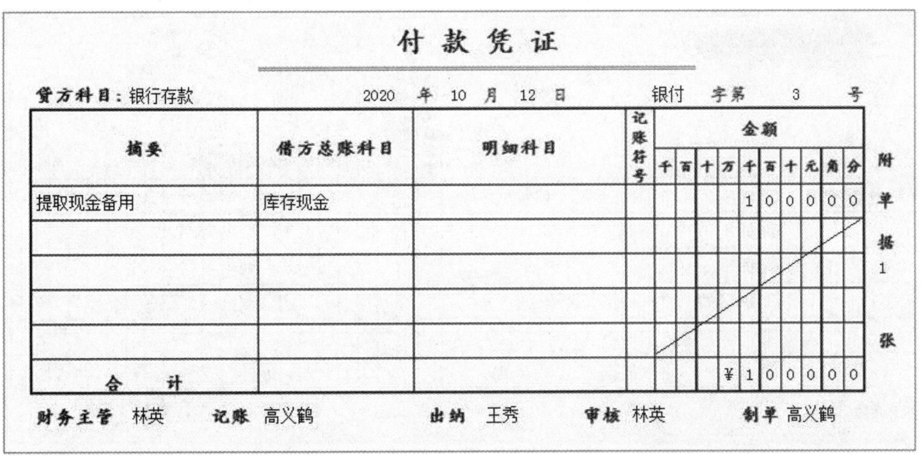

付 款 凭 证

贷方科目：银行存款　　2020 年 10 月 12 日　　银付 字第 3 号

摘要	借方总账科目	明细科目	记账符号	千	百	十	万	千	百	十	元	角	分
提取现金备用	库存现金							1	0	0	0	0	0
合　计							¥	1	0	0	0	0	0

附单据 1 张

财务主管 林英　记账 高义鹤　出纳 王秀　审核 林英　制单 高义鹤

图 9-8　付款凭证(3)

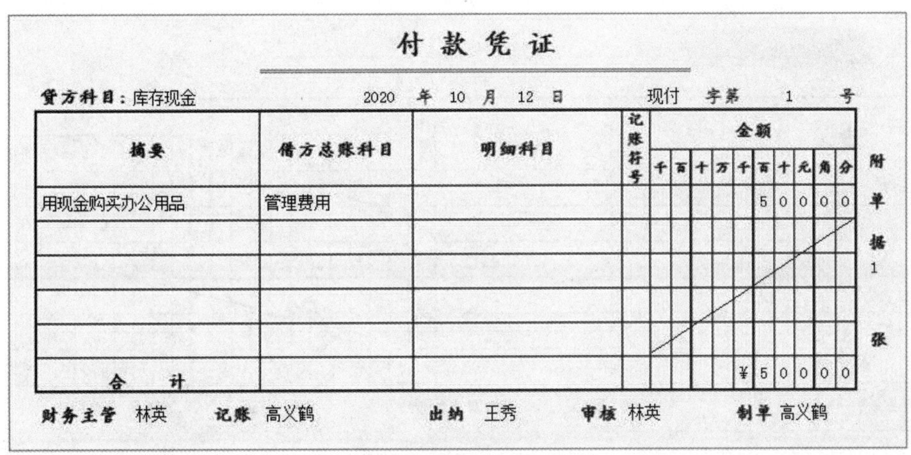

付 款 凭 证

贷方科目：库存现金　　2020 年 10 月 12 日　　现付 字第 1 号

摘要	借方总账科目	明细科目	记账符号	千	百	十	万	千	百	十	元	角	分
用现金购买办公用品	管理费用								5	0	0	0	0
合　计								¥	5	0	0	0	0

附单据 1 张

财务主管 林英　记账 高义鹤　出纳 王秀　审核 林英　制单 高义鹤

图 9-9　付款凭证(4)

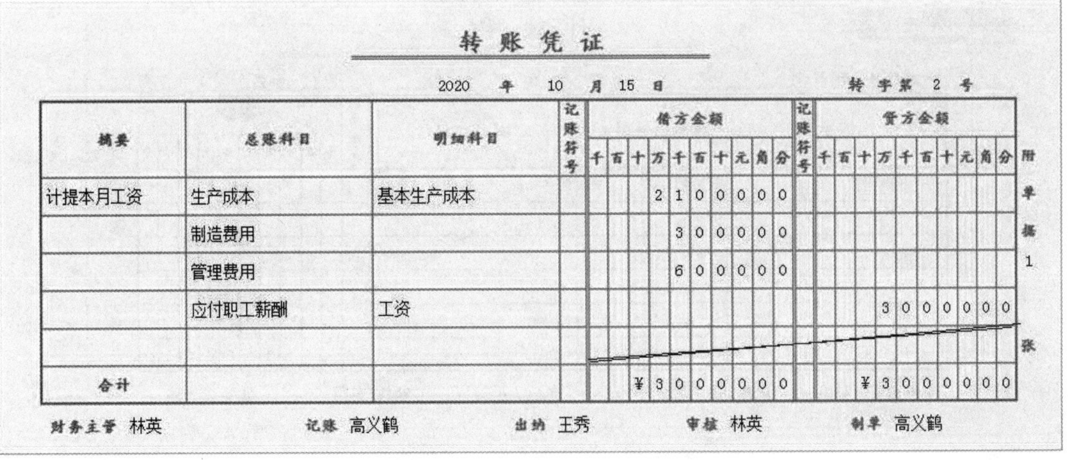

转 账 凭 证

2020 年 10 月 15 日　　转 字第 2 号

摘要	总账科目	明细科目	记账符号	借方金额										记账符号	贷方金额									
				千	百	十	万	千	百	十	元	角	分		千	百	十	万	千	百	十	元	角	分
计提本月工资	生产成本	基本生产成本					2	1	0	0	0	0	0											
	制造费用							3	0	0	0	0	0											
	管理费用							6	0	0	0	0	0											
	应付职工薪酬	工资																3	0	0	0	0	0	0
合计						¥	3	0	0	0	0	0	0				¥	3	0	0	0	0	0	0

附单据 1 张

财务主管 林英　记账 高义鹤　出纳 王秀　审核 林英　制单 高义鹤

图 9-10　转账凭证(2)

转账凭证

2020 年 10 月 15 日　　转 字第 3 号

摘要	总账科目	明细科目	记账符号	借方金额 千	百	十	万	千	百	十	元	角	分	记账符号	贷方金额 千	百	十	万	千	百	十	元	角	分
计提本月职工福利费	生产成本	基本生产成本						2	9	4	0	0	0											
	制造费用								4	2	0	0	0											
	管理费用								8	4	0	0	0											
	应付职工薪酬	职工福利																	4	2	0	0	0	0
合计							¥	4	2	0	0	0	0					¥	4	2	0	0	0	0

附单据 1 张

财务主管 林英　记账 高义鹤　出纳 王秀　审核 林英　制单 高义鹤

图 9-11　转账凭证(3)

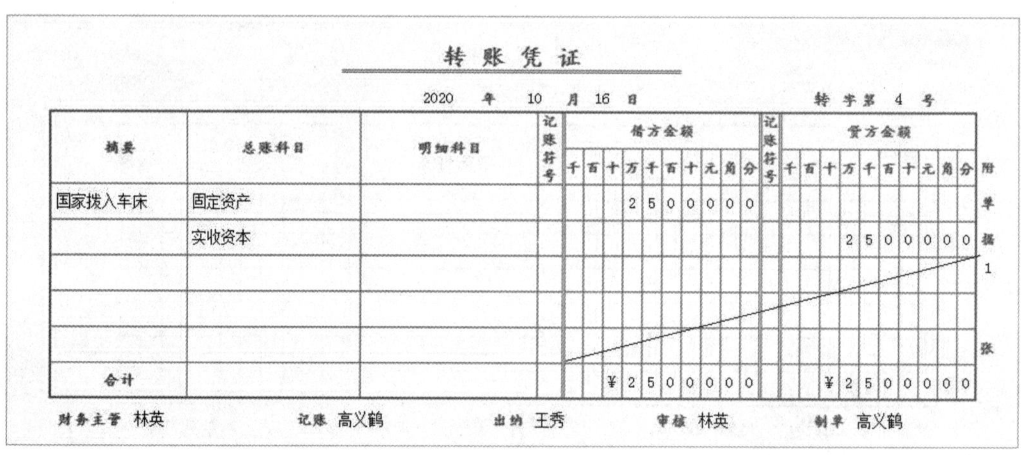

转账凭证

2020 年 10 月 16 日　　转 字第 4 号

摘要	总账科目	明细科目	记账符号	借方金额 千	百	十	万	千	百	十	元	角	分	记账符号	贷方金额 千	百	十	万	千	百	十	元	角	分
国家拨入车床	固定资产						2	5	0	0	0	0	0											
	实收资本																	2	5	0	0	0	0	0
合计						¥	2	5	0	0	0	0	0				¥	2	5	0	0	0	0	0

附单据 1 张

财务主管 林英　记账 高义鹤　出纳 王秀　审核 林英　制单 高义鹤

图 9-12　转账凭证(4)

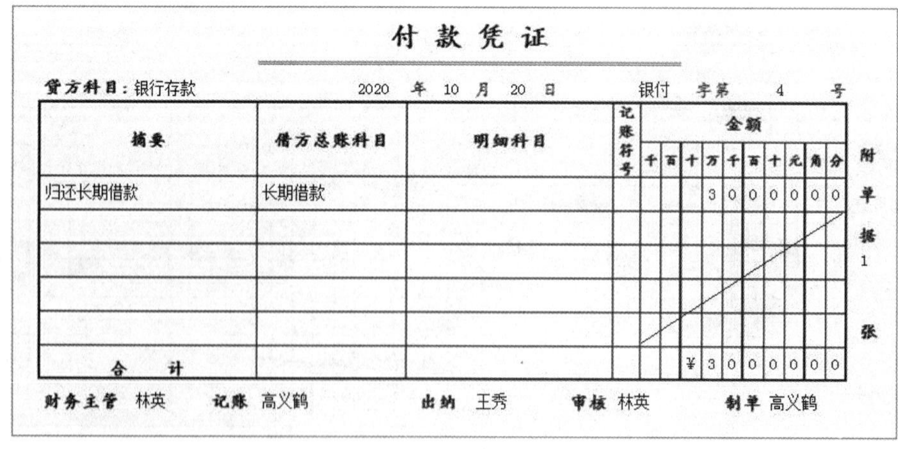

付款凭证

贷方科目：银行存款　2020 年 10 月 20 日　银付 字第 4 号

摘要	借方总账科目	明细科目	记账符号	金额 千	百	十	万	千	百	十	元	角	分
归还长期借款	长期借款						3	0	0	0	0	0	0
合　计						¥	3	0	0	0	0	0	0

附单据 1 张

财务主管 林英　记账 高义鹤　出纳 王秀　审核 林英　制单 高义鹤

图 9-13　付款凭证(5)

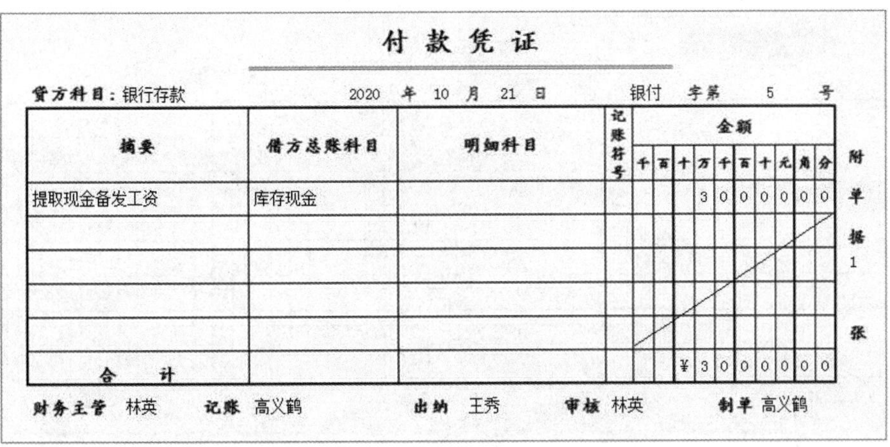

付款凭证

贷方科目：银行存款　　2020 年 10 月 21 日　　银付 字第 5 号

摘要	借方总账科目	明细科目	记账符号	千	百	十	万	千	百	十	元	角	分
提取现金备发工资	库存现金						3	0	0	0	0	0	0
合计						¥	3	0	0	0	0	0	0

附单据 1 张

财务主管 林英　记账 高义鹤　出纳 王秀　审核 林英　制单 高义鹤

图 9-14　付款凭证(6)

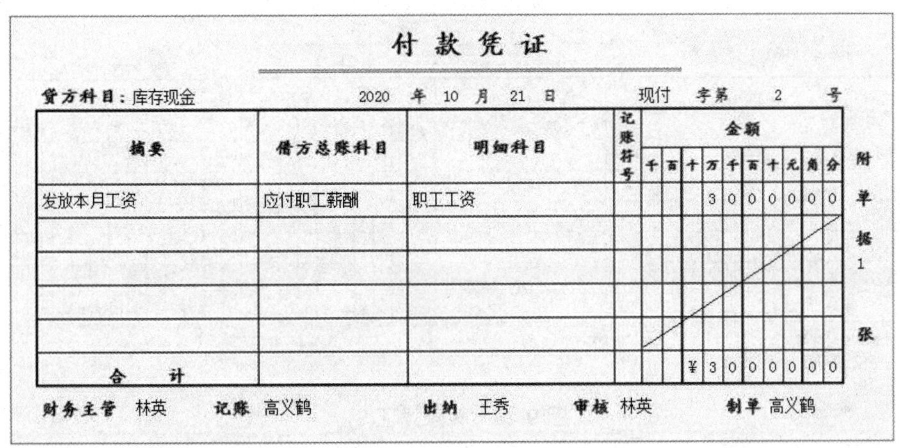

付款凭证

贷方科目：库存现金　　2020 年 10 月 21 日　　现付 字第 2 号

摘要	借方总账科目	明细科目	记账符号	千	百	十	万	千	百	十	元	角	分
发放本月工资	应付职工薪酬	职工工资					3	0	0	0	0	0	0
合计						¥	3	0	0	0	0	0	0

附单据 1 张

财务主管 林英　记账 高义鹤　出纳 王秀　审核 林英　制单 高义鹤

图 9-15　付款凭证(7)

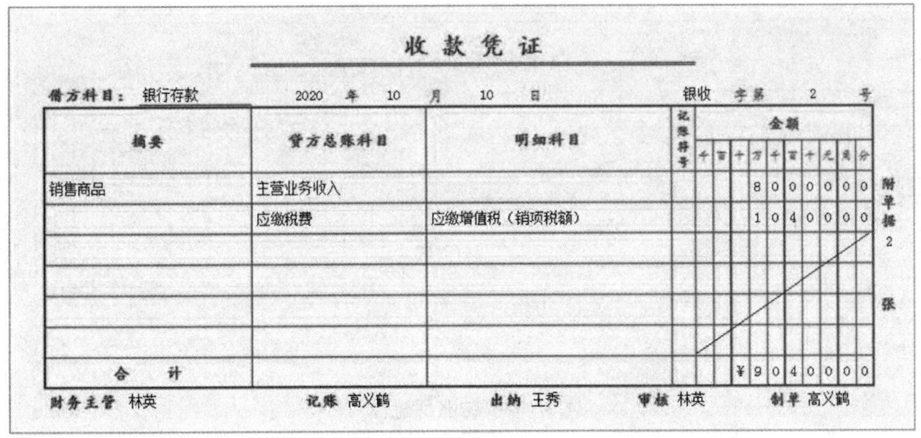

收款凭证

借方科目：银行存款　　2020 年 10 月 10 日　　银收 字第 2 号

摘要	贷方总账科目	明细科目	记账符号	千	百	十	万	千	百	十	元	角	分
销售商品	主营业务收入						8	0	0	0	0	0	0
	应缴税费	应缴增值税（销项税额）					1	0	4	0	0	0	0
合计						¥	9	0	4	0	0	0	0

附单据 2 张

财务主管 林英　记账 高义鹤　出纳 王秀　审核 林英　制单 高义鹤

图 9-16　收款凭证(2)

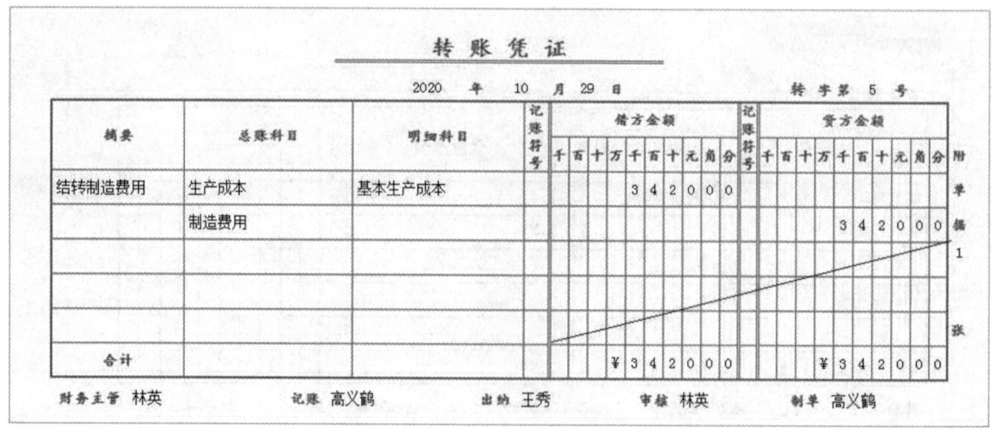

转账凭证

2020 年 10 月 29 日　　转字第 5 号

摘要	总账科目	明细科目	记账符号	借方金额										记账符号	贷方金额										附单据 1 张
				千	百	十	万	千	百	十	元	角	分		千	百	十	万	千	百	十	元	角	分	
结转制造费用	生产成本	基本生产成本						3	4	2	0	0	0												
	制造费用																		3	4	2	0	0	0	
合计							¥	3	4	2	0	0	0					¥	3	4	2	0	0	0	

财务主管 林英　记账 高义鹤　出纳 王秀　审核 林英　制单 高义鹤

图 9-17　转账凭证(5)

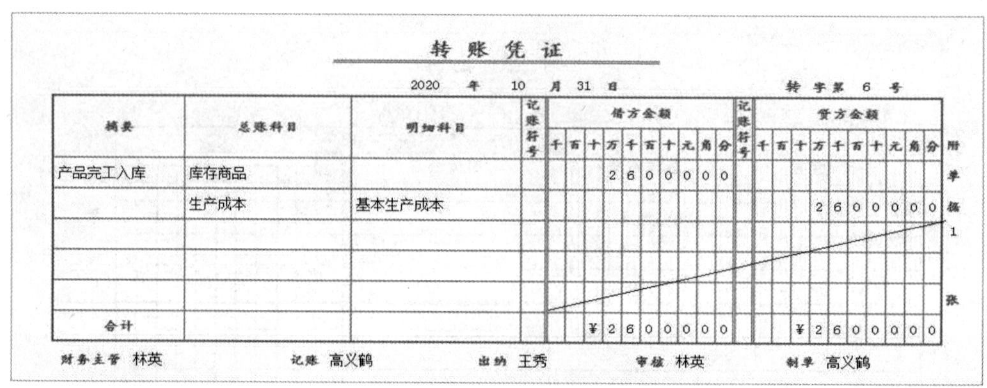

转账凭证

2020 年 10 月 31 日　　转字第 6 号

摘要	总账科目	明细科目	记账符号	借方金额										记账符号	贷方金额										附单据 1 张
				千	百	十	万	千	百	十	元	角	分		千	百	十	万	千	百	十	元	角	分	
产品完工入库	库存商品						2	6	0	0	0	0	0												
	生产成本	基本生产成本																2	6	0	0	0	0	0	
合计						¥	2	6	0	0	0	0	0				¥	2	6	0	0	0	0	0	

财务主管 林英　记账 高义鹤　出纳 王秀　审核 林英　制单 高义鹤

图 9-18　转账凭证(6)

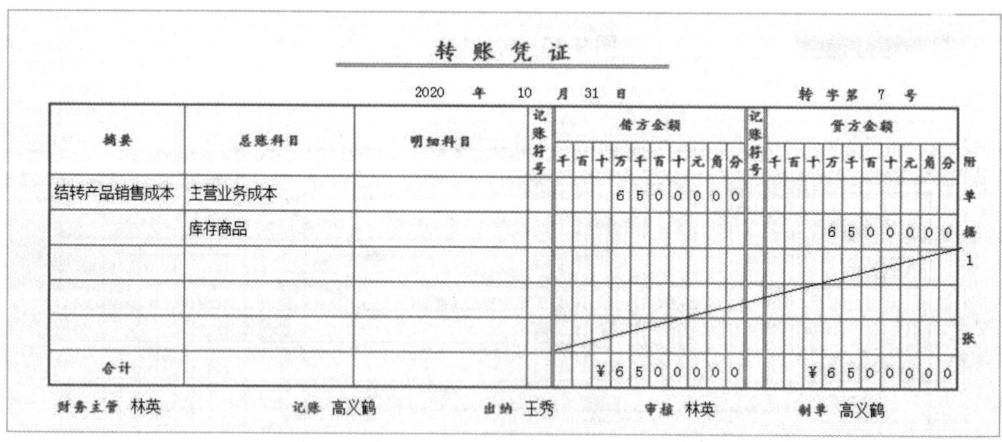

转账凭证

2020 年 10 月 31 日　　转字第 7 号

摘要	总账科目	明细科目	记账符号	借方金额										记账符号	贷方金额										附单据 1 张
				千	百	十	万	千	百	十	元	角	分		千	百	十	万	千	百	十	元	角	分	
结转产品销售成本	主营业务成本						6	5	0	0	0	0	0												
	库存商品																	6	5	0	0	0	0	0	
合计						¥	6	5	0	0	0	0	0				¥	6	5	0	0	0	0	0	

财务主管 林英　记账 高义鹤　出纳 王秀　审核 林英　制单 高义鹤

图 9-19　转账凭证(7)

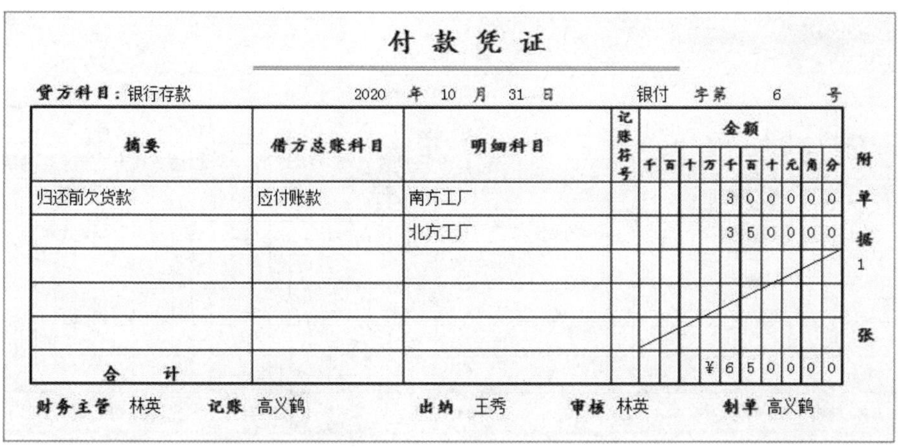

付 款 凭 证

贷方科目：银行存款　　2020 年 10 月 31 日　　银付 字第 6 号

摘要	借方总账科目	明细科目	记账符号	千	百	十	万	千	百	十	元	角	分
归还前欠货款	应付账款	南方工厂						3	0	0	0	0	0
		北方工厂						3	5	0	0	0	0
合　计							¥	6	5	0	0	0	0

附单据 1 张

财务主管 林英　记账 高义鹤　出纳 王秀　审核 林英　制单 高义鹤

图 9-20　付款凭证(8)

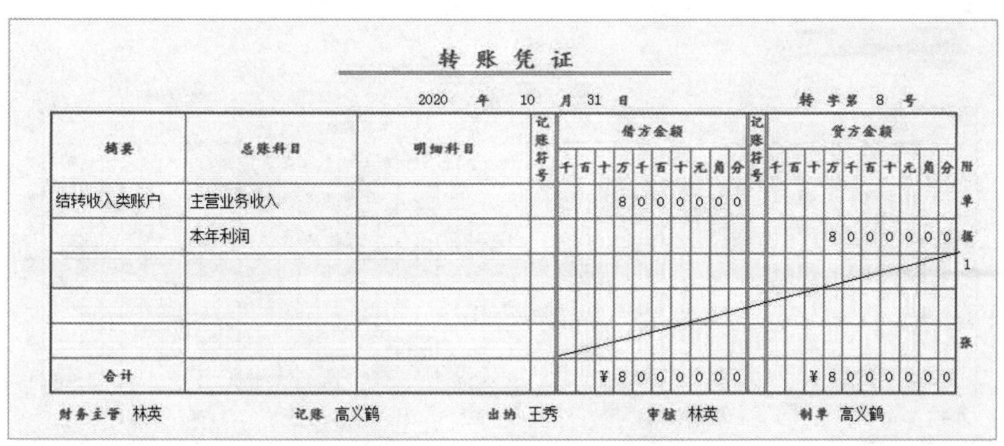

转 账 凭 证

2020 年 10 月 31 日　　转 字第 8 号

摘要	总账科目	明细科目	记账符号	借方 千	百	十	万	千	百	十	元	角	分	记账符号	贷方 千	百	十	万	千	百	十	元	角	分
结转收入类账户	主营业务收入						8	0	0	0	0	0	0											
	本年利润																	8	0	0	0	0	0	0
合计						¥	8	0	0	0	0	0	0				¥	8	0	0	0	0	0	0

附单据 1 张

财务主管 林英　记账 高义鹤　出纳 王秀　审核 林英　制单 高义鹤

图 9-21　转账凭证(8)

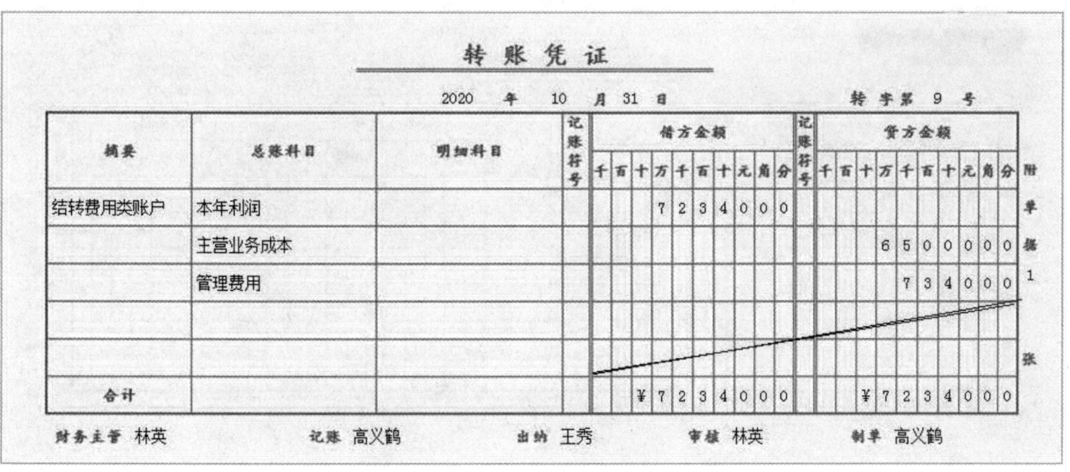

转 账 凭 证

2020 年 10 月 31 日　　转 字第 9 号

摘要	总账科目	明细科目	记账符号	借方 千	百	十	万	千	百	十	元	角	分	记账符号	贷方 千	百	十	万	千	百	十	元	角	分
结转费用类账户	本年利润						7	2	3	4	0	0	0											
	主营业务成本																	6	5	0	0	0	0	0
	管理费用																		7	3	4	0	0	0
合计						¥	7	2	3	4	0	0	0				¥	7	2	3	4	0	0	0

附单据 1 张

财务主管 林英　记账 高义鹤　出纳 王秀　审核 林英　制单 高义鹤

图 9-22　转账凭证(9)

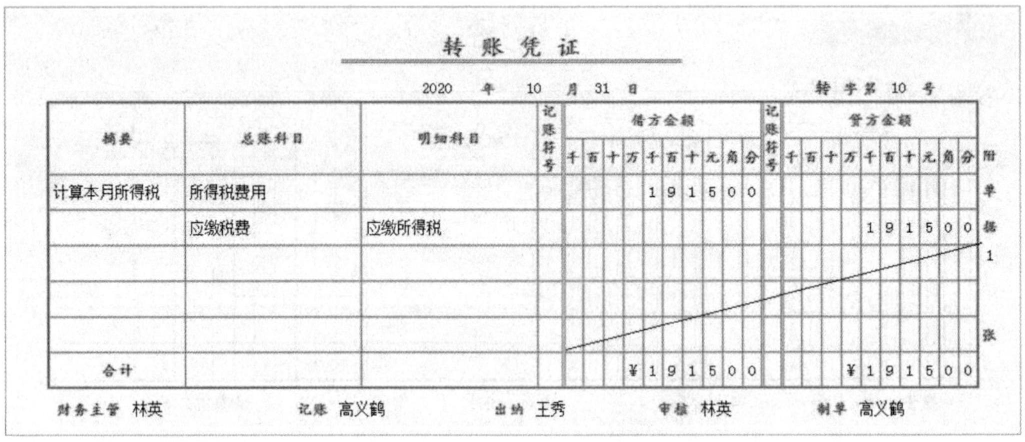

转账凭证

2020 年 10 月 31 日　　转字第 10 号

摘要	总账科目	明细科目	记账符号	借方金额										记账符号	贷方金额								
				千	百	十	万	千	百	十	元	角	分		千	百	十	万	千	百	十	元	角	分
计算本月所得税	所得税费用							1	9	1	5	0	0										
	应缴税费	应缴所得税																	1	9	1	5	0	0
合计							¥	1	9	1	5	0	0					¥	1	9	1	5	0	0

附单据 1 张

财务主管 林英　记账 高义鹤　出纳 王秀　审核 林英　制单 高义鹤

图 9-23　转账凭证(10)

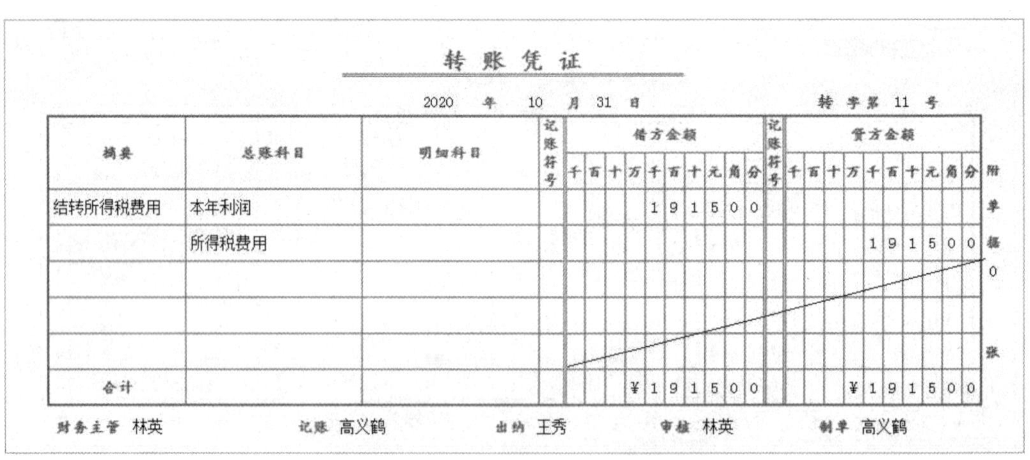

转账凭证

2020 年 10 月 31 日　　转字第 11 号

摘要	总账科目	明细科目	记账符号	借方金额										记账符号	贷方金额								
				千	百	十	万	千	百	十	元	角	分		千	百	十	万	千	百	十	元	角	分
结转所得税费用	本年利润							1	9	1	5	0	0										
	所得税费用																		1	9	1	5	0	0
合计							¥	1	9	1	5	0	0					¥	1	9	1	5	0	0

附单据 0 张

财务主管 林英　记账 高义鹤　出纳 王秀　审核 林英　制单 高义鹤

图 9-24　转账凭证(10)

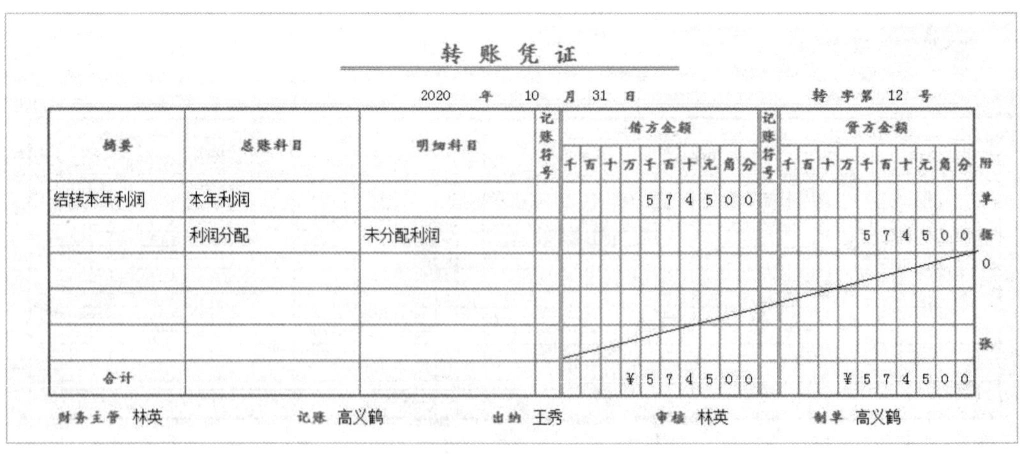

转账凭证

2020 年 10 月 31 日　　转字第 12 号

摘要	总账科目	明细科目	记账符号	借方金额										记账符号	贷方金额								
				千	百	十	万	千	百	十	元	角	分		千	百	十	万	千	百	十	元	角	分
结转本年利润	本年利润							5	7	4	5	0	0										
	利润分配	未分配利润																	5	7	4	5	0	0
合计							¥	5	7	4	5	0	0					¥	5	7	4	5	0	0

附单据 0 张

财务主管 林英　记账 高义鹤　出纳 王秀　审核 林英　制单 高义鹤

图 9-25　转账凭证(11)

(2) 根据编制的收款凭证、付款凭证逐笔登记现金和银行存款日记账。库存现金日记账、银行存款日记账的格式与内容如图 9-26 和图 9-27 所示。

库存现金日记账

2020年 月	日	记账凭证 字	号	对方科目	摘要	借方	贷方	√	余额
10	01				期初余额				100000
10	12	银付	3	银行存款	提取现金备用	100000			200000
10	13	现付	1	管理费用	用现金购买办公用品		50000		150000
10	21	银付	5	银行存款	提起现金备发工资	3000000			3150000
10	21	现付	2	应付职工薪酬	发放本月工资		3000000		150000
10	31			本月合计		3100000	3050000		150000

图 9-26 库存现金日记账

银行存款日记账

开户行：
账号：

2020年 月	日	记账凭证 字	号	对方科目	摘要	结算凭证 种类	号码	借方	贷方	借或贷	余额
10	01				期初余额					借	950000
10	03	银付	1		购入甲材料				84750	借	865250
10	06	银付	2		上交上月税款				50000	借	815250
10	10	银收	1		收到大海工厂前欠货款			500000		借	865250
10	12	银付	3		提取现金备用				100000	借	855250
10	20	银付	4		归还长期借款				3000000	借	555250
10	21	银付	5		提取现金备发工资				3000000	借	255250
10	22	银收	2		销售商品			9040000		借	11592500
10	31	银付	6		归还前欠贷款				650000	借	10942500
10	31				本月合计			9540000	8097500	借	10942500

图 9-27 银行存款日记账

(3) 根据原始凭证、原始凭证汇总表和记账凭证登记应付账款等明细分类账。明细分类账的格式和内容具体如图 9-28～图 9-30 所示。

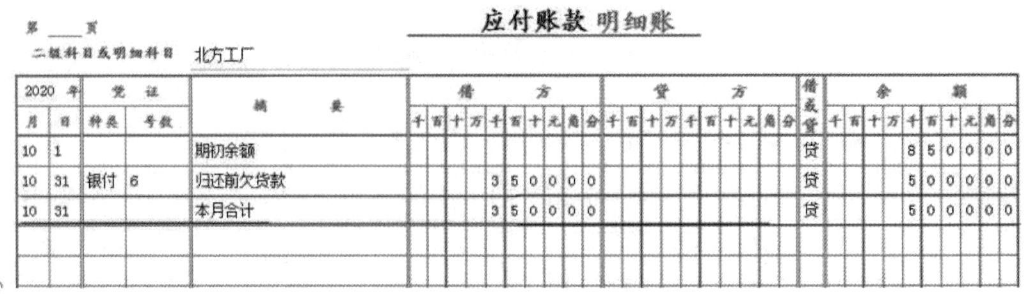

第＿＿页

应付账款明细账

二级科目或明细科目 北方工厂

2020 年 月	日	凭证 种类	号数	摘要	借方	贷方	借或贷	余额
10	1			期初余额			贷	850000
10	31	银付	6	归还前欠货款	350000		贷	500000
10	31			本月合计	350000		贷	500000

图 9-28　应付账款明细账(一)

第＿＿页

应付账款明细账

二级科目或明细科目 南方工厂

2020 年 月	日	凭证 种类	号数	摘要	借方	贷方	借或贷	余额
10	1			期初余额			贷	650000
10	31	银付	6	归还前欠货款	300000		贷	350000
10	31			本月合计	300000		贷	350000

图 9-29　应付账款明细账(二)

总第＿＿页　分第＿＿页

级科目编号及名称＿＿＿＿

级科目编号及名称＿＿＿＿

管理费用明细账

2020 年 月	日	凭证 种类	号数	摘要	借方	贷方	借或贷	余额	(借)方金额分析 办公费	工资	福利费
10	13	现付	1	购买办公用品	50000		借	50000	50000		
10	15	转	2	计提本月职工工资	600000		借	650000		600000	
10	15	转	3	计提本月职工福利费	84000		借	734000			84000
10	31	转	9	结转费用类账户		734000	平	000			
10	31			本月合计	734000	734000	平	000	50000	600000	84000

图 9-30　管理费用明细账

(4) 根据记账凭证逐笔登记总分类账。由于现金总分类账和银行存款总分类账的登记方法与日记账相同，在此不再赘述。其他总分类账的格式和内容具体如图 9-31～图 9-48 所示。

总分类账

科目名称 应收账款

2020 年		凭证		摘要	借方									贷方									借或贷	余额								
月	日	种类	号数		百	十	万	千	百	十	元	角	分	百	十	万	千	百	十	元	角	分		百	十	万	千	百	十	元	角	分
10	01			期初余额																			借				5	0	0	0	0	0
10	10	银收	1	收到大海工厂前欠货款													5	0	0	0	0	0	平							0	0	0
10	31			本月合计													5	0	0	0	0	0	平							0	0	0

图 9-31 应收账款总分类账

总分类账

科目名称 原材料

2020 年		凭证		摘要	借方									贷方									借或贷	余额								
月	日	种类	号数		百	十	万	千	百	十	元	角	分	百	十	万	千	百	十	元	角	分		百	十	万	千	百	十	元	角	分
10	01			期初余额																			借			7	5	0	0	0	0	0
10	03	银付	1	购入甲材料				7	5	0	0	0	0										借			8	2	5	0	0	0	0
10	04	转	1	生产领用材料												2	7	0	0	0	0	0	借			5	5	5	0	0	0	0
10	31			本月合计				7	5	0	0	0	0			2	7	0	0	0	0	0	借			5	5	5	0	0	0	0

图 9-32 原材料总分类账

总分类账

科目名称 生产成本

2020 年		凭证		摘要	借方									贷方									借或贷	余额								
月	日	种类	号数		百	十	万	千	百	十	元	角	分	百	十	万	千	百	十	元	角	分		百	十	万	千	百	十	元	角	分
10	01			期初余额																			借			1	9	0	0	0	0	0
10	04	转	1	生产领用材料			2	7	0	0	0	0	0										借			4	6	0	0	0	0	0
10	15	转	2	计算本月职工工资			2	1	0	0	0	0	0										借			6	7	0	0	0	0	0
10	15	转	3	计提本月职工福利费				2	9	4	0	0	0										借			6	9	9	4	0	0	0
10	29	转	5	结转制造费用				3	4	2	0	0	0										借			7	3	3	6	0	0	0
10	31	转	6	产品完工入库												2	6	0	0	0	0	0	借			4	7	3	6	0	0	0
10	31			本月合计			5	4	3	6	0	0	0			2	6	0	0	0	0	0	借			4	7	3	6	0	0	0

图 9-33 生产成本总分类账

总分类账

科目名称 制造费用

2020 年		凭证		摘要	借方									贷方									借或贷	余额								
月	日	种类	号数		百	十	万	千	百	十	元	角	分	百	十	万	千	百	十	元	角	分		百	十	万	千	百	十	元	角	分
10	15	转	2	计算本月职工工资				3	0	0	0	0	0										借				3	0	0	0	0	0
10	15	转	3	计提本月职工福利费					4	2	0	0	0										借				3	4	2	0	0	0
10	31	转	5	结转制造费用													3	4	2	0	0	0	平							0	0	0
10	31			本月合计				3	4	2	0	0	0				3	4	2	0	0	0	平							0	0	0

图 9-34　制造费用总分类账

总分类账

科目名称 库存商品

2020 年		凭证		摘要	借方									贷方									借或贷	余额								
月	日	种类	号数		百	十	万	千	百	十	元	角	分	百	十	万	千	百	十	元	角	分		百	十	万	千	百	十	元	角	分
10	01			期初余额																			借			7	5	0	0	0	0	0
10	31	转	6	产品完工入库			2	6	0	0	0	0	0										借		1	0	1	0	0	0	0	0
10	31	转	7	结转产品销售成本												6	5	0	0	0	0	0	借			3	6	0	0	0	0	0
10	31			本月合计			2	6	0	0	0	0	0			6	5	0	0	0	0	0	借			3	6	0	0	0	0	0

图 9-35　库存商品总分类账

总分类账

科目名称 固定资产

2020 年		凭证		摘要	借方									贷方									借或贷	余额								
月	日	种类	号数		百	十	万	千	百	十	元	角	分	百	十	万	千	百	十	元	角	分		百	十	万	千	百	十	元	角	分
10	01			期初余额																			借		4	4	0	0	0	0	0	0
10	03	转	4	国家拨入机床			2	5	0	0	0	0	0										借		4	6	5	0	0	0	0	0
10	31			本月合计			2	5	0	0	0	0	0										借		4	6	5	0	0	0	0	0

图 9-36　固定资产总分类账

总分类账

科目名称 应付账款

2020 年		凭证		摘要	借方									贷方									借或贷	余额								
月	日	种类	号数		百	十	万	千	百	十	元	角	分	百	十	万	千	百	十	元	角	分		百	十	万	千	百	十	元	角	分
10	01			期初余额																			贷			1	5	0	0	0	0	0
10	31	银付	6	归还前欠货款				6	5	0	0	0	0										贷				8	5	0	0	0	0
10	31			本月合计				6	5	0	0	0	0										贷				8	5	0	0	0	0

图 9-37　应付账款总分类账

总分类账

科目名称　应缴税费

2020 年 月	日	凭证 种类	号数	摘要	借方	贷方	借或贷	余额
10	01			期初余额			贷	500000
10	03	银付	1	购入甲材料	97500		贷	402500
10	06	银付	2	上交上月税款	500000		借	97500
10	22	银收	2	销售商品		1040000	贷	942500
10	31	转	10	计算本月所得税		191500	贷	1134000
10	31			本月合计	597500	1231500	贷	1134000

图 9-38　应缴税费总分类账

总分类账

科目名称　应付职工薪酬

2020 年 月	日	凭证 种类	号数	摘要	借方	贷方	借或贷	余额
10	15	转	2	计算本月职工工资		3000000	贷	3000000
10	15	转	3	计提本月职工福利费		42000	贷	3420000
10	31	现付	2	发放本月工资	3000000		贷	420000
10	31			本月合计	3000000	3420000	贷	420000

图 9-39　应付职工薪酬总分类账

总分类账

科目名称　长期借款

2020 年 月	日	凭证 种类	号数	摘要	借方	贷方	借或贷	余额
10	01			期初余额			贷	16000000
10	20	银付	4	归还长期借款	3000000		贷	13000000
10	31			本月合计	3000000		贷	13000000

图 9-40　长期借款总分类账

总分类账

科目名称　实收资本

2020 年 月	日	凭证 种类	号数	摘要	借方	贷方	借或贷	余额
10	01			期初余额			贷	52000000
10	16	转	4	国际拨入车床		2500000	贷	54500000
10	31			本月合计		2500000	贷	54500000

图 9-41　实收资本总分类账

总分类账

科目名称 盈余公积

2020年		凭证		摘要	借方									贷方									借或贷	余额								
月	日	种类	号数		百	十	万	千	百	十	元	角	分	百	十	万	千	百	十	元	角	分		百	十	万	千	百	十	元	角	分
10	01			期初余额																			贷			1	0	0	0	0	0	0
10	31			本月合计																			贷			1	0	0	0	0	0	0

图 9-42　盈余公积总分类账

总分类账

科目名称 本年利润

2020年		凭证		摘要	借方									贷方									借或贷	余额								
月	日	种类	号数		百	十	万	千	百	十	元	角	分	百	十	万	千	百	十	元	角	分		百	十	万	千	百	十	元	角	分
10	31	转	8	结转收入类账户												8	0	0	0	0	0	0	贷			8	0	0	0	0	0	0
10	31	转	9	结转费用类账户			7	2	3	4	0	0	0										贷				7	6	6	0	0	0
10	31	转	10	结转所得税费用				1	9	1	5	0	0										贷				5	7	4	5	0	0
10	31	转	11	结转本年利润				5	7	4	5	0	0										平							0	0	0
10	31			本月合计			8	0	0	0	0	0	0			8	0	0	0	0	0	0	平							0	0	0

图 9-43　本年利润总分类账

总分类账

科目名称 利润分配

2020年		凭证		摘要	借方									贷方									借或贷	余额								
月	日	种类	号数		百	十	万	千	百	十	元	角	分	百	十	万	千	百	十	元	角	分		百	十	万	千	百	十	元	角	分
10	31	转	12	结转本年利润													5	7	4	5	0	0	贷				5	7	4	5	0	0
10	31			本月合计													5	7	4	5	0	0	贷				5	7	4	5	0	0

图 9-44　利润分配总分类账

总分类账

科目名称 主营业务收入

2020年		凭证		摘要	借方									贷方									借或贷	余额								
月	日	种类	号数		百	十	万	千	百	十	元	角	分	百	十	万	千	百	十	元	角	分		百	十	万	千	百	十	元	角	分
10	22	银收	2	销售商品												8	0	0	0	0	0	0	贷			8	0	0	0	0	0	0
10	31	转	8	结转收入类账户			8	0	0	0	0	0	0										平							0	0	0
10	31			本月合计			8	0	0	0	0	0	0			8	0	0	0	0	0	0	平							0	0	0

图 9-45　主营业务收入总分类账

总 分 类 账

科目名称　主营业务成本

2020 年		凭证		摘要	借方									贷方									借或贷	余额								
月	日	种类	号数		百	十	万	千	百	十	元	角	分	百	十	万	千	百	十	元	角	分		百	十	万	千	百	十	元	角	分
10	31	转	7	结转产品销售商品			6	5	0	0	0	0	0										借			6	5	0	0	0	0	0
10	31	转	9	结转费用类账户												6	5	0	0	0	0	0	平							0	0	0
10	31			本月合计			6	5	0	0	0	0	0			6	5	0	0	0	0	0	平							0	0	0

图 9-46　主营业务成本总分类账

总 分 类 账

科目名称　管理费用

2020 年		凭证		摘要	借方									贷方									借或贷	余额								
月	日	种类	号数		百	十	万	千	百	十	元	角	分	百	十	万	千	百	十	元	角	分		百	十	万	千	百	十	元	角	分
10	13	现付	1	用现金购买办公用品					5	0	0	0	0										借					5	0	0	0	0
10	15	转	2	计算本月职工工资				6	0	0	0	0	0										借				6	5	0	0	0	0
10	15	转	3	计算本月职工福利费					8	4	0	0	0										贷				7	3	4	0	0	0
10	31	转	9	结转费用类账户													7	3	4	0	0	0	平							0	0	0
10	31			本月合计				7	3	4	0	0	0				7	3	4	0	0	0	平							0	0	0

图 9-47　管理费用总分类账

总 分 类 账

科目名称　所得税费用

2020 年		凭证		摘要	借方									贷方									借或贷	余额								
月	日	种类	号数		百	十	万	千	百	十	元	角	分	百	十	万	千	百	十	元	角	分		百	十	万	千	百	十	元	角	分
10	31	转	10	计提本月所得税				1	9	1	5	0	0										借				1	9	1	5	0	0
10	31	转	11	结转所得税费用													1	9	1	5	0	0	平							0	0	0
10	31			本月合计				1	9	1	5	0	0				1	9	1	5	0	0	平							0	0	0

图 9-48　所得税费用总分类账

(5) 将现金日记账和银行存款日记账的余额以及各种明细账的余额合计数，分别与总账中有关账户的余额进行核对。

(6) 根据总分类账编制试算平衡表，检查账户记录是否正确。试算平衡表的格式和内容具体如表 9-10 所示。

(7) 月末，根据各总分类账及有关明细分类账资料编制资产负债表和利润表等会计报告，财务报告在第十章论述，此处暂略。

月末时，一方面应当将库存现金日记账、银行存款日记账的余额和各种明细分类账的余额合计数与总分类账中有关账户的余额核对相符，这项核对工作一般是通过编制“总分类账户与明细分类账户和库存现金、银行存款日记账发生额及余额对照表”来完成的；另一方面，根据核对无误的总分类账和明细分类账的记录，编制“总分类科目本期发生额及余额试算平衡表”。试算平衡表的内容如表 9-10 所示。

表 9-10　总分类科目本期发生额及余额试算平衡表

序号	总分类科目	期初余额		本期发生额		期末余额	
		借　方	贷　方	借　方	贷　方	借　方	贷　方
1	库存现金	1 000		31 000	30 500	1 500	
2	银行存款	95 000		95 400	80 975	109 425	
3	应收账款	5 000			5 000	0	
4	原材料	75 000		7 500	27 000	55 500	
5	生产成本	19 000		54 360	26 000	47 360	
6	制造费用			3 420	3 420	0	
7	库存商品	75 000		26 000	65 000	36 000	
8	固定资产	440 000		25 000		465 000	
9	应付账款		15 000	6 500			8 500
10	应缴税费		5 000	5 975	12 315		11 340
11	应付职工薪酬			30 000	34 200		4 200
12	长期借款		160 000	30 000			130 000
13	实收资本		520 000		25 000		545 000
14	盈余公积		10 000				10 000
15	主营业务收入			80 000	80 000		0
16	主营业务成本			65 000	65 000	0	
17	管理费用			7 340	7 340	0	
18	所得税费用			1 915	1 915	0	
19	本年利润			80 000	80 000		0
20	利润分配				5 745		5 745
	合计	710 000	710 000	549 410	549 410	714 785	714 785

本 章 小 结

在一个会计期间内，企业会计工作必须经过填制与审核会计凭证、登记账簿、试算平衡、账项调整、结账和编制报表等一系列会计处理程序，并且该程序循环往复，周而复始，称为“会计循环”。一个完整的会计循环过程主要由会计确认、会计计量、会计记录和会计报告四个环节组成。企业通过凭证、账簿、报表组织体系，按一定的步骤，与记账程序有机结合，形成了不同种类的账务处理程序，最终产生并提供有用的会计信息。

本章主要讲述会计循环的基本步骤，账务处理程序的概念及种类，系统地介绍了记账

凭证账务处理程序、科目汇总表账务处理程序和汇总记账凭证账务处理程序的概念、特征、凭证与账簿组织、核算步骤、优缺点和适用范围。

习　　题

一、单项选择题

1. 账务处理程序的核心是(　　)。

A. 凭证组织　B. 账簿组织　C. 记账程序　D. 报表组织

2. 下列凭证中，不能作为登记总分类账的依据是(　　)。

A. 记账凭证　B. 科目汇总表　C. 汇总记账凭证　D. 原始凭证

3. 直接根据记账凭证逐笔登记总分类账的账务处理程序是(　　)账务处理程序。

A. 原始凭证　B. 记账凭证　C. 科目汇总表　D. 汇总记账凭证

4. 关于科目汇总表账务处理程序，下列说法中正确的是(　　)。

A. 登记总账的直接依据是记账凭证

B. 登记总账的直接依据是科目汇总表

C. 编制会计报表的直接依据是科目汇总表

D. 与记账凭证账务处理程序相比较，增加了一道编制汇总记账凭证的程序

5. 根据科目汇总表登记总账，在简化登记总账工作的同时也起到了(　　)的作用。

A. 简化报表编制　B. 反映账户对应关系

C. 简化明细账工作　D. 发生额试算平衡

6. 为了便于科目汇总表的编制，平时填制记账凭证时，应尽可能使账户之间的对应关系保持(　　)。

A. 一借一贷　B. 一借多贷　C. 一贷多借　D. 多借多贷

7. 关于汇总记账凭证账务处理程序，下列说法中错误的是(　　)。

A. 根据记账凭证定期编制汇总记账凭证

B. 根据原始凭证或汇总原始凭证登记总账

C. 根据汇总记账凭证登记总账

D. 汇总转账凭证应当按照每一账户的贷方分别设置，并按其对应的借方账户归类汇总

8. 记账凭证账务处理程序和汇总记账凭证账务处理程序的主要区别是(　　)。

A. 凭证及账簿组织不同　B. 记账方法不同

C. 记账程序不同　D. 登记总账的依据和方法不同

9. 平时在填制转账凭证时，应尽量使账户的对应关系保持“一借一贷”或“一贷多借”，这是(　　)的要求。

A. 记账凭证账务处理程序　B. 科目汇总表账务处理程序

C. 汇总记账凭证账务处理程序　D. 多栏式日记账账务处理程序

10. 一般适用于规模较小、业务量较少、会计凭证也较少的单位的账务处理程序是(　　)。

A. 记账凭证账务处理程序　　B. 科目汇总表账务处理程序
C. 汇总记账凭证账务处理程序　　D. 多栏式日记账账务处理程序

二、多项选择题

1. 下列各项中，属于在最基本的账务处理程序的基础上发展而成的有(　　)。
A. 记账凭证账务处理程序　　B. 汇总记账凭证账务处理程序
C. 科目汇总表账务处理程序　　D. 日记总账账务处理程序
2. 在各种账务处理程序中，相同的会计账务处理工作有(　　)。
A. 编制汇总记账凭证　　B. 登记现金、银行存款日记账
C. 登记总分类账和各种明细账　　D. 编制会计报表
3. 科目汇总表账务处理程序的主要特点有(　　)。
A. 直接根据记账凭证登记总账　　B. 直接根据记账凭证登记明细账
C. 定期编制科目汇总表　　D. 直接根据科目汇总表登记总账
4. 在科目汇总表账务处理程序下，不能作为登记总账直接依据的有(　　)。
A. 原始凭证　　B. 汇总记账凭证
C. 科目汇总表　　D. 记账凭证
5. 在各种账务处理程序下，明细分类账可以根据(　　)登记。
A. 原始凭证　B. 记账凭证　C. 原始凭证汇总表　D. 记账凭证汇总表
6. 汇总付款凭证应根据“库存现金”“银行存款”账户的贷方设置，按借方账户归类汇总，所以，平时付款凭证应保持(　　)。
A. 一借一贷　B. 一借多贷　C. 多借一贷　D. 多借多贷
7. 记账凭证账务处理程序的优点有(　　)。
A. 在记账凭证上能够清晰地反映账户之间的对应关系
B. 在总分类账上能够比较详细地反映经济业务的发生情况
C. 总分类账登记方法易于掌握
D. 可以减少总分类账登记的工作量
8. 科目汇总表账务处理程序的优点有(　　)。
A. 可以进行账户发生额的试算平衡
B. 能够保证总分类账登记的正确性
C. 适用性比较强
D. 可以减少总分类账登记的工作量
9. 汇总记账凭证账务处理程序的优点有(　　)。
A. 在汇总记账凭证上能够清晰地反映账户之间的对应关系
B. 不必填制各种专用记账凭证
C. 定期编制汇总记账凭证的工作量比较小
D. 可以大大减少总分类账登记的工作量
10. 为便于汇总收款凭证，日常编制收款凭证时，分录形式最好是(　　)。
A. 一借一贷　B. 一借多贷　C. 多借一贷　D. 多借多贷

三、判断题

1. 记账凭证账务处理程序是最基本的一种账务处理程序。（　）
2. 企业不论采用哪种账务处理程序，都必须设置日记账、总分类账和明细分类账。（　）
3. 记账凭证账务处理程序的主要特点就是直接根据各种记账凭证登记总账。（　）
4. 各种账务处理程序的主要区别在于登记总账的依据不同。（　）
5. 科目汇总表账务处理程序能科学地反映账户的对应关系，且便于账目核对。（　）
6. 科目汇总表账务处理程序的主要特点是根据记账凭证编制科目汇总表，并根据科目汇总表编制会计报表。（　）
7. 采用科目汇总表账务处理程序，总账、明细账和日记账都应该根据科目汇总表编制。（　）
8. 科目汇总表账务处理程序下的账簿组织与记账凭证账务处理程序基本相同。（　）
9. 编制科目汇总表时，不仅对各个会计科目的发生额进行汇总，而且包括余额。（　）
10. 汇总转账凭证一律按每一账户的贷方设置，并按其对应的借方账户归类汇总。（　）

第十章

财 务 报 告

【学习目标】

1. 理解资产负债表的概念、结构和编制基础。
2. 掌握资产负债表的编制方法。
3. 理解利润表的概念、结构和编制方法。
4. 掌握利润表的编制方法。
5. 理解现金流量表的概念、结构和编制基础。
6. 理解所有者权益变动表的概念、结构和编制基础。

【重点与难点】

重点：资产负债表的编制、利润表的编制。
难点：资产负债表的编制。

引导案例

王东在2019年6月成立的永辉实业股份有限公司担任财务总监，并在2020年1月25日召开的董事会上提交了资产负债表和利润表。董事会对于王东的工作非常不满意，主要批评他的地方有以下几点：①编制会计报表前没有编制工作底稿；②年底在编制会计报表前没有进行存货盘点；③会计报表的实际截止日是12月25日；④没有报表附注和财务状况说明书；⑤没有编制现金流量表；⑥利润表与资产负债表中的“未分配利润”数字不相符。董事会批评王东是否都对？为什么？

分析：

(1) 编制工作底稿是会计资料由账簿向报表过渡的一项重要的会计核算工作。为了避免差错，防止忙中出错，并能尽快了解本期的经营状况和经营成果，为了能及时报送报表，可以先通过编制工作底稿的办法，把基本资料算出来，在工地工作底稿的资料编制调账、结账的会计分录，把账簿资料补齐。编制工作底稿，是检查账簿记录是否正确的一种方法。

(2) 为了保证账实相符，年底在编制会计报表前必须进行财产清查，存货盘点是重点。

(3) 会计报表的截止日应为12月31日，提前结账是不对的。

(4) 附注是对在资产负债表、利润表、现金流量表和所有者权益变动表中列示项目的文字描述或明细资料，以及对未能在这些报表中列示项目的说明等。附注应当披露财务报表的编制基础，相关信息应当与资产负债表、利润表、现金流量表和所有者权益变动表等报表中列示的项目相互参照。

(5) 现金流量表在对外披露时应该编制。

(6) 利润表与资产负债表中的“未分配利润”数字不相符的情况，需要进一步核查。

第一节　财务报告概述

一、财务报告的概念

财务报告是指企业对外提供的反映企业某一特定日期的财务状况和某一会计期间的经营成果、现金流量等会计信息的文件，具有以下几层含义。

(1) 财务会计报告应当是对外报告，其服务对象主要是投资者、债权人等外部使用者，专门为了内部管理需要的、具有特定目的的报告不属于财务报告的范畴。

(2) 财务报告应当综合反映企业的生产经营状况，包括某一时点的财务状况和某一时期的经营成果和现金流量等信息，以反映出企业的整体和全貌。

(3) 财务报告必须形成一个系统的文件，不应是零星的或者不完整的信息。

企业编制的财务报告，是企业会计核算工作体系中最终的和非常重要的环节，是企业会计核算最终成果的体现，是企业对外提供财务会计信息的主要形式，是企业会计核算方法体系中的专门方法之一。企业通过及时、准确、正确、合理地编制财务会计报告，对满足各有关方面对会计信息的需要，对提高各单位经济管理水平以至加强整个国民经济管理，从而达到提高经济效益的总体目标，都具有非常重要的意义。因此，单位负责人和财务会计人员应当保证财务报表的合法性、真实性和完整性。

二、财务报告的组成和分类

(一)财务报告的组成

财务报告包括财务报表和其他应当在财务报告中披露的相关信息和资料。其中，财务报表是对企业财务状况、经营成果和现金流量的结构性表述。一套完整的财务报表至少应当包括资产负债表、利润表、现金流量表、所有者权益变动表以及附注。

财务报表是财务报告的核心内容，除了财务报表之外，财务报告还应当包括其他相关信息，具体可以根据有关法律、行政法规、部门规章等的规定和外部使用者的信息需求而定。

(二)会计报表的分类

(1) 会计报表按反映的经济内容，可以分为资产负债表、利润表、现金流量表、所有者权益变动表。

① 资产负债表是反映企业某一特定日期的财务状况的报表。

② 利润表是反映企业在一定期间的经营成果及其分配情况的会计报表。

③ 现金流量表是反映企业在一定会计期间的现金流入和现金流出情况的会计报表。

④ 所有者权益变动表是反映企业在一定的会计期间所有者权益增减变动情况的会计报表。

(2) 会计报表按编报时间，可分为月度会计报表、季度会计报表、半年会计报表和年度会计报表。

① 月度会计报表简称月报，是在月度终了时应编制的、用以反映企业某一月份的经营活动情况的会计报表。

② 季度会计报表简称季报，是在季度终了时应编制的、用以反映企业某一季度的经营活动情况的会计报表。

③ 半年度会计报表简称半年报，是在每个会计年度的前 6 个月结束后应编制的、用以反映企业半个年度内的经营活动情况的会计报表。

上述月度会计报表、季度会计报表、半年度会计报表又称为中期报表。

④ 年度会计报表简称年报，又称决算报表，是在年度终了时应编制的、用以反映企业某一年内的经营活动的会计报表。

(3) 会计报表按应编制的单位，可分为个别会计报表和合并会计报表。

① 个别会计报表是指独立核算的一个单位按照会计制度的规定，根据本企业会计核算资料和其他资料应编制的会计报表。

② 合并会计报表是指以母子公司组成的企业集团为会计主体，以母公司和子公司单独编制的个别会计报表为基础，采用合并报表的独特方法，由母公司编制的综合反映企业集团的经营成果、财务状况及其变动情况的会计报表。

三、财务报告的作用

(一)有助于国家宏观管理部门进行宏观调控

财务报告综合反映企业的财务状况和经营成果等情况，财务报告经过层层汇总后，相应地反映某一行业、地区部门乃至全国企业的经济活动信息，这种信息是国家经济管理部门了解并掌握全国各地区、各行业的经济情况，正确制定国家宏观经济政策，调控国民经济运行的重要决策依据。

(二)有助于投资人和债权人进行合理的决策

企业的投资人、债权人是财务报告最重要的使用者，因为企业生产经营所需要的各项经济资源主要来自投资人和债权人。作为企业的投资人和债权人，在他们做出投资或贷款之前必须了解企业的盈利能力、偿债能力、支付能力以及企业的经营前景，以保证投资人能获取丰厚收益，保证债权人能及时收回各项贷款。投资人、债权人了解这些信息的最简便、最快捷的方法，就是利用企业编制的财务报告。

(三)有利于了解企业经营者受托责任的履行情况

现代企业“两权分离”使企业所有者和经营者之间出现委托关系。所有者将资金投入企业，委托经营者进行经营管理，为了确保资本的完整与增值，主要利用财务报告来了解管理当局对所托资源的经营管理责任的履行情况，维护自己在企业中的经济利益。

(四)有助于企业加强和改善经营管理

财务报告通过一定的表格和文字形式，将企业生产经营的全面情况，特别是财务信息，进行搜集、整理、加工成系统的信息资料，传递给企业内部经营管理部门。企业内部经营管理部门通过财务报告，可以了解经营活动中存在的问题，以便迅速做出决策，采取有效措施，改善经营管理。

四、财务会计报告的编制要求

编制财务会计报告的基本目的，是向会计信息的使用者提供有关财务方面的信息资料，及时、准确、完整、清晰地反映会计主体的财务状况、经营成果和现金流量。为了充分发挥会计信息的作用，确保信息质量，各会计主体应当按照《会计法》《企业财务会计报告条例》的规定，编制和向对外提供真实、完整的财务会计报告。

(一)财务会计报告编报的时间要求

信息的基本特征是时效性。同理，财务会计报告只有及时编制和报送，才能有利于会计信息的利用，否则即使是真实、可靠、全面、完整的财务会计报告，如果失去了编报的

及时性，也就失去了其价值。在市场经济条件下，市场瞬息万变，因而对财务会计报告的及时性提出了更高的要求，企业必须根据市场提供的变化情况，及时调整生产经营活动。如果不能及时获得有关信息资料，并对市场的变化情况做出及时反应，那么就必然在市场竞争中处于被动地位。

为了确保财务会计报告的及时性，政府有关部门对各会计主体财务会计报告的编报时间做出了明确规定。一般来说，月度报告应于月份终了后 6 天内报出(节假日顺延，下同)；季度中期财务会计报告应当于季度终了后 15 天内对外提供；半年度中期财务会计报告应当于年度中期结束后 60 天内对外提供；年度财务会计报告应当于年度终了后 4 个月内报出。这就要求会计部门必须加强日常的核算工作，认真做好记账、算账、对账、财产清查和调整账面等编报前的准备工作，加强会计人员的配合协作，高质、高效地完成会计信息的报送工作。

(二)财务会计报告编报的格式要求

各会计主体必须按照会计制度的统一规定，编制和报送特定内容、种类和特定格式的财务会计报告。

(三)财务会计报告的编制程序和质量要求

为了确保财务会计报告的质量，使会计信息真正成为使用者进行管理和决策的重要依据，各单位要在结账、对账和财产清查的基础上，以登记完整、核对无误的会计账簿记录和其他有关资料为主要依据，编制财务会计报告。财务会计报告的编制要做到数字真实、计算准确、内容完整、报送及时、说明清楚。分述为以下几点。

1. 数字真实可靠

财务会计报告的真实可靠，是指企业财务会计报告要真实地反映交易或事项的实际情况，不能人为地扭曲。财务会计报告应当根据经过审核的会计账簿记录和有关资料编制，这是保证财务会计报告质量的重要环节。财务会计报告要客观地、实事求是地反映会计主体客观存在的经济现象和经营活动过程，不允许对经核实并应列入报表的数据资料再做出任何“修正”，不允许对报告和揭示的任何一项正确的核算数据进行任何增删，任何人不得篡改或者授意、指使、强令他人篡改会计报表的有关数字。

2. 计算准确、相关可比

会计报表必须以会计账簿中准确无误的数字资料为依据，并确保各会计报表之间、会计报表各项目之间、本期报表与上期报表之间在有对应关系的数字上的衔接，不得用估计甚至捏造的数字填列报表。同时，企业财务会计报告所提供的财务会计信息必须与财务会计报告使用者的决策相关，并且便于财务会计报告使用者在不同企业之间及同一企业前后各期之间进行比较。

3. 内容完整

这是指企业财务会计报告应当全面披露企业的财务状况、经营成果和现金流量，完整地反映出企业财务活动的过程和结果。各会计主体对国家相关法律、法规规定应予填报的各种报表和表内各项目，要填报齐全，不得随意漏编、漏报；应当汇总编制的所属各单位的会计报表必须全部汇总；各补充资料和应该编制的附表，必须同时编报。有关法律、行政法规规定的会计报表必须经注册会计师审计，注册会计师及其所在的会计师事务所出具的审计报告，应当随同财务会计报告一并提供。

4．报送及时

财务会计报告提供的信息具有较强的时效性，企业应当依照法律、行政法规和国家统一的会计制度中有关财务会计报告提供期限的规定，及时编制并及时提供财务会计报告。要保证会计报表编制及时，必须加强日常的核算工作，认真做好记账、算账、对账、财产清查和调整账面工作；同时加强会计人员的配合协作，使会计报表编报及时。但不能为赶编会计报表而提前结账，更不能为了提前报送而影响报表质量。

5．说明清楚、便于理解

会计报表编制之后，还必须按照会计准则和有关制度的规定及上级主管部门的要求，编写报表附注，以便使用者了解与财务状况、经营业绩有关的问题，做出正确的决策和判断。

另外，财务会计报告应当由单位负责人和主管会计工作的负责人、会计机构负责人(会计主管人员)签名并盖章；设置总会计师的单位还须由总会计师签名并盖章。单位负责人是本单位会计行为的第一责任人，对本单位的会计报表的真实性、合法性负责；有关会计负责人员也应承担相应的责任，并应当保证财务会计报告真实、完整。

第二节　资产负债表

一、资产负债表的概念和作用

资产负债表是反映企业在某一特定日期财务状况的报表。它反映了企业在某一特定日期所拥有或控制的经济资源，所承担的现时义务和所有者对净资产的要求权。

通过资产负债表，可以提供某一日期资产的总额及其结构，表明企业拥有或控制的资源及其分布情况，使用者可以一目了然地从资产负债表上了解企业在某一特定日期所拥有的资产总量及其结构；可以提供某一日期的负债总额及其结构，表明企业未来需要用多少资产或劳务清偿债务以及清偿的时间；可以反映所有者拥有的权益，据以判断资本保值、增值的情况以及对负债的保障程度。此外，资产负债表还可以提供进行财务分析的基本资料，如将流动资产与流动负债进行比较，计算出流动比率；将速动资产与流动负债进行比较，计算出速动比率等，可以表明企业的变现能力、偿债能力和资金周转能力，从而有助于报表使用者做出经济决策。

二、资产负债表的内容与格式

(一)资产负债表的内容

资产负债表主要反映资产、负债和所有者权益三方面的内容，并满足“资产=负债+所有者权益”平衡式。

(1) 资产，反映由过去的交易、事项形成并由企业在某一特定日期所拥有或控制的、预期会给企业带来经济利益的资源。资产应当按照流动资产和非流动资产两大类别在资产负债表中列示，在流动资产和非流动资产类别下进一步按性质分项列示。

流动资产是指预计在一个正常营业周期中变现、出售或耗用，或者主要为交易目的而持有，或者预计在资产负债日起1年内(含1年)变现的资产，或者自资产负债表日起1年内交换其他资产或清偿负债的能力不受限制的现金或现金等价物。

资产负债表中列示的流动资产项目通常包括：货币资金、交易性金融资产、应收票据、应收账款、预付账款、应收利息、应收股利、其他应收款、存货和一年内到期的非流动资产等。

非流动资产是指流动资产以外的资产。资产负债表中列示的非流动资产项目通常包括：长期股权投资、固定资产、在建工程、工程物资、固定资产清理、无形资产、开发支出、长期待摊费用以及其他非流动资产等。

(2) 负债，反映在某一特定日期企业所承担的、预期会导致就利益流出企业的现时义务。负债应当按照流动负债和非流动负债在资产负债表中进行列示，在流动负债和非流动负债类别下再进一步按性质分项列示。

流动负债是指预计在一个正常营业周期中清偿，或者主要为交易目的而持有，或者自资产负债表日起1年内(含1年)到期应予以清偿，或者企业无权自主地清偿推迟至资产负债表日后一年以上的负债。资产负债表中列示的流动负债项目通常包括短期借款、应付票据、应付账款、预收账款、应付职工薪酬、应缴税费、应付利息、应付股利、其他应付款、一年内到期的非流动负债等。

非流动负债是指流动负债以外的负债。非流动负债项目通常包括长期借款、应付债券和其他非流动负债等。

(3) 所有者权益，是企业资产扣除负债后的剩余权益，反映企业在某一特定日期股东(投资者)拥有的净资产的总额，它一般按照实收资本、资本公积、盈余公积和未分配利润分项列示。

(二)资产负债表的格式

在我国，资产负债表采用账户式结构，报表分为左右两方，左方列示资产各项目，反映全部资产的分布及其存在形态；右方列示负债和所有者权益各项目，反映全部负债和所有者权益的内容及构成情况。资产各项目按其流动性由大到小顺序排列；负债各项目按其到期日的远近顺序排列。资产负债表左右两方平衡，即资产总计等于负债和所有者权益总计，即“资产=负债+所有者权益”。为了使使用者通过不同时点的资产负债表的数据，掌握企业财务状况的变动及发展趋势，我国资产负债表主体部分的各项目都列有“年初数”和“期末数”两个栏目，是一种比较资产负债表。资产负债表的格式参见表10-1。

三、资产负债表的编制方法

(一)“年初数”的填列方法

资产负债表中“年初数”栏内各项目数字，应根据上年末资产负债表“期末数”栏内所列的数字填列。如果本年度资产负债表规定的各个项目的名称和内容同上年度不一致，应对上年末资产负债表各项目的名称和数字按照本年度的规定进行调整，按调整后的数字填入本表“年初数”栏内。

(二)“期末数”的填列

“期末数”是指某一会计期末的数字，即月末、季末、半年末或年末的数字。资产负债表各项目“期末数”的数据来源，可以通过以下几种方式取得。

(1) 直接根据总账科目的余额填列。这些项目有：交易性金融资产、固定资产清理、长期待摊费用、递延所得税资产、工程物资、短期借款、应付票据、应付职工薪酬、应缴税费、应付股利、其他应付款、递延所得税负债、实收资本、资本公积、库存股、盈余公积等项目。

(2) 根据几个总账科目的余额计算填列。这些项目有：货币资金、存货、未分配利润等项目。如“货币资金”项目，根据“库存现金”“银行存款”“其他货币资金”科目的期末余额合计填列。

(3) 根据有关明细科目的余额计算填列。这些项目有：应收账款、应付账款、预付账款等项目。如“应付账款”项目应根据“应付账款”和“预付账款”科目所属明细科目期末贷方余额的合计填列。

(4) 根据总账和明细科目的余额分析计算填列。这些项目有：长期应收款、长期借款、长期应付款、应付债券等项目。如“长期借款”项目，根据“长期借款”总账科目余额扣除“长期借款”科目所属明细科目中反映的将于一年内到期的长期借款部分分析计算填列。

(5) 根据总账科目与其备抵科目抵销后的净额填列。这些项目有：应收账款、存货、持有至到期投资、在建工资、固定资产、无形资产等项目。如“固定资产”项目，应当根据“固定资产”科目期末余额，减去“累计折旧”“固定资产减值准备”等科目期末余额后的金额填列。

(三)资产负债表的具体填列方法

1. 资产项目的填列说明

(1) “货币资金”项目，反映企业库存现金、银行结算户存款、外埠存款、银行汇票存款、银行本票存款、信用卡存款、信用保证金存款等的合计数。本项目应根据“库存现金”“银行存款”“其他货币资金”科目期末余额的合计数填列。

(2) “交易性金融资产”项目，反映资产负债表日企业分类为以公允价值计量且其变动记入当期损益的金融资产，以及企业持有的指定为以公允价值计量且其变动记入当期损益的金融资产的期末账面价值。该项目应根据“交易性金融资产”科目的相关明细科目期末余额分析填列。自资产负债表日起超过 1 年到期且预期持有超过 1 年的以公允价值计量且其变动计入当期损益的非流动金融资产的期末账面价值，在“其他非流动金融资产”项目反映。

(3) “应收票据”项目，反映资产负债表日以摊余成本计量的、企业因销售商品、提供服务等收到的商业汇票，包括银行承兑汇票和商业承兑汇票。该项目根据“应收票据”科目的期末余额，减去“坏账准备”科目中相关坏账准备期末余额后的金额分析填列。

(4) “应收账款”项目，反映资产负债表日以摊余成本计量的以及企业因销售物品、提供服务等经营活动应收取的款项。该项目应根据“应收账款”科目的期末余额，减去“坏账准备科目”中相关坏账准备期末余额后的金额分析填列。

(5) “应收款项融资”项目，反映资产负债表日以公允价值计量且其变动计入其他综合收益的应收票据和应收款项等。

(6) “预付款项”项目，反映企业按照购货合同规定预付给供给单位的款项等。本项目应该根据“预付货款”和“应付账款”科目所属各明细科目的期末借方余额合计数，减去“坏账准备”科目中有关预付账款计提的坏账准备期末余额后的净额填列。如“预付账款”科目所属明细科目期末为贷方余额的，应在资产负债表“应付账款”项目内填列。

(7) “其他应收款”项目，反映企业除应收票据、应收账款、预付账款等经营活动以外的其他各种应收、暂付的款项。本项目应根据“应收利息”“应收股利”和“其他应收款”科目的期末余额合计数，减去“坏账准备”科目中相关坏账准备期末余额后的金额填列。其中的“应收利息”仅反映相关金融工具已到期可收取但于资产负债表日尚未收到的利息。基于实际利率法计提的金融工具的利息应包含在相应金融工具的账面余额中。

(8) “存货”项目，反映企业期末在库、在途和在加工中的各种存货的可变现净值或成本(成本与可变现净值孰低)。存货包括各种材料、商品、在产品、半成品、包装物、低值易耗品、发出商品等。本项目应根据“材料采购”“原材料”“库存商品”“周转材料”“委托加工物资”“发出产品”“生产成本”“委托代销商品”等科目的期末余额合计数，减去“委托代销商品款”“存货跌价准备”科目期末余额后的净额填列。材料采用计划成本核算，以及库存商品采用计划成本核算或售价核算的企业，还应按加或减材料成本差异、商品进销差价后的金额填列。

(9) “合同资产”项目，反映企业按照《企业会计准则第 14 号——收入》(2018)的相关规定，根据本企业履行履约义务与客户付款之间的关系在资产负债表中列示的合同资产。“合同资产”项目应根据“合同资产”科目中相关明细科目期末余额分析填列，同一合同下的合同资产和合同负债应当以净额列示，其中净额为借方余额的，应当根据其流动性在“合同资产”或“其他非流动资产”项目中填列，已计提减值准备的，还应以减去“合同资产减值准备”科目中相关的期末余额后的金额填列，其中净额为贷方余额的，应当根据其流动性在“合同负债”或“其他非流动负债”项目中填列。

(10) “持有待售资产”项目，反映资产负债表日划分为持有待售类别的非流动资产及划分为持有待售类别的处置组中的流动资产和非流动资产的期末账面价值。该项目应根据“持有待售资产”科目的期末余额，减去“持有待售资产减值准备”科目的期末余额后的金额填列。

(11) “一年内到期的非流动资产”项目，反映企业预计自资产负债表日起一年内变现的非流动资产。本项目应根据有关科目的期末余额填列。

(12) “债权投资”项目，反映资产负债表日企业以摊余成本计量的长期债权投资的期末账面价值。该项目应根据“债权投资”科目的相关明细科目的期末余额，减去“债权投资减值准备”科目中相关减值准备的期末余额后的金额分析填列。自资产负债表日起一年内到期的长期债权投资的期末账面价值，在“一年内到期的非流动资产”项目中反映。企业购入的以摊余成本计量的一年内到期的债权投资的期末账面价值，在“其他流动资产”项目中反映。

(13) “其他债权投资”项目，反映资产负债表日企业分类为以公允价值计量且其变动计入其他综合收益的长期资产投资的期末账面价值。该项目应根据“其他债权投资”科目的相关明细科目期末余额分析填列。自资产负债表日起一年内到期的长期债权投资的期末账面价值，在“一年内到期的非流动资产”项目中反映。企业购入的以公允价值计量且其变动计入其他综合收益的一年内到期的债权投资的期末账面价值，在“其他流动资产”项目中反映。

(14) “长期应收款”项目，反映企业租赁产生的应收款项和采用的递延方式分期收款、实质上具有融资性质的销售商品和提供劳务等经营活动产生的应收款项。本项目应根据“长期应收款”科目的期末余额，减去相应的“未实现融资收益”科目和“坏账准备”科目所属相关明细科目期末余额后的金额填列。

(15) “长期股权投资”项目，反映投资方对被投资单位实施控制、重大影响的权益性投资，以及对其合营企业的权益性投资。本项目应根据“长期股权投资”科目的期末余额，减去“长期股权投资减值准备”科目的期末余额后的净额填列。

(16) “其他权益工具投资”项目，反映资产负债表日企业指定为以公允价值计量且其变动计入其他综合收益的非交易性权益工具投资的期末账面价值。该项目应根据“其他权益工具投资”科目的期末余额填列。

(17) “固定资产”项目，反映资产负债表日企业固定资产的期末账面价值和企业尚未清理完毕的固定资产清理净损益。该项目应根据“固定资产”科目的期末余额，减去“累计折旧”和“固定资产减值准备”科目的期末余额后的金额，以及“固定资产清理”科目的期末余额填列。

(18) “在建工程”项目，反映资产负债表日企业尚未达到预定可使用状态的在建工程的期末账面价值和企业为在建工程准备的各种物资的期末账面价值。该项目应根据“在建工程”科目的期末余额，减去“在建工程减值准备”科目的期末余额后的金额，以及“工程物资”科目的期末余额，减去“工程物资减值准备”科目的期末余额后的金额填列。

(19) “使用权资产”项目，反映资产负债表日承租人企业持有的使用权资产的期末账面价值。该项目应根据“使用权资产”科目的期末余额，减去“使用权资产累计折旧”和“使用权资产减值准备”科目中期末余额后的金额填列。

(20) “无形资产”项目，反映企业持有的专利权、非专利技术、商标权、著作权、土地使用权等无形资产的成本减去累计摊销和减值准备后的净值。本项目应根据“无形资产”科目的期末余额，减去“累计摊销”和“无形资产减值准备”科目余额后的净额填列。

(21) “开发支出”项目，反映企业开发无形资产过程中能够资本化形成无形资产成本的支出部分。本项目应当根据“研发支出”科目中所属的“资本化支出”明细科目期末余额填列。

(22) “长期待摊费用”项目，反映企业已经发生但应由本期和以后各期负担的分摊期限在 1 年以上的各项费用。长期待摊费用中在 1 年内(含 1 年)摊销的部分，在资产负债表“一年内到期的非流动资产”项目填列。本项目应根据“长期待摊费用”科目的期末余额，减去将于 1 年内(含 1 年)摊销的数额后的金额分析填列。

(23) “递延所得税资产”项目，反映企业根据所得税准则确认的可抵扣暂时性差异产生的所得税资产。本项目应根据“递延所得税资产”科目的期末余额填列。

(24) “其他非流动资产”项目，反映企业除上述非流动资产外的其他非流动资产。本项目应根据有关科目的期末余额填列。

2. 负债项目的填列说明

(1) “短期借款”项目，反映企业向银行或其他金融机构等借入的期限在 1 年以下(含 1 年)的各种借款。本项目应根据“短期借款”科目的期末余额填列。

(2) “交易性金融负债”项目，反映企业资产负债表日承担的交易性金融负债，以及企业持有的直接指定为以公允价值计量且其变动计入当期损益的金融负债的期末账面价值。该项目应根据“交易性金融负债”科目的相关明细科目期末余额填列。

(3) “应付票据”项目，反映资产负债表日以摊余成本计量的、企业因购买材料、商品和接受服务等开出、承兑的商业汇票，包括银行承兑汇票和商业承兑汇票。该项目应根据“应付票据”科目的期末余额填列。

(4) “应付账款”项目，反映资产负债表日以摊余成本计量的、企业因购买材料、商品和接受服务等经营活动应支付的款项。该项目应根据“应付账款”和“预付账款”科目所属的相关明细科目的期末贷方余额合计数填列。

(5) “预收款项”项目，反映企业按照购货合同规定预收供应单位的款项。本项目应根据“预收账款”和“应收账款”科目所属各明细科目的期末贷方余额合计数填列。如“预收账款”科目所属明细科目期末为借方余额的，应在资产负债表“应收账款”项目内填列。

(6) “合同负债”项目，反映企业按照《企业会计准则第 14 号——收入》(2018)的相关规定，根据本企业履行履约义务与客户付款之间的关系在资产负债表中列示的合同负债。“合同负债”项目应根据“合同负债”的相关明细科目期末余额分析填列。

(7) “应付职工薪酬”项目，反映企业为获得职工提供的服务或解除劳动关系而给予的各种形式的报酬或补偿。企业提供给职工配偶、子女、受赡养人、已故员工遗属及其他受益人等的福利，也属于职工薪酬。职工薪酬主要包括短期薪酬、离职后的福利、辞退福利和其他长期职工福利。本项目应根据“应付职工薪酬”科目所属各明细科目的期末贷方余额分析填列。外商投资企业按规定从净利润中提取的职工奖励及福利基金，也在本项目列示。

(8) “应缴税费”项目，反映企业按照税法规定计算应缴纳的各种税费，包括增值税、消费税、城市维护建设税、教育费附加、企业所得税、资源税、土地增值税、房产税、城镇土地使用税、车船税、矿产资源补偿费等。企业代扣代缴的个人所得税，也通过本项目列示。企业所缴纳的税金不需要预计应缴数的，如印花税、耕地占用税等，不在本项目列示。本项目应根据“应缴税费”科目的期末贷方余额填列，如“应缴税费”科目期末为借方余额，应以“-”号填列。需要说明的是，“应缴税费”科目下的“应缴增值税”“未缴增值税”“待抵扣进项税额”“待认证进项税额”“增值税留抵税额”等明细科目期末借方余额应根据情况，在资产负债表中的“其他流动资产”或“其他非流动资产”项目列示；“应缴税费——待转销项税额”等科目期末贷方余额应根据情况，在资产负债表中的“其他流动负债”或“其他非流动负债”项目列示；“应缴税费”科目下的“未缴增值税”“简易计税”“转让金融商品应缴增值税”“代扣代缴增值税”等科目期末贷方余额应在资产负债表中的“应缴税费”项目列示。

(9) “其他应付款”项目，反映企业除应付票据、应付账款、预收账款、应付职工薪酬、应缴税费等经营活动以外的其他各项应付、暂收的款项。本项目应根据“应付利息”“应付股利”“其他应付款”科目的期末余额合计数填列。其中，“应付利息”科目仅反映相关金融工具到期应支付但于资产负债表日尚未支付的利息。基于实际利率法计提的金融工具的利息应包含在相应金融工具的账面余额中。

(10) “持有待售负债”项目，反映资产负债表日处置组中与划分为持有代售类别的资产直接相关的负债的期末账面价值。本项目应根据“持有待售负债”科目的期末余额填列。

(11) “一年内到期的非流动负债”项目，反映企业非流动负债中将于资产负债表日后一年内到期部分的金额，如将于一年内偿还的长期借款。本项目应根据有关科目的期末余额分析填列。

(12) “长期借款”项目，反映企业向银行或其他金融机构借入的期限在一年以上(不含一年)的各项借款。本项目应根据“长期借款”科目的期末余额，扣除“长期借款”科目所属的明细科目中将在资产负债表日起一年内到期且企业不能自主地将清偿义务展期的长期借款后的金额计算填列。

(13) “应付债券”项目，反映企业为筹集长期资金而发行的债券本金及应付的利息。本项目应根据“应付债券”科目的期末余额分析填列。对于资产负债表日企业发行的金融工具，分类为金融负债的，应在本项目填列；对于优先股和永续债，还应在本项目下的“优先股”项目和“永续债”项目分别填列。

(14) “租赁负债”项目，反映资产负债表日承租人企业尚未支付的租赁付款额的期末账面价值。该项目应根据“租赁负债”科目的期末余额填列。自资产负债表日起一年内到期应予以清偿的租赁负债的期末账面价值，在“一年内到期的非流动负债”项目中反映。

(15) “长期应付款”项目，应根据“长期应付款”科目的期末余额，减去相关“未确认融资费用”科目的期末余额后的金额，以及“专项应付款”科目的期末余额填列。

(16) “预计负债”项目，反映企业根据或有事项等相关准则确认的各项预计负债，包括对外提供担保、未决诉讼、产品质量保证、重组义务以及固定资产和矿区权益弃置义务等产生的预计负债。本项目应根据“预计负债”科目的期末余额填列。企业按照《企业会计准则第 22 号——金融工具确认和计量》(2018)的相关规定，对贷款承诺等项目计提的损失准备，应当在本项目中填列。

(17) “递延收益”项目，反映尚待确认的收入或收益。本项目核算包括企业根据政府补助准则确认的应在以后期间计入当期损益的政府补助金额、售后租回形成融资租赁的售价与资产账面价值差额等其他递延性收入。本项目应根据“递延收益”科目的期末余额填列。本项目中摊销期限只剩一年或不足一年的，或预计在一年内(含一年)进行摊销的部分，不得归类为流动负债，仍在本项目中填列，不转入“一年内到期的非流动负债”项目。

(18) “递延所得税负债”项目，反映企业根据所得税准则确认的应纳税暂时性差异产生的所得税负债。本项目应根据“递延所得税负债”科目的期末余额填列。

(19) “其他非流动负债”项目，反映企业除以上非流动负债以外的其他非流动负债。本项目应根据有关科目期末余额，减去将于一年内(含一年)到期偿还数后的余额分析填列。非流动负债各项目中将于一年内(含一年)到期的非流动负债，应在“一年内到期的非流动负债”项目中反映。

3. 所有者权益项目的填列说明

(1) “实收资本(或股本)”项目，反映企业各投资者实际投入的资本(或股本)总额。本项目应根据“实收资本(或股本)”科目的期末余额填列。

(2) “其他权益工具”项目，反映资产负债表日企业发行在外的除普通股以外分类为权益工具的金融工具的期末账面价值，并下设“优先股”和“永续债”两个项目，分别反映企业发行的分类为权益工具的优先股和永续债的账面价值。

(3) “资本公积”项目，反映企业收到投资者出资超出其在注册资本中或股本中所占的份额以及直接计入所有者权益的利得和损失等。本项目应根据“资本公积”科目的期末余额填列。

(4) “其他综合收益”项目，反映企业其他综合收益的期末余额。本项目应根据“其他综合收益”科目的期末余额填列。

(5) “专项储备”项目，反映高危行业企业按国家规定提取的安全生产费的期末账面价值。本项目应根据“专项储备”科目的期末余额填列。

(6) “盈余公积”项目，反映企业盈余公积的期末余额。本项目应根据“盈余公积”科目的期末余额填列。

(7) “未分配利润”项目，反映企业尚未分配的利润。本项目应根据“本年利润”科目和“利润分配”科目的余额计算填列。未弥补的亏损在本项目以“-”号填列。

四、资产负债表的编制举例

【例 10-1】东方股份有限公司 2019 年 12 月 31 日的资产负债表(年初数略)及 2020 年 12 月 31 日的科目余额表分别见表 10-1 和表 10-2。假定该公司 2020 年只有固定资产项目计提了减值准备，从而导致固定资产账后价值与其计税基础产生了可抵扣暂时性差异，假定该公司的所得税税率为 25%，并且该公司未来很可能有足够的应纳税所得额来抵扣可抵扣暂时性差异。

表 10-1　资产负债表

会企 01 表

编制单位：东方股份有限公司　　2019 年 12 月 31 日　　单位：元

资　产	期末余额	年初余额	负债及所有者权益	期末余额	年初余额
流动资产：			流动负债：		
货币资金	1 406 400		短期借款	300 000	
交易性金融资产	15 000		交易性金融负债	0	
衍生金融资产			衍生金融负债		
应收票据	246 000		应付票据	200 000	
应收账款	299 000		应付账款	953 800	
应收款项融资			预收账款	0	
预付账款	100 000		合同负债		
其他应收款	5 000		应付职工薪酬	110 000	
存货	2 580 000		应缴税费	36 600	
合同资产			其他应付款	51 000	
持有待售资产			持有待售负债	0	
一年内到期的非流动资产	0		一年内到期的非流动负债	1 000 000	
其他流动资产	100 000		其他流动负债	0	
流动资产合计	4 751 400		流动负债合计	2 651 400	
非流动资产：			非流动负债：		
债权投资			长期借款	600 000	
其他债权投资			应付债券	0	
长期应收款	0		其中：优先股	0	
长期股权投资	250 000		永续股		
其他权益工具投资			租赁负债	0	
其他非金融资产			长期应付款		
投资性房地产	0		预计负债	0	
固定资产	1 100 000		递延收益	0	
在建工程	1 500 000		递延所得税负债	0	
生产性生物资产			其他非流动负债		
油气资产	0		非流动负债合计	600 000	
使用权资产			负债合计	3 251 400	
无形资产	600 000		所有者权益：		
开发支出	0		实收资本	5 000 000	
商誉	0		其他权益工具		
长期待摊费用	0		其中：优先股		

续表

资　产	期末余额	年初余额	负债及所有者权益	期末余额	年初余额
递延所得税资产	0		永续股	0	
其他非流动资产	200 000		资本公积	0	
非流动资产合计	3 650 000		减：库存股		
			其他综合收益		
			专项储备		
			盈余公积	100 000	
			未分配利润	50 000	
			所有者权益合计	5 150 000	
资产总计	8 401 400		负债及所有者权益总计	8 401 400	

表 10-2　科目余额表

2020 年 12 月 31 日　　　　单位：元

科目名称	借方余额	科目名称	贷　方
库存现金	2 000	短期借款	50 000
银行存款	786 135	应付票据	100 000
其他货币资金	7 300	应付账款	953 800
交易性金融资产	0	其他应付款	50 000
应收票据	66 000	应付职工薪酬	180 000
应收账款	600 000	应缴税费	226 731
坏账准备	−1 800	应付利息	0
预付账款	100 000	应付股利	32 215.85
其他应收款	5 000	一年内到期的非流动负债	0
材料采购	275 000	长期借款	1 160 000
原材料	45 000	股本	5 000 000
周转材料	38 050	盈余公积	124 770.40
库存商品	2 122 400	利润分配(未分配利润)	190 717.75
材料成本差异	4 250		
其他流动资产	90 000		
长期股权投资	250 000		
固定资产	2 401 000		
累计折旧	−170 000		
固定资产减值准备	−30 000		
工程物资	150 000		
在建工程	578 000		

续表

科目名称	借方余额	科目名称	贷　方
无形资产	600 000		
累计摊销	-60 000		
递延所得税资产	9 900		
其他非流动资产	200 000		
合计	8 068 235	合计	8 068 235

根据上述资料，编制东方股份有限公司 2020 年 12 月 31 日的资产负债表，如表 10-3 所示。

表 10-3　资产负债表　　会企 01 表

编制单位：东方股份有限公司　　2020 年 12 月 31 日　　单位：元

资　产	期末余额	年初余额	负债及所有者权益	期末余额	年初余额
流动资产：			流动负债：		
货币资金	795 435	1 406 400	短期借款	50 000	300 000
交易性金融资产		15 000	交易性金融负债		
衍生金融资产			衍生金融负债		
应收票据	66 000	246 000	应付票据	100 000	200 000
应收账款	598 200	299 000	应付账款	953 800	953 800
应收款项融资			预收账款		0
预付账款	100 000	100 000	合同负债		
其他应收款	5 000	5 000	应付职工薪酬	180 000	110 000
存货	2 484 700	2 580 000	应缴税费	266 731	36 600
合同资产			其他应付款	82 215.85	51 000
持有待售资产			持有待售负债		0
一年内到期的非流动资产		0	一年内到期的非流动负债		1 000 000
其他流动资产	90 000	100 000	其他流动负债		0
流动资产合计	4 139 335	4 751 400	流动负债合计	1 592 746.85	2 651 400
非流动资产：			非流动负债：		
债权投资			长期借款	1 160 000	600 000
其他债权投资			应付债券		0
长期应收款		0	其中：优先股		0
长期股权投资	250 000	250 000	永续股		
其他权益工具投资			租赁负债		0
其他非金融资产			长期应付款		
投资性房地产		0	预计负债		0

续表

资 产	期末余额	年初余额	负债及所有者权益	期末余额	年初余额
固定资产	2 201 000	1 100 000	递延收益		0
在建工程	728 000	1 500 000	递延所得税负债		0
生产性生物资产			其他非流动负债		
油气资产		0	非流动负债合计	1 160 000	600 000
使用权资产			负债合计	2 752 746.85	3 251 400
无形资产	540 000	600 000	所有者权益(股东权益):		
开发支出		0	实收资本(或股本)	5 000 000	5 000 000
商誉		0	其他权益工具		
长期待摊费用		0	其中：优先股		
递延所得税资产	9 900	0	永续股		0
其他非流动资产	200 000	200 000	资本公积		0
非流动资产合计	3 928 900	3 650 000	减：库存股		
			其他综合收益		
			专项储备		
			盈余公积	124 770.40	100 000
			未分配利润	190 717.75	50 000
			所有者权益(或股东权益)合计	5 315 488.15	5 150 000
资产总计	8 068 235	8 401 400	负债及所有者权益(或股东权益)总计	8 608 235	8 401 400

第三节 利 润 表

一、利润表的概念和作用

利润表是反映企业在一定会计期间的经营成果的会计报表。利润表编制的理论依据是“收入-费用=利润”会计等式。利润表把一定时期的营业收入与其同一会计期间相关的营业费用进行配比，以计算出企业一定时期的净利润。

利润表反映的是收入、成本和费用等情况，能够反映企业生产经营的收益情况、成本耗费情况，从而揭示出企业生产经营活动成果的来龙去脉与各项利润指标的实现情况，据以判断资本保值增值情况；同时，通过利润表提供的不同时期的比较数字(本月数或上年数、本年累计数)，可以分析企业今后利润的发展趋势、获利能力，了解投资者投入资本的完整性。由于利润表是企业经营业绩的综合体现，又是进行利润分配的主要依据，因此，利润表是会计报表中的主要报表。

二、利润表的编制

(一)利润表项目的填列方法

利润表的格式有多步式和单步式两种。我国企业的利润表采用多步式格式。我国利润表的格式参见表 10-5。

我国企业利润表的主要编制步骤和内容如下。

第一步，以营业收入为基础，减去营业成本、税金及附加、销售费用、管理费用、研发费用、财务费用，加上其他收益、投资收益(或减去投资损失)、净敞口套期收益(或减去净敞口套期损失)、公允价值变动收益(或减去公允价值变动损失)、资产减值损失、信用减值损失、资产处置收益(或减去资产处置损失)，计算出营业利润。

第二步，以营业利润为基础，加上营业外收入，减去营业外支出，计算出利润总额。

第三步，以利润总额为基础，减去所得税费用，计算出净利润(或净亏损)。

第四步，以净利润(或净亏损)为基础，计算出每股收益。

第五步，以净利润(或净亏损)和其他综合收益为基础，计算出综合收益总额。

利润表各项目均需填列“本期金额”和“上期金额”两栏。其中“上期金额”栏内各项数字，应根据上年该期利润表的“本期金额”栏内所列数字填列。“本期金额”栏内各项数字，除“基本每股收益”和“稀释每股收益”项目外，应当按照相关科目的发生额分析填列。如“营业收入”项目，根据“主营业务收入”“其他业务收入”科目的发生额分析计算填列；“营业成本”项目，根据“主营业务成本”“其他业务成本”科目的发生额分析计算填列。

(二)利润表主要项目的填列说明

(1) “营业收入”项目，反映企业经营主要业务和其他业务所确认的收入总额。本项目应根据“主营业务收入”和“其他业务收入”科目的发生额分析填列。

(2) “营业成本”项目，反映企业经营主要业务和其他业务所发生的成本总额。本项目应根据“主营业务成本”和“其他业务成本”科目的发生额分析填列。

(3) “税金及附加”科目，反映企业经营业务所应负担的消费税、城市维护建设税、教育费附加、资源税、土地增值税、房产税、车船税、城镇土地使用税、印花税等相关税费。本项目应根据“税金及附加”科目的发生额分析填列。

(4) “销售费用”项目，反映企业在销售商品过程中发生的包装费、广告费等费用和为销售本企业商品而专设的销售机构的职工薪酬、业务费等经营费。本项目应根据“销售费用”科目的发生额分析填列。

(5) “管理费用”项目，反映企业为组织和管理生产经营发生的管理费用。本项目应根据“管理费用”科目的发生额分析填列。

(6) “研发费用”项目，反映企业进行研究与开发过程中发生的费用化支出以及计入管理费用的自行开发无形资产的摊销。本项目根据“管理费用”科目下的“研发费用”明细科目的发生额以及“管理费用”科目下“无形资产摊销”明细科目的发生额分析填列。

(7) “财务费用”项目，反映企业为筹集生产经营所需资金等而发生的应予费用化的利息支出。本项目应根据“财务费用”科目的相关明细科目发生额分析填列。其中“利息费用”项目，反映企业为筹集生产经营所需资金等发生的应予费用化的利息支出，本项目应根据“财务费用”科目的相关明细科目的发生额分析填列。“利息收入”项目，反映企业应冲减财务费用的利息收入，本项目应根据“财务费用”科目的相关明细科目的发生额分析填列。

(8) “其他收益”项目，反映计入其他收益的政府补助，以及其他与日常活动相关且计入其他收益的项目。本项目应根据“其他收益”科目发生额分析填列。企业作为个人所得税的扣缴义务人，根据《中华人民共和国个人所得税法》收到的扣缴税款手续费，应作为其他与日常活动相关的收益在本项目中填列。

(9) “投资收益”项目，反映企业以各种方式对外投资所取得的收益。本项目应根据“投资收益”科目的发生额分析填列。如为投资损失，本项目以“—”号填列。

(10) “净敞口套期收益”项目，反映净敞口套期下被套期项目累计公允价值变动转入当期损益的金额或现金流量套期储备转入当期损益的金额。本项目应根据“净敞口套期损益”科目的发生额分析填列。如为套期损失，本项目以“—”号填列。

(11) “公允价值变动收益”项目，反映企业应当计入当期损益的资产或负债公允价值变动收益。本项目应根据“公允价值变动损益”科目的发生额分析填列。如为净损失，本项目“—”号填列。

(12) “信用减值损失”项目，反映企业按照《企业会计准则第22号——金融工具确认和计量》(2018)的要计提的各项金融工具信用减值准备所确认的信用损失。本项目应根据“信用减值损失”科目的发生额分析填列。

(13) “资产减值损失”科目，反映企业有关资产发生的减值损失。本项目应根据“资产减值损失”科目发生额分析填列。

(14) “资产处置收益”项目，反映企业出售划分为持有待售的非流动资产(金融工具、长期股权投资和投资性房地产除外)或处置组(子公司和业务除外)时确认的处置利得或损失，以及处置未划分为持有待售的固定资产、在建工程、生产性生物资产以及无形资产而产生的处置利得或损失。债务重组中因处置非流动资产(金融工具、长期股权投资和投资性房地产除外)产生的利得或损失和非货币性资产交换中换出非流动资产(金融工具、长期股权和投资性房地产除外)产生的利得或损失也包括在本项目内。本项目应根据“资产处置损益”科目的发生额分析填列；如为处置损失，本科目以“—”号填列。

(15) “营业利润”项目，反映企业实现的营业利润。如为亏损，本科目以“—”号填列。

(16) “营业外收入”项目，反映企业发生的除营业利润以外的收益，主要包括与企业日常活动无关的政府补助、盘盈利得、捐赠利得(企业接受股东或股东的子公司直接或间接的捐赠，经济性质属于股东对企业的资本性投入的除外)等。本项目应根据“营业外收入”科目的发生额分析填列。

(17) “营业外支出”项目，反映企业发生的除营业利润以外的支出，主要包括公益性捐赠支出、非常损失、盘亏损失、非流动资产毁损报废损失等。本项目应根据“营业外支出”科目的发生额分析填列。

(18) “利润总额”项目，反映企业实现的利润，如为亏损，本项目以“—”号填列。

(19) “所得税费用”项目，反映企业应从当期利润总额中扣除的所得税费用。本项目应根据“所得税费用”科目的发生额分析填列。

(20) “净利润”项目，反映企业实现的净利润，如为亏损，本项目以“—”号填列。

(21) “其他综合收益的税后净额”项目，反映企业根据企业会计准则规定未在损益中确认的各项利得和损失扣除所得税影响后的净额。

(22) “综合收益总额”项目，反映企业净利润与其他综合收益(税后净额)的合计金额。

(23) “每股收益”项目，包括基本每股收益和稀释每股收益两项指标，反映普通股或潜在普通股与公开交易的企业，以及正处在公开发行普通股或潜在普通股过程中的企业的每股收益信息。

三、利润表的编制举例

【例 10-2】东方股份有限公司 2020 年度有关损益类科目“本年累计数”金额见表 10-4。

表 10-4　损益类科目本年累计数　　单位：元

科目名称	借方发生额	贷方发生额
主营业务收入		1 250 000
主营业务成本	750 000	
税金及附加	2 000	
销售费用	20 000	
管理费用	157 100	
财务费用	41 500	
资产减值损失	30 900	
投资收益		31 500
营业外收入		50 000
营业外支出		
所得税费用		

根据上述资料，编制 2020 年度的利润表，见表 10-5。

表 10-5　利润表　　会企 02 表

编制单位：东方股份有限公司　　2020 年　　单位：元

项　目	本期金额	上期金额
一、营业收入	1 250 000	
减：营业成本	750 000	
税金及附加	2 000	
销售费用	20 000	
管理费用	157 100	
研发费用		

续表

项　目	本期金额	上期金额
财务费用	41 500	
其中：利息费用		
利息收入		
加：其他收益		
投资收益(损失以“－”号填列)	31 500	
其中：对联营企业和合营企业的投资收益		
以摊余成本计量的金融资产终止确认收益(损失以“－”号填列)		
净敞口套期收益(损失以“－”号填列)		
公允价值变动收益(损失以“－”号填列)		
信用减值损失(损失以“－”号填列)		
资产减值损失(损失以“－”号填列)	－30 900	
资产处置收益(损失以“－”号填列)		
二、营业利润(亏损以“－”号填列)	280 000	
加：营业外收入	50 000	
减：营业外支出	19 700	
其中：非流动资产处置损失	0	
三、利润总额(亏损以“－”号填列)	310 300	
减：所得税费用	112 596	
四、净利润(净亏损以“－”号填列)	197 704	
(一)持续经营净利润(净亏损以“－”号填列)		
(二)终止经营净利润(净亏损以“－”号填列)		
五、其他综合收益的税后净额		
六、综合收益总额		
七、每股收益		
(一)基本每股收益		
(二)稀释每股收益		

第四节　现金流量表

一、现金流量表的概念及作用

(一)现金流量表的概念

现金流量表是反映企业在一定会计期间现金及现金等价物流入和流出的报表。现金流量表是以现金为基础编制的。

现金是指企业的库存现金以及可以随时用于支付的存款。不能随时用于支取的存款不属于现金。

现金等价物是指企业持有的期限短(一般指从购买日起，3 个月到期)、流动性强、易于转换为已知金额现金、价值变动风险很小的投资。企业应根据具体情况，确定现金等价物的范围，并且一贯地保持其划分标准，一经确定不得随意变更。

除特别说明外，以下所指的现金均包括现金和现金等价物。

(二)现金流量的分类

按现金流量表准则的规定，将企业现金流量分为三类，即经营活动产生的现金流量、投资活动产生的现金流量和筹资活动产生的现金流量。

1．经营活动产生的现金流量

经营活动是指企业投资和筹资活动以外的所有交易和事项，包括销售商品或提供劳务、购买商品或接受劳务、收到返还的税费、经营性租赁、支付职工薪酬、支付广告费用、缴纳各项税费等。通过经营活动产生的现金流量，可以说明企业的经营活动对现金流入和流出的影响程度，判断企业不动用对外筹得资金的情况下，是否能够维持生产经营、偿还债务、支付股利和对外投资等。

各类企业由于所处行业特点不同，它们在对经营活动的认定上存在一定差异。在编制现金流量表时，应根据企业的实际情况，对现金流量进行正确、合理的归类。

2．投资活动产生的现金流量

投资活动是指企业长期资产的购建和不包括在现金等价物范围内的投资及其处置活动。现金流量表中的“投资”既包括对外投资，又包括长期资产的购建与处置。长期资产是指固定资产、在建工程、无形资产和其他长期资产等持有期限在一年或超过一年的一个营业周期以上的资产。投资活动包括取得和收回投资、购建和处置固定资产、购买和处置无形资产等。通过投资活动产生的现金流量，能够分析企业通过投资获取现金流量的能力，以及判断投资活动对企业现金流量净额的影响程度。

3．筹资活动产生的现金流量

筹资活动是指导致企业资本及债务规模和构成发生变化的活动，包括发行股票或接受投入资本、分派现金股利、取得和偿还银行借款、发行公司债券等。通过筹资活动产生的现金流量，能够分析企业通过筹资活动获取现金的能力，以及判断筹资活动对企业现金流量净额的影响程度。

企业在进行现金流量分类时，对于现金流量表中未特别指明的现金流量，应按照现金流量表的分类方法和重要性原则，判断某项交易或事项所产生的现金流量应当归属的类别或项目，对于重要的现金流入或流出项目，应当单独反映。对于一些特殊的、不经常发生的项目，如自然灾害损失、保险赔款等，应根据其性质，分别归于经营活动、投资活动或筹资活动项目中单独列示。

(三)现金流量表的作用

现金流量表主要提供有关企业现金流量方面的信息，编制现金流量表的主要目的是向会计报表使用者提供企业在一定会计期间的现金流入和流出的信息，以便于会计报表使用者了解和评价企业获取现金的能力，并据以预测企业未来的现金流量。具体来说，现金流量表主要有以下几个方面的作用。

1．说明企业一定会计期间内现金流入和流出的原因

现金流量表将现金流量划分为经营活动、投资活动和筹资活动所产生的现金流量，并按照流入现金和流出现金项目分别列示。如企业当期从银行借入 600 万元，偿还银行利息 8 万元，在现金流量表的筹资活动产生的现金流量中分别反映借款 600 万元，支付利息 8 万元。因此，通过现金流量表能够反映企业现金流入和流出的原因，即现金从哪里来，又到哪里去了。

2．说明企业的偿债能力和支付股利的能力

通过现金流量表，并配合资产负债表和利润表，将现金与流动负债进行比较，计算出现金比率；将现金流量净额与发行在外的普通股加权平均股数进行比较，计算出每股现金流量；将经营活动现金流量净额与净利润进行比较，计算出盈利现金比率。由此可以了解企业的现金能否偿还到期债务、支付股利和进行必要的固定资产投资，了解企业现金流转效率和效果。

3．分析企业未来获取现金的能力

由于商业信用的大量存在，营业收入与现金收入会有较大的差异，能否真正实现收益，还取决于企业的获取现金的能力。通过分析企业的现金流量状况，有助于了解企业的获取现金的能力，分析企业未来获取或支付现金流量的能力，从而评价企业的资金运用效绩。

4．分析企业投资和理财活动对经营成果和财务状况的影响

现金流量表提供一定时期现金流入和流出的动态财务信息，表明企业在报告期内由经营活动、投资活动和筹资活动获得多少现金，企业获得的这些现金是如何运用的，能够说明资产、负债、净资产的变动原因，对资产负债表和利润表起到补充说明的作用。所以说，现金流量表是连接资产负债表和利润表的桥梁。

二、现金流量表的结构

我国企业的现金流量表包括正表和补充资料两部分。

(1) 正表是现金流量表的主体，企业在一定会计期间现金流量的信息主要由正表提供。正表采用报告式的结构，按照现金流量的性质，依次分类反映经营活动产生的现金流量、投资活动产生的现金流量和筹资活动产生的现金流量，最后汇总反映企业现金及现金等价物净增加额。

(2) 现金流量表补充资料包括以下几部分(见表 10-6)。

① 将利润调节为经营活动的现金流量(即按间接法编制的经营活动现金流量)。

② 不涉及现金收支的重大投资和筹资活动。

③ 现金及现金等价物净变动情况。

表 10-6　现金流量表

会企 03 表

编制单位：　　　　　　　　　　年　　月　　　　　　　　　　单位：元

项　目	本期金额	上期金额
一、经营活动产生的现金流量		
销售商品、提供劳务收到的现金		
收到的税费返还		
收到其他与经营活动有关的现金		
经营活动现金流入小计		
购买商品、接受劳务支付的现金		
支付给职工以及为职工支付的现金		
支付的各项税费		
支付其他与经营活动有关的现金		
经营活动现金流出小计		
经营活动产生的现金流量净额		
二、投资活动产生的现金流量		
收回投资收到的现金		
取得投资收益收到的现金		
处置固定资产、无形资产和其他长期资产收回的现金净额		
处置子公司及其他营业单位收到的现金净额		
收到其他与投资活动有关的现金		
投资活动现金流入小计		
购建固定资产、无形资产和其他长期资产支付的现金		
投资支付的现金		
取得子公司及其他营业单位支付的现金净额		
支付其他与投资活动有关的现金		
投资活动现金流出小计		
投资活动产生的现金流量净额		
三、筹资活动产生的现金流量		
吸收投资收到的现金		
取得借款收到的现金		
收到其他与筹资活动有关的现金		

续表

项　目	本期金额	上期金额
筹资活动现金流入小计		
偿还债务支付的现金		
分配股利、利润或偿付利息支付的现金		
支付其他与筹资活动有关的现金		
筹资活动现金流出小计		
筹资活动产生的现金流量净额		
四、汇率变动对现金及现金等价物的影响		
五、现金及现金等价物净增加额		
六、期末现金及现金等价物余额		

三、现金流量表的编制方法

(一)“经营活动产生的现金流量”各项目的内容和填列方法(直接法)

经营活动产生的现金流量的列报方法有两种，一是直接法，二是间接法。

直接法是指通过现金收入和现金支出的主要类别直接反映来自企业经营活动的现金流量的一种列报方法。现金流量一般应按现金流入和现金流出总额反映，但代客户收取或支付的现金以及周转快、金额大、期限短的项目的现金流入和支出，应以净额反映。采用这种方法列报经营活动的现金流量时，一般以利润表中的本期营业收入为起点，调整与经营活动有关项目的增减变动，然后计算出经营活动的现金流量。在我国，现金流量表正表中经营活动产生的现金流量就是以直接法来列报的。

间接法是指以本期净利润为起点，通过调整不涉及现金的收入、费用、营业外收支以及经营性应收应付等项目的增减变动，调整不属于经营活动的现金收支项目，据此计算并列示经营活动的现金流量的一种方法。在我国，现金流量表的补充资料中应按间接法反映经营活动现金流量的情况，以对正表中按直接法反映的经营活动的现金流量进行核对和补充说明。

1. “销售商品、提供劳务收到的现金”项目

本项目反映企业销售商品、提供劳务实际收到的现金(含销售收入和应向购买方收取的增值税额)，包括本期销售商品、提供劳务收到的现金，以及前期销售商品和前期提供劳务本期收到的现金和本期预收的账款，减去销售本期退回的商品和前期销售本期退回的商品而支付的现金。企业销售材料和代购代销业务收到的现金，也在本项目中反映。本项目可根据“应收账款”“应收票据”“预收账款”“主营业务收入”“其他业务收入”“库存现金”“银行存款”等科目的记录分析填列。

根据科目记录分析计算该项目的金额时，一般可以采用下面公式计算得出：

销售商品、提供劳务收到的现金=当期销售商品、提供劳务收到的现金+
当期收到前期的应收账款和应收票据+
当期预收的款项－当期销售退回而支付的现金+
当期收回前期核销的坏账损失

2. “收到的税费返还”项目

本项目反映企业本期收到返还的增值税、消费税、关税、所得税、教育费附加等各种税费。该项目可根据“应缴税费”“营业外收入”“其他应收款”“库存现金”“银行存款”等科目的记录分析填列。

3. “收到的其他与经营活动有关的现金”项目

本项目反映企业除了上述各项目以外所收到的其他与经营活动有关的现金流入，如收到的押金、收到的罚款、流动资产损失中由个人赔偿的现金、收到的经营租赁的租金以及接受捐赠的现金等。若某项其他与经营活动有关的现金流入较大，应单独列示项目反映。该项目可以根据“营业外收入”“其他应收款”“库存现金”“银行存款”等科目的记录分析填列。

4. “购买商品、接受劳务支付的现金”项目

本项目反映企业购买商品、接受劳务实际支付的现金，包括本期购入的材料和商品、接受劳务支付的现金(包括增值税进项税额)，本期支付前期购入的商品、接受劳务的未付款项和本期的预付款项，扣除本期发生的购货退回而收到的现金。企业代购代销业务支付的现金，也在该项目中反映。该项目可根据“应付账款”“应付票据”“预付账款”“主营业务成本”“其他业务成本”“库存现金”“银行存款”等科目的记录分析填列。根据科目记录分析计算该项目的金额时，一般可以采用下面公式计算得出：

购买商品、接受劳务支付的现金=当期购买商品、接受劳务支付的现金+
当期支付前期的应付账款和应付票据+
当期预付的账款−当期因购货退回收到的现金

5. “支付给职工以及为职工支付的现金”项目

本项目反映企业本期实际支付给职工的工资、奖金、各种津贴和补贴等职工薪酬和为职工支付的其他费用而支付的现金。企业代扣代缴的职工个人所得税，也在本项目中反映。应说明的是，企业支付给离退休人员的各项费用(包括支付的统筹退休金以及未参加统筹的退休人员的费用)，在“支付的其他与经营活动有关的现金”项目中反映；支付给在建工程人员的工资及其他费用，在“购建固定资产、无形资产和其他长期资产所支付的现金”项目中反映，以上两项不包括在本项目中。该项目可根据“库存现金”“银行存款”“应付职工薪酬”等科目的记录分析填列。

应注意的是，企业为职工支付的养老、失业等社会保险基金、补充养老保险、住房公积金、支付给职工的住房困难补助，以及企业支付给职工或为职工支付的其他福利费用等，应按职工的工作性质和服务对象，分别在本项目和“购建固定资产、无形资产和其他长期资产所支付的现金”项目中反映。

6. “支付的各项税费”项目

本项目反映企业本期发生并支付的税费，以及以前各期发生的在本期支付的税费和本期预交的各种税费，包括增值税、消费税、所得税、车船使用税、印花税、教育费附加、矿产资源补偿费等，但不包括计入固定资产价值的、实际支付的耕地占用税，也不包括本期退回的所得税、增值税。本期退回的所得税、增值税在“收到的税费返还”项目中反映。该项目可根据“库存现金”“银行存款”“应缴税费”“管理费用”等科目的记录分析填列。

7. “支付的其他与经营活动有关的现金”项目

本项目反映企业除上述各项目以外的其他与经营活动有关所支付的现金，如支付的办公费用、支付的经营租赁租金、支付的罚款、支付的业务招待费、支付的保险费、支付的销售费用等。若其他与经营活动有关的现金流出金额较大，应单独列示项目反映。该项目可根据“库存现金”“银行存款”“管理费用”“营业外支出”等科目的记录分析填列。

(二)“投资活动产生的现金流量”各项目的内容和填列方法

现金流量表中的投资活动包括短期投资和长期投资的取得与处置、固定资产的购建与处置、无形资产的购置与转让等。单独反映投资活动产生的现金流量，能了解企业为获得未来收益和现金流量而导致对外投资或内部长期资产投资的程度，以及以前对外投资所带来的现金流入的信息。

1. “收回投资所收到的现金”项目

本项目反映企业出售、转让或到期收回除现金等价物以外的对其他企业的权益工具、债务工具和合营中的权益等投资收到的现金。投资收益、处置子公司及其他营业单位收到的现金净额不包括在本项目。本项目可根据“交易性金融资产”“长期股权投资”“库存现金”“银行存款”等科目的记录分析填列。

2. “取得投资收益收到的现金”项目

本项目反映企业除现金等价物以外的对其他企业的权益工具、债务工具和合营中的权益投资分回的现金股利和利息等，不包括股票股利。该项目可根据“投资收益”“库存现金”“银行存款”等科目的记录分析填列。

3. “处置固定资产、无形资产和其他长期资产收回的现金净额”项目

本项目反映企业出售或报废固定资产、无形资产和其他长期资产所收到的现金(包括因资产毁损收到的保险赔款)，减去为这些活动而支付的有关费用后的净额，如果所收回的现金净额为负数，则在“支付的其他与投资活动有关的现金”项目中反映。该项目可根据“固定资产清理”“库存现金”“银行存款”等科目的记录分析填列。

4. “处置子公司及其他营业单位收到的现金净额”项目

本项目反映企业处置子公司及其他营业单位所取得的现金，减去相关处置费用以及子公司及其他营业单位持有的现金和现金等价物后的净额。该项目可以根据“投资收益”“库

存现金”“银行存款”等科目的记录分析填列。

5. “收到其他与投资活动有关的现金”项目

本项目反映企业除了上述各项目以外，所收到的与投资活动有关的现金流入。比如，企业收回购买股票和债券时支付的已宣告但尚未领取的现金股利或已到付息期但尚未领取的债券利息。若其他与投资活动有关的现金流入金额较大，应单列项目反映。该项目可根据“应收股利”“应收利息”“库存现金”“银行存款”等科目的记录分析填列。

6. “购建固定资产、无形资产和其他长期资产所支付的现金”项目

本项目反映企业本期购买、建造固定资产，取得无形资产和其他长期资产所支付的现金，已经支付的应由在建工程和无形资产负担的职工薪酬的现金支出。但是，本项目不包括为购建固定资产而发生的借款利息资本化的部分，以及融资租入固定资产支付的租赁费。企业支付的借款利息和融资租入固定资产支付的租赁费，在“筹资活动产生的现金流量”项目中反映。该项目可根据“固定资产”“在建工程”“无形资产”“库存现金”“银行存款”等科目的记录分析填列。

7. “投资所支付的现金”项目

本项目反映企业取得除现金等价物的权益性投资和债务性投资所支付的现金，以及支付的佣金、手续费等交易费用。但是，企业购买股票或债券时，实际支付的价款中包含的已宣告发放而尚未领取的现金股利或已到付息期而尚未领取的债券利息，因为其性质属于垫支款项，所以应在“支付其他与投资活动有关的现金”项目中反映；而企业收回这部分现金股利或债券利息时，不属于投资成本的收回，而是垫支款项的收回，所以应在“收到其他与投资有关的现金”项目中反映。该项目可根据“交易性金融资产”“长期股权投资”“库存现金”“银行存款”等科目的记录分析填列。

8. “取得子公司及其他营业单位支付的现金净额”项目

本项目反映企业购买子公司及其他营业单位出价中以现金支付的部分，减去子公司及其他营业单位持有的现金和现金等价物后的净额。该项目可根据“长期股权投资”“库存现金”“银行存款”等科目的记录分析填列。

9. “支付的其他与投资活动有关的现金”项目

本项目反映企业除上述各项目以外所支付的其他与投资活动有关的现金流出。若某项其他与投资活动有关的现金流出金额较大，应单列项目反映。该项目可根据“应收利息”“应收股利”“库存现金”“银行存款”等科目的记录分析填列。

(三)“筹资活动产生的现金流量”各项目的内容和填列方法

现金流量表中的筹资活动包括权益性投资的吸收与减少、银行借款的借入与偿还、债券的发行与偿还等。单独反映筹资活动产生的现金流量，能了解企业筹资活动产生现金流量的规模与能力，以及企业为获得现金流入而付出的代价。

1. “吸收投资所收到的现金”项目

本项目反映企业以发行股票、债券等方式筹集资金实际收到的款项，减去直接支付的佣金、咨询费、宣传费、手续费、印刷费等发行费用后的净额。该项目可根据“股本(或实收资本)”“应付债券”“库存现金”“银行存款”等科目的记录分析填列。

2. “取得借款所收到的现金”项目

本项目反映企业举借各种短期借款、长期借款所实际收到的现金。该项目可根据“银行存款”“短期借款”“长期借款”等科目的记录分析填列。

3. “收到的其他与筹资活动相关的现金”项目

本项目反映企业除上述各种项目外所收到的其他与筹资活动相关的现金流入，如接受现金捐赠等。若某项其他与筹资活动有关的现金流入金额较大，应单独列项目反映。

4. “偿还债务支付的现金”项目

本项目反映企业偿还的借款本金和到期债券本金等所支付的现金。企业支付的借款利息和债券利息在“分配股利、利润或偿付利息所支付的现金”项目中反映，不包括在本项目内。该项目可根据“应付债券”“短期借款”“长期借款”“库存现金”“银行存款”等科目的记录分析填列。

5. “分配股利、利润或偿付利息所支付的现金”项目

本项目反映企业实际支付的现金股利、支付给其他投资单位的利润或用现金支付的借款利息、债券利息等。该项目可根据“财务费用”“应付股利”“应付利息”“库存现金”“银行存款”等科目的记录分析填列。

6. “支付的其他与筹资活动有关的现金”项目

本项目反映企业除上述各项目外所支付的其他与筹资活动有关的现金支出，如支付融资租入固定资产的租赁费，以发行债券、股票方式筹集资金时由企业直接支付的审计、咨询费用等。若某项其他与筹资活动有关的现金支出的金额较大，应单独列项目反映。该项目可根据“营业外支出”“长期应付款”“库存现金”“银行存款”等科目的记录分析填列。

(四)“汇率变动对现金及现金等价物的影响”项目的内容和填列方法

该项目反映企业外币现金流量及境外子公司的现金流量折算为人民币时，所采用的现金流量发生日的即期汇率或按照系统合理的方法确定的、与现金流量发生日即期汇率近似汇率折算的人民币金额与“现金及现金等价物净增加额”中的外币现金净额按期末汇率折算成人民币金额之间的差额。

在编制现金流量表时，可逐笔计算外币业务发生的汇率变动对现金的影响，也可不必逐笔计算，而采用简化的计算方法，即通过报表补充资料中的“现金及现金等价物净增加额”数额与正表中“经营活动产生的现金流量净额”“投资活动产生的现金流量净额”“筹

资活动产生的现金流量净额”三项之和比较，其差额即为“汇率变动对现金及现金等价物的影响”项目的金额。

(五)现金流量表补充资料各项目的内容和填列方法(间接法)

1. “将净利润调节为经营活动的现金流量”项目

利润表反映的当期净利润是按权责发生制原则确认和计量的，而经营活动的现金流量净额是按收付实现制原则确认和计量的；而且当期净利润既包括经营净损益，又包括不属于经营活动的损益。因此，采用间接列报法将净利润调节为经营活动的现金流量净额时，主要需要调整四大类项目：实际没有支付现金的费用；实际没有收到现金的收益；不属于经营活动的损益；经营性应收应付项目的增减变动。

1) 资产减值准备

本项目反映企业本期实际计提的各项资产减值准备，包括坏账准备、存货跌价准备、长期股权投资减值准备、持有至到期投资减值准备、投资性房地产减值准备、固定资产减值准备、在建工程准备、无形资产减值准备、商誉减值准备、生产性生物资产减值准备、油气资产减值准备等。该项目可根据“资产减值损失”等科目的记录分析填列。

2) 固定资产折旧、油气资产折耗、生产性资产折旧

本项目反映企业本期累计计提的固定资产折旧、油气资产折耗、生产性资产折旧。该项目可根据“累计折旧”“累计折耗”等科目的贷方发生额分析填列。

3) 无形资产摊销

本项目反映企业本期累计摊入成本费用的无形资产价值。该项目可根据“累计摊销”科目的贷方发生额分析填列。

4) 长期待摊费用摊销

本项目反映企业本期累计摊入成本费用的长期待摊费用。该项目可根据“长期待摊费用”科目的贷方发生额分析填列。

5) 处置固定资产、无形资产和其他长期资产的损失

本项目反映企业本期处置固定资产、无形资产和其他长期资产发生的净损失(或净收益)，如为净收益，以“－”号填列。该项目可根据“营业外支出”“营业外收入”等科目所属的有关明细科目的记录分析填列。

6) 固定资产报废损失

本项目反映企业本期发生的固定资产盘亏(减盘盈)后的净损失。该项目可根据“营业外支出”和“营业外收入”科目所属的有关明细科目中固定资产盘亏损失减去固定资产盘盈收益后的差额填列。

7) 公允价值变动损失

本项目反映企业持有的交易性金融资产、交易性负债、采用公允价值模式计量的投资性房地产等公允价值形成的净损失。如为净收益，以“－”填列。该项目可根据“公允价值变动损益”科目所属有关明细科目的记录分析填列。

8) 财务费用

本项目反映企业本期实际发生的应属于投资活动或筹资活动的财务费用。属于投资活动、筹资活动的部分，在计算净利润时已扣除，但这部分发生的现金流出不属于经营活动现金流量的范畴，所以，在将净利润调节为经营活动的现金流量时，需要予以加回。该项目可根据“财务费用”科目的本期借方发生额分析填列。如为收益，以“－”填列。

9) 投资损失

本项目反映企业对外投资所实际发生的投资损失减去收益后的净损失。该项目可根据利润表“投资收益”项目的数字填列。如为投资收益，以“－”填列。

10) 递延所得税资产减少

本项目反映企业资产负债表“递延所得税资产”项目的期初余额与期末余额的差额。该项目可根据“递延所得税资产”科目发生额分析填列。

11) 递延所得税负债增加

本项目反映企业资产负债表“递延所得税负债”项目的期初余额与期末余额的差额。该项目可根据“递延所得税负债”科目发生额分析填列。

12) 存货的减少

本项目反映企业资产负债表“存货”项目的期初余额与期末余额的差额。期末数大于期初数的差额，以“－”填列。

13) 经营性应收项目的减少

本项目反映企业本期经营性应收项目的期初余额与期末余额的差额。经营性应收项目主要是指应收账款、应收票据、预付账款、长期应收款和其他应收款等经营性应收项目中与经营活动有关的部分及应收的增值税销项税额等。期末数大于期初数的差额，以“－”填列。

14) 经营性应付项目的增加

本项目反映企业本期经营性应付项目的期初余额与期末余额的差额。经营性应付项目主要是指应付账款、应付票据、预收账款、应付职工薪酬、应缴税费、其他应付款等经营性应付项目中与经营活动有关的部分及应付的增值税进项税额等。期末数小于期初数的差额，以“－”填列。

2. “不涉及现金收支的投资和筹资活动”项目

本项目反映企业一定会计期间影响资产、负债但不影响该期现金收支的所有重大投资和筹资活动的信息。这些投资和筹资活动是企业的重大理财活动，对以后各期的现金流量会产生重大影响，因此，应单列项目在补充资料中反映。目前，我国企业现金流量表补充资料中列示的“不涉及现金收支的重大投资和筹资活动”项目主要有以下几项。

(1) “债务转为资本”项目，反映企业本期转为资本的债务金额。

(2) “一年内到期的可转换为公司债券”项目，反映企业一年内到期的可转换公司债券的本息。

(3) “融资租入固定资产”项目，反映企业本期融资租入固定资产的最低租赁付款额扣除应分期计入利息费用的未确认融资费用后的净额。

3. “现金及现金等价物净变动情况”项目

本项目反映企业一定会计期间现金及现金等价物的期末余额减去期初余额后的净增加额(或净减少额)，是对现金流量表正表中“现金等价物净增加额”项目的补充说明。本项目的金额与现金流量表“现金及现金等价物净增加额”项目中的金额核对相符。

四、现金流量表的编制

企业在具体编制现金流量时，可根据业务量的大小及复杂程度，采用工作底稿法、T 形账户法或直接根据有关科目的记录分析填列法等。

(一)工作底稿法

采用工作底稿法编制现金流量表，是以工作底稿为手段，以利润表和资产负债表数据为基础，结合有关科目的记录，对现金流量表的每一项目进行分析并编制调整分录，从而编制出现金流量表的一种方法。

采用工作底稿法的具体程序如下。

第一步，将资产负债表的期初数和期末数过入工作底稿的期初数栏和期末数栏。

第二步，对当期业务进行分析并编制调整分录。调整分录大体有以下几类：第一类涉及利润表中的收入、成本和费用项目以及资产负债表中的资产、负债及所有者权益项目，通过调整，将权责发生制下的收入、费用转换为现金基础；第二类是涉及资产负债表和现金流量表中的投资、筹资项目，反映投资和筹资活动的现金流量；第三类是涉及利润表和现金流量表中的投资和筹资项目，目的是将利润表中有关投资和筹资方面的收入和费用列入现金流量表投资、筹资现金流量表中去。此外，还有一些调整分录并不涉及现金收支，只是为了核对资产负债表项目的期末、期初数额的变动。

在调整分录中，有关现金和现金等价物的事项，并不直接借记或贷记现金，而是分别记入“经营活动产生的现金流量”“投资活动产生的现金流量”“筹资活动产生的现金流量”有关项目中，借记表明现金流入，贷记表明现金流出。

第三步，将调整分录过入工作底稿中的相应部分。

第四步，核对调整分录，借贷合计应当相等，资产负债表项目期初数加减调整分录中的借贷金额后，应当等于期末数。

第五步，根据工作底稿中的现金流量表项目部分编制正式的现金流量表“正表”。

(二)T 形账户法

T 形账户法是以“T 形账户”为手段，并以利润表和资产负债表为基础，结合有关账户的记录，对每一项目进行分析并编制调整分录，从而编制出现金流量表的一种方法。

采用 T 形账户法的具体程序如下。

第一步，为所有的非现金项目(包括资产负债表项目和利润表项目)分别开设 T 形账户，并将各自的期末期初变动数过入该账户。

第二步，开设一个大的“现金流量”T 形账户，左右两边分别记录经营活动、投资活动和筹资活动三个部分，左边记现金流入，右边记现金流出。与其他账户一样，过入期末期初变动数。

第三步，以利润表项目为基础，结合资产负债表分析每一个非现金项目的增减变动，并据此编制调整分录。

第四步，将调整分录过入各 T 形账户中，并进行核对，该账户借贷相抵后的余额与原先过入的期末期初变动数应当一致。

第五步，根据大的“现金流量”T 形账户编制正式的现金流量表“正表”。

(三)分析填列法

分析填列法是根据企业的资产负债表、利润表和有关会计科目明细账的记录，直接一次分析计算确定现金流量表中各项目的金额，并据以编制现金流量表的一种方法。

第五节　所有者权益变动表

所有者权益变动表是反映构成所有者权益的各组成部分当期增减变动的报表。

通过所有者权益变动表，既可以为财务报表使用者提供所有者权益总量增减变动的信息，也能为其提供所有者增减变动的结构性信息，特别是能够让财务报表使用者理解所有者权益增减变动的根源。

一、所有者权益变动表的结构

所有者权益变动表上，企业至少应当单独列示反映下列信息的项目：①综合收益总额；②会计政策变更和差错更正的累积影响金额；③所有者投入资本和向所有者分配利润等；④提取盈余公积；⑤实收资本、其他权益工具、资本公积、其他综合收益、专项储备、盈余公积、未分配利润的期初和期末余额及其调节情况。

所有者权益变动表以矩阵的形式列示：一方面，列示导致所有者权益变动的交易或事项，即所有者变动的来源，对一定时期所有者权益变动的情况进行全面反映；另一方面，按照所有者权益各组成部分(实收资本、其他权益工具、资本公积、库存股、其他综合收益、盈余公积、未分配利润)列示交易或事项对所有者权益各部分的影响。

所有者权益变动表的格式见表 10-7。

表 10-7　所有者权益变动表

会企 04 表

编制单位：　　　　　　2020 年度　　　　　　单位：元

项目	本年金额											上年金额										
	实收资本(或股本)	其他权益工具			资本公积	减：库存股	其他综合收益	专项储备	盈余公积	未分配利润	所有者权益合计	实收资本(或股本)	其他权益工具			资本公积	减：库存股	其他综合收益	专项储备	盈余公积	未分配利润	所有者权益合计
		优先股	永续股	其他									优先股	永续股	其他							
一、上年年末余额																						
加：会计政策变更																						
前期差错更正																						
其他																						
二、本年年初余额																						
三、本年增减变动金额(减少以“—”号填列)																						
(一)综合收益总额																						
(二)所有者投入和减少资本																						
1.所有者投入的普通股																						
2.其他权益工具持有者投入资本																						
3.股份支付计入所有者权益的金额																						
4.其他																						

续表

项　目	本年金额											上年金额										
	实收资本(或股本)	其他权益工具			资本公积	减：库存股	其他综合收益	专项储备	盈余公积	未分配利润	所有者权益合计	实收资本(或股本)	其他权益工具			资本公积	减：库存股	其他综合收益	专项储备	盈余公积	未分配利润	所有者权益合计
		优先股	永续股	其他									优先股	永续股	其他							
(三)利润分配																						
1.提取盈余公积																						
2.对所有者(或股东)的分配																						
3.其他																						
(四)所有者权益内部结转																						
1.资本公积转增资本(或股本)																						
2.盈余公积转增资本(或股本)																						
3.盈余公积弥补亏损																						
4.设定受益计划变动额结转留存收益																						
5.其他综合收益结转留存收益																						
6.其他																						
四、本年年末余额																						

二、所有者权益变动表的编制方法

(一)所有者权益变动表项目的填列方法

所有者权益变动表均需填列“本年金额”和“上年金额”两栏。

所有者权益变动表“上年金额”栏内各项数字，应根据上年度所有者权益变动表的“本年金额”栏内所列数字填列。上年度所有者权益变动表规定的各个栏目的名称和内容同本年度不一致的，应对上年度所有者权益变动表各项目的名称和数字按照本年度的规定进行调整，填入所有者权益变动表的“上年金额”栏内。

所有者权益变动表“本年金额”栏内各数字一般应根据“实收资本(或股本)”“其他权益工具”“资本公积”“库存股”“其他综合收益”“专项储备”“盈余公积”“利润分配”“以前年度损益调整”科目的发生额分析填列。

企业的净利润及其分配情况作为所有者权益变动的组成部分，不需要单独编制利润分配表列示。

(二)所有者权益变动表主要项目说明

(1) “上年年末余额”项目，反映上年资产负债表中实收资本(或股本)、其他权益工具、资本公积、库存股、其他综合收益、专项储备、盈余公积、未分配利润的年末余额。

(2) “会计政策变更”“前期差错更正”项目，分别反映企业采用追溯调整法处理的会计政策变更的累积影响金额和采用追溯重述法处理的会计差错更正的累积影响金额。

(3) “本年增减变动金额”项目如下。

① “综合收益总额”项目，反映企业净利润和其他综合收益扣除所得税影响后的净额相加后的合计金额。

② “所有者投入和减少资本”项目，反映企业当年所有者投入的资本和减少的资本。

A. “所有者投入的普通股”项目，反映企业接受投资者投入形成的实收资本(或股本)和资本溢价或股本溢价。

B. “其他权益工具持有者投入资本”项目，反映企业发行的除普通股以外分类为权益工具的金融工具的持有者投入资本的总额。

C. “股份支付计入所有者权益的金额”项目，反映企业处于等待期中的权益结算的股份支付当年计入资本公积的金额。

③ “利润分配”项目，反映企业当年的利润分配金额。

④ “所有者权益内部结转”项目，反映企业构成所有者权益的组成部分之间当年的增减变动情况。

A. “资本公积转增资本(或股本)”项目，反映企业当年以资本公积转增资本或股本的金额。

B. “盈余公积转增资本(或股本)”项目，反映企业当年以盈余公积转增资本或股本的金额。

C. “盈余公积弥补亏损”项目，反映企业当年以盈余公积弥补亏损的金额。

D．“设定受益计划变动额结转留存收益”项目，反映企业因重新计量设定受益计划净负债或净资产所产生的变动计入其他综合收益，结转至留存收益的金额。

E．“其他综合收益结转留存收益”项目，主要反映：第一，企业指定为以公允价值计量且其变动计入其他账户收益的非交易性权益工具投资终止确认时，之前计入其他综合收益的累计利得或损失从其他综合收益中转入留存收益的金额；第二，企业指定为以公允价值计量且其变动计入当期损益的金融负债终止确认时，之前由企业自身信用风险变动引起而计入其他综合收益的累计利得或损失从其他综合收益中转入留存收益的金额等。

第六节　财务报表附注

一、财务报表附注的概念

财务报表附注是对资产负债表、利润表、现金流量表和所有者权益变动表等报表中列示项目的文字描述或明细资料，以及对未能在这些报表中列示项目的说明等。附注是财务报表的重要组成部分，是对会计报表本身无法或难以充分表达的内容和项目所做出的补充说明和详细解释。

二、财务报表附注的作用

(1) 增强会计信息的可理解性。附注部分将对报表的有关重要的数据做出解释或说明，将抽象的数据具体化，有助于报表使用者正确理解会计报表，合理地利用所需信息。

(2) 促使会计信息充分披露。附注主要以文字说明的方式，充分披露会计报表所提供的信息以及会计报表以外但与报表使用者的决策有关的重要信息，从而便于广大投资者全面掌握企业财务状况、经营成果和现金流量情况，为投资者做出正确决策提供信息服务。

(3) 提高会计信息的可比性。会计报表是依据会计准则等有关制度规定编制而成的，在某些方面提供了多种会计处理方法，企业可以根据具体情况进行选择。这就造成了不同行业或同一行业的不同企业所提供的会计信息之间的差异。另外，在某些情况下，企业所采用的会计政策发生变动，而导致不同会计期间的会计信息失去可比的基础。通过编制附注，有利于了解会计信息的上述差异及其影响的大小，从而提高会计信息的可比性。

三、财务报表附注的内容

1. 企业的基本情况

(1) 企业注册地、组织形式和总部地址。

(2) 企业的业务性质和主要经营活动。

(3) 母公司以及集团最终母公司的名称。

(4) 财务报告的批准报出者和财务报告批准报出日。

2. 财务报表的编制基础

略。

3. 遵循企业会计准则的声明

企业应当声明编制的财务报表符合企业会计准则的要求，真实、完整地反映了企业的财务状况、经营成果和现金流量等有关信息。

4. 重要会计政策和会计估计

企业应当披露采用的重要会计政策和会计估计，不重要的会计政策和会计估计可以不披露。在披露重要会计政策和会计估计时，应当披露重要会计政策的确定依据和财务报表项目的计量基础，以及会计估计中所采用的关键假设和不确定因素。

5. 会计政策和会计估计变更依据差错更正的说明

企业应当按照《企业会计准则——会计政策、会计估计变更和差错更正》及其应用指南的规定，披露会计政策和会计估计变更以及差错更正的有关情况。

6. 财务报表重要项目的说明

略。

7. 其他需要说明的事项

其他需要说明的事项主要包括或有事项、资产负债表日后非调整事项、关联方关系及其交易等。

四、会计调整的披露

(一)会计调整的内容

会计调整是指企业因按照国家法律、行政法规和会计准则、会计制度的要求，或者因特定情况下按照会计制度规定对企业采用的会计政策、会计估计，以及发现的会计差错、发生的资产负债表日后事项等所做出的调整。

会计调整的内容包括会计政策变更、会计估计变更和前期差错调整。

1. 会计政策及其变更

会计政策是指企业在会计确认、计量和报告中所采用的原则、基础和会计处理方法。

在我国，根据会计准则的规定，企业满足下列条件之一的，可以变更会计政策：法律、行政法规或者国家统一的会计制度等要求变更；会计政策变更能够提供更可靠、更相关的会计信息。

需要注意的是，下列情形不是会计政策变更。

(1) 本期发生的交易或事项与以前相比具有本质差别而采用新的会计政策。

(2) 对初次发生的或不重要的交易或事项采用新的会计政策。

2. 会计估计变更

会计估计变更是指由于资产和负债的当前状况及预期未来经济利益和义务发生了变化，从而对资产或负债的账面价值或者资产的定期消耗金额进行调整。会计估计变更的原因主要有：赖以进行估计的基础发生了变化；取得了新的信息、积累了更多的经验。

需要说明的是，会计估计变更并不意味着以前期间的会计估计是错误的，只是由于情况发生了变化，或者掌握了新的信息，积累了更多的经验，使得变更会计估计能够更好地反映企业的财务状况和经营成果。

3. 前期差错调整

前期差错是指由于没有运用或错误运用以下两种信息，而对前期财务报表造成遗漏或误报：编制前期财务报表时能够合理预计取得并应当加以考虑的可靠信息；前期财务报表批准报出时能够取得的可靠信息。

重要的前期差错，是指足以影响财务报表使用者对企业财务状况、经营成果和现金流量做出正确判断的前期差错。不重要的前期差错，是指不足以影响财务报表使用者对企业财务状况、经营成果和现金流量做出正确判断的前期差错。

前期差错通常包括计算错误、应用会计政策错误、疏忽或曲解事实以及舞弊产生的影响以及存货、固定资产盘盈等。

(二)会计调整的处理方法

1. 会计政策变更

1) 会计政策变更的会计处理方法

会计政策变更的会计处理方法可以分为以下三种。

① 国家发布相关的会计处理法方法，按照国家发布的相关会计处理规定进行处理。

② 追溯调整法，是指对某项交易或事项变更会计政策时，如同该交易或事项初次发生就开始采用新的会计政策，并以此对相关项目进行调整的方法。在追溯调整法下，应计算会计政策变更的累积影响数，并调整期初留存收益，会计报表其他相关项目也相应进行调整。

③ 未来适用法，是指将变更后的会计政策应用于变更日及以后发生的交易或者事项，或者在会计估计变更当期和未来期间确认会计估计变更影响数的方法。

2) 会计政策变更的累积影响数及其计算

会计政策变更的累积影响数是指按变更后的会计政策对以前各期追溯计算的变更年度期初留存收益应有的金额与原有的金额之间的差额。这个定义还可以表述为会计政策变更的累积影响数是以下两个金额之间的差额：在变更会计政策的当年，按变更后的会计政策对以前各期追溯计算，所得到的年初留存收益金额；变更会计政策当年年初原有的留存收益金额。上述变更会计政策当年年初原有的留存收益，即为上年资产负债表所反映的留存收益，可以从上年资产负债表项目中获得；需要计算确定的是第一项，即按变更后的会计政策对以前各期追溯计算，得到的新的年初留存收益金额。上述留存收益金额，都是指所得税后的净额，即按新的会计政策计算确定留存收益时，应当考虑由于损益变化所导致的补计所得税或减计所得税，即留存收益应当是税后数。

会计政策变更的累积影响数，可以通过以下几个步骤计算获得。

① 根据新会计政策重新计算受影响的前期交易或事项。

② 计算两种会计政策下的差异。

③ 计算差异的所得税影响金额。

④ 确定前期中的每一期的税后差异。

⑤ 计算会计政策变更的累积影响数。

2. 会计估计变更

企业对会计估计变更应当采用未来适用法。会计估计变更仅影响变更的当期的，其影响数应当在变更当期予以确认；既影响变更当期又影响未来期间的，其影响数应当在变更当期和未来期间予以确认。企业难以区分会计政策变更和会计估计变更的，应当将其作为会计估计变更进行处理。

3. 前期差错处理方法

会计差错产生于财务报表项目的确认、计量、列报或披露的会计处理过程中。在当期发现的当期差错应当在财务报表发布之前予以更正。当差错直到下一期间才被发现，就形成了前期差错。根据前期差错的重要程度，分别采用不同的会计处理方法。

(1) 不重要的前期差错。对于不重要的前期差错，企业不需要调整财务报表相关项目的期初数，但应调整发现当期与前期相同的相关项目。属于影响损益的，应直接计入本期与前期相同的净损益。

(2) 重要的前期差错。企业应当采用追溯重述法更正重要的前期差错。追溯重述法，是指在发现前期差错时，视同该项前期差错从未发生过，从而对财务报表相关项目进行更正的方法。完整的追溯重述法一般需要经过确认前期差错、确定前期差错的影响数、进行相关会计处理、调整财务报表相关项目金额、在会计报表附注中披露会计差错等几个步骤。

(三)会计调整的披露

1. 会计政策变更的披露

企业应当在附注中披露与会计政策变更的下列信息。

(1) 会计政策变更的性质、内容和原因。

(2) 当期和各个列报前期财务报表中受影响的项目名称和调整金额。

(3) 无法进行追溯调整的，说明事实和原因以及开始应用变更后的会计政策的时点、具体应用情况。

2. 会计估计变更的披露

企业应当在附注中披露与会计估计变更有关的下列信息。

(1) 会计估计变更的内容和原因。

(2) 会计估计变更对当前和未来期间的影响数。

(3) 会计估计变更的影响数不能确定的，披露这一事实和原因。

3. 前期差错更正的披露

企业应当在附注中披露与前期差错更正有关的下列信息。

(1) 前期差错的性质。

(2) 各个列报前期财务报表中受影响的项目名称和更正金额。

(3) 无法进行追溯重述的，说明该事实和原因以及对前期差错开始进行更正的时点、具体的更正情况。

五、财务报表附注的形式

在会计实务中，财务报表附注可采用旁注、附表和底注等形式。

(一)旁注

旁注是指在财务报表的有关项目后面以括号的方式对其加注说明。如果财务报表使用简明名称的项目不足以反映其全部含义的，可以直接用括号加注说明。在财务报表的附注形式中，旁注是最简单的一种形式。

(二)附表

附表是指反映财务报表内重要项目的构成及其增减变动数额的表格。附表所反映的是财务报表中某一项目的明细信息，如应收账款的账龄表等。

(三)底注

底注也称脚注，是指在财务报表后面用一定文字和数字所做的补充说明。底注的主要作用是揭示那些不便于列入报表正文的有关信息。一般而言，每一种报表都可以有一定的底注，其篇幅大小随各种报表的复杂程度而定。我国财务报表附注主要采用这种形式。

六、财务报表附注的局限性

需要指出的是，尽管附注与表内信息不可分割，共同组成完整的财务报表，但是附注中的定量或定性说明都不能用来更正表内的错误，也不能用来代替报表正文中的正常分类、计价和描述，或与正文数据发生矛盾。此外，附注作为一种会计信息的披露手段，还存在以下缺陷。

(1) 如果使用者对附注不做认真研究，便难以阅读和理解，从而可能忽视这项资料。

(2) 附注的文字叙述比报表中所汇总的数据资料更难以用于决策。

(3) 随着企业业务复杂性的增加，存在着过多地使用附注的危险，这样势必会削弱财务报表的基本作用。

本章小结

财务报告是企业对外提供的反映企业某一特定日期的财务状况和某一会计期间的经营成果、现金流量等会计信息的文件。财务会计报告是会计主体单位会计核算工作的结果，是提供会计信息的一种重要手段。投资者、债权人等财务信息使用者主要是通过财务报告来了解企业的财务状况、经营成果和现金流量等情况，从而预测未来发展趋势、做出经济决策。因此，财务会计报告是向投资者等财务报告使用者提供对决策有用信息的媒介和渠道，是沟通投资者、债权人等使用者与企业管理层直接信息的桥梁和纽带。

本章主要讲述财务会计报告的概念及种类，介绍了财务报告包括资产负债表、利润表、现金流量表、所有者权益变动表及附注，具体介绍了资产负债表和利润表的编制方法。

习　题

一、单项选择题

1. 下列可根据明细科目余额填列的是(　　)。

A. 资本公积　　B. 在建工程　　C. 应收账款　　D. 货币资金

2. “预付账款”科目明细账中若有贷方余额，应将其计入资产负债表中的(　　)项目。

A. 应收账款　　B. 预收账款　　C. 应付账款　　D. 其他应付款

3. “应收账款”科目明细账中若有贷方余额，应将其计入资产负债表中的(　　)项目。

A. 应收账款　　B. 预收账款　　C. 应付账款　　D. 其他应付款

4. 累计折旧在资产负债表中应作为(　　)。

A. 费用　　B. 负债　　C. 资产减项　　D. 所有者权益

5. 资产负债表中资产项目的排列顺序是依据(　　)。

A. 项目流动性　　B. 项目收益性　　C. 项目重要性　　D. 项目时间性

6. 资产负债表中的“未分配利润”项目，应根据(　　)填列。

A. “利润分配”科目余额

B. “本年利润”科目余额

C. “本年利润”和“利润分配”科目的余额计算后

D. “盈余公积”科目余额

7. 某企业“应付账款”科目月末贷方余额40 000元，其中：“应付甲公司账款”明细科目贷方余额35 000元，“应付乙公司账款”明细科目贷方余额5 000元，“预付账款”科目月末贷方余额30 000元，其中：“预付A工厂账款”明细科目贷方余额50 000元，“预付B工厂账款”明细科目借方余额20 000元。该企业月末资产负债表中“应付账款”项目的金额为(　　)元。

A. 90 000　　B. 30 000　　C. 30 000　　D. 70 000

8. 下列项目中，不符合现金流量表中现金概念的是(　　)。

A. 企业库存现金　　B. 企业外埠存款
C. 不能随时用于支付的存款　　D. 在3个月内到期的国债

9. 处置固定资产的净收入属于(　　)。
A. 经营活动的现金流量　　B. 投资活动的现金流量
C. 筹资活动的现金流量　　D. 不影响现金流量

10. 引起现金流量净额变动的项目是(　　)。
A. 将现金存入银行　　B. 用银行存款购买1个月到期的债券
C. 用固定资产抵偿债务　　D. 用银行存款清偿20万元的债务

11. 某企业2020年12月31日固定资产科目余额为2000万元，累计折旧科目余额为800万元，固定资产减值准备科目余额为100万元，在建工程科目余额为200万元。该企业2020年12月31日资产负债表中固定资产项目的金额为(　　)万元。
A. 1 200　　B. 90　　C. 1 100　　D. 2 200

12. 我国资产负债表采用的结构是(　　)。
A. 平行式　　B. 报告式　　C. 账户式　　D. 报告式或账户式

13. 年末“原材料”账户为200万元，“生产成本”账户余额为80万元，“材料成本差异”账户贷方余额为10万元，“库存商品”账户余额为30万元，“工程物资”账户余额为100万元。资产负债表中“存货”项目的金额为(　　)万元。
A. 300　　B. 320　　C. 400　　D. 420

14. 下列各项中，不属于资产负债表“存货”项目的是(　　)。
A. 库存商品　　B. 周转材料　　C. 在建工程　　D. 生产成本

15. 下列各项中，不应列入利润表“营业收入”项目的是(　　)。
A. 销售商品收入　　B. 处置固定资产净收入
C. 提供劳务收入　　D. 让渡无形资产使用权收入

16. 下列各项中，应列入利润表“税金及附加”项目的是(　　)。
A. 进口原材料应缴的关税　　B. 购进生产设备应缴的增值税
C. 处置商标权应缴的增值税　　D. 销售自产应税化妆品应缴的消费税

17. 下列各项中，应列入利润表“管理费用”项目的是(　　)。
A. 计提的坏账准备　　B. 处置无形资产的摊销额
C. 支付中介机构的咨询费　　D. 处置固定资产的净损失

18. 下列各项中，属于企业现金流量表中“经营活动产生的现金流量”的是(　　)。
A. 收到的现金股利　　B. 支付的银行借款利息
C. 收到的设备处置价款　　D. 支付的经营租赁租金

19. 下列各项中，不属于“筹资活动产生的现金流量”的是(　　)。
A. 收回债券投资所收到的现金　　B. 吸收权益性投资所收到的现金
C. 发行债券所收到的现金　　D. 借入资金所受到的现金

20. 下列各项中，属于“投资活动产生的现金流量”的是(　　)。
A. 分派现金股利支付的现金　　B. 购置固定资产支付的现金
C. 接受投资收到的现金　　D. 偿还公司债券利息支付的现金

二、多项选择题

1. 企业需要对外报送的报表包括(　　)。

A. 资产负债表　B. 成本报表　C. 利润表　D. 现金流量表

2. 资产负债表中的“货币资金”项目包括(　　)。

A. 库存现金　B. 银行存款　C. 现金等价物　D. 其他货币资金

3. 下列资产负债表项目中，根据总账余额直接填列的有(　　)。

A. 固定资产　B. 实收资本　C. 交易性金融资产　D. 短期借款

4. 资产负债表中的“一年内到期的非流动负债”项目应当根据(　　)账户贷方余额分析填列。

A. 长期借款　B. 长期应付款　C. 应付账款　D. 应付债券

5. 下列会计账户中，其期末余额应列入资产负债表“存货”项目的有(　　)。

A. 库存商品　B. 材料成本差异　C. 生产成本　D. 委托加工物资

6. 资产负债表下列各项目中，应根据有关账户余额减去备抵账户余额后的净额填列的有(　　)。

A. 存货　B. 无形资产　C. 应收账款　D. 长期股权投资

7. 下列各项中，应列入利润表“营业成本”项目的有(　　)。

A. 销售材料成本　B. 无形资产处置损失

C. 固定资产盘亏净损失　D. 经营出租固定资产折旧费

8. 下列各项中，应列入利润表“资产减值损失”项目的有(　　)。

A. 原材料盘亏损失　B. 固定资产减值损失

C. 无形资产减值损失　D. 无形资产处置损失

9. 利润表是(　　)。

A. 根据有关账户发生额编制的　B. 动态报表

C. 反映经营成果的报表　D. 反映财务状况的报表

10. 下列各项中，影响企业营业利润的项目有(　　)。

A. 投资收益　B. 销售费用　C. 管理费用　D. 所得税费用

11. 下列各项中，影响利润表所得税费用的项目有(　　)。

A. 代扣代缴的个人所得税　B. 当期应缴纳的所得税

C. 递延所得税收益　D. 递延所得税费用

12. 下列各项中，影响企业营业利润的有(　　)。

A. 处置无形资产净收益　B. 出租包装物取得的收入

C. 接受公益性捐赠利得　D. 经营租出固定资产的折旧额

13. 下列各项中，应列入利润表“营业成本”项目的有(　　)。

A. 销售材料的成本　B. 出售商品的成本

C. 以经营租赁方式出租设备计提的折旧　D. 出租非专利技术的摊销额

14. 下列各项中，应包括在现金流量表中“现金”范围的有(　　)。

A. 银行汇票存款　B. 3 个月内到期的短期债券投资

C. 取得借款收到的现金　D. 3 个月内到期的短期股票投资

15. 下列各项中，属于现金流量表“现金等价物”的有(　　)。

A. 库存现金　　B. 银行本票

C. 银行承兑汇票　　D. 持有 2 个月内到期的国债

16. 现金流量表中，将企业的现金流量分为(　　)。

A. 经营活动产生的现金流量　　B. 投资活动产生的现金流量

C. 筹资活动产生的现金流量　　D. 利润分配活动产生的现金流量

17. 下列经济业务中，不会产生现金流量的业务有(　　)。

A. 本期核销的坏账　　B. 分配股票股利

C. 以存货抵偿债务　　D. 存货的盘亏

18. 现金等价物应同时具备的条件有(　　)。

A. 能够转化为已知金额的现金　　B. 期限短

C. 无价值变动风险　　D. 价值变动风险小

19. 下列各项中，应作为现金流量表中“经营活动产生的现金流量”的有(　　)。

A. 销售商品收到的现金　　B. 取得短期借款收到的现金

C. 采购原材料支付的增值税　　D. 取得长期股权投资支付的手续费

20. 下列各项中，属于筹资活动产生的现金流量有(　　)。

A. 支付的现金股利　　B. 取得短期借款

C. 增发股票收到的现金　　D. 清偿应付账款支付的现金

三、判断题

1. 资产负债表中的应收账款项目应根据“应收账款”所属明细账借方余额合计数、“预收账款”所属明细账借方余额合计数和“坏账准备”总账的贷方余额计算填列。(　　)

2. 资产负债表上的各个项目可以根据会计科目余额直接填列。(　　)

3. 资产负债表是以“资产=负债+所有者权益”这一会计恒等式为依据编制的。(　　)

4. 资产负债表中，“货币资金”项目应根据“库存现金”“银行存款”“其他货币资金”账户余额的合计数填列。(　　)

5. 资产负债表中，“应收账款”项目应根据“应收账款”和“预付账款”账户所属明细账户的借方余额合计数填列。(　　)

6. 资产负债表中，“长期借款”项目应根据“长期借款”账户中的期末余额直接填列。(　　)

7. 利润表是一张动态报表，它反映企业在一定会计期间经营成果的会计报表。(　　)

8. 利润表的结构有单步式和多步式两种，我国企业利润表采用多步式结构。(　　)

9. 企业利润的结算方法有表结法和账结法两种。损益类账户表结法月末有余额，不产生凭证；账结法月末无余额，但产生凭证。(　　)

10. 利润表中，利润总额等于营业利润加上营业外收入再减去营业外支出。(　　)

11. 利润表的理论依据是“收入−费用=利润”。(　　)

12. 各项资产减值准备应抵减相应的被调整账户，不在资产负债表中单列项目反映。(　　)

13. 企业“投资收益”账户如为借方余额，表示投资损失，应以“-”号填列在利润表中的“投资收益”项目。 ( )

14. 营业外收支应反映在利润表的营业利润中。 ( )

15. 财务报表附注是对资产负债表、利润表、现金流量表和所有者权益变动表等报表中列示项目的文字描述或明细资料，以及对未能在这些报表中列示项目的说明等。 ( )

16. 所有者权益变动表是反映构成所有者权益的各组成部分当期的增减变动情况的报表。 ( )

17. 企业必须对外提供资产负债表、利润表、现金流量表和所有者权益变动表，会计报表附注也是企业必须对外提供的资料。 ( )

18. 资产负债表和所有者权益变动表是静态报表，利润表和现金流量表是动态报表。 ( )

19. 企业购入 3 个月到期的国债，会减少企业现金流量。 ( )

20. “工程物资”在资产负债表的“在建工程”项目中列示。 ( )

四、实训题

练习一

1. 目的：练习资产负债表的编制。

2. 资料：东方公司 2020 年 12 月 31 日，有关账户余额如表 10-8 所示。

表 10-8 账户余额表

账户名称	借方余额	贷方余额	账户名称	借方余额	贷方余额
库存现金	2 000		工程物资	30 000	
银行存款	230 600		在建工程	620 000	
其他货币资金	80 000		无形资产	1 260 000	
交易性金融资产	118 000		累计摊销		60 000
应收票据	245 000		长期待摊费用		
应收账款	310 000		生产成本	883 000	
——A 公司	120 000		短期借款		650 000
——B 公司	240 000		应付票据		320 000
——C 公司		50 000	应付账款		480 000
坏账准备		4 250	——华光公司		140 000
——应收账款		3 250	——常兴公司		360 000
——其他应收款		1 000	——宏大公司	20 000	
其他应收款	86 000		预收账款		20 000
预付账款	80 000		——W 公司	8 000	
——M 公司	120 000		——T 公司		28 000
——Y 公司		40 000	其他应付款		150 000
材料采购	460 000		应付职工薪酬		76 000

续表

账户名称	借方余额	贷方余额	账户名称	借方余额	贷方余额
原材料	673 000		应缴税费		87 000
周转材料	23 000		应付股利		380 000
低值易耗品	140 000		长期借款		1 600 000
库存商品	256 000		其中：一年内到期的长期借款		300 000
材料成本差异	4 050		实收资本		9 000 000
存货跌价准备		13 000	资本公积		560 000
长期股权投资	509 600		盈余公积		750 000
固定资产	9 960 000		利润分配		900 000
累计折旧		860 000			
固定资产减值准备		60 000			

3. 要求：根据上述资料编制东方公司 2020 年度资产负债表。

练习二

1. 目的：练习利润表的编制方法。

2. 资料：

(1) 东方公司 2020 年除“所得税费用”账户外的有关损益类账户的本期发生额如表 10-9 所示。

表 10-9 损益类账户的本期发生额

账户名称	借方发生额	贷方发生额
主营业务收入		12 700 000
主营业务成本	9 640 000	
税金及附加	210 000	
其他业务收入		580 000
其他业务成本	350 000	
销售费用	940 000	
管理费用	760 000	
财务费用	118 000	
信用减值损失	10 000	
资产减值损失	20 000	
公允价值变动损益		20 000
投资收益		180 000
营业外收入		46 000
营业外支出	81 000	

(2) 经查，营业外支出中包括滞纳的税收罚款支出 20 000 元。投资收益中包括国库券利

息收入 6 500 元，无其他纳税调整项目，企业所得税税率为 25%。

3. 要求：根据上述资料编制东方公司 2020 年度利润表。

练习三

1. 目的：练习利润表的编制。

2. 资料：甲公司为增值税一般纳税人，适用的增值税税率为 13%，所得税税率是 25%，年末一次确认所得税费用。商品、材料销售均不含增值税，商品、材料销售成本随销售收入的确认逐笔结转，本年利润采用表结法核算。有关资料如下。

(1) 2020 年 1—11 月甲公司损益类账户累计发生额如表 10-10 所示。

表 10-10　损益类账户累计发生额

单位：万元

账户名称	借方发生额	贷方发生额	账户名称	借方发生额	贷方发生额
主营业务收入		1 650	销售费用	42	
主营业务成本	1 320		管理费用	38	
其他业务收入		160	财务费用	19	
其他业务成本	85		营业外收入		90
税金及附加	26		营业外支出	78	

(2) 2020 年 12 月份甲公司发生如下经济业务。

① 12 月 5 日，向乙公司销售商品一批，开出的增值税专用发票上注明的价款为 60 万元，增值税额为 7.8 万元，销售商品成本为 45 万元。收到对方开出的商业承兑汇票。

② 12 月 10 日，向丙公司销售 A 材料一批，销售价格 5 万元，增值税 0.65 万元，材料成本为 4 万元。材料发出，款项存入银行。

③ 12 月 18 日，结转出售固定资产净收益 8 万元。

④ 12 月 31 日，计提公司管理部门固定资产折旧 5 万元，摊销公司管理部门用无形资产成本 8 万元。

⑤ 12 月 31 日，确认本月应缴的城市维护建设税 2 万元，教育费附加 1 万元。

⑥ 12 月 31 日，确认本年所得税费用 75 万元。

3. 要求：

(1) 根据资料(2)中的业务，编制甲公司相应的会计分录。

(2) 编制甲公司 2020 年度利润表。

练习四

1. 目的：练习资产负债表的编制。

2. 资料：东方公司 2020 年 12 月 31 日有关账户的期末余额如表 10-11 所示(坏账准备全部根据应收账款提取)。

表 10-11　账户余额表

总账账户	明细账户	借方余额	贷方余额	总账账户	明细账户	借方余额	贷方余额
应收账款		374 000		短期借款			76 000
	A 公司	192 000		应付账款			145 000
	B 公司	264 000			甲公司		84 000
	C 公司		82 000		乙公司		106 000
预付账款		174 000			丙公司	58 000	
	D 公司	208 000			丁公司		13 000
	E 公司		34 000	预收账款			14 000
原材料		88 00			F 公司		12 000
库存商品		76 000			G 公司		6 000
固定资产		1 144 000			H 公司	4 000	
累计折旧			68 00	本年利润			96 000
坏账准备			1 160	利润分配	未分配利润		42 000

3. 要求：根据上述资料计算资产负债表中下列项目的填列。

(1) 应收账款。

(2) 预付账款。

(3) 固定资产。

(4) 短期借款。

(5) 应付账款。

(6) 预收账款。

(7) 未分配利润。

参 考 文 献

[1]张捷，刘英明．基础会计[M]．北京：中国人民大学出版社，2019.

[2]孔德兰．会计基础[M]．北京：高等教育出版社，2020.

[3]陈艳利．会计学基础[M]．北京：高等教育出版社，2020.

[4]李视友．基础会计学[M]．北京：高等教育出版社，2019.

[5]徐晓燕，车幼梅．会计学教程[M]．北京：清华大学出版社，2020.

[6]丛爱红，周竹梅，刘康伟．基础会计学[M]．北京：清华大学出版社，2019.

[7]王志红，周晓苏，会计学[M]．北京：清华大学出版社，2019.

[8]刘峰，会计学[M]．北京：清华大学出版社，2019.

[9]桑丽霞，周彦．会计基础[M]．北京：中国财政经济出版社，2019.

[10]李天宇．会计基础[M]．北京：清华大学出版社，2018.

[11]汪秀，李静莎．初级会计实务[M]．北京：中国经济出版社，2019.

[12]王媚莎，陈旭生．会计基础[M]．大连：东北财经大学出版社，2020.

[13]赵丽生．会计基础习题与实训[M]．2 版．北京：高等教育出版社，2019.

[14]卓茂荣，张惠琴．会计基础[M]．北京：中国石化出版社，2020.

[15]国家税务总局教材编写组．会计基础知识(2019 年版)[M]．北京：中国税务出版社，2019.

[16]佛山市南海区信息技术学校．会计基础知识与技能(职业院校经管类专业平台课教材)[M]．北京：中国轻工业出版社，2020.

[17]沈豫琼．会计基础[M]．2 版．北京：中国财政经济出版社，2020.